本书为2020年国家语言文字推广基地建设项目（项目"中小学汉字教育实践范式与培训策略研究成果"之

汉字学理与汉字教学丛书

汉字学理与中学汉字教学

潘杰　李佩　毛莹　孙建萍　李姝　李艳红　著

知识产权出版社
全国百佳图书出版单位
—北京—

图书在版编目（CIP）数据

汉字学理与中学汉字教学／潘杰等著. —北京：知识产权出版社，2024.7
（汉字学理与汉字教学丛书／潘杰主编）
ISBN 978-7-5130-9330-9

Ⅰ. ①汉… Ⅱ. ①潘… Ⅲ. ①汉字-教学研究-中学 Ⅳ. ①G633.302

中国国家版本馆 CIP 数据核字（2024）第 061033 号

内容提要

本书依据汉字学理论，按照课标要求，结合教育部颁布的语文课程标准的具体内容，确定中学汉字教学材料，梳理探究其汉字学理知识和特点，依照汉字构形的特点，归纳总结汉字不同的构形模式。依据汉字不同构形模式制定汉字教学内容、目标和方法，从而展示汉字教学实践案例，为中学语文教师汉字教学提供参考。本书价值：第一，理论价值，为中学汉字教学提供一定的理论依据；第二，实践价值，从汉字学理论知识方面为中学语文教师提供具体且可直接运用的知识和内容，同时结合中学语文教材，按照课标的要求为中学语文教师提供汉字教学的实操案例。

责任编辑：李　婧　　　　　　　　责任印制：孙婷婷

汉字学理与汉字教学丛书

汉字学理与中学汉字教学
HANZI XUELI YU ZHONGXUE HANZI JIAOXUE

潘杰　李佩　毛莹　孙建萍　李姝　李艳红　著

出版发行：知识产权出版社有限责任公司		网　　址：http://www.ipph.cn	
电　　话：010-82004826		http://www.laichushu.com	
社　　址：北京市海淀区气象路 50 号院		邮　　编：100081	
责编电话：010-82000860 转 8594		责编邮箱：laichushu@cnipr.com	
发行电话：010-82000860 转 8101		发行传真：010-82000893	
印　　刷：北京中献拓方科技发展有限公司		经　　销：新华书店、各大网上书店及相关专业书店	
开　　本：720mm×1000mm　1/16		印　　张：24.5	
版　　次：2024 年 7 月第 1 版		印　　次：2024 年 7 月第 1 次印刷	
字　　数：400 千字		定　　价：128.00 元	

ISBN 978-7-5130-9330-9

出版权专有　侵权必究
如有印装质量问题，本社负责调换。

目录

第一章 汉字学理与初中汉字教学 / 001

第一节 解读《课标》中的"汉字学习" / 003

　　一、初中汉字学习目标、要求及内容 / 003

　　二、初中汉字学习与其他学段的相互关系 / 008

第二节 初中汉字学习的理论依据 / 012

　　一、汉字学习材料 / 012

　　二、汉字学习内容 / 014

　　三、汉字学习方法 / 017

第三节 初中汉字学习材料的梳理与探究 / 021

　　一、初中汉字学习材料的选择 / 021

　　二、初中汉字学习材料的梳理 / 027

　　三、初中999个汉字在教材中的分布情况 / 037

　　四、初中汉字学习内容探究与目标确定 / 039

第四节　初中汉字学习的原则与策略 / 045

一、汉字学习的总原则 / 045

二、初中汉字学习策略 / 046

第五节　初中汉字教学设计与教学实践 / 047

一、理据清晰字的教学设计与实践 / 051

二、理据丧失字的教学设计与教学实践 / 124

第二章　汉字学理与高中汉字教学 / 141

第一节　高中汉字教学材料的梳理 / 145

一、高中汉字教学材料的确定 / 145

二、高中汉字教学材料 4195 个汉字的文字学属性测查 / 145

三、高中汉字教学材料 4195 个汉字的形义关系 / 146

四、高中 3667 个汉字的构形模式 / 147

五、义务教育阶段汉字教学材料与高中汉字教学材料的对照 / 161

第二节　高中汉字教学材料的探究 / 170

一、汉字学理知识点归纳 / 171

二、高中汉字教学内容的确定 / 172

三、高中汉字教学目标的制定 / 188

第三节　高中汉字教学实践与策略 / 189

一、汉字教学实践的总体原则 / 189

二、高中汉字教学的实践过程 / 191

三、高中汉字教学策略 / 218

第四节　巩固加深义务教育阶段所学汉字知识教学实践 / 225

　　一、巩固加深义务教育阶段所学汉字材料的确定与梳理 / 225

　　二、巩固加深义务教育阶段所学汉字与相关汉字教学材料的对照 / 243

　　三、巩固加深义务教育阶段所学汉字教学材料的探究 / 246

　　四、巩固加深义务教育阶段所学汉字知识的教学实践与策略 / 254

第五节　"汉字表意性和系统性特点"专题研讨教学实践 / 292

　　一、"汉字表意性和系统性特点"专题研讨教学材料的确定与梳理 / 292

　　二、"汉字表意性和系统性特点"专题研讨教学材料的探究 / 299

　　三、"汉字表意性和系统性特点"专题研讨教学实践与策略 / 302

第六节　汉字学理与高中文言文字词教学 / 340

　　一、高中文言文字词教学材料的梳理与探究 / 340

　　二、高中文言文字词教学的实践与策略 / 350

第一章

汉字学理与初中汉字教学

学习任何一门学科，首先要做的就是对学科性质的领会和理解。2022年4月21日教育部颁布了《义务教育语文课程标准（2022年版）》（以下简称《课标》），关于语文课程的学科性质《课标》做了明确、具体的阐述："语文课程是一门学习国家通用语言文字运用的综合性、实践性课程。工具性与人文性的统一，是语文课程的基本特点。"❶ 这一阐述确定了语文学科的学习对象是国家通用语言文字，即普通话和规范汉字；其特点可概括为"综合性""实践性""工具性""人文性"。

《课标》明确指出"语言运用"是"核心素养"的关键和基础，要求"通过语文学习，热爱国家通用语言文字"❷；在"课程内容""学业质量"中对居首要地位的"识字与写字"作了相应的要求；同

---

❶ 中华人民共和国教育部. 义务教育语文课程标准（2022年版）[S]. 北京:北京师范大学出版社,2022:1.

❷ 中华人民共和国教育部. 义务教育语文课程标准（2022年版）[S]. 北京:北京师范大学出版社,2022:4.

时"学习任务群"还将"语言文字积累与梳理"作为基础型任务群，以此奠定语文学习的基础；此外《课标》还强调汉字是学习"中华优秀传统文化"的重要载体。这些内容都表明汉字学习在基础教育阶段语文课程学习中的重要性，它既是带动和促进汉语学习的基础，又是了解和掌握中华传统文化的工具，还是建立文化认同，树立文化自信的基础。

《课标》对"核心素养——语言运用"的最终要求是"感受语言文字的丰富内涵，对国家通用语言文字具有深厚感情"❶，如何感受汉字的丰富内涵，对汉字产生情感，真正喜欢汉字？"学业质量"中要求初中生"有探究汉字规律的意识，在社会生活中能根据字音、字形、字义三者的关系准确认读、正确理解遇到的生字新词"❷，如何使学生具有探究汉字的意识，具备独立识字的能力？这些都是初中语文教学所要解决的问题。

利用学习任务群，通过分类整理汉字、反思汉字学习经验等方式，组织"语言文字积累与梳理"的教学实践活动是《课标》对初中汉字教学提出的具体要求。但具体到初中阶段需要学习哪些汉字及汉字学理知识，在《课标》中未明确说明。

故此，本书将通过掌握和积累初中教材中的所有汉字，梳理汉字学习经验与方法，整合初中汉字的教学内容，以期为大家呈现初中语文汉字学习的相关知识，使初中汉字教学在学习内容及目标要求方面更加具体，并通过展示"语言文字积累与梳理"学习任务群教学实践过程，为初中一线教师提供具有可操作性的教学参考。

总之，我们期望本书不仅可以引导学生科学地了解和掌握汉字，激发学生对汉字学习的兴趣，喜欢汉字，热爱汉字；而且也希望为初中语文教师在"识字与写字"教学、"语言文字积累与梳理"等方面提供借鉴。

---

❶ 中华人民共和国教育部.义务教育语文课程标准(2022年版)[S].北京:北京师范大学出版社,2022:5.

❷ 中华人民共和国教育部.义务教育语文课程标准(2022年版)[S].北京:北京师范大学出版社,2022:42.

第一节 解读《课标》中的"汉字学习"

一、初中汉字学习目标、要求及内容

历时十余年,"义务教育课程标准"再次修订。在新《课标》中我们能看到很多新的变化,其中最大的变化就是在具体阐述时从"教什么""怎么教"转变为"学什么""怎么学",教学视角的变化意味着教学观念的革新,为此我们将侧重点由教师的"汉字教学"转向学生的"汉字学习"。

新《课标》分别将"课程性质""课程理念"单独作为一个内容来进行说明。对"课程性质"内容的阐述精准而明确,"语文课程应引导学生热爱国家通用语言文字,在真实的语言运用情境中,通过积极的语言实践,积累语言经验,体会语言文字的特点和运用规律,培养语言文字运用能力;同时,发展思维能力,提升思维品质,形成自觉的审美意识,培养高雅的审美情趣,积淀丰厚的文化底蕴,继承和弘扬中华优秀传统文化、革命文化、社会主义先进文化,增强对习近平新时代中国特色社会主义思想的理解和认识,全面提升核心素养"。[1]新《课标》把"语言文字"精确表达为"国家通用语言文字"。明确语文课程学习的目的是对国家通用语言文字,产生热爱之情。激发学生对汉语汉字的热爱,是新《课标》提出的具体教学要求。新《课标》提出通过"真实情境和语言实践"语文教学活动及"积累与梳理"汉语汉字的学理知识内容,使学生学会并在生活中能够自如地使用汉语汉字,充分认识汉字对中华文明进步的影响,深切感受汉语汉字在现实生活中的作用。在具备"语言文字运用能力"的基础上,使学生获得思维能力、审美能力,从而树立文化自信,提升其自身的综合素养。故此新《课标》在"课程理念"第一条"立足学生核心素养发展,充分发挥语文课程育人功能"中再次强调学习语文课程要"初步学会运用国家通用语言文字进行交流沟通,吸收古今中外优秀文化成果,提

---

[1] 中华人民共和国教育部.义务教育语文课程标准(2022版)[S].北京:北京师范大学出版社,2022:1.

升思想文化修养,建立文化自信,德智体美劳得到全面发展"。❶ 对此提出了四项语文实践活动,即"识字与写字、阅读与鉴赏、表达与交流、梳理与探究",而"识字与写字"居于语文学习之首,已充分体现"汉字学习"的重要性和基础地位。

(一) 汉字学习的目标

"汉字学习"是语文学习及其他科目学习的基础,也是未来生活工作的基础,《课标》"总目标"中多次对其提出要求:

"热爱国家通用语言文字,感受语言文字及作品的独特价值,认识中华文化的丰厚博大,汲取智慧,弘扬社会主义先进文化、革命文化、中华优秀传统文化,建立文化自信。

认识和书写常用汉字,学会汉语拼音,能说普通话。主动积累、梳理基本的语言材料和语言经验,逐步形成良好的语感,初步领悟语言文字运用规律。

感受语言文字的美,感悟作品的思想内涵和艺术价值,能结合自己的经验,理解、欣赏和初步评价语言文字作品,丰富自己的情感体验和精神世界。"❷

通过研读,我们发现"总目标"的表述大多仍在强调借助"汉字学习"可以对其他学习内容产生的影响方面,涉及"汉字学习"目标的只有"逐步形成良好的语感,初步领悟语言文字运用规律"这一句,也就是说"汉字学习"的直接目标是"初步领悟汉字规律"。

在之后的"核心素养——语言运用"中,对此又进行了补充,还应"具有正确、规范运用语言文字的意识和能力,能在具体语言情境中有效交流沟通;感受语言文字的丰富内涵,对国家通用语言文字具有深厚感情。"这一要求指明了"初步领悟汉字规律"的目的是"正确规范运用汉

---

❶ 中华人民共和国教育部.义务教育语文课程标准(2022版)[S].北京:北京师范大学出版社,2022:2.

❷ 中华人民共和国教育部.义务教育语文课程标准(2022版)[S].北京:北京师范大学出版社,2022:6-7.

字",同时感受汉字的内涵,对汉字产生情感。

7~9年级的"学业质量"中对"汉字学习"的目标表述更为详细,如下:

"能根据语境,借助工具书,认清字形、读准字音、正确理解汉字的意思。在学习与生活中,累计认识3500个左右常用汉字,能规范、端正、整洁地书写常用汉字;在日常记录中使用规范、通行的行楷字,提高书写的速度。有探究汉字规律的意识,在社会生活中能根据字音、字形、字义三者的关系准确认读、正确理解遇到的生字新词;发现并积累不同语境下具有个性化特征的词句和段落,能根据自己的表达需要和习惯选择使用。"

综合以上内容,初中学段"汉字学习"的目标可以归纳为以下几点:

（1）识字数量：累计认识3500个左右。

（2）识字范围：常用汉字。

（3）识字内容：认清字形、读准字音、正确理解汉字的意思（音、形、义）。

（4）识字能力：

① 根据语境、工具书,可以准确认读汉字的音、形、义;②具有探究汉字规律的意识,初步领悟汉字规律;③能积累、理解、选择不同语境下的字词（正确规范运用汉字）;④感受汉字的丰富内涵,对汉字产生深厚感情。

（5）汉字书写：

① 书写要求：规范、端正、整洁;②书写字体：通行的行楷字;③书写速度：提高书写的速度。

对比《义务教育语文课程标准（2011年版）》（以下简称2011版《课标》），"汉字学习"的目标更加明确了，有意识地区分了识字与认字，认字侧重会读，而识字则是从汉字的音、形、义三个方面理解汉字；特别强调了要学习汉字规律、运用汉字规律。

（二）汉字学习的要求

《课标》尤其注重在真实情境中学习的方式,提倡将静态知识动态化,倡导利用知识来解决生活中的实际问题,引导学生积极建构个性化的知识体系，使所学知识前后衔接。"汉字学习"也应在实践情境中进行，《课标》对此在"识字与写字"和"梳理与探究"做了具体要求，见表1-1。

表1-1 《课标》中的"识字与写字"和"梳理与探究"

识字与写字	梳理与探究
①能熟练地使用字典、词典独立识字，会用多种检字方法。累计认识常用汉字3500个左右； ②写字姿势正确，保持良好的书写习惯。在使用硬笔熟练地书写正楷字的基础上，学写规范、通行的行楷字，提高书写的速度。临摹、欣赏名家书法，体会书法的审美价值	按照一定的标准分类整理学过的字词句篇等语言材料，梳理、反思自己语文学习的经验，努力提高语言文字运用能力，增强表达效果

从表1-1中可以看出，"识字与写字"虽然是语文实践活动的一项内容，但其仍侧重"汉字学习目标"，且内容与前文基本一致；"梳理与探究"是《课标》的新增内容，指出了"汉字学习的方法"，即"整理、梳理和反思"。

此外，在《课标》的第四个部分"课程内容"中，又提出了"汉字学习的形式"，即"学习任务群"，并单独提出了基础型学习任务群——"语言文字积累与梳理"，其具体要求，见表1-2。

表1-2 语言文字积累与梳理

目的	学习内容
本学习任务群旨在引导学生在语文实践活动中，积累语言材料和语言经验，形成良好语感；通过观察、分析、整理，发现汉字的构字组词特点，掌握语言文字运用规范，感受汉字的文化内涵，奠定语文基础	①在语言文字运用情境中，发现、感受和表现语言文字的魅力。围绕汉字、书法、成语典故、对联、诗文等方面内容，策划并开展语文学习和交流活动，加深对语言文字及其文化内涵的认识和理解； ②梳理学过的语言现象，欣赏优秀作品的语言表达技巧，初步探究语言文字的运用规律。学习按照词类梳理字词，学习整理典型的语法、修辞应用实例； ③继续丰富自己的积累。分类整理、欣赏、交流所积累的词语、名句、诗文等，并在日常读写活动中积极运用，提升自身的中华文化修养

通过这些具体要求我们可以发现，这些内容与前文的内容大致相同，主要阐述了积累汉字现象、整理汉字材料、探究及运用汉字规律三方面的内容；通过细致对比，又可发现相较之前提供的"汉字学习方法"，多了两个动词"观察、分析"，整理的对象也更具体，是"汉字构字特点"。❶

"课程内容"对该部分还给予了一些"教学提示"，在提示中表明"根据学生的年龄特点和认知规律"进行汉字学习，学习时要"与体认社会主义先进文化、革命文化、中华优秀传统文化相结合"，要将"识字与写字是阅读和写作的基础，是贯串整个义务教育阶段的重要教学内容"的理念贯彻始终，"要避免围绕相关知识的概念、脱离实际运用进行机械训练"，要"重视考查学生独立识字的能力"。

综上，"汉字学习的形式"有两个：一是"梳理与探究"的语文实践活动，二是"语言文字积累与梳理"的基础型学习任务群，均指向实践性、情境性和综合性，这是"汉字学习的策略"。同时，也明确了汉字学习的方法，在观察分析的基础上"积累、梳理、探究"，对象是汉字构字特点及汉字规律。相比 2011 版《课标》，2022 版《课标》明确了"汉字学习的要求方法"，让汉字学习有规可依。

（三）汉字学习的内容

《课标》在"汉字学习"的目标、策略及方法方面为我们指明了方向，用什么来达成所要求的目标，这些策略方法用什么来实现，就显得更重要了。但《课标》在"识字与写字""梳理与探究"的语文实践活动中，并未阐明汉字学习的内容，只说明了汉字学习的数量需要"累计 3500 个左右"，与小学学段汉字数量相较，初中大约学习 1000 个左右的汉字。同样《课标》在"语言文字积累与梳理"的基础型学习任务群中，也未表明汉字学习的具体内容，只提到要整理汉字构字的特点，那么汉字构字特点是什么，《课标》却未曾提及。《课标》在汉字学习目标中曾多次提到的"汉字规律"，也没有具体的阐述和说明，这就使初中汉字学习内容不具体，致使汉字学习易被忽视，"核心素养"无法贯彻落实。汉字学内容见图 1-1。

---

❶ 组词属于词汇学，非汉字学内容，不在本书的讨论范围内。

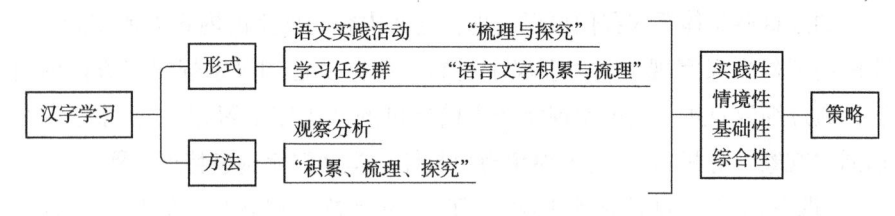

```
                    ┌─ 形式 ─┬─ 语文实践活动 ─── "梳理与探究"    ┐  ┌ 实践性 ┐
                    │        └─ 学习任务群 ──── "语言文字积累与梳理" │  │ 情境性 │
汉字学习 ─┤                                                      ├─┤ 基础性 ├─ 策略
                    │        ┌─ 观察分析                         │  │ 综合性 │
                    └─ 方法 ─┴─ "积累、梳理、探究"               ┘  └        ┘
```

图 1-1 汉字学习内容

与 2011 版《课标》相比，2022 版《课标》提出了汉字学习的任务，即了解"汉字构字特点和规律"，只是要求不具体。因此，本书将通过梳理与探究初中统编语文教材中的所有汉字，从而确定初中汉字学习的具体字料及明确的汉字学理知识内容，使初中汉字学习更加具有针对性和实效性。

二、初中汉字学习与其他学段的相互关系

（一）巩固提升小学汉字学习内容

《课标》在课程设计时，注重学段间的衔接，使课程趋向一体化，从这个角度看"汉字学习"，我们也能够发现《课标》在此方面的统筹规划。《课标》首次提出了四项语文实践活动，较为明显地体现了学段间的区分与联系，具体内容见表 1-3。

表 1-3　四项语文实践活动

年级	语文实践活动		
	识字与写字[a]	梳理与探究[b]	结尾总结段[c]
1~2 年级	—	观察字形，体会汉字部件之间的关系。梳理学过的字，感受汉字与生活的联系	—
3~4 年级	能感知常用汉字形、音、义之间的关系，初步建立汉字与生活中事物、行为的联系，初步感受汉字文化内涵	尝试分类整理学过的字词，尝试发现所学汉字形、音、义和书写特点，帮助自己识字、写字	注重感悟国家通用语言文字的文化内涵，初步认识中华优秀传统文化蕴含的思想和智慧

续表

年级	语文实践活动		
	识字与写字[a]	梳理与探究[b]	结尾总结段[c]
5~6年级	感受汉字构字组词的特点，体会汉字蕴含的智慧	分类整理学过的字词，发现所学汉字形、音、义和书写特点，发展独立识字能力和写字能力	注重了解中华优秀传统文化的源远流长、丰富多彩，提升自身中华优秀传统文化修养
7~9年级	—	按照一定的标准分类整理学过的字词句篇等语言材料，梳理、反思自己语文学习的经验，努力提高语言文字运用能力，增强表达效果	注重理解中华优秀传统文化蕴含的核心理念、中华人文精神和传统美德，表达自己作为中华民族一员的归属感和自豪感

a 该部分内容较多，故呈现《课标》与2011版《课标》的不同之处。

b 该部分之摘录与"汉字学习"有关的内容。

c 该内容是指阐述每个学段的语文实践活动的最后一个自然段，同样只摘录与"汉字学习"有关的内容。

从"识字与写字"一列可知，第一学段（1~2年级）无新增内容，但并非指汉字学习要照旧，因为在"学业质量"的"教学提示"中，提到"应先认先写《识字、写字教学基本字表》中的字，充分发挥这些字构形简单、重现率高、组字构词能力强的特点，打好基础"，侧面指出第一学段的学习重点是《识字、写字教学基本字表》中的300个汉字。第二学段（3~4年级），2011版《课标》在汉字数量、汉字书写及汉字兴趣的基础上，提高了识字标准，即了解汉字音、形、义，并提示关注汉字与生活（事物、行为）的联系，从中挖掘汉字的内涵。第三学段（5~6年级）在前一学段的基础上，明确提出要感受汉字的构字特点，发现先人的智慧。纵观以上内容，"汉字学习"的要求是层层递进的，各学段均有侧重点，但它们都共同指向学习汉字要探究"汉字规律"。

然而在第四学段（7~9年级）的"识字与写字"中，却没有新增内容，这并非说明初中学段就不需要学习汉字了，因为《课标》中明确表示"识字与写字是贯串整个义务教育阶段的重要教学内容"。在"梳理与探究"

中，四个学段都对怎样梳理汉字，探究汉字的哪些内容做了说明，其中梳理汉字的变化趋势是"观察体会汉字部件—尝试分类整理汉字—分类整理汉字—按照一定标准分类整理汉字"，探究汉字内容的变化趋势是"汉字与生活—汉字特点—独立识字—梳理反思汉字学习经验"，这种循序渐进的汉字学习过程，符合汉字的学科特点，并逐步将对汉字的感性认识提升到理性认识。这一点在每个学段的总阶段也有体现，小学学段侧重初步感受汉字的内涵与智慧，初中学段注重认识汉字的核心理念。这是从感性到知性的过程，也是知识获得的途径。在义务教育阶段结束后，应具备对汉字的"知性"认识。

《课标》的"课程内容"借"语言文字积累与梳理"学习任务群，对各学段的学习内容进行了详细阐述，具体内容见表1-4。

表1-4　各学段学习内容

年级	学习内容[a]
1~2年级	（1）认识有关人的身体与行为、天地四方、自然万物等方面的常用字；认识家庭生活、学校生活、社会生活中的常用字；学习书写笔画简单的字，初步体会汉字结构的主要特点。 （2）先认先写基本字，学习部首检字法，尝试发现汉字的一些规律，初步学习分类整理课内外认识的字；在生活中主动识字，发展独立识字能力
3~4年级	在真实的语言文字运用情境中独立识字与写字，初步梳理常用汉字形、音、义之间的联系
5~6年级	（1）主动通过多种方式独立识字，按照汉字字形结构等规律梳理学过的汉字。 （2）开展校园内外讲普通话、写规范字
7~9年级	（1）在语言文字运用情境中，发现、感受和表现语言文字的魅力。围绕汉字、书法、成语典故、对联、诗文等方面内容，策划并开展语文学习、展示和交流活动，加深对语言文字及其文化内涵的认识和理解。 （2）梳理学过的语言现象，欣赏优秀作品的语言表达技巧，初步探究语言文字的运用规律。学习按照词类梳理字词…… （3）继续丰富自己的积累

[a] 只摘录与"汉字学习"有关的内容。

通过"学习任务群中'汉字学习'学段对比"与"语文实践活动中'汉字学习'学段对比"，我们发现前者是对后者的进一步阐释，表明要梳理与探究汉字的字形结构，汉字现象，汉字形、音、义的联系等汉字规律，引导梳理与探究的对象要扩展到词、句、段、篇。又指明用表现的方式，通过展示和交流，对梳理与探究的结果做出评价。

（二）夯实铺垫高中汉字学习基础

初中学段作为小学与高中的过渡阶段，具有承上启下的突出作用，初中汉字学习应为高中汉字学习打好基础，以便汉字学习顺利由"感性""知性"过渡到"理性"。对比高中，初中的汉字学习力争做到为高中的汉字学习提供知识铺垫，使其在学习内容方面能够自然而顺利地衔接。

《普通高中语文课程标准（2017年版）》（以下简称2017版《课标》）在"学业质量"中对"汉字学习"提出的最高要求是"有探索语言运用规律的兴趣，能主动收集、整理、探究生活中常见的语言现象；能发现所学的语言文学作品中的各类联系，对学过的重要作品和具有典型性的语言材料进行分类整理，加深自己对各类作品的理解和领悟。在整理过程中，能提出自己感兴趣的问题，尝试用所学的知识解决相关问题。能根据具体的语境组织所要表达的内容，选择合适的表达方式，有效地运用口头和书面语言实现沟通交流。能自觉、有效地规划自己的语言学习，乐于与同学分享自己的学习经验，主动帮助他人共同提高语文学习的质量和效率。"❶ 从中可以分析出，高中汉字学习侧重用汉字知识主动、独立、有效地分析问题、解决问题、形成经验，这不仅是对汉字知识的理性运用，也是对汉字知识的理性归纳。

在2017版《课标》"语言积累、梳理与探究"的学习任务群中，也表明要"巩固和加深义务教育阶段所学的汉字知识"，要"增强对语言规律的认识"。❷ 也就是说，小学学段是"感性"认识汉字，初中阶段是"知性"认识汉字，高中阶段是"理性"认识汉字，每一个学段在完成本学段

---

❶ 中华人民共和国教育部.普通高中语文课程标准(2017版)[S].北京:人民教育出版社,2017:38.

❷ 中华人民共和国教育部.普通高中语文课程标准(2017版)[S].北京:人民教育出版社,2017:16-17.

任务的同时又为下一个学段做铺垫，趋向下一个学段的目的和要求。从2017版《课标》与《课标》的学习任务群的表述上看，一个是"语言积累、梳理与探究"，一个是"语言文字积累与梳理"，可以清晰地看到初中学段与高中学段在汉字学习方法上的不同，初中侧重梳理汉字，高中侧重探究汉字，积累不仅贯穿小学、初中、高中三个阶段，更是梳理与探究的前提和基础。

以此，各学段汉字学习的目标、方法均基本明晰，且各有侧重，初步形成了汉字课程的一体化，促使汉字学习走向科学化和体系化。

第二节 初中汉字学习的理论依据

汉字是记录汉语的书写符号体系，是汉语最重要的辅助性工具，也是语文学习的重要内容。汉字学习一方面需要借鉴传统的识字教学方式，同时也需要将汉字研究成果及时地运用于汉字教学，以确保汉字学习的准确性、科学性和有效性。为此我们参阅了众多有关汉字学习与汉字理论研究的成果，为我们确定初中汉字学习材料、汉字学习内容及汉字学习方法提供了理论依据。

一、汉字学习材料

汉字材料是总结归纳汉字现象的基础。所谓现象"不是单个语言材料的堆砌，而是一种存在于许多语言材料之中的共同的外部状态"。[1] 语言现象是从语言材料中归纳总结出来的，是众多语言材料共性特点的体现，在这种现象中，"似有一种冥冥的力量在制约着它，这力量就来自语言的规

---

[1] 王宁.汉语语言学研究的新思路——读启功先生《汉语现象论丛》[J].传统文化与现代化,1996(4).

律","把它捕捉到,概括出来,就是语言的法则"。❶汉字现象亦如此。语言材料,即语料,是语言学的研究对象。相应地,汉字学的研究对象是汉字材料,即字料。

汉字材料展示汉字现象,汉字现象体现汉字规律,汉字规律显露汉字运用的法则,所以只有从具体的汉字材料和汉字现象入手,探寻汉字形体的共同特点,才能构建科学的汉字学习理论和方法。这就是汉字学习必然要从一个个具体的汉字出发的原因。

然而,语文教材是依据言语作品的内容和思想感情进行编写的,而非根据汉字学习的需求依次编排,因而语文教材中汉字材料的存在状态是无序的,这符合语言习得的特点,而只要有汉字学理论的指导不仅不会影响学生对汉字现象的把握和认识,还会增加汉字学习的趣味。黄厚江将其称为语言习得的随意性,但并非指随便为之,而是强调同一个语言规律,可以从不同的语言材料中获取,同样相同的汉字特点及规律也会显现于不同的汉字材料中,这就是同一个汉字不断再现的原因,也是《课标》强调汉字学习需要持续巩固的原因。

与此同时,黄厚江还提出了语言习得的两个特点:一是实践性,语感要靠大量的语言实践来建立;二是感悟性,具体是指"语言材料的积累,语言实践的积累,语感的积累。积累到一定程度,则可自悟,可'点拨'、'生效',否则是空中楼,水中月,说'法'、点拨全是徒劳"❷,可见汉字学理指导必须在积累、实践的前提下进行方才有效果。

积累汉字材料,发现汉字规律是汉字学习的方法,也是形成汉字感性认识的途径。随着积累的深度和数量的增多,汉字学习感性经验会越来越丰富,认识汉字的能力也会逐步提高,加之汉字学理的渗透,感性经验会逐渐过渡到理性认识,从而提高语言运用能力。❸

因此,选定汉字学习材料至关重要,鉴于初中语文教材没有生字表的

---

❶ 王宁.汉语语言学研究的新思路——读启功先生《汉语现象论丛》[J].传统文化与现代化,1996(4).

❷ 黄厚江.从语言习得的特点看语文教学的科学化[J].中学语文教学,1997(7).

❸ 《普通高中语文课程标准(2017年版)》(以下简称《高中语文课标》)把"语言建构与运用"列为语文核心素养第一要素。

情况，我们通过梳理统计筛选出 1094 个汉字作为初中汉字学习的主要字料。我们希望借助这些学习材料，既可以解决《课标》汉字字料不具体的问题，又可以实现汉字学习贯穿九年义务教育的要求，还可以在小学汉字识字内容的基础上进一步深化汉字学习，探索出个体字料的共性特征。通过汉字现象，归纳汉字的特点、总结汉字的规律；探究汉字学习的方法，激发学生的汉字学习兴趣，提高汉字学习的效率。

二、汉字学习内容

选定汉字材料的目的是明确汉字学习的具体内容，汉字学习应渗透汉字学理知识。早在 20 世纪六十年代，著名语言学家、教育家张志公就提出，初学阶段的汉字教学，第一个学期结合拼音进行识字，第二个学期就"可以完全按照汉字的识字规律独立进行，不与拼音识字结合"。[1] 识字教学只有依据汉字的特点和规律而行，建立学生对汉字的感性认识，才能让学生拥有独立识字的能力。为此，他认为："经过了幼教和小学的语言训练和语文教学，十二岁左右的孩子们对语言已经具备了丰富的感性知识和足够的实践活动，进入初中之后，应该并且完全可以像其他各门学科一样，以系统的理性知识为先导，并以知识系统为序，组织全部语文课"，使语文教学由感性到理性，有序且有效。[2]

改革开放以来，张志公先生尖锐地指出汉字学习的主要问题是"忽视知识教育"，他说："我国本来有起源很早的、很发达的文字、训诂之学，稍后有声韵之学。然而在基础教育中并不教文字、训诂、声韵的知识。教字，教文章，也不运用这些知识"，导致汉字教学"始终没建立起适用于汉字教学的知识体系"，使汉字教学长期处于"一种自发而非自觉的、凭朦胧的感觉和经验办事的状态，靠老师耳提面命，靠孩子们自己体会、摸索"。[3] 汉字教

---

[1] 张志公.关于改革语文课、语文教材、语文教学的一些初步设想(下续)[J].课程·教材·教法,1985(5).

[2] 张志公.关于改革语文课、语文教材、语文教学的一些初步设想(上)[J].课程·教材·教法,1984(6).

[3] 张志公.关于改革语文课、语文教材、语文教学的一些初步设想(中)[J].课程·教材·教法,1985(1).

学失去了理论指导,纵然小学期间"有了大量的时间,积累了丰富的经验,具备了充分的感性知识",然而进入中学后"始终不向孩子们提供系统的汉字知识",让汉字教学变得高深莫测。为此他态度鲜明,认为"这种认识是错误的,对于提高下一代所需要的语文能力是不利的,应当彻底改变"。❶ 汉字学习必须以汉字学理论为指导,汉字学习不能忽视汉字理论及汉字知识教育,唯有重视汉字理论与汉字知识教育,才能从根本上使汉字学习摆脱自发而成为自觉。

汉字学习作为语文学习的基础是需要"花大力气"去对付的,将汉字的宏观理论研究及早地介入汉字学习中,也是著名文字训诂学家、普通高中课程标准研制组组长王宁先生的一贯主张,她曾在诸多论述中反复强调汉字学理对汉字学习的指导作用。

1996年,王宁发表了《汉语语言学研究新思路》一文,提出"从变动的事实中寻求定则"的语言学研究新思路,她说"所谓从变动中归纳定则,首先要承认变动不居不等于随意而为,变动是在一定的范围内、受一定条件的限制、按自身变动的可能性来进行的。找到变动的范围,提出变动的条件,把它们与语言自身的可变因素结合起来,便归纳出了定则。这种'则'可以管住汉语中的各种现象,属于活的汉语的法则"。❷ 这种从实际的语言现象中归纳活的汉语法则的做法,同样适用于汉字学习,1094个汉字散落在初中各册语文教材中,从这些汉字材料中归纳出这批字的汉字特点及规律,就可以有效地进行初中汉字学习。

在《汉语语言学与语文教学》(2000年)一文中,王宁先生明确指出将汉语语言学与语文教学有机结合起来的观点,她说"不论是中小学语文课还是高校中文系,作为学科的总体内容建构,应当看到它们之间的有机联系"。"语言学是发掘、探讨语言规律的,而语文教学是要在明确语言规律的前提下逐步自觉起来的",所以语文教学必须接受语言学的指导。同理,汉字教学也必须接受汉字学的指导。在《汉字教学的原理与各类教学

---

❶ 张志公.关于改革语文课、语文教材、语文教学的一些初步设想(下)[J].课程·教材·教法,1985(4).

❷ 王宁.汉语语言学研究的新思路——读启功先生《汉语现象论丛》[J].传统文化与现代化,1996(4).

方法的科学运用（上）（下）》一文中，王宁先生对现在汉字教学存在的问题进行了细致分析，指出汉字教学出现种种问题和误区的原因是"汉字学理论和教学理论的指导作用发挥不足"，提出汉字教学"不能只讲教法，不讲学理"，强调在汉字教学的过程中，"要遵循汉字自身的规律，接受科学汉字学的指导"。她认为："不能因为教学内容显示出的知识不多，就认为教育者所需的知识也很简单"。❶ "从学生的角度看，新知识和陈旧的知识，对于他们都是新的……问题在于老师对难易程度的感觉常常来自自己是否熟知，而新知识是需要学习的"。"教师必须走出以自己是否熟知来作为衡量难易度标准的误区，才能真正解决语文教材更新的问题"。❷ 只有教师真正地掌握了汉字学理论和知识，才能在汉字学理论指导下讲解汉字，使汉字学习在内容上体现汉字学理，科学讲解。

人民教育出版社中学语文教材特约编审钱梦龙在《学习语言：语文教学本体的回归——评洪镇涛老师的语文教学本体改革》一文中进一步指出："我国传统语文教学最值得重视的一条经验，就是从教儿童识字开始，整个教学过程都非常符合汉语言文字的特点"。❸ 在文中他列举出汉语言文字的特点：一是"汉语单音节词占绝对优势"，二是"汉语不是一种形态语系，它不像英语或俄语那样必须依靠严格的形态变化显示句子的语法关系。汉语是一种'人治'语言，不是'法治'语言，遣词造句主要依靠词语的语境意义和语感"。根据第一个特点，"我们的祖先编写了句式整齐的'韵语式'识字课本（蒙书）"，"成功地解决了儿童识字的问题"。根据第二个特点"中国人写文章，即使不懂语法，全凭语感照样可以写得文从字顺，不犯语法错误"。通过重视熟读和背诵，成功地解决了"培养书面语感、大量积累语言材料、提高读写能力和语文素养"的问题。可见，只有符合语言文字特点的语文教学才是成功的教学。

而在汉字学习中吸收汉字学理的研究成果，不仅继承了传统汉字教学的宝贵经验，也遵循了汉字的特点，体现了汉字学习的本质。

---

❶ 王宁.汉字教学的原理与各类教学方法的科学运用(上)[J].课程·教材·教法,2002(10).

❷ 王宁.语文教学与提高语言运用能力[J].中学语文教学,2005(8).

❸ 钱梦龙.学习语言:语文教学本体的回归——评洪镇涛老师的语文教学本体改革[J].中学语文教学,2003(2).

三、汉字学习方法

汉字学习是学生在教师指导下掌握汉字学理知识的过程,所以学生、教师及汉字知识是汉字学习过程中十分重要的因素,每一个要素都关涉汉字学习的效率。学生作为汉字学习的主体,每个个体之间不仅存在个体差异,而且还存在着群体差异;不同学段的学生在心理认知方面各有其特点,因此汉字学习也应根据学生已有的知识积累和心理认知程度而有所侧重和不同。在初学阶段,汉字教学的难度较大。张志公认为,不仅要让孩子们"从初学汉字的困难中解脱出来",还要让孩子们"把汉字学好,学够数,学扎实,写好"。有效解决初学阶段汉字学习的难题,是提高其他学段汉字教学质量和速度的前提。

汉字学习是一个过程,具有阶段递进性的特点,前一阶段是后一阶段的基础,后一阶段是在前一阶段基础上的提升。王宁在《汉字教学的原理与各类教学方法的科学运用(上)》一文中将小学汉字习得过程划分为初期积累阶段、中期积累阶段和后期积累阶段,并且对三个阶段的递进性特点做了具体的说明,见表1-5。

表1-5 小学汉字学习过程的阶段递进性与速度变化展示

	初期积累阶段——突破零的阶段
阶段性特征	(1) 学习者把单字字形与语素或单音词联系起来,从而把握了他的音和义; (2) 这一阶段难度最大,意义也最重大; (3) 因为这一阶段所识字的选定,直接影响下两个阶段教学的进展; (4) 这一阶段的合理与巩固程度,直接影响下两个阶段的教学效果
教学重点	增进识字的兴趣,往往是教学成功的重要前提
速度	这一阶段识字的进展一般是匀速的,快慢要由儿童的智力及学习兴趣决定
识字方法	(1) 由于没有任何系统可以依托,这些字的识别完全靠机械识记,而且是以对大轮廓的整体识记为主,不使用任何理性的分析; (2) 由于认字的量很少,无法实现组合,读音与明意只能是个体进行的
写字要求	由于对笔画的感觉还没有形成,写字在这一阶段也不能大规模展开
教学手段	利用朗读以语音来强化字形与口语的关联,利用构图来显示字形与语义的关联,成为两个重要的手段

续表

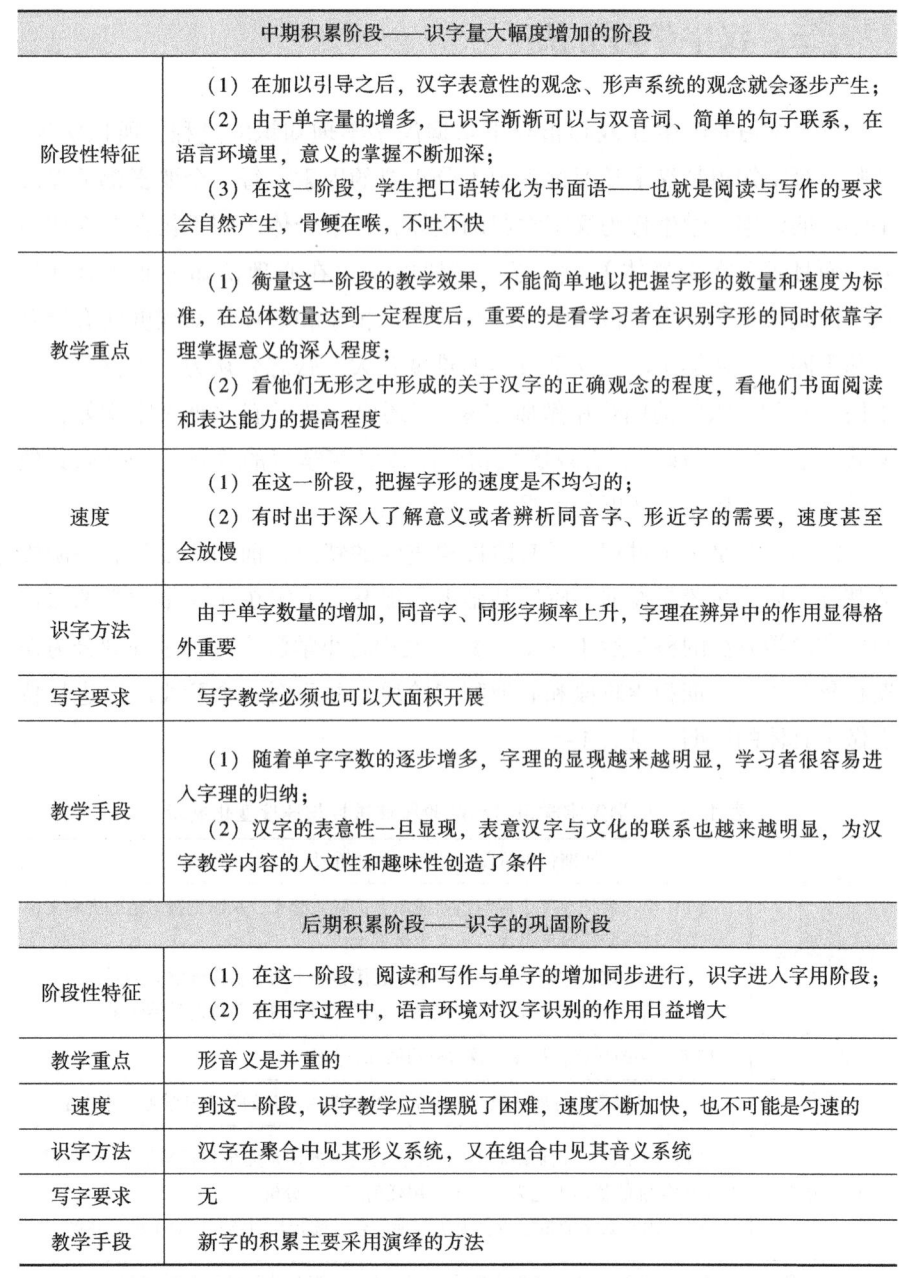

	中期积累阶段——识字量大幅度增加的阶段
阶段性特征	（1）在加以引导之后，汉字表意性的观念、形声系统的观念就会逐步产生； （2）由于单字量的增多，已识字渐渐可以与双音词、简单的句子联系，在语言环境里，意义的掌握不断加深； （3）在这一阶段，学生把口语转化为书面语——也就是阅读与写作的要求会自然产生，骨鲠在喉，不吐不快
教学重点	（1）衡量这一阶段的教学效果，不能简单地以把握字形的数量和速度为标准，在总体数量达到一定程度后，重要的是看学习者在识别字形的同时依靠字理掌握意义的深入程度； （2）看他们无形之中形成的关于汉字的正确观念的程度，看他们书面阅读和表达能力的提高程度
速度	（1）在这一阶段，把握字形的速度是不均匀的； （2）有时出于深入了解意义或者辨析同音字、形近字的需要，速度甚至会放慢
识字方法	由于单字数量的增加，同音字、同形字频率上升，字理在辨异中的作用显得格外重要
写字要求	写字教学必须也可以大面积开展
教学手段	（1）随着单字字数的逐步增多，字理的显现越来越明显，学习者很容易进入字理的归纳； （2）汉字的表意性一旦显现，表意汉字与文化的联系也越来越明显，为汉字教学内容的人文性和趣味性创造了条件
	后期积累阶段——识字的巩固阶段
阶段性特征	（1）在这一阶段，阅读和写作与单字的增加同步进行，识字进入字用阶段； （2）在用字过程中，语言环境对汉字识别的作用日益增大
教学重点	形音义是并重的
速度	到这一阶段，识字教学应当摆脱了困难，速度不断加快，也不可能是匀速的
识字方法	汉字在聚合中见其形义系统，又在组合中见其音义系统
写字要求	无
教学手段	新字的积累主要采用演绎的方法

由表1-5可知，小学阶段汉字学习过程的递进性与识字速度的变化关系，随着识字数量的逐步增多，学生认知水平和思维能力的提高，其识字

速度发生变化的同时，识字要求也随之提高。

钱梦龙在《改进中学文言文教学的设想和试验》中指出：语文教学要"适当讲一些汉语言规律，进行一些语言分析，是完全有必要的"，而且有重点地讲解汉语规律的确对语文学习有帮助。接着又强调："对整个中学阶段的文言文教学要有一个通盘的计划"。❶ 他建议低年级通过熟读培养语感，进入中学阶段的后期，要学一些语言规律，以促进对汉语的学习。同样，在初中汉字学习方面，也应该适当引入汉字学理，加深对汉字的认识和理解，作为小学汉字学习阶段递进性的延续和高中汉字学习的递进过程。把握各学段学生的认知特点和学生学习汉字的主要问题，是汉字学习过程更加有效的基础和保障。

教师作为汉字学习的指导者，其构想会直接影响汉字学习的效果。钱梦龙说："教师的所有教学活动都应该有助于学生正确、熟练地理解和运用祖国的语言文字"。这是他认定的语文教学之"根"。汉字教学不应该成为阅读教学、写作教学的附庸，而应该成为语文教学的根基。❷ 教师首先要保证汉字学习的独立性和基础性，再谈汉字学习的科学性。

其次，教师应秉承"教无定法"的原则，王宁在《汉字教学的原理与各类教学方法的科学运用（下）》一文中对目前已有的各种汉字教学方法，如韵语识字、注音识字、字族文识字、字理识字、集中识字和分散识字进行了详细分析，在介绍各种方法优长的同时也指出了各种方法存在的局限，并说明"没有一种教学法是适用于教学的各个阶段以及各种汉字字符的，也没有一种一元化的识字教学法是万能的、没有局限的。过去的一些被称作教学法的经验总结都是有价值的，它们属于不同的教学途径和不同的教学切入口，适用于不同阶段，彼此并无对立性，应当相互取长补短，自觉地综合使用，因地因时甚至因人而具体选用"。还特别强调："在小学基础教育的汉字教学领域，应当遵循'理有定则，勿离勿违'和'教无定法，殊途同归'的原则，提倡汉字科学与认知心理科学同时进入课堂，树立教学经验与教学手段必须提高到理性的科学意识。没有上升为理性的个人经验不宜推广，即使是科学有效的方法也不宜作为唯一的方法形

---

❶ 钱梦龙.改进中学文言文教学的设想和试验[J].语文学习,1980(3).
❷ 钱梦龙.改进中学文言文教学的设想和试验[J].语文学习,1980(3).

成'流派'去让大家硬性模仿","应当提倡教学方法与教学策略的多元化"。❶ 因此,教师面对不同的学生、不同的汉字,讲解的方法应该是不同的,这也是汉字学习方法科学化的要求。

最后,教师要树立"方法可以选择,学理不能违背"的教学理念,即要依据汉字构形规律科学地讲解字理,"就是要在不违背汉字构形规律和演变规律的前提下,对构意直接、明确的字加以准确讲解;或对需要经过推源再来讲解的汉字,推源后再来讲解。在讲解个体汉字时,要把它放到汉字构形系统中去,找到它应有的位置再来讲解"。这既是汉字教学所须遵循的"普遍学理",也是汉字学理论指导汉字教学即汉字研究介入汉字教学的具体阐释。"学理"是汉字教学最好的方法和最基本的原则,只有如此,才能在人讲错汉字时,运用汉字构形学的原理指出其错误。这是王宁提出"汉字教学科学化"主张的核心思想,也是老一辈语言学家张志公及语文教育家顾黄初和钱梦龙等人的共同愿望。要想把汉字教学提高到"汉字教育"的高度,就要把汉字教学所忽视的内容在汉字教学中重视起来,重视汉字教学经验与手段的科学意识的建立,重视汉字特点及规律,重视汉字学理论的指导,重视汉字学原理。

此外,教师还应对汉字学习有统筹规划。张志公在其系列文《关于改革语文课、语文教材、语文教学的一些初步设想(上)(中)(下)(下续)》中对汉字教学发表了自己的看法,他认为汉字教学应有统筹规划,合理安排中小学汉字教学内容,这不仅要考虑学生的已有积累,还应在此基础之上有所提升,有计划地、有目的地将一些理性知识渗透于汉字教学。❷ 打破若干世纪以来汉字教学不科学、无定序、目标不明的杂乱状态,科学系统地规划不同阶段的汉字教学。这一点钱梦龙也极为赞同,并提醒教师要注意统筹过程中的侧重,包括各学段的侧重和各知识点的侧重。❸

那么,该如何将汉字学知识引入汉字学习呢?黄厚江在《谈语文学科

---

❶ 王宁.汉字教学的原理与各类教学方法的科学运用(下)[J].课程·教材·教法,2002(11).

❷ 张志公.关于改革语文课、语文教材、语文教学的一些初步设想(下续)[J].课程·教材·教法,1985(5).

❸ 钱梦龙.改进中学文言文教学的设想和试验[J].语文学习,1980(3).

的知识观》一文中有详细的阐述,他说"让知识的学习和各种语文学习活动融合在一起",融合的过程"一定要根据具体情况随机渗透",不可将知识系统化、复杂化。❶黄厚江指出了汉字学理介入汉字学习的具体方法,即"随机渗透",但"随机"并非"随意",而是有计划、有目的、有侧重地渗透,是教学全面安排计划之后的教学行为。

因此在汉字学习方法科学化方面有三个基本原则:一是汉字学习方法的层级性原则;二是汉字学习方法的多元性原则;三是汉字学习方法的统筹规化原则。这三个原则相辅相成,同步共存于汉字学习的全过程。

第三节 初中汉字学习材料的梳理与探究

一、初中汉字学习材料的选择

(一)选择依据

1. 理论依据

从认知规律来看,人类认识世界是从个别到一般,由具体到抽象的过程,这是人类认识的一般规律,也是所有学习要经历的过程。

从汉字特点来看,汉字是记录汉语的书写符号体系。看似一个个孤立的汉字表象下,其实,汉字内部所呈现的却是一个彼此联系且有序存在的符号系统,这是汉字系统性的表现。就汉字而言,只有当个体汉字累积到一定数量后,汉字间的相互关系才会显现出来。因此,汉字的数量对于汉字学习而言是十分重要且必要的,所以封闭状态下一定数量的汉字材料更适于汉字学习。

正如万献初所说:"要建构一套理论,必须有一套相对封闭的材料系

---

❶ 黄厚江.谈语文学科的知识观[J].语文建设,2006(10).

统,如果材料是全开放的,理论就没有一定的准则,也就无所适从"。❶ 这虽然是针对理论构建研究而言,但同样适用于汉字学习。也就是说,某一阶段的汉字学习必须借助于一定数量的汉字材料,而且这批材料要相对封闭,即范围确定。这是中国传统语言文字学研究的常例。章太炎在研究《说文解字》时,就是将《说文解字》作为汉字研究的封闭系统,研究汉字的发展规律。王宁先生在研究汉字构形规律时用的也是同样的方法,她通过对断代汉字构形系统的封闭式研究,总结汉字构形的总体规律,由此创建了汉字构形学理论。

因此,想要掌握汉字的规律和特点就必须要有一批经过整理的相对封闭的字料,这批字料既是归纳汉字现象、总结汉字规律的重要凭依,又是学习汉字和掌握汉字的基础。

2. 实践依据

从实践要素来看,任何实践必须具备实践对象。就汉字学习而言,其实践对象就是汉字,也就是说汉字学习正是通过对汉字材料的梳理与探究来完成学习目标。故此,汉字材料是汉字学习的凭借物,如果没有汉字材料,汉字学习就成了无源之水、无本之木;汉字教学就成了无对象、无目标的教学。

3. 现实依据

汉字是一切教育的基石。识字与写字是语文学习的重要内容,也是阅读和写作的基础,还是贯串整个义务教育阶段的重要教学内容。作为义务教育阶段的初中学段,汉字学习理应构建科学的汉字教育体系,且应为学生提供可汲取的汉字学习经验和方法。可是,我们在对大量初中语文教学实录观摩浏览及对相关汉字教学研究文献进行测查梳理时发现,教师在教授汉字时,往往是随机且任意的选取,对初中汉字学习的内容没有做到统筹规划,也看不出合理安排。究其原因,是《课标》对初中汉字学什么只有"累计认识常用汉字 3500 个左右"的"量"的要求;不仅如此,初中语文教材也没有像小学课本那样设置有明确的"生字表",所以在学"哪些字"的选择方面往往由教师自行决定,且存在着较大的随意性。选择上

---

❶ 万献初.章太炎在汉字理论上的贡献[J].长江学术,2006(4).

的无依据、无标准，内容上的随意而为，使所学的汉字知识不易归纳与整合，必然会产生知识碎片化的结果，这不仅直接影响了学生对汉字特点的感受和规律的把握，也使初中汉字教学成了语文教学的附属，"少慢差费"现象不可避免，汉字在语文学习中的基础作用无从发挥。

汉字学习是语文学习的管钥和津梁，所以汉字学习材料的确定，无论是从汉字学习的效果还是从发挥汉字教育的基础作用方面，无疑都是有效可行的方法选择。

（二）选择目的

1. 巩固小学汉字学习成果

小学汉字学习材料是确定的，主要体现为教材的识字表和写字表中的生字，按《课标》要求小学阶段累积识字为 2500 字左右。在初中汉字学习中怎样巩固小学汉字的学习成果呢？根据前文对《课标》内容的分析，巩固的主要内容是汉字所体现出来的特点、规律，而并非汉字的音、形、义。考虑到小学和初中学生在思维发展方面的差异，初中汉字学习是在对汉字进一步积累的基础上，增强学生对汉字现象的感受，使学生通过现象对汉字产生一定的感性认识，最终上升到理性认识。

2. 落实《课标》在初中汉字学习方面的要求

2022 年版《课标》相较 2011 年版《课标》，虽在汉字学习内容方面提出了一些要求，但在具体学习哪些汉字，了解、掌握汉字的哪些特点及规律方面却仍未做具体的说明。因此，我们希望通过梳理初中语文教材汉字教学材料，能够确定初中汉字学习的具体字料，明确汉字学习的目标，以更好地落实《课标》在初中汉字学习方面的要求。

3. 续接高中汉字的学习内容

通过对《课标》的研读和各学段学生认知特点的分析，小学和初中的汉字学习重点是积累汉字材料，对汉字的特点和规律产生感性认识；高中汉字学习的重点是探究汉字的特点和规律，能够在一定程度上形成对汉字的理性认识。初中作为一个承上启下的过渡学段，一方面需要继续积累汉字材料，以增加学生对汉字的感性认识；另一方面又需要为学生在高中阶段对汉字进行理性探究做好铺垫,所以初中汉字学习的重点在于梳理汉字材料,即对汉字产生"知性"认识的过程,并由此搭建好"感性"到"理性"的桥梁。

(三) 材料确定

在确定初中汉字学习材料时,我们采用了数理分析与统计的方法,就是先将统编初中语文六册教材❶中的所有课文文本输入计算机,文本的汉字数量为 21.82 万字;通过去重处理,最后所得 3941 个汉字,即初中语文教材不重复汉字的总数。但是因初中汉字学习是以小学汉字为基础,因此,我们又将 3941 个汉字与小学识字表所列 3004 个❷汉字再进行去重,所得 1094 个汉字即为初中新学汉字的内容和数量。统计结果与《课标》在小学毕业累计认识常用汉字 3000 个左右和初中毕业累计认识常用汉字 3500 个左右的数量要求基本吻合,具体内容见表 1-6。

表 1-6　统编初中语文汉字学习字表

音序	汉字	数量/个
A	皑 霭 隘 碍 嗳 暧 鞍 盎 凹 敖 遨 坳 澳	13
B	芭 笆 跋 颁 阪 梆 谤 磅 褓 陂 狈 匕 秕 鄙 庇 陛 敝 裨 弊 髀 贬 匾 汴 辫 彪 骠 嫖 镖 婊 憋 瘪 濒 髌 丙 帛 钹 鹁 渤 箔 礴 簿	42
C	惭 粲 沧 漕 槽 嚓 茌 搽 猹 镲 诧 掺 搀 谗 婵 禅 孱 潺 蝉 阐 忏 羼 氅 伥 倡 钞 晁 掣 嗔 忱 龀 逞 骋 蚩 笞 嗤 弛 叱 炽 敕 忡 舂 宠 惆 滁 怵 侜 假 蠢 揣 踹 疮 怆 椿 蠢 戳 辍 疵 茨 祠 雌 龇 赐 枞 诅 猝 蹴 撺 蹿 簒 崔 啐 悴 毳 瘁 粹 撮 挫 屑	79

---

❶ 为了确保统计的有效性、准确性,我们全部使用 2019 年出版的统编初中语文教材中的内容。

❷ 小学汉字材料的数量是根据生字表所列生字,经过去重后统计出来的,初中因没有生字表,故而采用全面测查的方式进行汉字数量的统计。

续表

音序	汉字	数量/个
D	嗒 跶 岱 殆 怠 眈 殚 箪 掸 诞 萏 惮 澹 凼 砀 捯 悼 噔 蹬 获 涤 诋 坻 砥 蒂 缔 掂 滇 癫 佃 淀 恬 奠 凋 貂 迭 仃 铤 锭 窦 渎 牍 笃 赌 缎 兑 敦 遁 哚 哆 掇 铎 踱 垛 剁 舵 堕	57
E	俄 厄 遏 愕 嗯	5
F	伐 珐 蕃 舫 妃 菲 绯 霏 翡 柿 肺 痱 氛 忿 烽 冯 讽 凫 孚 佛 蚨 匐 辐 辅 腑	25
G	呷 尬 丐 尴 擀 杠 皋 羔 睾 膏 篙 缟 镐 戈 咯 鬲 嗝 骼 硌 亘 庚 羹 梗 肱 躬 觥 佝 彀 鸪 辜 汩 锢 呱 寡 卦 棺 掼 鹳 犷 硅 轨 诡 列 郭	44
H	骇 函 涵 捍 菡 颔 翰 沆 蒿 嗥 壕 嚎 濠 郝 耗 皓 嚆 涸 阖 赫 壑 嗨 亨 姮 烘 弘 鸿 呼 囫 弧 鹄 槲 猾 槐 獾 寰 擐 宦 浣 痪 豢 徨 篁 幌 麾 茴 洄 荟 恚 彗 霍	51
I	\	0
J	讥 玑 唧 敫 缉 畸 跻 稽 羁 汲 楫 辑 戟 麂 稷 髻 骥 挟 枷 葭 嘉 戛 奸 歼 缄 蒹 鞯 拣 贱 谏 姜 缰 弶 狡 醮 嗟 诘 拮 喝 届 衿 浸 靳 噤 旌 兢 迥 炯 鸠 啾 灸 臼 咎 柏 雎 鞠 咀 榉 飓 涓 胃 噘 诀 抉 厥 谲 钧 皲 郡	70
K	咔 卡 龛 嵌 坎 槛 瞰 亢 尻 铐 苛 珂 柯 嗑 窠 恪 垦 抠 叩 骷 筷 诓 眶 盔 魁 夔 傀 匮 聩 鲲	30
L	癞 籁 婪 阑 谰 褴 斓 琅 烙 勒 镭 羸 棱 楞 骊 漓 罹 黧 哩 娌 枥 戾 隶 茘 栗 砺 蛎 笠 涟 镰 敛 链 梁 谅 僚 寮 燎 蓼 撂 镣 洌 獜 嶙 磷 廪 吝 冷 菱 棂 蛉 绫 琉 馏 绺 遛 陇 垄 娄 偻 髅 陋 镂 卢 泸 舻 庐 掳 橹 漉 辘 戮 潞 麓 峦 仑 囵 纶 逻 锣 骡 擝 间 吕 侣 褛	86
M	蟆 玛 蛮 曼 墁 熳 泯 莽 蟊 卯 耄 牦 袤 湄 寐 魅 焖 盟 檬 蜢 咪 縻 靡 谧 沔 冕 缅 缈 邈 茗 篾 皿 悯 冥 铭 暝 谬 馍 沫 蓦 嬷 鍪 沐 募 睦 穆	46

续表

音序	汉字	数量/个
N	拏 楠 赧 囊 讷 馁 妮 怩 霓 匿 睨 拈 捻 碾 廿 聂 涅 啮 镍 蹑 恁 柠 忸 侬 哝 奴 驽 虐 喏	29
O	噢	1
P	钯 帕 攀 蹒 叛 彷 刨 裴 沛 珮 辔 怦 砰 烹 鹏 砒 噼 圮 睥 骈 缥 瞟 瞥 频 颦 聘 娉 钋 叵 仆 匍 菩 蹼	33
Q	萋 岐 顾 脐 畦 崎 琪 蕲 鳍 杞 迄 契 葺 阡 虔 倩 羌 戕 蜣 锵 樯 襁 橇 乔 谯 憔 樵 撬 鞘 妾 锲 箧 钦 衾 檎 寝 沁 氢 擎 磬 馨 穹 琼 逑 遒 裘 岖 诎 趋 瞿 觑 蜷 髯 犬 呔 阙	56
R	髯 冉 壤 攘 娆 壬 仁 韧 溶 冗 儒 濡 孺 蠕 汝 阮 蚋 闰 箬	19
S	萨 糁 搡 臊 涩 啬 僧 砂 莎 啥 删 苫 姗 跚 陕 膳 殇 捎 杓 韶 赦 麝 肾 椹 蜃 笙 甥 蚀 矢 逝 轼 适 噬 狩 抒 枢 淑 孰 塾 黍 署 蜀 戍 庶 墅 漱 唰 孀 舜 朔 唑 厮 祀 俟 涘 嗣 淞 怂 悚 竦 讼 颂 嗖 叟 夙 粟 塑 溯 蒜 簌 睢 髓 邃 妥 蓑 嗦 唢	77
T	沓 踏 鞳 坍 瘫 潭 袒 瑭 镗 傥 忒 滕 倜 惕 恬 腆 蜩 髫 鲦 帖 汀 婷 霆 嗵 潼 瞳 捅 凸 秃 堍 湍 抟 蜕 褪 屯 妥 拓 柝	38
U	\	0
V	\	0
W	剜 丸 纨 惋 绾 罔 惘 逶 韦 帷 惟 嵬 伪 纬 猥 艉 畏 尉 渭 蔚 瘟 涡 喔 斡 诬 毋 妩 牾 兀 骛 窳	31
X	兮 汐 析 奚 晞 浙 翕 犀 熙 嬉 曦 徙 屣 辖 黠 罅 涎 娴 舷 跣 宪 湘 肖 萧 箫 霄 洨 楔 邪 胁 偕 卸 亵 榭 薪 馨 腥 荇 匈 夐 朽 戍 墟 嘘 叙 恤 溆 婿 轩 玄 漩 眩 渲 薛 谑 勋 薰 曛 醺 旬 峋 徇 殉	63

续表

音序	汉字	数量/个
Y	押 琊 狥 怏 腌 湮 妍 阉 筵 俨 巇 飏 怏 侥 肴 姚 瑶 杳 曜 噎 曳 邺 烨 谒 袆 咿 铱 揖 壹 噫 夷 饴 贻 颐 彝 佁 迆 弋 吃 邑 绎 驿 昳 弈 奕 翌 斁 臆 懿 淫 尹 嘤 缨 膺 萦 颖 媵 佣 雍 臃 恿 踊 攸 铀 酉 黝 佑 柚 宥 釉 迂 纡 于 欤 盂 娱 逾 腴 渝 虞 愚 伛 驭 妪 峪 谕 裕 鹬 鸢 垣 袁 辕 苑 陨 孕 酝 愠 缊 蕴	99
Z	匝 赃 簪 攒 暂 鄹 赃 臧 奘 蚤 喳 噆 铡 札 闸 乍 斋 詹 辗 彰 漳 獐 账 嶂 幛 瘴 昭 沼 诏 棹 辄 谪 辙 褶 柘 贞 侦 砧 祯 斟 榛 箴 铮 衹 旨 芷 沚 枳 炙 峙 陟 贽 挚 铚 室 滞 雉 冢 踵 妯 咒 侏 诛 铢 舳 麈 伫 杼 贮 嵏 撰 篆 椎 赘 涿 卓 斫 酌 琢 濯 鹭 孜 兹 锱 髭 姊 梓 恣 眦 渍 鬃 邹 诹 诅 纂 槜 嘬 佐 作	100

二、初中汉字学习材料的梳理

陆宗达先生曾说：“中国'小学'的重要传统是'为实'，也就是严格地从文献语言材料出发，不事空谈，不作空泛的推论"。❶ 陆宗达先生把自己研究工作的基点放在对语言材料的解读、辨认、分析和归纳上，因此他提出的理论既来自语言材料，又适用于语言材料。为此，我们通过对初中汉字学习材料的梳理，力求总结归纳出这批汉字学习材料的特点与规律，为初中汉字教学打下坚实的基础。

（一）初中1094个汉字材料的整理与归纳

1. 1094个汉字形义关系及文字学属性的测查与整理

我们依据音序排列的方式，从形、音、义三方面，测查了1094个汉字的"六书"类型、构形模式、古文字形、繁简字形、现代读音、偏旁部

---

❶ 陆宗达.我的学、教与研究工作生涯[J].文献,1986(10).

首、本义及在初中语文教材中的文中义等内容，整理出"1094个汉字基本属性测查表"和"1094个汉字形义关系分析统计表"。

为了对1094个汉字有更细致、更全面的了解和认识，也为了在考察个体汉字的基础上探究1094汉字所体现出的汉字总体规律和特点，我们逐字分析了1094个汉字构形与字义间的关系。

从现代楷书简化字形来看，1094个汉字的形义关系体现为形义统一和形义不统一两种情况。形义统一关系，表明字形"理据清晰"；形义不统一关系又分三种情况：即"理据丧失""形不表义""形义脱节"，此外还有一种"形义不明"的情况。具体情况见表1-7。

表1-7 1094个汉字形义关系数据统计

形义关系		数量/个	占比/%
统一	"理据清晰"字	971	88.76
不统一	"理据丧失"字	46	4.20
	"形不表义"字	48	4.39
	"形义脱节"字	7	0.64
不明	"形义不明"字	22	2.01

"理据清晰"字是指汉字的构形能够清晰地体现构意，形义关系是统一的，字形是可以解说的。"理据丧失"字是指在汉字发展演变过程中，构形全部或部分失去构意，现代字形的全部或部分不可解说，变成无理据字或半理据字。"形不表义"字是指汉字的构形只记录音节并不体现构意，这种字大多是连绵字、迭音字或译音字。"形义脱节"字是指假借用字现象，因字形并非为借义而造，所以构形与字义没有关系。"形义不明"字是指构形所体现出的构意，无法解释此字在使用层面上的意义。

由表1-7可知，"理据清晰"字有971个字，占比接近90%；"形义关系不统一"及"形义不明"字共有124个字，所占比例只有10%左右。数据显示数量最多，所占比例最大的分别是"理据清晰"字和"理据丧失"字；"理据清晰"字不仅在数量上占绝对优势，关键是其形义关系统一，字形可以解说，自然成为初中汉字学习的主要内容。"理据丧失"字，虽然较之"理据清晰"字在数量上差距较大，但相较其他形义关系类型的字,数量相对较多,最重要的是这批字通过古文字形溯源的方式,能够恢复其形义关系,所以仍然是可以讲解的。据此,我们确定初中汉字学习的主要内容和重点讲授对象是"理据清晰"字和"理据丧失"字,共计1017个字。

2. 1017个汉字的构形情况

(1) 971个"理据清晰"字的构形模式。

汉字是记录汉语的视觉符号体系,在形音义三个要素中,因其音与义来源于所记录的汉语,所以只有形为汉字的本质要素。因此,研究汉字,只有"把字形作为汉字的中心来探讨,才能从理论上研究其内在的规律"。❶ "汉字构形的最大特点是根据所记录汉语词的意义来构形,也就是据义构形。因此,汉字的形体总是携带着可供分析的意义信息,这就决定了分析汉字构形的两个不可缺少的方面——构形与构意"。❷ 汉字的构形单位是构件,构件在汉字构形中的功能作用体现为构意。王宁先生依据汉字构形的共时描写与历时比较,总结归纳出构件的四种功能:表形功能、表义功能、示音功能及标示功能,汉字由不同功能构件的相互组合,即可形成11种不同的构形模式,见表1-8。❸

表1-8 11种汉字构形模式与"六书"对照

全功能构件+0	零合成字	象形(独体字)
		指事(独体字)
表形构件+标示构件	标形合成字	指事(采用标示构件的字)
表义构件+标示构件	标义合成字	
示音构件+标示构件	标音合成字	形声(有示音构件的字)
表形构件+示音构件	形音合成字	
表义构件+示音构件	义音合成字	
各类构件+示音构件	有音综合合成字	

---

❶ 王宁.系统论与汉字构形学的创建[J].暨南大学学报(哲学社会科学),2000(3).
❷ 王宁.汉字构形学导论[M].北京:商务印书馆,2016:55.
❸ 王宁.汉字构形学导论[M].北京:商务印书馆,2016:139.

续表

全功能构件+0	零合成字	象形（独体字）
		指事（独体字）
表形构件+表形构件	会形合成字	会意（无示音构件的字）
表形构件+表义构件	形义合成字	
表义构件+表义构件	会义合成字	
各类构件（无示音）	无音综合合成字	

从表1-8可知，汉字构形模式比传统"六书"的分类更加细致，"各时代的汉字都可以囊括，它可以体现'六书'的基本原理，避免了'六书'的局限，也能涵盖前四书"❶，在理论和操作上都是可行的，故我们运用"汉字构形系统理论"分析971个"理据清晰"汉字的构形与构意，其构形模式可归纳见表1-9。

表1-9　971个汉字构形模式数据统计表

构形模式	例字	数量/个	占比/%	总计/个
全功能零合成字	凹匕戈亯亨白亢皿廿犬冉矢凸屯毋兀弋酉乍	19	1.96	971
形音合成字	匩宥	2	0.21	
义音合成字	皑霭隘碍嗳暧嗌遨坳澳芭笆跋颁阪梆谤磅裸陂狈枇鄙庇陛裨弊髀贬汴辫骠镖憋髯帛钹鹁渤箔磻簿惭糁沧漕槽嚓茌搽猹镲诧掺搀迤婵禅潺巉闸忏氅怅倡钞晁掣嗔忱逞骋哧答嗤弛叱炽敕仲宠惆畴滁怵揣踹疮怆椿蠢戳辍疵茨祠雌龇赐枞殂猝蹴揣蹲簒崔瘁悴瘁粹挫厝嗒跶岱殆怠眈殚箪掸诞惮澹砀捯噔蹬荻涤诋抵蒂缔掂滇癫淀惦洞貂迭铤铤窦渎牍笃赌缎敦遁咄掇铎踱垛剁舵堕俄遏愕嗯蕃	838	86.30	

---

❶ 王宁.汉字构形学导论[M].北京:商务印书馆,2016:140.

续表

构形模式	例字	数量/个	占比/%	总计/个
义音合成字	舫 妃 菲 绯 霏 翡 柿 肺 痱 氛 忿 烽 冯 讽 凫 佛 蚨 辐 辅 腑 擀 杠 皋 羔 膏 篙 缟 镐 咯 嗝 骼 硌 梗 肱 躬 觥 佝 觳 辜 汩 锢 呱 卦 棺 掼 鹳 犷 硅 轨 诡 刿 郭 骇 捍 颔 翰 沆 蒿 嗥 壕 嚎 濠 郝 耗 皓 嗬 涸 阖 嗨 姮 烘 弘 鸿 呼 弧 鹄 槲 猾 槐 獾 寰 鬟 浣 痪 豢 篁 幌 洄 恚 讥 玑 唧 敫 缉 畸 跻 稽 汲 楫 辑 戟 麂 稷 髻 骥 枷 葭 嘉 奸 歼 缄 蒹 鞯 拣 贱 谏 姜 缰 彊 狡 嗟 诘 拮 碣 屆 衿 浸 斯 噤 旌 腈 炯 鸠 啾 灸 柏 雎 鞠 咀 榉 飓 涓 冒 嚓 厥 谲 钧 鞍 郡 咔 龛 嵌 坎 槛 瞰 尻 铐 苛 珂 柯 嗑 窠 恪 垦 抠 叩 骷 筷 诓 眶 盔 魁 傀 聩 鲲 癞 籁 阑 谰 澜 琅 烙 勒 镭 羸 棱 骊 漓 鲡 哩 娌 枥 砺 蛎 笠 镰 敛 链 梁 谅 僚 寥 蓼 撩 镣 冽 粼 嶙 辚 磷 廪 吝 泠 菱 棂 蛉 绫 琉 馏 绺 遛 陇 垄 偻 髅 陋 镂 泸 舻 麓 掳 橹 漉 辘 戮 潞 簏 峦 纶 逻 锣 骡 摞 闾 侣 峦 蔓 墁 熳 螨 芒 耄 亥 湎 魅 咪 糜 靡 谧 汨 冕 缅 邈 篾 铭 谬 馍 沫 嬷 鉴 沐 募 睦 挈 楠 赧 蕠 讷 馁 妮 怩 霓 匿 拈 捻 碾 涅 镍 蹑 恁 侬 哝 弩 喏 噢 钯 帕 攀 刨 袤 沛 珮 怦 砰 鹏 噼 圮 睥 瞟 擘 擎 聘 娉 卟 仆 菩 蹼 妻 岐 颀 脐 畦 琪 蕲 鳍 杞 迄 茸 阡 倩 戗 蜣 锖 樯 褴 谯 樵 撬 鞘 锲 钦 衾 檎 沁 氢 擎 磬 馨 穹 述 逑 诎 趋 瞿 觑 蜷 犬 阙 壤 攘 韧 溶 儒 濡 孺 蠕 汝 阮 蚋 箬 萨 糁 搡 臊 僧 砂 莎 啥 苫 陕 殇 捎 韶 韶 赦 麝 肾 椹 蜃 笙 甥 逝 轼 适 噬 抒 枢 淑 塾 署 墅 漱 唰 孀 怂 厮 祀 侯 嗣 凇 讼 颂 嗖 塑 溯 蒜 籁 髓 遂 婆 唢 踏 坍 瘫 潭 祖 瑭 忒 滕 惕 恬 腆 蜩 鬏 鲦 帖 汀 婷 霆 嗵 潼 瞳 捅 堍 湍 抟 蜕 拓 柝 剜 惋 宛 绾 罔 惘 帷 惟 鬼 伪 纬 猥 渭 蔚 瘟 涡 喔 斡 诬 妩 捂 鹜 汐 晞 淅 犀 熙	838	86.30	971

续表

构形模式	例字	数量/个	占比/%	总计/个
义音合成字	嬉 屣 呷 辖 黠 罅 娴 舷 跳 湘 肖 萧 箫 霄 洨 楔 邪 亵 榭 馨 腥 荇 匈 朽 嘘 叙 恤 漱 婿 轩 眩 渲 谑 勋 薰 曛 醺 徇 殉 押 衙 腌 湮 妍 阉 筵 俨 巘 飏 怏 佯 肴 姚 瑶 曜 喧 邺 烨 谒 袆 咿 铱 揖 噫 饴 贻 佁 呓 绎 驿 映 弈 奕 翳 膺 懿 滢 嘤 膺 萦 颖 臃 踊 铀 黝 柚 釉 迂 纡 欤 盂 娱 逾 腴 渝 虞 愚 伛 妪 峪 谕 裕 鹬 垣 辕 苑 陨 酝 愠 缊 蕴 簪 攒 暂 鄹 赃 臧 蚤 唣 臢 铚 札 闸 詹 辗 漳 璋 账 嶂 幛 瘴 昭 沼 棹 辄 谪 辙 褶 柘 砧 祯 斟 榛 箴 铮 衹 芷 沚 枳 峙 挚 铚 室 滞 雉 冢 踵 胄 诛 铢 舳 麈 仁 杼 贮 撰 篆 椎 涿 斫 酎 琢 濯 鸷 孜 镯 髭 姊 梓 恣 眦 渍 鬃 邹 诹 诅 攥 樽 噘 怍	838	86.30	971
形义合成字	凶 隶 穆 甭 旬 尹 贞	7	0.72	
会义合成字	鞍 敝 匾 彪 嫖 婊 濒 屠 舭 蠹 毳 撮 佃 伐 孚 羹 寡 涵 赫 壑 宦 麾 荟 霍 羁 挟 夏 迥 咎 诀 抉 卡 楞 罹 戾 涟 燎 岷 莽 焖 盟 惘 冥 暝 哞 奴 叛 辔 烹 骈 契 虔 羌 憔 姜 篡 裘 鬈 仁 闰 删 膳 蚀 狩 戍 悚 竦 蓑 耷 褪 妥 尉 析 羲 曦 徙 涎 偕 卸 薪 墟 漩 杳 颐 缨 佣 攸 佑 驭 鸢 匝 奘 彰 诏 侦 炙 陟 赘 咒 咮 赘 兹 佐	103	10.61	
有音综合合成字	瘩 瘵	2	0.21	

从表 1-9 可知,"理据清晰"的 971 个汉字,根据不同构件功能的组合情况,可以归纳总结出 6 种构形模式,其中义音合成字(838 个)的数量最多,会义合成字(103 个)和全功能零合成字(19 个)次之;形义合成字(7 个)、形音合成字(2 个)和有音综合合成字(2 个)最少。从数据统计情况来看,义音合成字、会义合成字和全功能零合成字所占比例较大,据此可确定为初中汉字学习的主要内容,共计 960 字;后三种字形数量过少,构形规律不典型,故不作为初中汉字学习的主要内容。

(2)"理据丧失"字的构形模式探源。

理据丧失字共有46个,可以分为"半理据字"和"无理据字",这些汉字均可根据其古文字形恢复理据,据古文字形确定其构形模式,具体情况见表1-10。

表1-10 理据丧失字溯源古文字形构形模式情况统计

理据丧失字	溯源后构形模式	例字	数量/个	总计/个
半理据字	形义合成字	函	1	31
	标义合成字	聂	1	
	义音合成字	厄 奋 蘸 蔑 橄 琼 涩 黍 庶 胁 翌	11	
	会形合成字	邑	1	
	会义合成字	敖 羼 春 奠 睾 匝 粟 娄 虐 频 乔 冗 叟 粟 彝 孕 旨	17	
无理据字	义音合成字	卢 宪 雍 斋	4	14
	形义合成字	亘 兮 韦 畏	4	
	会义合成字	彗 仑 啬 埶 凤 夐	6	

根据表1-10可知,标义合成字、会形合成字和形义合成字一共只有7个(函、聂、邑、亘、兮、韦、畏),因数量甚少,故不作为汉字学习的主要内容;其余38个汉字与"理据清晰字"中的全功能零合成字(19个)、义音合成字(838个)和会义合成字(103个)相加共计999字,即确定为初中汉字学习的主要字料。

3. 999汉字的构形特点

在汉字研究的历史进程中,形体结构是其研究的重点,从未中断。传统的汉字结构分析方法是"六书",在前人研究的基础上王宁先生提出了"结构—功能"❶ 分析法。可见,了解和掌握汉字,重要的是掌握字形结构。据此,我们运用"汉字构形学理论"对初中汉字教学999个汉字材料

---

❶ 王宁.汉字构形学讲座[M].上海:上海教育出版社,2002:13.

的构形情况及构形模式进行了细致分析。

（1）理据清晰字。

1）全功能零合成字。

全功能零合成字，按照王宁先生在《汉字构形学导论》中的解释："它是由一个单独的成字构件也就是一个形素构成的，或者说，它从一开始就无法再行拆分。由于独体字没有合成对象，我们取语言学的'零'概念来指称它；也因为它没有合成对象，组成它的形素必须既表形义又表音，所以是全功能的"。并且认为"全功能零合成字"有两种类型：传承式和黏合式。"传承式零合成字是由古文字的独体象形字直接演变来的"。"黏合式零合成字是古文字阶段的合体字，是经过隶变、楷化发生变异，构件黏合而无法再分析的字"。

我们按照王宁先生对"全功能零合成字"的阐述，确定 971 个汉字中全功能零合成字为 35 个，通过对这 35 个字的细致分析，我们发现，若从这 35 个现代通用规范汉字的字形结构演变结果不能拆分来划分，"零合成字"又可细分为三种类型：传承式零合成字、黏合式零合成字及无法确定类型的零合成字。对传承式零合成字的来源，我们认为不只包括由古文字的独体象形字直接演变而来的字，还应包括一部分直接由指事字演变而来的字，这些字其古今字形对应关系清晰。而黏合式零合成字，在古文字阶段，其字形大多为合体字❶，只是经过隶变、楷化之后字形发生变异，使原来的多个构件因黏合而变为不可拆分的独体字，并使其形义关系变得不可解释，属于"理据丧失"字，但是其字形大都可以通过溯源恢复构意，从而依据古文字形来确定构形模式，阐述形义关系。

对于不确定式零合成字，我们认为其之所以成为零合成字，是由于现代所用的通用规范字形是楷书简化字形，而简化字形并非汉字在传承过程中自然变化的结果，是通过人为的简化方式（大多为"草书楷化"）所致，所以是汉字形体变化中的特殊情况，这部分字形无法与古文字形直接对应，且构意丧失，也应纳入"理据丧失"字。这些字需要通过其繁体字形溯源相对应的古文字形，并据其古文字形确定构形模式，再探求其形义关系。

---

❶ 王宁.汉字构形学导论[M].北京:商务印书馆,2016:123-124.

若从"全功能"方面来划分"零合成字",我们以为只有一种类型即"传承式零合成字",因为黏合式零合成字,尽管不可拆分,但从其功能上来看组成它的形素不符合"必须既表形又表音"的要求,其"形素"是既不表形也不表义又不表音,所以并非全功能,故此我们以为不应当作"全功能零合成字",而应归为"无理据字"。"不确定式零合成字"同样其"构形"因"简化"而失去"构意",所以也当属于"无理据字"。因为"全功能零合成字"是一种"构形模式",而"构形模式"是针对"有理据字"而确定的,而这两类理据丧失,所以不应划分为"全功能零合成字"的"构形模式"。

因此,初中全功能零合成字只有19个,即传承象形字和一部分传承指事字,即:凹、匕、戈、鬲、亨、臼、亢、皿、廿、犬、冉、矢、凸、屯、毋、兀、弋、酉、乍。它们的构形具有以下特点:

① 从现代字形来看,这些字在结构上是由一个构件独立成字的,无法再进行拆分,所以称之为"零合成";同时这一个独立的构件在构形中所具有的功能是形音义具足的,所以称之为"全功能"。

② 从溯源的古文字形来看,这些字皆为象形字。因其古文字形的象形意味浓厚,构形直接体现构意,具有很强的表意性,所以这些字的突出特点就体现在汉字的"表意性"方面,这即为全功能零合成字的学习重点。

③ 从古今字形的发展角度来看,因为这些字大多是从古文字中的独体象形字发展演变而来,这类字又称为"传承字",指在形体结构方面直接传承古文字形,其变化仅是在书写方式上,由原来的形象性特征变化为现在的符号性特征。

④ 由于合成字往往是利用全功能零合成字组合而成,所以这些字的另一个特点体现在能够充当其他合成字的表义功能构件和示音功能构件方面。在充当表义功能构件时,突出体现的仍然是其"表意性"的特征,只是作为参构构件的"表意"与独用时作为全字的"表意",其方式不同而已;作为"全字"时的"表意"是具体的形象"表意",而作为"构件"时的"表意",或体现为字义之间的"关系"表意,或体现为"义类范围"的概括"表意"。不仅如此,因其能够成批地关联众多相同构件的汉字,还能够充分地体现"汉字系统性"的特点,这都是学习全功能零合成字需要重点掌握的"学理知识"内容。

2）义音合成字。

义音合成字是由"表义功能构件"与"示音功能构件"组合而成，"义音合成字就是典型的传统形声字。它以表义构件来体现义类，又以示音构件来提示读音，形成了同类字以音区别，近音字以义区别的形式"。❶通过分析初中833个义音合成字，其特点如下：

① 义音合成字的构件均为成字构件，其中一个构件是表义功能构件，另一个构件是示音功能构件。

② 义音合成字中的表义功能构件只能提供字义的义类范围，而不能体现具体的字义。义音合成字中的表义功能构件因可与其他具有相同表义功能构件的字相关联，具有"类聚"汉字的作用，因此义音合成字中的表义功能构件既能体现汉字的表意性作用，又能体现汉字的系统性作用。这是学习义音合成字需要掌握的重要"学理"内容。

③ 义音合成字中的示音功能构件，只起到提示语音的作用。该构件的古韵部或古声纽与该字相同或相近，然而由于汉语语音的发展变化，现代读音许多已看不出二者的相同相近关系。示音功能构件也有类聚作用，也具有体现汉字构形系统性的作用，只是因为汉字是表意文字，故其构形的系统性表现得较为分散，所以在类聚汉字的数量上远远低于表义功能构件。

3）会义合成字。

会义合成字是指"用两个以上的表义构件组合在一起，表示一个新的意义"，会义合成字的构意，虽然提供有诸多意义信息，且具有极强的表意性❷，但其构意并不是诸多意义信息的简单相加，而是通过表义构件之间的意义关系体现出来的，所以其表意不如全功能零合成字——象形字直接具体。初中103个会义合成字的特点如下：

① 会义合成字的构件均为成字构件，且每一个构件都是表义功能构件，"构意"是通过"表义功能构件"间的关系来体现的，这是"会义合成字"表意的特点，也是与全功能零合成字及义音合成字表意的区别所在。这是会义合成字学习的重点内容，也是理解会意字的难点。

---

❶ 王宁.汉字构形学导论[M].北京:商务印书馆,2016:134.
❷ 王宁.汉字构形学导论[M].北京:商务印书馆,2016:131.

② 会义合成字的字义只与直接构件有关，与过渡构件无关。

③ 由具有相同表义功能构件组成的会义合成字，具有类聚汉字的作用，所以会义合成字既能体现汉字的表意性特征，又能体现汉字的系统性特点。

（2）理据丧失字。

理据丧失字分别为理据半失字和理据全失字。理据半失是指合成字的直接构件里有记号构件参构，或称构意半存字。❶ 通过探究该类型汉字的形义关系，其特点为：

① 从现代字形来看，理据失字中的部分构件的形体无法直接体现构意，需要溯源恢复理据，才能明确其构意。这是理据半失字的学习要点。

② 从古文字形来看，理据半失字的汉字构形模式表现不一，故需要在溯源后遵循不同汉字构形模式的特点来讲解，不能乱讲；倘若其各个时期的古文字形的构形模式也不相同，那么应讲明该汉字的发展演变过程。这是理据半失字的学习难点。

理据全失字是指两个构件都是记号构件，或黏合或简化使整字字形不可拆分而构意完全丧失，成为构意丧失字。❷ 其特点是：

① 从现代字形来看，无理据字的所有构件均无法直接体现构意，丧失了全部理据，需要溯源恢复理据，才能知晓其构意。这是无理据字的学习重点。

② 从古文字形来看，无理据字的汉字构形模式不相同，在讲解时，一方面要遵循不同汉字构形模式的特点，另一方面要分析汉字字形演变的过程。这是无理据字的学习难点。

三、初中999个汉字在教材中的分布情况

初中999个主要汉字学习材料分布在统编教材不同类型的课文中，有文言文、古诗词及现代文。按小学教材生字表的统计及《课标》要求，小学阶段累积识字量已达3000字左右，根据"汉字效用递减率"的原则，

---

❶ 王宁.汉字构形学导论[M].北京:商务印书馆,2016:141.
❷ 王宁.汉字构形学导论[M].北京:商务印书馆,2016:141.

掌握2400个汉字就已经能够覆盖现代汉语文本阅读中的99%的汉字，所以升入初中后学生在白话文阅读方面已基本无文字障碍。

反观初中阶段文言文内容大幅增加，尽管文言文是现代汉语的源头，但在历史发展的长河中却已与现代产生了相隔千年，所以无论是表达方式还是词义内涵都与现代汉语有所不同；加之文言文早已脱离了口语，超越了时代的特性，现代人即使学了现代汉语，也并不能自然而然地掌握文言文，所以要想读懂文言文就必须进行专门的学习；况且文言文字词的学习是理解文言文本意义的前提，所以文言文字词是初中汉字学习的重点内容。

因此根据汉字在不同文本中的难易程度，我们按照文言文＞古诗词＞现代文的顺序进行了选择与排列❶，见表1-11。

表1-11　999个初中汉字不同文体年级数量统计

年级	文言文/个	古诗词/个	现代文/个	总计/个
七年级	72	14	224	310
八年级	95	43	206	344
九年级	127	43	175	345
总计/个	294	100	605	999

由表1-11可知，999个汉字在现代文中的比重最大，但呈现递减趋势；在九年级上册缺少一个古诗文单元的情况下，古诗文虽占比较少，但逐年递增且最后其数量基本持平，可见随着年级的升高，理解古诗文中的汉字将成为学生学习的重点。单独对比文言文与古诗词的汉字梳理情况，可以发现只有文言文中的汉字数量是逐渐递增的（见表1-12），说明学习文言文字词比学习古诗词中的汉字重要，所以在汉字学习过程中应有所侧重。

表1-12　999初中汉字不同文体册数数量统计

年级	册数	文言文/个	古诗词/个	现代文/个	总计/个
七年级	上册	24	11	98	133
七年级	下册	48	3	126	177

---

❶ 倘若一个字在三种文体中都出现了，那么优先选择文言文，其次是古诗词，最后是现代文。

续表

年级	册数	文言文/个	古诗词/个	现代文/个	总计/个
八年级	上册	48	10	118	176
	下册	47	33	88	168
九年级	上册	34	15	98	147
	下册	93	28	77	198
总计/个		294	100	605	999

统编教材七年级课本中没有独立的古诗文单元，但通过上表可以发现，七年级下册文言文中的汉字数量激增，与八年级两册中的数量持平，而九年级上册只有一个古诗文单元，数量有所减少，而下册却出现了激增现象，可见文言文的难度一直在持续增加，汉字学习时要格外留意文言文字词，从而有效解决文言文阅读难的问题。

现代文中的汉字数量逐渐减少，但在七年级下册时也出现了涨幅，可见七年级下册是一个关键学期，因而在教学七年级上册时，教师就应该有意识地渗透文言字词相关的汉字学理知识，并引导学生注重现代字义与古代字义间的异同关系，减少因汉字数量增加而带来的识字难度。

另外，在九年级下册时文言文中的汉字数量已经大于现代文中的汉字数量，所以在汉字学习过程中要注意古今字义的联系，将字义串联起来，不要再一个一个地孤立识字，而要一组一组地以字群方式进行学习，并在字义与字形，字形与字形间帮助学生构建汉字网络关系，探索汉字的特点与规律，科学、系统地识字。

四、初中汉字学习内容探究与目标确定

通过梳理初中999个汉字，已解决了具体通过哪些汉字来进行初中汉字学习的问题，为明确初中汉字"学什么"奠定了基础，也为"学到什么程度"和"学得怎么样"提供了依据。

（一）初中汉字学习的内容

1. 初中语文教材去重之后的 999 个生字

从汉字形义关系的角度对初中 1094 个汉字中"理据清晰"字和"理据丧失"字进行再次梳理与整合，去掉"理据丧失"字溯源后的形音合成字、标义合成字、会形合成字和形义合成字后，得到 999 个初中生字，与《课标》所言初中阶段学习 999 个汉字左右的数量要求相结合。这 999 个汉字既是初中汉字学习的材料，也是渗透汉字学理知识所需利用的字料，即通过这 999 个汉字来使学生了解相应的汉字学理知识。我们通过对 999 汉字基本属性的测查与梳理，归纳其所涉及的汉字学理知识见表 1-13。

表 1-13　999 个初中汉字学理知识归纳

知识点	要点归纳	具体内容
汉字的作用	记录汉语	依附于汉语而存在，随汉语的变化而变化
汉字的起源	图画	由图画发展到形体与语言的音义联系固定
汉字的性质	表意文字体系	从记录汉语语义的角度构造形体
汉字的历史	6000 年（悠久）	古文字形：甲骨文、金文、小篆 今文字形：隶书、楷书（繁体，简体）
汉字的发展变化	简化、规范化	①由象形到符号； ②由异构异写到字形固定； ③由线条到笔画
汉字的形体结构	构形与构意	造字之初为形义统一关系，演变后形义关系多样
汉字的特点	表意性、系统性	字形可以解释，字形有内在的联系

表 1-13 中的内容是汉字学的基本内容，即汉字的起源、发展、演变，汉字的形体结构以及汉字的性质，汉字形音义之间的关系等。此外，还包括汉字在使用过程中所表现出的各种字际关系，如古今字、异体字、繁简字及通假字等内容。其中许多知识内容都是《课标》所提及的。可见语文学习离不开"汉字学"的相关知识。

从汉字的整体情况来看，其特点是表意性和构形的系统性；从汉字的个体情况来看，其所呈现的现象和特点又是复杂多样的。归纳和总结汉字的规律，正是在对众多汉字现象的分析中归纳提炼出来的，所以探寻汉字规律需要教师具有精透的汉字学知识，引导学生学会分析汉字，注重培养学生独立识字的能力。

2. 初中汉字的学习内容

初中汉字所涉及的汉字学理知识，从教学层面上来讲，是指教师应具备的汉字学专业知识，是教师进行教学设计时需要认真考虑有目的确定渗透的汉字学理内容，而不是指对学生进行系统、全面地传授汉字学知识内容。学生需要学习掌握的是 999 个汉字，教师是要通过引导学生在 999 个汉字的学习过程中，充分感受汉字并能够在理性上认识汉字的规律与特点。如：通过学习"霭""霆""霏""霓""霄"这些汉字，了解"雨"在这些汉字形体中表示义类的作用（"雨"可以表示雨前、雨中、雨后相关的天气情况）；通过学习"贞（形义合成字）、赘赟（会义合成字）、贬账贻赐赌贱赃贮（义音合成字）、狈唝（义音合成字）"这些汉字，了解"贝"在这些字形中的不同功能与作用；通过学习"尉""抉""弊""掣""篡""曼"这些汉字，了解"手"在不同字形中的不同写法及其所体现的构意，感受构件相同、构意相通的汉字构形及表意特点。

（二）初中汉字学习的目标

1. 初中汉字学习的总目标

学生通过感受和掌握汉字知识与规律，使其具备一定的汉字学习能力，汉字知识与汉字能力互为表里，学生最终表现出来的是独立识字的能力，但内在支撑是头脑中所习得的汉字学理知识。故依据上文总结的汉字知识提炼出相应的汉字能力目标见表 1-14。

表 1-14　初中汉字学理知识与识字能力目标

知识目标	能力目标
了解汉字的作用	知道汉字是记录汉语的符号； 能够借助汉语语意的变化分析汉字字义的变化趋向； 能够依据语意推断字义

续表

知识目标	能力目标
明确汉字的起源	描述古文字形象性的特点并依据其分析汉字本义；描述汉字字形与汉字音义间的关系
认识汉字的性质	感受汉字字义与汉字形体间的密切关系
熟悉汉字的历史	知道汉字历史悠久的特点
感受汉字的发展变化	能够根据字形的变化总结汉字变化的特点
掌握汉字的形体结构	能够正确拆分汉字结构；能够依汉字结构和构形分析汉字字义
认识汉字的特点	能够借助具体汉字分析汉字表意性和系统性的特点

教师在教授汉字时，应通过多种方式方法渗透汉字学理知识，从不同方面培养学生独立识字的能力。需要强调说明的是表1-14中呈现的汉字学理知识内容，是通过大量相关汉字材料的分析说明让学生感知体会出来的汉字知识，并在分析展示的过程中引导学生学会分析和掌握汉字，从而潜移默化地获得认识汉字的能力，且能自觉地在识字过程中加以运用。

在《汉字教学的原理与各类教学方法的科学运用（上）》一文中，王宁先生明确阐述了小学汉字教学的总体目标。❶

① 积累一定数量的汉字，达到形音义全面把握。

② 在符合汉字表意性、构形系统性的教学方法强化下，产生掌握汉字的科学方法，以达到不教而终身识字。

③ 在对汉字有正确认识的前提下，强化民族文化意识，增进爱国主义情操。

王宁先生从"识多少字""怎么识字"及"为什么识字"三个方面对小学汉字教学提出了总要求，我们认为这不仅是小学阶段汉字教学的目标，也是所有阶段汉字教学的目标。结合制定的知识目标与能力目标，初中汉字学习的情感目标，即"强化民族文化意识，增进爱国主义情操"，以实现"汉字育人"。

---

❶ 王宁.汉字教学的原理与各类教学方法的科学运用(上)[J].课程·教材·教法,2002(10).

2. 初中汉字学习各学段目标

（1）初中汉字学习学段目标。

初中阶段是儿童心理发展的"少年期"，它既不同于之前的"儿童期"，又不同于之后的"青年期"。"少年期"的心理特点是随着身心发展速度的加快，与"儿童期"相比在学习能力方面已经发生了质的变化，这一变化为教育学生提供了重要机会。❶

皮亚杰认为初中生（11~15岁）已经可以进行抽象逻辑思维和命题运算了，而且他们对于学习内容具有了高度的感知力和理解力。❷ 他们开始用逻辑思维加工学习材料，八年级时达到发展迅速期，但此时的逻辑思维还不够成熟，需要教师的正确引导，使学生的思维由形象思维逐步走向抽象思维。综合以上内容及《课标》要求，初中阶段的汉字学习学段目标具体内容如下❸：

第一，识字数量：认识999个汉字。

第二，识字范围：统编教材内出现且小学未学字。

第三，识字内容：形音义全面把握。

第四，识字能力。

① 能正确规范运用汉字：准确认读汉字形音义和积累、理解、选择不同语境下的字词；

② 初步领悟汉字规律：汉字是记录汉语的符号，古文字具有象形性，汉字是表意文字，汉字字义随汉语的变化而变化，汉字字形逐渐简化和规范化，汉字构形体现构意，汉字有体系等。

第五，育人目标：感受汉字的丰富内涵，强化民族文化意识，增进爱国主义情操。

（2）初中汉字学习年级目标。

学习目标的具体化可促进学习目标的达成度，根据999个初中汉字不同文体年级数量统计表和999个初中汉字不同文体册数数量统计表，对初中汉字学习学段目标进一步细化见表1-15。

---

❶ 黄煜峰,雷雳.初中生心理学[M].杭州:浙江教育出版社,1993:2-3.
❷ 黄煜峰,雷雳.初中生心理学[M].杭州:浙江教育出版社,1993:3,40.
❸ 因本书不涉及汉字书写，故在《课标》的基础上去掉了"汉字书写"方面的要求。

表 1-15　初中汉字学习年级目标

年级	数量/个	识字能力	识字要求
七年级	310	①准确认读汉字形音义； ②积累、理解不同语境下的字词； ③古文字具有象形性、汉字字形逐渐简化和规范化等规律	形音义 全面把握
八年级	344	①准确认读汉字形音义； ②积累、理解、选择不同语境下的字词； ③汉字字义随汉语的变化而变化； ④汉字构形体现构意	
九年级	345	①准确认读汉字形音义； ②积累、理解、选择不同语境下的字词； ③汉字是有系统的文字	

　　初中阶段仍是汉字积累的重要阶段，相较小学而言，应注重引导学生在汉字积累的基础上对其特点与规律进行进一步的探索与思考，以巩固和加深小学阶段所学的汉字知识，将感性认识转化为理性认识，且应将识字重点放在文言文字词方面，感受汉字在古今字义和字用方面的异同。在各种不同的字词现象中，领会汉字构形的特点和规律，对汉字的表意性和构形的系统性有较为明确的认识。在感受中体会中华文化的博大精深，激发学生学习汉字的兴趣，增强其文化认同和民族自信心，发挥"汉字育人"的作用。而"能正确规范运用汉字"是任何一个学段或年级都应努力达到的目标，与小学相比，七年级更侧重理解，与八、九年级相比，七年级更侧重积累。

　　在引导学生学习汉字的过程中，特别要重视引导学生遵循"汉字学理"领会和掌握汉字，在汉字讲解过程中运用渗透汉字学理知识的方式引导学生体会、感知、探明999个初中汉字体现出来的构形规律及特点，让学生科学地掌握汉字，认识汉字，了解汉字，实现汉字学习在阅读写作及文化传承和思维训练方面的基石作用。

第四节　初中汉字学习的原则与策略

在"初中汉字学习材料的选择与梳理"及"初中汉字学习内容探究与目标确定"两章内容中，我们已经明确了初中汉字学习的字料和具体内容，并且了解了各类汉字的特点。本着汉字学习应体现汉字学理的学科要求，汉字的具体学习过程应以"汉字形体"为抓手，以"渗透汉字学理知识"为目的，全方位多角度地开展"汉字积累、梳理与探究"的任务式学习。

一、汉字学习的总原则

汉字学习的核心内容是正确地理解汉字，如何做到呢？对学生而言就是要掌握利用字形分析字义的方法；对教师而言就是能够依据汉字的构形属性来讲解汉字，即"依据汉字构形规律科学地讲解字理"，这同时也是汉字教学必须遵循的普遍原则。具体内容有以下五点：

① 不可讲错构件的形音义。汉字是由构件组合而成的，每一个组成字的成字构件，都已有确立的形、音、义，讲错了构件的形、音、义，就会使整个字的讲解发生错误。

② 不可曲解构件体现构意的功能。汉字的构件在进入构字后，就具有了或表形，或示音，或表义，或区别标示的功能，解释汉字必须依据它们的客观功能。讲错了或曲解了构件的功能，就会使整个字的讲解发生错误。

③ 不要把层次结构讲成平面结构。由基础元素组构成汉字，大部分是依层次逐级组构的，构意是逐级生成的。小部分是一次性平面组构的，以集合的方式产生构意。在讲解汉字时，既不能把层次结构讲成平面结构，也不能把平面结构讲成层次结构，否则就会发生错误，而人们常犯的错误是不懂得汉字构意依层次生成的道理，见一个构件讲一个构件。

④ 对粘合、省简、变形、错讹而变得无理据的字不可乱编理据。

⑤ 用汉字构形系统成批或类推讲解汉字构意时，要进行有理归纳，不可仅因形体相同而认同。汉字构形是成系统的，现代汉字 90% 以上是形声字，讲解汉字可以利用形声字的声符系统和义符系统通过归纳和演绎成批地进行。❶

这既是汉字讲解的总体原则，也是汉字讲解不可违背的"学理"依据。

二、初中汉字学习策略

王宁先生提出"汉字科学与认知心理科学同时进入课堂"❷，意思是要根据学生汉字知识的积累程度与汉字的属性，设计汉字学习的内容与方法。为此，初中汉字学习策略如下：

① 初中汉字学习首先应对学生在小学阶段学过哪些汉字进行测查，其次应对学生在高中阶段将要学习哪些汉字进行统计，目的是使学生能够在巩固小学阶段汉字学习的基础上，加深初中阶段的汉字学习，并为提升高中阶段汉字学习能力和汉字水平打下坚实基础。

② 具体到初中三个年级来说，首先要对初中所学汉字进行合理规划、统筹安排；其次明确划分三个年级所学汉字内容；目的是在八年级和九年级的汉字学习过程中，能够借助前一年级所学汉字和所掌握的汉字学理知识，使前后学习内容能够形成有效衔接，在知识相互支撑与融合的过程中，实现巩固、加深和提升汉字学习的目标。

③ 就某一具体汉字学习来说，注重汉字形体之间的有序关系，即通过某一个汉字的学习，利用构件的功能作用联系相关字群，诸如同类构形模式群，同类构件功能群，在汉字集群中感受汉字之间的相互关系，体会汉字构形系统性的特点，掌握汉字的构形规律。

④ 依据初中生的心理及认知特点选择不同的学习内容与方法。初中是

---

❶ 王宁.汉字教学的原理与各类教学方法的科学运用(下)[J].课程·教材·教法,2002(11).

❷ 王宁.汉字教学的原理与各类教学方法的科学运用(下)[J].课程·教材·教法,2002(11).

由儿童期向青年期的过渡阶段,他们的身心发生诸多变化,因而这个时期也被一些国外教育家称为"危机"时期。但是只要重视他们的身心变化,就有可能把"危机"变"机遇",从而影响他们的人生发展。初中生的心理发展特点主要表现在以下几个方面:注意力逐渐由无意注意转向有意注意,且占据主导地位;感知力和观察力越来越深入;机械识记能力随着年龄的增长而下降,有意识记的主动性增强;抽象逻辑思维日益占据主导地位,且思维的独立性和批判性有明显发展。结合初中生的心理特点进行教学,不仅可以提高学习效率,还可以提升学生的认知水平,促进其思维能力的发展。

⑤依据汉字学理选择不同的学习内容与方法。汉字学理不仅是科学讲解文言字词的重要依据,而且是增强汉字教学趣味性的重要依据和来源。无论用什么样的学习手段、学习方法认识汉字,都应以汉字学理特征为根本原则。根据前文对汉字形义关系的详细分析,具体分为四种情况:理据清晰,直接进行解说;理据不清,通过溯源恢复理据,再进行解说;历史上古文字形即表现为形义关系不明,不强做解说;无古文字形,现代字形形义关系不明,不做解说。

汉字学习原则和策略是依据汉字学和认知心理学的研究成果而设定的,是汉字学习过程中必须遵守的重要内容,我们要在此指导下积极地探索初中999个汉字,努力发掘汉字间的可解释性和可联系性,科学展示汉字的文化内涵和学科魅力。

第五节 初中汉字教学设计与教学实践

通过对初中汉字学习材料的梳理与探究,选择确定了999个汉字为初中汉字学习的具体材料;依据汉字构形学理论,运用结构—功能分析法,分析、归纳、概括出这999个汉字的构形特点,以此确立初中汉字学习的内容与目标。

《课标》要求初中"累计认识 3500 个左右常用汉字"❶，准确掌握汉字的形音义，通过"积累、梳理、探究"掌握汉字的特点及规律，具备独立识字的能力，感受汉字的特点，增强汉字的情感体认。

本节将在此基础上按照王宁先生提出的"理有定则、勿离勿违，教无定法、殊途同归"❷的汉字教学原则，在贯彻落实这些原则于汉字教学实践的过程中，使初中汉字教学能够在内容上统筹计划、合理安排，在方法上科学有效、遵循学理，在目标上落实《课标》、富有成效，为初中语文教师汉字教学提供参考。

初中阶段 999 个汉字教学内容的确定分三个步骤。第一，将统编初中语文六册教材课文文本的所有用字，通过去重得到 3941 个不重复汉字；第二，将 3941 个汉字与小学识字表所列 3004 个汉字进行去重，得到 1094 个不重复汉字；第三，通过对 1094 个汉字形义关系的梳理，除去其中无法讲解的"形体无义"字、"形义脱节"字、"形义不明"字以及通过溯源古文字形仍然无法恢复"理据"的这四类字，同时还把理据清晰字中数量较少的不具有典型性和代表性的构形模式"形音合成字、标义合成字、会形合成字、形义合成字"所组合的字也排除在外，最终从 1094 个汉字中确定 999 个汉字❸，既理据清晰又构形模式数量较多的字为初中语文汉字教学材料。

在这 999 个汉字中，常用字有 388 个，非常用字有 611 个，具体情况见表 1-16。

表 1-16　初中 999 个汉字与常用字的关系

	内容	数量/个
常用字	隘 碍 鞍 凹 澳 芭 跋 颁 梆 谤 磅 狈 匕 鄙 庇 弊 贬 匾 辫 彪 惫 濒 鬓 渤 簿 惭 沧 槽 茬 掺 搀 禅 阐 倡 钞 怅 逞 弛 宠 畴 矗 揣 疮 椿 蠢 戳 祠 雌 赐 篡 崔 悴 粹	388

---

❶ 中华人民共和国教育部.义务教育语文课程标准(2022版)[S].北京:北京师范大学出版社,2022:14.

❷ 王宁.汉字教学的原理与各类教学方法的科学运用(下)[J].课程·教材·教法,2002(11).

❸ 具体内容见前文"初中 1094 汉字材料的整理与归纳"一节。

续表

	内容	数量/个
常用字	撮挫怠诞悼蹬涤蒂缔掂滇佃淀惦奠迭赌缎敦咄蹀垛舵堕俄遏愕伐妃菲肺氛忿冯讽辐辅杠羔膏镐戈羹梗躬辜寡卦棺硅轨诡郭骇函涵捍翰嚎耗皓赫烘弘鸿弧猾槐宦痪幌霍讥唧缉畸稽辑挟嘉奸歼栋贱姜缰狡届灸臼鞠诀钧卡坎槛亢铐苛垦抠叩筷眶盔魁琅烙勒棱漓哩栗砾镰敛链梁谅僚寥磷吝菱琉馏垄娄陋卢虏峦仑逻锣骡侣蛮曼氓莽魅盟咪靡缅蔑皿悯冥铭谬馍沫沐募睦馁妮匿捻碾奴虐帕攀叛刨沛砰烹鹏频聘仆菩脐鳍迄契乔憔撬钦沁氢擎琼趋犬冉壤仁韧溶冗儒蠕汝闰萨臊涩僧砂啥删陕捎赦肾笙甥蚀矢逝抒枢淑署庶墅漱祀讼颂粟塑溯髓踢瘫潭惕恬帖瞳捅凸蜕褪屯妥拓惋帷惟伪纬尉蔚瘟涡诬捂析犀熙徙辖宪湘肖萧箫霄邪胁卸薪馨腥匈朽墟叙恤婿轩渲勋殉押衙阎侥肴姚贻绎淫颖佣踊酉佑迂娱逾渝愚裕苑陨孕酝蕴暂赃蚤闸乍斋辗彰账昭沼辙侦斟旨挚窒滞咒贮撰椎赘酌琢兹姊佐	388
非常用字	皑霭嗳暧盎敖遨坳笆袄陂奋秕陛敝褙髀汴骠镖婊帛钹鹁箔磲粲漕嚓搽猹镲诧谗婵孱潺巉忏羼怅晁掣嗔龀骋忡答嗤叱炽敕忡舂惆滁怵踹伧辍疵茨跐枞殂猝蹴揣蹿啐毳瘁厝嗒跶岱殆眈弹箪掸惮澹砀叨噔獾诋坻砥癫凋貂铤锭窦渎胰笃遁掇铎剁厄嗯蕃舫绯霏柿痱烽凫孚佛蚨腑呷擀皋睾篙缟咯鬲嗝骼硌肱觥佝觳汩铜呱掼鹳犷趔颔沆蒿嗥壕濠郝嚆涸阂翮嗨亨姮呼鹄槲貉寰鬟浣豢簧麾洄荟恚彗珲鬓跻羁汲楫戟麂稷髻骥枷葭戛缄兼鞯谏犟嗟诘拮碣衿浸斯噍旌腈迥炅鸠啾咎柏雎咀榉飓涓咀噘抉厥谲骏郡咔匙龛瞰尻珂柯唠窠恪骷诓傀聩鲲癞籁阑澜斓镭赢楞骊罹藜鲤枥戾蛎笠潋燎蓼撂镣冽鳞鳞廪泠栎蛉绫绺遛陇偻髅镂泸舻掳槠漉辘戮潞麓纶摞漫幔螨芒毛亥湄焖	611

049

续表

内容		数量/个
非常用字	糜 谥 沔 冕 邈 笾 暝 嬷 錾 挐 赧 曩 讪 怩 霓 眭 拈 廿 涅 啮 镍 蹑 恁 侬 哝 弩 喏 噢 钯 裴 佩 辔 怦 劈 圮 睥 骈 嫖 瞟 氅 娉 钋 叵 噗 妻 岐 颀 畦 琪 蕲 杞 葺 阡 虔 倩 羌 戗 蜣 锖 樵 褴 橇 谯 樵 鞘 妾 锲 箧 衾 檎 磬 罄 穹 遽 逡 裘 诎 瞿 觑 蜷 髯 吠 阙 攘 濡 孺 阮 蚋 箬 糁 臊 嗇 莎 苫 膳 殇 杓 韶 麝 椹 蜃 轼 适 噬 狩 孰 塾 黍 戍 唰 孀 朔 怂 厮 俟 溲 嗣 凇 悚 竦 嗖 叟 夙 薮 簌 邃 娑 蓑 唢 沓 坍 袒 瑭 忑 滕 腆 蜩 髫 鲦 汀 婷 霆 嗵 潼 垗 湍 抟 柝 剜 纨 绾 罔 惘 魆 猥 舻 渭 喔 斡 毋 妩 兀 鹜 汐 晞 浙 奚 嬉 曦 屣 黠 罅 涎 娴 舷 跣 洨 楔 偕 亵 榭 荇 复 歔 漵 漩 眩 谑 薰 曛 醺 徇 腌 湮 妍 筵 俨 蠊 赝 佒 瑶 杳 曜 噎 邺 烨 谒 袆 咿 铱 揖 噫 饴 颐 彝 佾 呓 呓 驿 映 弈 奕 翌 翳 臆 懿 喑 缨 膺 萦 雍 臃 攸 铀 黝 柚 釉 纡 欤 盂 腴 虞 伛 驭 妪 峪 谕 鹬 鸢 垣 辕 榅 榅 匝 簪 攒 郑 臧 粜 啧 罾 铚 札 詹 蘸 漳 獐 嶂 幛 瘴 诏 棹 辄 谪 褶 柘 砧 祯 榛 箴 铮 祗 芷 沚 枳 炙 峙 陟 贽 铚 雉 冢 踵 胄 诛 铢 舳 麈 仁 杼 喏 篆 涿 斫 濯 鸷 孜 镃 耔 秭 恣 眦 渍 鬃 邹 诹 诅 撺 樽 噆 作	611

其中 388 个常用字是初中汉字学习的重点内容，需要全面掌握与其形音义相关的学理知识，611 个非常用字可以作为初中汉字教学的辅助学习内容，以此引导学生通过感受和梳理汉字提炼总结汉字的规律及特点。

对 999 个汉字梳理与探究，我们根据汉字构形学理论，以及"理据清晰字""理据丧失字"目标明确地进行教学设计。将具有代表性的 198 个汉字以教学案例的方式呈现出来，其中包括 189 个理据清晰字（17 个全功能零合成字、80 个会义合成字、92 个义音合成字）和 9 个理据丧失字，这些案例中所涉及的汉字囊括了 887 个汉字（约占 999 个汉字的 88.7%），具有典型性和代表性，其规律和特点能够使学生举一反三，符合教学规律，能够促进学生掌握汉字学理，以落实学生具备终身识字能力的目标。

一、理据清晰字的教学设计与实践

理据清晰字是指形义关系统一的汉字，具体包括19个"全功能零合成字"、103个"会义合成字"和838个"义音合成字"，这是初中汉字学习的主要内容，也是初中生掌握汉字特点和规律所依据的重要字料。为此我们将围绕这三种构形模式设计初中理据清晰字的教学方案。

（一）全功能零合成字的教学设计与实践

全功能零合成字是形音义俱全的汉字，大多是由古文字中的象形字发展演变而来，因其古文字形的特点是形象意味浓，所以其个体形象表意特点突出，又是构成合体字的基本元素，具有构字能力强的特点，因此是汉字学习的基础。依据全功能零合成字的学理特点，将其分为两个部分进行讲授。

全功能零合成字的个体表意性

1. 学习目标

（1）知识目标：了解汉字的起源，知道汉字形体的发展变化和汉字构件在汉字构形中的功能作用，并明确全功能零合成字的表意特点。

（2）能力目标：能够借助全功能零合成字的古文字形辨识其义，训练形象思维的能力，学会利用汉字学习的工具书及溯源古文字形分析汉字形义关系的方法，进而对比其形和义，提升分析、归纳和概括能力。

（3）素养目标：感受汉字的悠久历史及汉字构形中体现出的文化内容，增强学生对国家通用语言文字的热爱之情。

2. 学习内容

（1）学习材料。

凹、匕、戈、鬲、亨、臼、亢、皿、廿、犬、冉、矢、凸、屯、毋、兀、弋、酉、乍（19个）。

（2）学理知识。

① 目前所能见到的最早的汉字是甲骨文，距今约有四千年的历史。

② 汉字字形逐渐符号化和规范化。

③ 汉字起源于图画,全功能零合成字的象形意味极为浓厚。

④ 汉字构件在汉字构形中具有不同的功能。

⑤ 全功能零合成字的构形直接体现构意,具有很强的个体表意性。

(教学重难点)

3. 学生学情

初中生已经具备汉字起源于图画的知识,但对汉字性质的认识还不十分清晰,未能从理性的角度明确汉字构形的表意性特点。对于全功能零合成字,学生在小学阶段已认识了173个,能大致感知这类汉字。全功能零合成字在体现汉字"据义构形"的特点方面十分突出,同时也是分析和认识汉字的基础,所以要充分利用全功能零合成字构形的象形表意特点,即每一个全功能零合成字的形体都具体地表达某一个意思,以培养和训练学生通过字形分析掌握字义的方法与能力。

4. 教学步骤和教学过程

为了充分展示全功能零合成字的个体表意性,我们将从不同角度、不同课型呈现全功能零合成字的教学案例。

案例一

本案例借助"动物类"全功能零合成字,利用汉字的发展历史,引导学生通过溯源古文字形的方法,了解和掌握汉字形体与字义之间的关系,从而把握全功能零合成字构形与构意的特点——利用具体的形象体现所要表示的意义。

课前学习任务及要求

(1) 各学习小组利用"汉字全息资源应用系统"查询"犬、虫、龟、虎、龙、鹿、马、鸟、鼠、兔、象、燕、羊、鱼、豸"这15个全功能零合成字的不同字形(包括甲骨文、小篆、隶书和简体楷书字形),并按照表格样式整理成文档打印出来,作为学习资料使用。

汉字	甲骨文	小篆	隶书	简体楷书
犬				
虫				
龟				
……				

学习材料说明：

初中的全功能零合成字：犬。

巩固小学所学全功能零合成字：虫、龟、虎、龙、鹿、马、鸟、鼠、兔、象、燕、羊、鱼。

衔接高中全功能零合成字：豸。

学习资源：汉字全息资源应用系统。

设计意图：通过查阅"动物类"全功能零合成字的古文字形，既能使学生看到汉字形体发展演变的过程，又可以使学生了解古人造字的方法，从而引导学生通过溯源古文字形的方法，探究全功能零合成字的形义关系，感受全功能零合成字的特点，帮助学生学会并掌握利用全功能零合成字学习汉字的科学方法；以此训练学生的汉字学习能力，激发学生汉字学习的兴趣。

(2) 查找并搜集与这15个全功能零合成字所表示的相关动物的图片，比较图片与该字甲骨文字形，感受甲骨文字形与动物图片的关系，写出你的感受及发现。

设计意图：通过实物图片与全功能零合成字甲骨文字形的对比，引导学生感受两者的关联，感知古人造字的方法——"突出动物的形象特征"，充分感受甲骨文象形性的特点，了解古人对自然界中动物的认识，感受古人在文字创造过程中的智慧，激发学生对汉字及中华文化的热爱。

课中对汉字材料的梳理及对汉字规律特点的探究

活动一

(1) 小组讨论。

根据查阅到的15个全功能零合成字不同历史时期的字形,仔细对比观察这些汉字形体的特点,把观察所得总结出来。

PPT展示:(呈现部分汉字字形,供教师上课使用)

汉字	甲骨文	小篆	隶书	简体楷书
犬				
龟				
羊				
鹿				
象				
马				

(2) 小组展示讨论结果。

预设:甲骨文和具体的动物形象非常相似,是象形字;汉字随着时间的推移越来越与动物形象不相像了,但是也变得越来越简单了。

(3) 教师总结。

汉字的发展演变经历了古文字和今文字两个阶段,甲骨文、金文和小篆都属于古文字,而隶书和楷书属于今文字。甲骨文字形的特点是象形性突出,小篆字形的特点是笔势圆转、线条流畅优美,隶书字形的特点是蚕头燕尾、遒劲有力,楷书的特点是大小匀称、方正平直。

从整体来看，字形在发展演变过程中象形意味减弱，符号性增强。所以想要了解汉字的形义关系，明确汉字的字义，利用溯源古文字形是一种符合汉字学理科学有效的方法。

> 设计意图：通过对比分析同一个汉字不同历史时期的字形，了解汉字形体的发展演变过程，让学生明确感知现在使用的楷书简体字形，是从古文字形发展演变而来，在发展过程中其字形的象形意味逐渐减弱甚至消失，其符号性特点的增强使现在的许多汉字已无法直接通过字形了解字义，所以想要知其义就要溯其源，而全功能零合成字因是从古文字中的象形字发展演变而来，故其古文字形在个体形象表意特点方面有极大优势，是有利于学生感受汉字表意性特点的教学材料。

活动二

（1）引导学生观察15个甲骨文字形与实物图片间的对应关系，从中感受全功能零合成字通过个体形象表意的特点。

PPT展示：（呈现部分汉字实物图和字形，供教师上课使用）

汉字	实物图片	甲骨文	特征
犬			突出狗上翘的尾巴
龟			突出龟背上的纹路
羊			突出羊角

续表

汉字	实物图片	甲骨文	特征
鹿			突出美丽的鹿角
象			突出大象的长鼻子
马			突出马背上的鬃毛

(2) 教师总结。

通过全功能零合成字的古文字形与实物图片的对比，可以使学生明显感受到全功能零合成字是以表现事物形象的特征来构造字形，理解汉字表意性，掌握利用古文字形分析理解和掌握汉字字义重要且符合学理的有效方法。

> 设计意图：通过实物图片与甲骨文字形的对比，体现依据汉字学理的科学汉字学习方法，提高学生充分利用古文字形分析掌握汉字的能力。

课后汉字学理知识的巩固与拓展

(1) 整理"鬲""皿"和"戈""矢"在不同历史时期的各种古文字形，通过观察感受古文字形在表现实物象形突出特点方面的特征。

(2) 拓展阅读《假如世间没有文字》。

设计意图：巩固课堂所学，进一步感受全功能零合成字甲骨文字形以突出描摹事物形体特征构造汉字形体的特点，充分认识全功能零合成字以个体象形表意的特点，加深学生对汉字起源于图画的理解，了解汉字在不同历史过程中的特征。

案例二

本案例通过细探"毋""勿""务""兀"四个同音字，引导学生学会利用汉字学习的工具书及通过古文字形分析汉字形义关系的方法，真正把握全功能零合成字个体象形表意特点对识字的作用和意义。

课前学习任务及要求

（1）利用"汉字全息资源应用系统"查询"毋、勿、务"三个汉字的字音、构形模式及不同历史时期的各种字形，并填写下表（请标明古文字形是甲骨文还是金文）。

汉字	字音	构形模式	古文字形
毋			
勿			
务			

学习材料说明：

初中的全功能零合成字：毋。

巩固小学所学全功能零合成字：勿、务。

学习资源：汉字全息资源应用系统。

设计意图：通过查阅"毋、勿、务"三个汉字的字音让学生明辨其字音，不要误读，再借助字形及构形模式为分析汉字的形义关系做准备，同时再次渗透学习汉字的方法——溯源法及形义分析法。

(2)尝试依据"毋、勿、务"的甲骨文或金文字形分析它们的本义。

学习资源：

　　网站：汉字全息资源应用系统。

　　书籍：曹先擢苏培成《汉字形义分析字典》(北京大学出版社)、李学勤主编《字源》(天津古籍出版社)。

　　设计意图："勿"的早期字形是甲骨文，"毋""务"的早期字形是金文，以此让学生明白不单单从甲骨文字形才能分析出汉字的字义，从金文字形也可以分析字义。另外，引导学生利用工具书，结合汉字古文字形，逐渐掌握分析汉字形义关系的方法，培养学生具备终身识字的能力。

课中汉字学习材料的梳理与探究

（1）依据课前学习的内容，请学生谈谈对"毋必""勿必""务必"这三个词语的理解，以及它们分别在什么情况下使用。

（2）教师引导学生从"毋""勿""务"古文字形及《说文解字》方面着手，理解其本义。

汉字	构形模式	古文字形	说文解字	形义关系分析
毋	全功能零合成字	ᛞ（金文）	止之也。从女，有奸之者。凡毋之属皆从毋。武扶切	①全功能零合成字是由一个单独的成字构件即一个形素构成的，从结构上无法再行拆分，故其单独的形素（构件），既表义又示音，故为形音义功能全备的字

续表

汉字	构形模式	古文字形	说文解字	形义关系分析
毋	全功能零合成字	(金文)	止之也。从女，有奸之者。凡毋之属皆从毋。武扶切	②"毋"的古文字形为女子的象形再加一横指事符号，表示此女有违反妇德的行为，需要使之停止，故其本义为"不要"；结构上不可拆分，功能上形音义全备，从古到今字形的变化仅是书写风格的不同，属于书写变化，在结构上仍为全功能零合成字（象形字）。③本义为"不要"
勿	全功能零合成字	(甲骨文)	州里所建旗。象其柄，有三游。杂帛，幅半异。所以趣民，故遽称勿勿。凡勿之属皆从勿。文弗切	甲骨文字形像云层间射出阳光形，用以表示云的形色，云是飘忽不定的，用作"勿勿"，表示急速；后借用作副词，同"毋"，表示劝阻和禁止，相当于不要，不可以（假借义）
务	义音合成字	(金文)	趣也。从力孜声。亡遇切	①汉字历史悠久，务是由務简化而来，其构形原是一个从"力""孜"声的义音合成字。②"务"从"夂"从"力"，其上部构件为"孜"字形简化的结果，但"示音"功能仍存。③表义功能构件"力"提示"义类"的作用尚存，表示"务"与"力"有关。故"务"的本义指致力

(3) 教师总结。

"务必"是指一定、必须做某事，多用于上级对下级或平等关系之间要求对方一定要完成委托的事情。例如，"你务必来一下"，意思是你一定要来。

"勿必"是指没有必要、不要做某事，有禁止或者劝阻的意味。例如，"勿必缺席"是指"不要缺席"。

"务必"和"勿必"的意义，因"务"与"勿"不同义而截然不同。那么"毋必"是何意呢？

《论语》第九篇《子罕》中有这样一句话"毋意，毋必，毋固，毋我"，其中"毋必"的"毋"指不要，"必"指"期必也"，也就是说期待事情必然这样，所以"毋必"是指"不要期待事情必须这样"，可以理解为凡事都不持有绝对的态度，有一颗包容开放的心，不对任何事、任何人设限。

因此，"毋意，毋必，毋固，毋我"分别指"不要臆测，不要固执，不要固化，不要自大"，孔子借此教导众人不要封闭自己的人生，不要让自己变成一个"私我"，而要努力做到无我之境。

> 设计意图：通过区别"毋必""勿必""务必"三个词语，激发学生对汉语词汇理趣的兴趣，同时使学生明确解析汉字是理解汉语词汇的基础，引导学生明确汉字的功能作用是记录汉语的书写符号体系，明确利用古文字形、《说文解字》等汉字学习资源在分析理解汉字形义关系方面中发挥作用。

课后汉字学理知识的巩固与拓展

(1) 请查阅"兀"的字音、构形模式及古文字形，并依据其形体分析字义。

(2) 说说"兀自""突兀"中的"兀"的意思分别是什么。

(3) 结合前面的分析，请深入思考并说明"兀自""突兀"在以下文本中的意思，让学生说出理解的依据。

"闲常太平时节，白日里兀自出来劫人，休道是这般光景，谁敢在这里停脚!"两个虞候听杨志说了,便道:"我见你说好几遍了,只管把这话来惊吓人!"老都管道:"权且教他们众人歇一歇,略过日中行如何?"杨志道:"你也没分晓了,如何使得!这里下冈子去,兀自有七八里没人家,甚么去处,敢在此歇凉!"老都管道:"我自坐一坐了走,你自去赶他众人先走。"(九年级上册《智取生辰纲(节选)》)

来到集上,见范进正在一个庙门口站着,散着头发,满脸污泥,鞋都跑掉了一只,兀自拍着掌,口里叫道:"中了!中了!"(九年级上册《范进中举(节选)》)

在很远的另一边,有一道悬崖,像一面几近垂直的墙突兀地耸立在岩石中,四面都是土坡,上面长着参差不齐的矮树丛和臭椿树苗。(七年级上册《走一步,再走一步》)

呜呼!何时眼前突兀见此屋,吾庐独破受冻死亦足!(八年级下册《茅屋为秋风所破歌》)

他从唐诗下手,目不窥园,足不下楼,兀兀穷年,沥尽心血。(七年级下册《说和做——记闻一多先生言行片段》)

> 设计意图:作业中的"兀"字既是初中全功能零合成字的必学材料,又与"毋""勿""务"同音,巩固借助字形进行同音辨义的学习方法,并且进一步体现全功能零合成字个体象形表意的学习目标。识字是阅读写作的基础,结合课文中的具体内容,引导学生进一步感受掌握汉字在文本解读中的作用。

案例三

本案例旨在引导学生通过辨析"廿与甘""弋与戈""匕与七"这三对形近字的形义关系,掌握分析理解字义的方法;要求学生通过溯源古文字形,从汉字形源上明确汉字的本义,深刻感受汉字形与义的密切关系,既可避免错别字的产生,又可借此渗透汉字构件在汉字构形中的功能作用,为学生充分理解"全功能零合成字是汉字的构形基础"提供条件。

课前学习任务及要求

(1) 按照要求填空。

"廿"字加一笔是（　）字；

"弋"字加一笔是（　）字。

> 学习材料说明：
>
> 　　初中的全功能零合成字：廿、弋、戈
>
> 　　小学的全功能零合成字：甘
>
> 　　**设计意图**：借用"加一笔""减一笔"的游戏趣味方式，引发学生对汉字的学习兴趣，由此导入本次课的主讲汉字——"廿与甘""弋与戈"。

(2) 利用"汉字全息资源应用系统"查询"廿""甘""弋""戈"4个汉字的古文字形（并标明具体字体）、《说文解字》的释义，并分析其本义。

汉字	古文字形	《说文解字》释义	本义
廿			
甘			
弋			
戈			

学习资源：

　　网站：汉字全息资源应用系统

　　书籍：曹先擢、苏培成《汉字形义分析字典》（北京大学出版社）、李学勤主编《字源》（天津古籍出版社）

　　设计意图：通过查询汉字的古文字形和《说文解字》的释义，引导学生根据古文字形和已有学习资料体悟分析本义的方法，同时让学生感受现代形近字的字形虽然相似，但古文字形却大不相同，因而其义迥然有别。要有效区分形近字，仍须参考古文字形，知其字义来由，准确辨形析义。

课中汉字学习材料及汉字构件功能作用的梳理与探究

> 活动一

（1）根据课前所布置的学习任务和学习要求，说明"廿、甘、弋、戈"这4个汉字的本义及其学理依据。

（2）教师总结。

"廿"的甲骨文字形是"Ⴎ"，是两个"十（十）"，其本义为"二十"。

"甘"的甲骨文字形是"ᗒ"，从"六书"而言是个典型的指事字。从"口"，表示字义与嘴有关，"口"中的"一"是指事符号，其本义为"适口的味道"。

"弋"的金文字形是"ϯ"，是下端很尖的木头形象，其本义为"木桩"。

"戈"的甲骨文字形是"ᛉ"，像平头的枪，其本义为"兵器"。

"廿""甘""弋""戈"这4个字形现在发展成为形近字，但我们通过溯源其古文字形可以发现它们在造字之初字形所体现的意义信息并不相同，所以本义有别，现在成为形近字是汉字简化的结果。为此要区分形近字，不写错别字，溯源古文字形是一种科学有效的方法。

> 设计意图：通过学生说明"廿、甘、弋、戈"这4个汉字的本义及其学理依据。一是检查课前学习任务的完成情况；二是逐步引导学生借助辞书和汉字古文字形，学会分析汉字的重要方法——形义分析法；三是让学生深刻感受"全功能零合成字个体形象表意"的特点，不仅可以利用其特点掌握其本义，还可以有效辨别形近字，减少错别字。

> 活动二

（1）小组讨论以下问题。

问题1：为何"戎""或""戟"的构件之一是"戈"而非"弋"？

问题2：为何"式""鸢"的构件之一是"弋"而非"戈"？

（2）小组展示讨论结果。

（3）教师总结。

"戎"的本义是"武器"，"戈"是其表义构件之一；"或"的甲骨文字形是"𢧜"，本义为"城邦"，其中"囗"表示区域，"戈"表示武器，用武器保卫居住之地，两者会意"或"的本义为"城邦"；"戟"是一种古代兵器，"戈"是表义功能构件，体现为"武器"的构意，所以不能写成"弋"。在"折戟沉沙铁未销"诗中，"戟"的句中义正是指"武器"。

"式"是义音合成字，"弋"为示音作用，提示语音，所以不能是"戈"。"鸢"字形从"鸟"，表示字义与飞禽有关，古为鸱属，现在指"鹰"的一种。"弋"是下端有尖的木头之形，本义为"木桩"，后假借为"弋射"的"弋"，在此构意表示"猎取、获得"。

汉字构形中的每一个构件都有其相应的功能和作用，一笔写错，不仅会成为错别字，还会使汉字的构形模式及字义发生变化，对文本内容的理解和意思的表达也会造成误解。

> 设计意图："戎""或""戟""式""鸢"这5个字，其中"戟""鸢"是初中生的生字，其余小学均已学，但学生仍然常常写错，或多一笔或少一笔。通过渗透构件功能作用的学理知识，避免学生写错别字，同时加深学生对"廿""甘"与"弋""戈"等形近字形义关系的理解和区别。

课后汉字学理知识的巩固与拓展

（1）按照本节课所学的方法，通过查阅"匕"与"七"的字形，分析其本义。

（2）回顾所学，说说哪些字的构件是"匕"及从"匕"的原因，哪些字的构件是"七"及其原因。

> 设计意图：第一，巩固本节课学习的知识与方法，使学生学会辨别"匕与七"形义关系不同的方法；第二，让学生感受汉字掌握符号所体现出的区别性特征，字形不同，字义就不同。

案例四

在前面内容学习的基础上，本案例通过对比学生对文本中汉字的初步理解与形义关系分析后的领会，引导学生认识明确汉字形义关系对理解文本内涵的重要性及在阅读理解方面的基础作用。

课前学习任务及要求

（1）解释下列句中加点字词的意思。

这腰鼓，使冰冷的空气立即变得燥热了，使恬静的阳光立即变得飞溅了，使困倦的世界立即变得亢奋了。（《安塞腰鼓》刘成章）

过去了的时间永不再回来。一个人到了三十岁的边头就会发现自己丢失了一些什么：一颗白齿，一段盲肠，一些头发，一点点和人开玩笑的兴味，这意味着他已经失去了那大半个青春。（《永久的生命》严文井）

辛苦遭逢起一经，干戈寥落四周星。（《过零丁洋》南宋·文天祥）

二世元年七月，发闾左適戍渔阳，九百人屯大泽乡。陈胜、吴广皆次当行，为屯长。（《陈涉世家》西汉·司马迁）

（2）利用"汉字全息资源应用系统"查询"亢、臼、戈、屯"的古文字形并说明其本义。

汉字	古文字形	本义
亢		
臼		
戈		
屯		

学习材料说明：

初中的全功能零合成字：亢、臼、戈、屯。

设计意图：通过对已学汉字知识内容的复习，训练学生运用汉字形义分析方法分析汉字的能力，感受掌握汉字学理知识在文本内容解读中的作用。

课中对汉字形义关系的梳理与探究

（1）根据课前所布置的学习任务和学习要求，说明"亢、臼、戈、屯"的本义及其学理依据。

（2）指出下列句子中加点字词的含义。

这腰鼓，使冰冷的空气立即变得燥热了，使恬静的阳光立即变得飞溅了，使困倦的世界立即变得亢奋了。（《安塞腰鼓》刘成章）

过去了的时间永不再回来。一个人到了三十岁的边头就会发现自己丢失了一些什么：一颗白齿，一段盲肠，一些头发，一点点和人开玩笑的兴味，这意味着他已经失去了那大半个青春。（《永久的生命》严文井）

辛苦遭逢起一经，干戈寥落四周星。（《过零丁洋》南宋·文天祥）

二世元年七月，发闾左適戍渔阳，九百人屯大泽乡。陈胜、吴广皆次当行，为屯长。（《陈涉世家》西汉·司马迁）

示例：原本认为"白齿"就是牙齿的意思，查阅资料后发现"臼"的古文字形"𦥑"，是通过描摹舂米器具的形象，表示其本义是"舂米用的器具"之义。"臼"能把米碾碎，所以"臼齿"是指可以把食物磨碎的牙齿，即槽牙，而非指"牙齿"。结合句子，人到了三十岁白齿就掉了，表达了未老先衰的人生无奈和感慨。

（3）教师总结："亢奋"通常学生会认为就是"兴奋"的意思，但通过分析"亢"的甲骨文字形可知，"𠅃"，像一个小人，结合《说文解字》对"亢"的释义"人颈也。从大省，象颈脉形"，即表明"𠅃"是指人的脖颈，所以"亢"的本义即指"脖颈"。脖颈在人体的高处，引申为"高"，又引申为"高傲"，后又虚化为"很、极"之义，所以"亢奋"的意思是"很兴奋、极度兴奋"。结合句子的内容，"这腰鼓……使困倦的世界立即变得亢奋了"，足以见腰鼓的雄劲有力。

"干戈"在课下注释中解释为"战争"，"干"和"戈"本是两种形状不同的武器，"干"是一种防御武器，"戈"是进攻武器，故而"干戈"泛指"战争"是借代的修辞手法。"干戈寥落四周星"是指四年来战争逐渐稀少，足以见誓死报国的文天祥心中有多么失望，也唯有一死才能明志。

"屯"和"屯长"课下注释中分别解释为"停驻"和"戍守队伍的小

头目"。"屯"的甲骨文字形是"㞢",像刚刚长出的草牙之形。《说文解字》释为"难也。象草木之初生。屯然而难。从屮贯一。一,地也。尾曲"。《易》曰:"屯,刚柔始交而难生。"其义是指草木破土而出艰难二不易,需要囤聚力量,故而《广雅》释为"屯,聚也",所以"屯"有"聚集"之义,引申指军队停驻,因此"屯长"即是指驻扎在某地军队的头领。课文内容"九百人屯大泽乡"和"陈胜、吴广皆次当行,为屯长"说明他们二人组织领导起义具备条件。

> 设计意图:首先通过以上语文学习活动,检测学生课前的学习情况,其次在教师的引导下,让学生感受充分认识汉字的形义关系,对理解文本内容的作用。

课后汉字学理知识的巩固与拓展

利用课堂所学方法,解释下面句子中"游弋""弋"的字义。

假若爱比恨多,小屋就光明温暖,像一座金色池塘,有红色的鲤鱼游弋,那是你的大福气。(《精神的三间小屋》毕淑敏)

设计意图:巩固课堂所学相关汉字学理知识,引导学生掌握形义分析方法认识汉字,深刻领会掌握汉字分析方法对理解文本内容的重要作用。

以上四个案例共讲解初中全功能零合成字12个,剩余"凹、亨、冉、凸、酉、乍"6个字未涉及。我们力求通过渗透相应的汉字学理知识讲明、讲清汉字,以此让学生明确感受、感知全功能零合成字"以个体形象表意"的特点,引导学生掌握古文字形溯源、形义分析等汉字学习方法,能够较为熟练地使用相关工具书,达到全面认识汉字形音义,为学生具备终身汉字识字能力打下坚实的基础。

全功能零合成字是汉字的构形基础

1. 学习目标

(1)知识目标:了解汉字的结构层次和全功能零合成字是汉字构形基础的汉字知识,以此明确全功能零合成字可以体现汉字系统性的特点。

（2）能力目标：能够了解全功能零合成字在不同汉字中的功能作用，调动所学可以由一个字联想更多的同类字，逐渐形成构建汉字系统的能力。

（3）素养目标：感受古代先贤的智慧，感知汉字之间的关联，领会汉字的奥秘，提高学生对汉字的兴趣味度，激发学生对汉字的探究意识。

2. 学习内容

（1）学习材料。

凹、匕、戈、鬲、亨、臼、亢、皿、廿、犬、冉、矢、凸、屯、毋、兀、弋、酉、乍（19个）。

（2）学理知识。

① 汉字构件在汉字构形中的不同功能作用。

② 全功能零合成字具有参构能力，汉字大都由其组合而成，因而汉字具备系统性的特点（教学重难点）。

3. 学生学情

初中生已经在小学阶段学习了绝大多数的全功能零合成字，虽然认识这些字，但没有充分了解其在汉字构形中的功能与作用，对"全功能零合成字是汉字的构形基础"这一特点的认识也十分模糊。因此，结合小学已学汉字及初中生字，借助联系法帮助学生逐步构建汉字网络，对汉字取得系统性的认识。

4. 教学步骤和教学过程

为了充分展示全功能零合成字的参构能力，我们将充分利用所学知识，关联各学段的汉字呈现全功能零合成字的教学案例。

案例一

本案例通过对"酉""亨""犬""冉""乍"这五个汉字形义关系的分析阐述，给学生渗透结构层次及构件功能作用的汉字学理知识，以此让学生感知"全功能零合成字是汉字构形基础"的特点。

课前学习任务及要求

（1）利用"汉字全息资源应用系统"查询"酉""亨""犬"的古文字形并说明其本义。

汉字	古文字形	本义
酉		
亨		
犬		

> 设计意图：巩固之前所学的汉字分析方法——溯源法和形义分析法，明了"酉""亨""犬"这3个汉字的本义，为下一步学习做铺垫。

（2）联系所学和所知，写一写你认识的哪些字中分别含有"酉""亨""犬"构件，如"酒""哼""伏"。

构件	汉字
酉	
亨	
犬	

> 设计意图：巩固所学和所知，回顾含有"酉""亨""犬"这3个构件的汉字，感受全功能零合成字的参构能力。

课中梳理已学汉字并探究全功能零合成字参构能力

┌活动一┐

各小组交流课前学习内容，明确"酉""亨""犬"这三个汉字的本义，相互补充并按一定规则整理含有"酉""亨""犬"构件的汉字。

比如，"醒""酝""酿"的右边是"酉"；"亨"是"享"的构件，"享"又与其他构件构成"郭""谆""孰"；"狗""猴""狡"的右边"犭"是"犬"的变形……

> 设计意图："酉"和"亨"是之前未涉及的全功能零合成字，想要借由这两个汉字让学生初步感受同一构件在不同汉字中的功能与作用，进一步体会汉字由全功能零合成字层层组合叠加而成，并借"犬"与"犭"感知全功能零合成字会以变形的方式参构汉字。

活动二

各小组展示整理的汉字，并一一说明分类标准。

> 设计意图：集思广益，一方面看到学生的思维方式，另一方面看到学生对汉字组合方式的理解，为之后的教学做准备。

教师总结：

"醒""酝""酿"均是义音合成字，其中的"酉"具有提示义类的作用，表明汉字与"酒"有关；"哼"也是义音合成字，但其中的"亨"只有提示读音的作用。这就是汉字构件在不同汉字中的不同作用。

"突""吠""伏"均是会义合成字，其中"犬"表明与"狗"有关；而"畎"是义音合成字，其中的"犬"只提示读音，由此可见同一构件在不同汉字中有不同的功能与作用。

"享"由"亯"与"一"一次性集合而成，是平面结构；而"郭""谆""孰"这三个汉字均由基础构件逐次累加而成，都是层次结构。

像"犬"变形为"犭"，与其他全功能零合成字组合后形成"狗、猴、狡"等字的情况有很多，比如"人"变形为"亻"，"心"变形为"忄"，"手"变形为"扌"……基础构件变形后仍可以参与构字，经过溯源其构意与本字相同。

课后巩固与拓展

利用上课学习的方法，先明确"冉""乍"的本义，再回顾汉字这2个构件的汉字，并按照一定方法整理这些汉字。

构件	汉字
冉	
乍	

> 设计意图："冉""乍"是之前未涉及的全功能零合成字，一是教学尽量覆盖初中所有全功能零合成字，二是巩固课堂所学的方法及知识。

因"全功能零合成字是汉字的构形基础"的这一特点在会义合成字和义音合成字的系统性中体现更为鲜明，故这一部分呈现的案例较少，可在之后其他汉字构形模式的案例中看到更为充分的展示。

至此，只剩"凹""凸"两个字未在教学中涉及，这两个字能够体现全功能零合成字之形体现其意的特点，可以关联课外"孑""孓""孒""由""甲"这两组字进行学习。

（二）会义合成字的教学设计与实践

会义合成字的每一个构件都是表义功能构件，但其构意并不是诸多意义信息的简单相加，是通过表义构件之间的意义关系体现出来的，而具有相同表义功能构件组成的会义合成字，具有类聚汉字的作用，所以会义合成字既能体现汉字的表意性特征，又能体现汉字的系统性。依据会义合成字的学理特点，也将其分为两个部分进行讲授。

会义合成字的表意特点

1. 学习目标

（1）知识目标：感受汉字构形、构件组合方式对构意的作用，从而感知汉字据形表意的特点，并明确会义合成字的表意特点。

（2）能力目标：学会汉字形义分析的方法，训练逻辑推理的能力，提升学习语言文字的能力。

（3）素养目标：通过学习汉字学理知识，感知语言文字的特点与规律，增进对祖国语言文字的美感体验，感受祖国语言文字独特的美，增强对汉字的热爱之情。

2. 学习内容

（1）学习材料。

鞍、敞、匾、彪、嫖、婊、濒、屌、毙、蠹、毳、撮、佃、伐、孚、羹、寡、涵、赫、壑、宦、麾、荟、霍、羁、挟、戛、迥、咎、诀、抉、卡、楞、罹、戾、涟、燎、氓、莽、焖、盟、悯、冥、暝、啮、奴、叛、辔、烹、骈、契、虔、羌、憔、妾、箧、裘、鬈、仁、闰、删、膳、蚀、狩、戍、悚、竦、襄、沓、褪、妥、尉、析、禽、曦、徙、涎、偕、卸、薪、墟、潋、杳、颐、缨、佣、攸、佑、驭、鸢、匝、奘、彰、诏、侦、炙、陟、赘、咒、啭、赘、兹、佐（103个）。

（2）学理知识。

① 汉字构件在汉字构形中的功能作用：构形相同构意相同；构形相通构意相近；构形不同，构意可能相同等。

② 汉字有不同的结构次序：平面结构、层次结构和综合结构。

③ 会义合成字的构意不是几个组合字义的简单相加，而是字义关系的综合体现，具有极强的表意性（教学重难点）。

3. 学生学情

初中生虽然能对汉字的象形性有较为深入的理解，但对汉字据形表意的表意性质并不了解，也可以说对此知识毫无认知。而会义合成字是最能体现汉字表意性质的一类汉字，小学阶段学生尽管已经学习了不少会义合成字，但对于其通过构件组合的关系体现构意的特点并不明了。所以要通过正确拆分会义合成字的构件，重新理解会义合成字的字义，从而进一步感知其关系表意性的特点。

4. 教学步骤和教学过程

我们将从初中103个会义合成字中选择最能诠释其表意性这一特点的汉字呈现多个教学案例。

案例一

本案例通过探究不同构件和相同构件组合而成的会义合成字，再次学习汉字结构次序的学理知识，并深入感知会义合成字关系表意性的特点。

课前学习任务及要求

（1）在"汉字全息资源应用系统"查询"孚、宦、羁、楞"这四个字的构形结构，并对其正确拆分。

如：

$$\text{楞}\begin{cases}\text{木}\\\text{四}\\\text{方}\end{cases}$$

> 学习材料说明："孚""宦""羁""楞"均为初中的会义合成字。
>
> 设计意图："孚""宦""羁""楞"这四个汉字均是平面结构的汉字，其中"孚""宦"有两个构件，"羁""楞"有三个构件，对于学生而言这样的汉字容易正确拆分字形理解字义，从而对会义合成字的关系表意性有一定感受。

（2）请仿照从"楞"的解说，利用《说文解字》分析"孚""宦""羁"三个汉字的本义。

汉字	说文	形义关系分析
孚		
宜		
羁		
楞	\	"楞"从"木"表示与"树木"有关,从"罒(四)"从"方"表示"四方",故"楞"的本义是"四方木"

学习资源:

　　网站:汉字全息资源应用系统

　　书籍:曹先擢、苏培成《汉字形义分析字典》(北京大学出版社)、李学勤主编《字源》(天津古籍出版社)

　　设计意图:培养学生通过使用相关工具书解决汉字问题的能力,引导学生正确理解汉字本义,感知字义一次性集合而成的关系表意性。

课中对不同构件和相同构件会义合成字的梳理与探究

活动一

(1)明确课前学习内容,认识"孚""宜""羁""楞"这四个字的具体的形义关系。

汉字	说文	形义关系分析
孚	卵孚也。从爪从子。一曰信也。芳无切。	"孚"从"爪"表示与"手"有关,从"子"表示孩子,故"孚"的本义为"俘虏"

续表

汉字	说文	形义关系分析
宦	仕也。从宀从臣。胡惯切。	"宦"从"宀"表示与"房屋"有关，从"臣"表示奴仆，故"宦"的本义为"臣仆"
羁	马络头也。从网从马。马，马绊也。居宜切。	"羁"从"网（罒）"表示与"网状的东西"有关，从"马"表示与马有关，从"革"表示与"皮革"有关，与马有关的网状的皮革是马络头，故"羁"的本义是指"马络头"
楞	\	"楞"从"木"表示与"树木"有关，从"罒（四）"从"方"表示"四方"，故"楞"的本义是"四方木"

（2）教师总结。

会义合成字的字义不是构件之义的简单相加，而是由各个构件之义的关系的综合体现而来的。如"羁"本义是"马络头"，既与"网（罒）"有关，也与"马""革"有关，"网（罒）"是形状，"革"是材质，"马"是使用该物的对象，缺一不可。

活动二

（1）仿照示例填空。

例：人——从——众

木——（　）——（　）　　　赤——（　）

水——（　）——（　）　　　直——（　）

牛——（　）　　　　　　　　毛——（　）

火——（　）——（　）——（　）　　手——（　）

设计意图:"蠹、毳、赫"是初中的会义合成字,"焱、燚、淼、牪、犇"是非常用字,其余汉字均是小学已学汉字。想要通过相同构件的组合让学生感受汉字的趣味,也为下一步讲解相同构件组合而成的会义合成字做准备。

(2) 请查阅工具书,写出以下汉字的本义。

汉字	木	林	森	\
本义				
汉字	火	炎	焱	燚
本义				
汉字	水	沝	淼	\
本义				
汉字	牛	牪	犇	\
本义				
汉字	赤	赫	直	矗
本义				
汉字	毛	毳	手	友
本义				

设计意图:通过明确相同构件组合而成的会义合成字的本义,比较它们之间字义差别的同时,更好地感受会义合成字表意性的特点。其中设计了"手-友"这个组合,其目的是引导学生关注构件变形对构意影响不大。

(3) 教师总结。

无论是不同构件组合而成的会义合成字,还是相同构件组合而成的会义合成字,它们的字义都是由构件间的关系综合体现的。

比如,"木"是树木之义,"林"是树林之义,"森"是森林之义,随着木的增加，树的数量也渐多。"牛"是牛之义，"牪"是牛伴之义，"犇"是牛惊走之义，两只牛还可以相互做伴，三只牛在一起就会打架，一个简简单单的汉字既彰显了牛的脾性，也表现了牛这一物种的习性。"手"是手之义，"友"是两手相握，表示志同道合的朋友。那么有三只手组合而成的字吗？有，它是"掱"，本义是"扒手"，也就是小偷。汉字真是既有趣，又严谨，多一只手都不可以。

相同构件组合而成的会义合成字，随着构件的增多，其义也会随之加深。

课后巩固与拓展

请通过查询"汉字全息资源应用系统"正确拆分"孱""龇""羹""盟""裒"这五个汉字，并解释它们的形义关系。

汉字	结构次序	形义关系
孱		
龇		
羹		
盟		
裒		

设计意图："孱""龇""羹""盟""裒"这五个汉字大都是不同构件组合而成的会义合成字，且都是层次结构的汉字，比课堂所学的汉字略有难度，但通过查询"汉字全息资源应用系统"可以得到正确的拆分方式。这样做的目的是让学生进一步感受会义合成字层层叠加而成的关系表意特点。如"羹"从"羔"表示与"羊"有关，从"美"表示味美，实则"美"的味美之义也与"羊"有关，这样学习拆分汉字，可以了解更多的汉字之义，也可以更好地理解汉字字义的来由，真正做到知其然而知其所以然。

案例二

本案例通过对初中及小学近百个会义合成字的分析与理解,认识会义合成字中一类汉字——其表义构件也具有提示读音的作用,同时深刻领悟汉字构形的表意性特点。

课前学习任务及要求

(1) 各学习小组利用"汉字全息资源应用系统"查询"鞍""敝""匾""嫖""婊""濒""龇""撮""佃""涵""麾""荟""挟""迥""诀""抉""涟""燎""焖""盟""悯""冥""啮""叛""烹""骈""虔""憔""篌""裘""髻""删""膳""蚀""狩""蓑""褪""曦""徙""涎""偕""薪""墟""漩""缨""佣""佑""奘""彰""诏""侦""赘""啭""佐"(每个小组平均分配查询汉字的数量)这 54 个汉字的构形模式。

你会发现,他们都是_____合成字。

(2) 请各学习小组在《汉字形义分析字典》上再次查阅这些汉字。

你会发现,他们的示音构件,还_____。(填功能作用)

(3) 那么你认为它们应该属于哪一种构形模式的汉字呢?为什么?

> 设计意图:所选的 54 个汉字均是初中的会义合成字,想通过一系列的问题,帮助学生认识汉字构形模式、了解汉字构件在汉字构形中的作用及深刻理解汉字的表意性质,时刻牢记汉字是借助形体表现构意的文字,属于表意文字,有别于表音文字。

课中梳理 54 个汉字并探究其规律特点

(1) 各学习小组按照下面表格,分析本组查询的汉字。

提示:可借助许慎《说文解字》(中华书局)、曹先擢和苏培成《汉字形义分析字典》(北京大学出版社)等工具书。

汉字	表义构件一	表义构件二	形义关系
鞍			
敝			
匾			
……			

(2) 小组展示合作学习的成果。

(呈现部分汉字形义关系分析的预设，供教师上课使用)

汉字	表义构件一	表义构件二	形义关系
鞍	革	安	"鞍"字，从"革"表示与"皮革"有关，从"安"表示稳定，故"鞍"的本义为"马鞍"
敝	㡀	攵	"敝"字，从"革"表示与"皮革"有关，从"安"，从"攴"表示用手拿木棍，从"㡀"表示破旧的布，故"敝"的本义为"破旧的衣服"
匾	匚	扁	"匾"字，"匚"表示与"隐藏"有关，从"扁"表示平而薄的物体，故"匾"的本义为"缝合"
……	……	……	……

(3) 教师总结。

54个汉字的示音构件同时具有表义功能，因为汉字是表意性质的汉字，为了更好地体现汉字的表意性，所以它们应该是"会义合成字"，而非义音合成字。

在分析这些汉字时，我们要注意两个或多个表义构件间通过组合关系来表意的方式，不可只侧重其一。比如"麾"字，从"麻"表示与"麻类植物的茎皮纤维"有关，从"毛"表示植物皮上毛，故它的本义为"古代指挥军队用的旗子"。

此外，我们今后在遇到义音合成字时，要谨慎判断，不可一味妄断其为义音合成字，而要借助《汉字形义分析字典》等工具书综合分析。如其示音构件同时具有表义功能，我们应该判断其为"会义合成字"。

> 设计意图：在上节课的基础上，通过拆分会义合成字的表义构件及分析其形义关系，继续感受、领悟会义合成字的关系表意性的特点。再进一步认识会义合成字中的一类汉字——其表义构件也具有示音功能，与此同时深化汉字是表意文字的这一性质，加深学生对汉字的体悟。

课后巩固与拓展

（1）按照课堂上的学习方法及步骤，查询"亩""协""典""冠""赤""侵""祭""皇""履""闻""区""辞""吊""脊""竟""席""启""孙""逸""恒""皆""斩""委""鲁""悉""岳""巫""尊""唬""帘""畜""寇""制""射""斑""盗""困""拜""盈""脉""焚""葬""射""域"这44个汉字中有哪些汉字的表义构件同时具备示音功能。

（2）请把以上查询到的汉字，按照下面的表格进行分析。

汉字	表义构件一	表义构件二	形义关系
A			
B			
……			

> 设计意图：所选的44个汉字是小学六年级的会义合成字，第一让学生对已学汉字有更深入的认识，第二巩固或明确小学已学的汉字知识，第三加深本节课所学的汉字分析方法及汉字的规律特点。

第一章 汉字学理与初中汉字教学

案例三

本案例借助"沓、汩、杳、呆"与"从、比、北"等相同构件的汉字，了解汉字构件的不同组合样式，更加深入地理解会义合成字的表意性，并对汉字的据形表意的特点有更深刻的感悟，逐渐引导学生对汉字的感性认识上升为理性认识，同时对汉字的系统性也有些许认识。

课前学习任务及要求

（1）请利用工具书查询"沓""杳"这两个会义合成字的表义构件分别是什么，并分别解释它们的形义关系。

汉字	表义构件一	表义构件二	形义关系
沓			
杳			

（2）请利用工具书查询"汩、呆"，并填写下表。

汩	表义构件		形义关系：
	示音构件		
呆	表义构件一		形义关系：
	表义构件二		

设计意图："沓""杳""汩"均为初中生字，"呆"是生僻字。通过对比"沓"与"杳"，引导学生从汉字的表意性角度区分两个形近字，减少错别字的产生；再通过对比"沓"与"汩"、"杳"与"呆"，同样引导学生从汉字的表意性角度区分相同构件的汉字。

课中同形构件的汉字的梳理与探究

活动一

(1) 小组内部讨论课前学习内容。

预设：

沓	表义构件一	水	形义关系："沓"字，从"水"指"流水"，从"曰"指说话，故"沓"的本义为"人说话多如流水"
	表义构件二	曰	
汨	表义构件	水	形义关系："汨"字，表义功能构件"氵（水）"提示义类，表示"汨"与"河流"有关，故"汨"的本义是指"治水、疏通"，"日"为示音功能构件，提示"汨"的语音
	示音构件	日	
杳	表义构件一	木	形义关系："杳"字，从"日"表示与"太阳"有关，从"木"表示与树木有关，故"杳"的本义是指"太阳落下天色昏暗"。
	表义构件二	日	
杲	表义构件一	日	形义关系："杲"字，从"日"表示与"太阳"有关，从"木"表示与树木有关，故"杲"的本义是指"太阳升起天色明亮"
	表义构件二	木	

(2) 通过课前查询"沓""杳""汨""杲"这四个汉字，你有什么发现？

预设："沓"与"杳"字形乍看相似，实则完全不同，一个上面是"水"，另一个是"木"，一个下面是"曰"，另一个是"日"，这两个一定要一笔一画地书写，不然很容易写错。

"沓"与"汨"的构件相同，都是"水"和"曰"，但它们构形模式不同，一个是会义合成字，另一个是义音合成字。"水"都是表义构件，表示字义与水有关，但"沓"中的"曰"与说话有关，故"沓"的本义是"人所说的话简单易懂且言语多如流水"，"汩"中的"曰"只提示语音，不表义。

"杳"与"杲"的构件相同，都是"木"和"日"，它们的构形模式均为会义合成字，"杳"字日在木下，故本义是指"太阳落下天色昏暗"，而"杲"字日在木上，故本义是指"太阳升起天色明亮"。

由此可见，构件相同的汉字，其构形模式不一定相同，但其意义有别。当它们构形模式相同时，构意会因构件的相互位置不同而产生区别。

> 设计意图：第一，在课堂上明确课前所学内容，让学生对要学习的汉字内容及汉字知识有较为清晰的认识。第二，希望通过"沓"与"杳"，"沓"与"汩"，"杳"与"杲"这三组字的对比，感受会义合成字的表意性，并对汉字构意会构件的相互位置不同而产生区别这一规律，有较为清楚的认识。

活动二

（1）小组头脑风暴，还有哪些汉字构件相同，但构意不同呢？请至少写出3组。

预设：

"纹"与"紊"：构件均为"纟（系）"与"文"，"纹（会义合成字）"的本义是"丝织品上的花纹"，"紊（义音合成字）"的本义是"杂乱"。

"怡"与"怠"：构件均为"忄（心）"与"台"，"怡（会义合成字）"的本义是"和悦、愉快"，"怠（义音合成字）"的本义是"轻慢"。

"拾"与"拿"：构件均为"扌（手）"与"合"，"拾（会义合成字）"的本义是"捡起来"，"拿（义音合成字）"的本义是"用手提、取"。

（2）请利用工具书查询"从、比、北"这三个会义合成字的甲骨文字形，并解释它们的形义。

汉字	甲骨文字形	形义关系
从		
比		
北		

（3）教师总结。

在汉字中，有些构件相同的汉字会用构件的位置不同来区别构意，还有一些汉字会采用置向的手段来区别构意。

比如"从""比""北"，"从"中的两个"人"都是正面向左放置，表示"跟从"；"比"中的两个"人"是向右侧放，表示"相比"；"北"中的两个"人"左右反向放置，表示"相背"。

汉字在组合过程中，用不同的组合样式表达不同的构意，这既表明汉字的性质是表意文字，也体现了汉字在表意的同时也兼顾了汉字的系统性，这些都是有规律可循的。

> 设计意图："纹、紊、怡、急、拾、拿"均是小学已学字，想借助"头脑风暴"的形式让学生再认识已学汉字，从而巩固汉字构意会构件的位置不同而产生区别的这一规律；在通过从构形的角度重新认识"从""比""北"的构意方式，意识到汉字构件的摆放方式的不同可能会使构意不同，由此学习汉字构件的两种组合样式，即"构件的相对位置"和"构件的置向"。与此同时，引导学生对汉字的系统性有一定的感性认识，发现古人造字时的一些常用手法，也就是汉字的构字规律。

课后巩固与拓展

在课堂上，我们学习了两种汉字构件的组合样式，一种是"构件的置向"，另一种是"构件的相对位置"，还有一种最为常见的样式"平面图式"，请根据下表的内容，填写相对应的代表字。

编号	图式名称	代表汉字（至少写3个）
1	左右结构	
2	左中右结构	
3	上下结构	
4	上中下结构	
5	全包围结构	
6	上三包围结构	
7	下三包围结构	
8	左三包围结构	
9	左上包围结构	
10	右上包围结构	
11	左下包围结构	
12	独体结构	
13	品字结构	
14	田字结构	
15	多合结构	
16	框架结构	
17	上下多分结构	

设计意图：一方面想让学生对汉字构件的组合样式有一个较为全面的认识，另一方面帮助学习巩固小学已学汉字知识——汉字结构，并且拓展对这一知识的认识，比如"多合结构""框架结构"等小学未涉及，此处利用这种方式简单学习。

案例四

本案例通过对"昝""啬""辔""咒""啸"这五个汉字中"口"这一同形异质构件的认识，让学生了解构形单位与书写单位的不同，区别成字构件与非成字构件，从而正确识别汉字构件，正确释读汉字。

课前学习任务及要求

（1）请查阅工具书正确拆分"咎""啮""辔""咒""啭"这五个汉字的结构，并分析其形义关系。

汉字	表义构件一	表义构件二	表义构件三	形义关系
咎				
啮				
辔				
咒				
啭				

（2）请你写出以上五个汉字中的"口"的构意，并说说你的发现。

汉字	"口"的构意
咎	
啮	
辔	
咒	
啭	

你的发现：

学习材料说明："咎""啮""辔""咒""啭"均为初中会义合成字。

设计意图：第一，继续学习汉字形义分析的方法，在学习全功能零合成字时我们主要依据汉字溯源后的具体形体分析其构意，而在分析会义合成字的构意时，是在正确拆分汉字结构的基础上，对其中成字构件的构意进行综合分析，才能正确分析其构意。第二，梳理"口"构件在不同汉字中的构意，对同形异质的构件产生感性认识。

课中对同形异质构件的汉字的梳理与探究

> 活动一

（1）小组内部讨论课前学习内容。

预设：

汉字	表义构件一	表义构件二	表义构件三	形义关系	"口"的构意
咎	人	各		"咎"字，从"人"表示与"人"有关，从"各"表示相违背，违背了人的心愿的事物就是不好的东西，故"咎"的本义为"灾祸"	"各"中的"口"像坎穴的洞口
啮	口	齿		"啮"字，从"口"表示与"嘴"有关，从"齿"表示与"牙"有关，故"啮"的本义为"咬"	"啮"中的"口"表示嘴发出的动作
辔	丝（糹）	丝（糹）	軎	"辔"字，从"丝"表示"缰绳"，从"軎"指"车轴头"，故"辔"的本义为"古代驾驭马用的嚼子和缰绳"	"軎"中的"口"像车轴头的圆筒外形

续表

汉字	表义构件一	表义构件二	表义构件三	形义关系	"口"的构意
咒	口	口	几	"咒"字,从"口"表示与"说话"有关,从"几"表示人,故"咒"的本义为"祝祷"	"咒"中的"口"表示嘴发出的声音
啭	口	转		"啭"字,从"口"表示与"声音"有关,从"转"表示"婉转曲折",故"啭"的本义为"鸟婉转地鸣叫"	"啭"中的"口"表示嘴发出的声音

(2)"咎""啮""辔""咒""啭"这些字中,都有"口"这个构件,经过前面的讨论,说说你对"口"这个构件的构意的认识。

预设:

"啮""咒""啭"与"口"有关,表示嘴发出的动作或声音,而"咎、辔"各有所像:像坎穴的洞口,像车轴头的圆筒外形,所以不能看到"口",就认为它与嘴巴有关。

设计意图:明确课前所学内容,对"咎""啮""辔""咒""啭"这五个汉字的形义关系有正确的认识,并能正确分析这些汉字中"口"的构意,对同形异质的构件的认识逐步上升到理性范畴。

活动二

(1)小组头脑风暴:请你回忆学过的汉字,哪些汉字中的"口"与嘴巴有关,哪些汉字中的"口"只是像某物。

分类	汉字（至少写三个）	解释"口"的构意
"口"与嘴巴有关		
……		
"口"像某物		
……		

（2）教师总结。

"吃""吹""叫"等汉字中的"口"都与嘴巴有关，这是成字构件。而"向"的"口"像北面的窗口，"谷"的"口"像山谷的水口或豁口，"品"的"口"像容器的开口……这些字构件"口"，表示不同的物象，不是成字构件。这里的"口"是一组同形异质构件。

我们在分析汉字结构时，要分析构件及其功能，不能根据汉字的书写单位轻易拆分汉字结构，这样容易把汉字分析错，分析错一个汉字，就可能导致一批汉字的形义关系出错。如"咎"，很容易根据书写单位把构件分为"处"和"口"，这样既无法解释清楚"咎"的构意，与"处"和"口"相关构件的汉字也会分析不清楚。因此，我们只有正确识别构件，才能正确释读汉字。

> 设计意图：首先再认识已学字，将初中汉字与小学汉字进行系联，更深入地认识"口"构件的构意；其次，渗透成字构件、非成字构件的汉字知识，认识书写单位与构形单位的区别，可以有效识别汉字构件，从而正确分析汉字构意；最后，想让学生意识到像"口"这样的构件，即便有时候是成字构件，有时候是非成字构件，但也可以在大量聚集同类字的基础上进行分类，其实这也是汉字的一种规律，也可以看作是汉字系统性的一种表现。

课后巩固与拓展

（1）梳理出以下汉字中的有相同构件的汉字。

初中所有会义合成字（101个）：鞍、敝、區、彪、濒、屏、龇、蠢、毳、撮、佃、伐、孚、羹、寡、涵、赫、壑、宦、麾、荟、霍、羁、挟、夏、迥、昝、诀、拣、卡、楞、雁、庆、涟、燎、珉、荞、焖、盟、悯、冥、瞑、啮、奴、叛、辔、烹、骈、契、虔、羌、憔、妾、篑、裘、鳌、仁、闰、删、膳、蚀、狩、戍、悚、悚、蓑、沓、裉、妥、尉、析、翕、曦、徙、涎、偕、卸、薪、墟、潆、杳、颐、缨、佣、攸、佑、驭、鸢、匝、奘、彰、诏、侦、炙、陟、赘、咒、啧、赘、兹、佐。

相同构件	汉字
……	

（2）请结合课堂所学，通过查阅工具书说说"契""奘"中的"大"的构意是什么，"夫"中的"大"的构意又是什么？

设计意图：作业（1）是为了让学生独立自主梳理101个会义合成字，并为之后讲解会义合成字的系统性做铺垫；作业（2）对"大"构件的再认识，是为了让学生再次感受同形异质构件的汉字构意，巩固课堂所学。其实像这样的构件还有很多，比如"田"，相关字有"果""番""畎""思""亩""雷"……又如"一"，相关字有"末""夫""本""二"……

案例五

初中会义合成字中有42个汉字出自文言文，9个汉字出自古诗词，51个汉字出自现代文。我们在之前学习的基础上，又从各种文体中选择了一些有代表性的汉字进行教学，包含易错字、难记字等，让学生感受理解汉字的形义关系有助于识记汉字的形与义，不仅可以提升学习效率，还可以深入理解文本内涵。

课前学习任务及要求

（1）写出下面句子加点字的意思。

北冥有鱼，其名为鲲。——庄子《北冥有鱼》（　　）

薄暮冥冥，虎啸猿啼。——范仲淹《岳阳楼记》（　　）

若夫日出而林霏开，云归而岩穴暝。——欧阳修《醉翁亭记》（　　）

东皋薄暮望，徙倚欲何依。——王绩《野望》（　　）

是鸟也，海运则将徙于南冥。——庄子《北冥有鱼》（　　）

宫中府中，俱为一体，陟罚臧否，不宜异同。——诸葛亮《出师表》（　　）

水何澹澹，山岛竦峙。——曹操《观沧海》（　　）

峨眉山月半轮秋，影入平羌江水流。——李白《峨眉山月歌》（　　）

邻居们把她抬上车时，她还在大口大口地吐着鲜血。我没想到她已经病成这样。看着三轮车远去，也绝没有想到那竟是永远的诀别。——史铁生《秋天的怀念》（　　）

怎样才能把一种劳作做到圆满呢？唯一的秘诀就是忠实，忠实从心里上发出来的便是敬。——梁启超《敬业与乐业》（　　）

而读书的要诀，全在于会意。——马南邨《不求甚解》（　　）

我似乎遇着了一个霹雳，全体都震悚起来；赶紧去接过来，打开纸包，是四本小小的书，略略一翻，人面的兽，九头的蛇……果然都在内。——鲁迅《阿长与〈山海经〉》（　　）

这里看不到任何东西，和前几天令人毛骨悚然的单调没有任何区

别。——茨威格《伟大的悲剧》（　）

其时进来的是一个黑瘦的先生，八字须，戴着眼镜，挟着一叠大大小小的书。——鲁迅《藤野先生》（　）

黄河博大宽厚，柔中有刚；挟而不服，压而不弯；不平则呼，遇强则抗，死地必生，勇往直前。——梁衡《壶口瀑布》（　）

不要轻觑了事业对精神的濡养或反之的腐蚀作用，它以深远的力度和广度，挟持着我们的精神，以成为它麾下持久的人质。——毕淑敏《精神的三间小屋》（　）

今操已拥百万之众，挟天子以令诸侯，此诚不可与争锋。——罗贯中《三国演义·三顾茅庐》（　）

（2）请写出"冥""暝""徙""陟""竦""羌""诀""悚""挟"这九个汉字的形义关系。

汉字	形义关系
冥	
暝	
徙	
陟	
竦	
羌	
诀	
悚	
挟	

设计意图:"冥""暝"不仅都是会义合成字,而且在字义上也有相同之处,在文言文中较难区分;"徙""竦""羌""诀"这四个字是学生容易书写错误的汉字,但字义不难理解;"竦""悚"有相同构件,想借助这两个字让学生感受同形构件构意相同的特点;"陟"是文言文的汉字,它的意思比较难记;"挟"是一个易读错字,学生很容易将其视为义音合成字,但实际上构件"夹"更能体现"挟"的构意。我们想通过课前学习的两个小活动,为解决以上问题奠定基础的同时,引导学生在具体的文本中理解汉字内涵。

课中梳理古诗文和现代文字词并探究相关汉字知识

活动一

(1) 根据课前所学和以下材料,思考下面的问题认识"冥"与"暝"。

问题1:为什么"薄暮冥冥"中的"冥"与"云归而岩穴暝"中的"暝"是同一个意思,但却用不同的汉字呢?

问题2:结合所学,根据材料2说说汉字的字义有几种类型?

材料1:

北冥有鱼,其名为鲲。——庄子《北冥有鱼》(同"溟",海)

薄暮冥冥,虎啸猿啼。——范仲淹《岳阳楼记》(昏暗)

若夫日出而林霏开,云归而岩穴暝。——欧阳修《醉翁亭记》(昏暗)

材料2:

汉字	形义关系
冥	从"日"表示与"太阳"有关,从"六"表示与"人"有关,从"冖"表示与"覆盖"有关,古代人认为人死后会进行冥界,故"冥"的本义为"幽暗"。假借为"溟",句中指"北海"即为其假借义

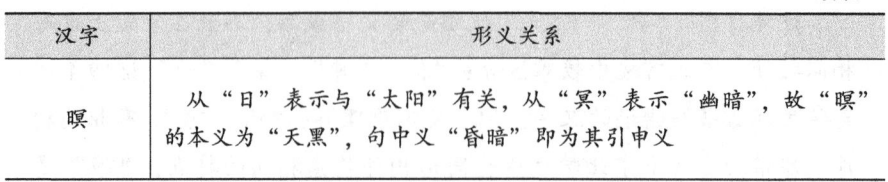

续表

汉字	形义关系
暝	从"日"表示与"太阳"有关,从"冥"表示"幽暗",故"暝"的本义为"天黑",句中义"昏暗"即为其引申义

预设:

问题1:根据上下文,"薄暮冥冥"中的"冥"仅仅指大雨时快到傍晚昏暗的天气,而"云归而岩穴暝"中的"暝"指太阳落下后昏暗的天色,与前文"日出而林霏开"相照应。

问题2:汉字字义有三种,本义、引申义和假借义。

(2)根据下面两则材料,说说如何避免写错"徙""竦""羌"这三个汉字,如何记对"陟"的意思。

材料1:

东皋薄暮望,徙倚欲何依。——王绩《野望》(迁移)

是鸟也,海运则将徙于南冥。——庄子《北冥有鱼》(迁徙)

宫中府中,俱为一体,陟罚臧否,不宜异同。——诸葛亮《出师表》(提拔、晋升)

水何澹澹,山岛竦峙。——曹操《观沧海》(耸立)

峨眉山月半轮秋,影入平羌江水流。——李白《峨眉山月歌》(地名)

材料2:

汉字	形义关系
徙	从"辵"表示与"行走"有关,从"止"表示脚,故"徙"的本义为"迁移",句中义"迁徙"即为其引申义
陟	从"阜(阝)"表示与"山石"有关,从"步"表示两只脚,故"陟"的本义为"登高",句中义"提拔、晋升"即其引申义
竦	从"立"表示与"站立"有关,从"束"表示与束缚有关,故"竦"的本义是指"规规矩矩地站立着",句中义"耸立"引申义

续表

汉字	形义关系
羌	从"羊"表示与"羊"这种动物有关,从"人"表示与人类有关,故"羌"指为"以放牧(放羊)为生的少数民族部落",句中义"地名"即假借义

预设:

"徙"不可写成"徒",因为"徙"右上方的"止"本义是脚,在这里表示"行走",如果写为"土",意思则截然不同,也正因为"徙"的构件是"彳""止"才能表示远距离的迁移,即"迁徙"。

"竦"右边是"立"不是"山",用"立"表示山的一种状态,即站立状。

"羌"下面不是"儿",其中的"丿"应该与上面的竖相连,写成长撇,因为这是一个"羊"字,表示与"羊"这种动物有关。

"陟"的左边是"阜(阝)"表示与"山石"有关,右边是"步"表示正在行走的两只脚,所以"陟"的本义为"登高",引申为"提拔、晋升"。这个字与"降"正好相反。

设计意图:"活动一"中的文本都是古诗文,这些文本距离学生的生活年代较远,理解有一定难度,想通过具体分析这些汉字的形义关系帮助学生认识汉字、理解文本涵义。

活动二

(1) 结合课前所学,请深入思考并说明"诀""悚""挟"在以下现代文中的意思,并说出你的理解依据。

邻居们把她抬上车时,她还在大口大口地吐着鲜血。我没想到她已经病成这样。看着三轮车远去,也绝没有想到那竟是永远的诀别。——史铁生《秋天的怀念》( )

怎样才能把一种劳作做到圆满呢?唯一的秘诀就是忠实,忠实从心里

上发出来的便是敬。——梁启超《敬业与乐业》（　）

而读书的要诀，全在于会意。——马南邨《不求甚解》（　）

我似乎遇着了一个霹雳，全体都震悚起来；赶紧去接过来，打开纸包，是四本小小的书，略略一翻，人面的兽，九头的蛇……果然都在内。——鲁迅《阿长与〈山海经〉》（　）

这里看不到任何东西，和前几天令人毛骨悚然的单调没有任何区别。——茨威格《伟大的悲剧》（　）

其时进来的是一个黑瘦的先生，八字须，戴着眼镜，挟着一叠大大小小的书。——鲁迅《藤野先生》（　）

黄河博大宽厚，柔中有刚；挟而不服，压而不弯；不平则呼，遇强则抗，死地必生，勇往直前。——梁衡《壶口瀑布》（　）

不要轻觑了事业对精神的濡养或反之的腐蚀作用，它以深远的力度和广度，挟持着我们的精神，以成为它麾下持久的人质。——毕淑敏《精神的三间小屋》（　）

今操已拥百万之众，挟天子以令诸侯，此诚不可与争锋。——罗贯中《三顾茅庐》（　）

（2）教师总结。

"诀"字，从"讠（言）"表示与"语言"有关，从"夬"表示分开，故"诀"的本义为"远离而分别"，后引申为"诀窍""帮助人尽快掌握的口诀"。句中"诀别"的"诀"即本义，而"秘诀""要诀"的"诀"是引申义。

"悚"字，从"忄（心）"表示与"心脏或心理活动"有关，从"束"表示与束缚有关，故"悚"指"害怕、恐惧"。句中的"震悚""毛骨悚然"的"悚"均为本义。

"挟"字，从"扌（手）"表示与"手、胳膊"有关，从"夹"表示夹住，故"挟"的本义为"用胳膊夹住"，后引申为"倚仗势力或抓住人的弱点强迫人服从""心中怀着怨恨等""倚仗、依持而自重"。句中的"挟着"的"挟"是本义，其余都是引申义。其中"挟而不服"的"挟"是最难理解的，这样通过探究"挟"的形义关系后，我们就会发现这里的"挟"是一个褒义词，表示"依持而自重"，结合后一句"压而不弯"更能从文中感受到黄河坚毅、刚强的精神品质。

设计意图:"活动二"中的文本都是现代文,第一通过分析以上汉字的形义关系引导学生深入理解文本;第二让学生意识到现代文中的汉字与文言文中的汉字同等重要,只是因为文言文年代久远,阅读障碍较大,所以在学习的时候要侧重学习文言文,但如果现代文中的汉字不理解,同样也会影响阅读,比如上文提到的梁衡的《壶口瀑布》"挟而不服"的"挟"。

课后巩固与拓展

请从不同的文体中选择你想深入学习的汉字,每种文体不少于3个,可以是你平时总写错的字,也可以是你认为不好记忆的字,也可以是你好奇的字……

初中文言文中的会义合成字:仁、薪、鞍、辔、霍、涟、啮、曦、鸢、庋、寡、妾、龀、诏、奴、兹、尉、伐、翕、冥、徙、骈、偕、暝、壑、氅、羹、敝、赘、筐、裘、孚、盟、佣、戍、烹、佐、陟、攸、彰、咎(42个)

初中古诗词中的会义合成字:竦、羌、宦、涵、莽、麾、炙、襄、羁(9个)

初中现代文中的会义合成字:憔、膳、诀、闰、墟、咒、赫、迥、蠡、契、悚、涎、妥、删、赘、沓、悯、卸、褪、屏、蚀、佑、彪、卡、荟、挟、侦、杳、佃、鬓、析、濑、炯、匝、撮、夏、燎、狩、抉、叛、潋、虔、愣、匾、氓、颐、奘、驭、婊、嫖、雁(51个)

设计意图:这是一个非常开放的课后作业,学生可以根据自己的困惑选择要学习的汉字,一方面满足学生的个性需求,另一方面也希望看到学生更多的想法,以便更好地进行后续教学。

会义合成字的系统性

1. 学习目标

(1)知识目标:感受异形同质构件的汉字,认识汉字以表义构件区别汉字构意类别的特点,以此感知会义合成字的系统性特点。

(2)能力目标:学会判断异形同质的构件,能从汉字的表义构件推断汉字的类别,并综合运用汉字形义分析的方法知晓汉字构意,能较为准确、深入地理解汉字的内涵,从而提升语言文字的分析力、感知力和理解力。

(3)素养目标:通过认识会义合成字的系统性特点,引导学生感知汉字表义构件携带的历史文化内涵及汉字的发展演变过程中反映的历史文化内涵,增强对汉字乃至中华民族历史文化的热爱之情与自豪之情。

2. 学习内容

(1)学习材料。

鞍、敝、匾、彪、嫖、婊、濒、屠、龇、矗、毳、撮、佃、伐、孚、羹、寡、涵、赫、玺、宦、麾、荟、霍、羁、挟、戛、迥、咎、诀、抉、卡、楞、罹、戾、涟、燎、氓、莽、焖、盟、悯、冥、暝、啮、奴、叛、辔、烹、骈、挈、虔、羌、憔、妾、箧、裘、鬈、仁、闰、删、膳、蚀、狩、戍、悚、悚、襄、沓、褪、妥、尉、析、禽、曦、徙、涎、偕、卸、薪、墟、潋、杳、颐、缨、佣、攸、佑、驭、鸢、匝、赝、彰、诏、侦、炙、陟、赘、咒、啭、赘、兹、佐(103个)。

(2)学理知识。

① 认识异形同质构件的汉字。(教学难点)

② 表义构件的作用:以义别类。

③ 会义合成字中具有相同表义功能构件汉字,有类聚汉字的作用,这既能体现汉字的表意性特征,又能体现汉字的系统性。(教学重点)

3. 学生学情

初中生对会义合成字的系统性特点的认识比较模糊:一是在小学阶段教师没有渗透此类汉字知识,二是汉字在发展演变的过程中有些许变化,有些构件要经过溯源后才能发现其构意相同或相似的这一特征,对于学生来说有一定难度。但是学生在小学阶段已经学习了3004个汉字,对汉字部首可以类聚表义有一定的感性认识,也并不是全然无知的状态。因此,在讲授会义合成字系统性的特点时,我们的教学难点是帮助学生还原"异形同质"的构件,便于学生感知其中蕴藏的规律,教学重点是认识相同表义功能构件组成的会义合成字，进一步感受汉字的系统性及表意性特征。

4. 教学步骤和教学过程

我们在呈现会义合成字表意性的案例时，其中一部分内容已然体现出会义合成字的系统性，所以此部分教学案例中的汉字尽量不与前文已讲汉字重复，主要从"异形同质"构件与具有相同表义功能构件的会义合成字这两个方面展示相关教学案例。

案例一

本案例通过讲解"灬"与"彡"的"异形同质"构件，引导学生感受即便汉字经过长时间的演变很多构形已然看不出其构意，但通过溯源整理，就会发现汉字的演变也是有规律的，现代字形仍旧是有序的，汉字依然具有系统性。

课前学习任务及要求

（1）利用"汉字全息资源应用系统"查询"烹、炙、焖、燎"这四个汉字的古文字形（表明具体字形，如甲骨文、金文、小篆），并解释它们的形义关系。

（2）通过上面的学习，你有什么发现？

汉字	古文字形	形义关系
烹		
炙		
焖		
燎		

设计意图："烹""炙""焖""燎"均为初中会义合成字。课前想通过形与义两个方面的梳理，让学生发现"灬"与"火"是异形同质构件。

课中梳理与探究"异形同质"构件的汉字

活动一

(1) 小组讨论课前学习内容,并说说你的发现。

汉字	古文字形	形义关系
烹		从"灬(火)"表示与"火"有关,从"亨"表示一种盛放食物的器皿,故"烹"的本义为"煮食物"
炙	(小篆)	从"肉"表示与"肉或肌肉"有关,从"火"表示火焰,燃烧,故"炙"的本义为"以火烤肉"
焖		从"火"表示与"火"有关,从"闷"表示"封闭",故"焖"的本义为"盖紧锅盖,用文火把食物煮熟或炖烂"。
燎		从"火"表示与"火"有关,从"尞"表示"用火烧",故"燎"的本义为"防火焚烧草木"

预设:

"焖"中的"闷"既是表义构件,也是示音构件。

"灬"竟然也是"火"之义,与"火"同意。

(2) 集思广益:找找还有哪些字中也有"灬"构件,表示与"火"有关;再找找还有哪些构件也是"火"的变形。

预设:

含有"灬"构件的汉字:黑、然、热、照、煮、焦……

"火"的变形构件:"察(廮)"中的"小","赤(烾)"中的下半部分。

第一章　汉字学理与初中汉字教学

设计意图：一方面对学生课前学习的内容进行检验，另一方面联系已学回顾含有"灬"构件的汉字，并拓展其他"火"的变形构件，让学生对"火"这一构意的构件有一个较为全面的认识。

┊活动二┊

（1）你还能找到类似的"异形同质"构件吗？填写下面的表格，查找构件。

汉字	小篆字形	形义关系
兵		
共		
兴		
具		
弄		
算		
友		
有		
受		

101

(2) 小组讨论说说发现。

预设：

这些字都有共同的构件"彐"，通过探究它们的形义关系，发现"彐"的构意是"一只手"。其中，"兵、共、兴、具、弄、算"这六个汉字的下面都有两只手，但是这两只手发生了两种变形，一种是"一八"，一种是"廾"。而"友""有"中的"彐"演变为"一丿"，"友、受"中的"彐"演变为"又"。这些汉字看起杂乱，实则都是有规律的。

(3) 教师总结。

"八"与"彐"这两个构件随着汉字的发展与演变，逐渐变形成不同的构件，但这些构件也是有规律的，而不是随意变换，这叫作"变异传承"。我认为这些构件也能体现汉字系统性的特点，且它们经过溯源后，仍有相通之处。从现在字形看，虽构形不同，但构意相同。

> 设计意图：在之前学习的基础上，再认识异形同质构件——"彐"，既巩固之前学习的内容，也对已学内容进行了相应的拓展，并加深对已学汉字的认识。

课后巩固与拓展

试着想想还有哪些构件也是"异形同质"，虽构形不同，但构意相同或相近。

> 设计意图：这是一个有难度的作业，如果真想找出如课堂上所讲的那些"异形同质"构件是比较难的，但只要学生转变思路，就会发现有很多变体的部首也是有系统性的，如"水（氵）""刀（刂）""手（扌）"等，这可以为下一节的讲授做铺垫。

案例二

本案例通过学习具有相同构件的会义合成字，引导学生关注汉字部首可以类聚汉字的特点，感受汉字的有序性和系统性。

课前学习任务及要求

（1）梳理"会义合成字的表意性"案例四的课后作业，将具有相同构件且汉字梳理不少于3个的汉字整理出来。

（2）利用工具书，查询这些构件的构意，并记录下来。

设计意图：第一，检测之前的作业；第二，巩固在全功能零合成字中学习的内容及方法；第三，为课堂学习做准备。

课中梳理相同构件的汉字并探究

（1）请按照下表梳理"奴""妾""妥"这三个字的形义关系。
预设：

汉字	相同构件的甲骨文字形	形义关系
奴		从"女"表示与"人"有关，从"又"表示"手"，故"奴"的本义为"奴隶"
妾	("女"的古文字形像一个屈膝跪拜的女子)	从"䇂"表示与"刑具"有关，从"女"表示与女子有关，故"妾"的本义为"古代女奴"，后指妻妾之妾
妥		从"女"表示与"女性"有关，从"爫（爪）"表示手，故"妥"的本义为"安抚"

（2）按照上面的方法梳理其他具有相同构件的汉字，并说说你的发现。

预设：
具有相同构件的汉字，在字义上是相通或相近的，是可以类聚的。
绝大多数汉字的构意不受构件摆放位置的影响。

> 设计意图：通过先梳理"奴""妾""妥"这三个汉字的形义关系，为学生起到引领示范的作用，也就是给学生一个范例，之后让学生照此进行其他汉字的梳理，方便学生感受汉字的系统性。

课后巩固与拓展

联系已学，在课堂梳理的基础上回顾具有相同构件的其他汉字。比如，与"奴""妾""妥"具有相同构件的会义合成字有：姜、姻、安……

> 设计意图：想借助这样的作业，将打通学生初中学习的汉字与小学已学汉字之间的关联，为学生搭建一个桥梁，促使学生对汉字进行梳理、再认识，以此加深学生对汉字的理解及对汉字特点与规律的认识，逐渐培养学生对语言文字的理性认知。

至此，我们从表意性和系统性两个角度呈现了众多讲解会义合成字的教学案例，这些案例既体现了汉字学习的方法和步骤，也渗透了部分汉字学理知识，还展现了汉字的理趣，它们是丰富的，也是生动的，更是理性的，从中我们也一定感受到了汉字表意性和系统性密不可分的关系，所以说"汉字的个体字符既不是孤立的，也不是散乱的，而是相互关联的、内部呈有序性的符号系统"。[1] 同时这些案例也诠释了"全功能零合成字是汉字的构形基础"这一特点，充分展现了全功能零合成字的系统性。

（三）义音合成字的教学设计与实践

义音合成字由"表义功能构件"和"示音功能构件"组合而成，其中表义构件可以"类聚"汉字，既彰显了汉字的表意性作用，又体现了汉字的系统性作用；示音构件可以区分同类汉字，也可以"类聚"汉字，同样可以体现汉字系统性的作用。依据义音合成字的学理特点，我们也将其分

---

[1] 王宁.汉字构形学导论[M].北京:商务印书馆,2016:190.

为两个部分进行讲授。

义音合成字的概括表意特点

1. 学习目标

(1) 知识目标：充分认识汉字部首体现汉字字义的特点，并明确义音合成字以义类聚的概括表意特点。

(2) 能力目标：学会依据表义构件推断汉字字义的方法，训练逻辑推理的能力，提升对汉字的认知能力。

(3) 素养目标：感知义音合成字的特点与规律，感受汉字之美，增强对汉字的热爱之情。

2. 学习内容

(1) 学习材料。

皑、霭、隘、碍、嗳、暖、谥、遨、坳、澳、芭、笆、跋、颁、阪、梆、谤、磅、褓、陂、狈、秕、鄙、庇、陛、裨、弊、髀、贬、汴、辫、骠、镖、憋、鬓、帛、钹、鹁、渤、箔、礴、簿、惭、粲、沧、漕、槽、嚓、茬、搽、猹、镲、诧、掺、搀、逸、婵、禅、潺、巉、阐、忏、氅、怅、倡、钞、晁、掣、嗔、忱、逞、骋、哧、答、嗤、弛、叱、炽、敕、忡、宠、惆、畴、滁、怵、揣、踹、疮、怆、椿、蠢、戳、辍、疵、茨、祠、雌、跐、赐、枞、殂、猝、蹴、撺、蹿、篡、崔、啐、悴、瘁、粹、挫、厝、嗒、跶、岱、殆、怠、眈、殚、箪、掸、诞、惮、澹、砀、捯、悼、噔、蹬、荻、涤、诋、坻、砥、蒂、缔、掂、滇、癫、淀、恬、凋、貂、迭、铤、锭、窦、渎、牍、笃、赌、缎、敦、遁、咄、掇、铎、踱、垛、剁、舵、堕、俄、遏、愕、嗯、蕃、舫、妃、菲、绯、霏、翡、柿、肺、痱、氛、忿、烽、冯、讽、凫、怫、蚨、辐、辅、腑、撖、杠、皋、羔、膏、篙、缟、镐、咯、嗝、骼、硌、梗、肱、躬、觥、佝、縠、辜、汩、锢、呱、卦、棺、掼、鹳、犷、硅、轨、诡、刿、郭、骇、捍、颔、翰、沆、蒿、嗥、壕、嚎、濠、郝、耗、皓、嗬、涸、阖、嗨、姮、烘、弘、鸿、呼、弧、鹄、槲、猾、槐、獾、寰、鬟、浣、痪、豢、篁、幌、洄、恚、讥、玑、啷、鼙、缉、畸、跻、稽、汲、楫、辑、戟、麂、稷

髻、骥、枷、荬、嘉、奸、歼、缄、蒹、鞯、拣、贱、谏、姜、缰、弭、
狡、嗟、诘、拮、碣、屆、衿、浸、靳、喋、旌、腈、炯、鸠、啾、灸、
柏、雎、鞠、咀、榉、飓、涓、冐、嬷、厥、谲、钧、鞁、郡、咔、夋、
嵁、坎、槛、瞰、尻、铐、苛、珂、柯、嗑、窠、恪、垦、抠、叩、骷、
筷、诓、眶、盔、魁、傀、聩、鲲、癫、籁、阑、谰、斓、琅、烙、勒、
镭、赢、棱、骊、漓、鼛、哩、娌、枥、砾、蛎、笠、镰、敛、链、梁、
谅、僚、寥、蓼、撂、镣、洌、鄰、嶙、辚、磷、廪、佥、泠、菱、榀、
蛉、绫、琉、馏、绺、遛、陇、垄、偻、髅、陋、镂、泸、舻、庐、掳、
橹、潞、辘、戮、潞、麓、峦、纶、逻、锣、骡、擦、间、侣、蛮、曼、
墁、熳、蛑、芼、毵、袤、湄、魅、咪、縻、靡、谧、沔、冕、缅、邈、
篾、铭、谬、馍、沫、嬷、鍪、沐、募、睦、拏、楠、赧、囊、讷、馁、
妮、怩、霓、匿、睨、拈、捻、碾、涅、镍、蹑、恁、侬、哝、驽、喏、
噢、钯、帕、攀、刨、裴、沛、珮、怦、砰、鹏、甓、圮、睥、瞟、瞥、
鼙、聘、娉、钋、仆、菩、蹼、萋、岐、顾、脐、眭、琪、蕲、鳍、杞、
迄、茸、阡、倩、戗、蜣、锵、樯、褴、谯、樵、撬、鞘、锲、钦、衾、
檎、沁、氢、擎、罄、磬、穹、逑、逎、蚍、趋、瞿、觑、蜷、犬、阙、
壤、攘、韧、溶、儒、濡、孺、蠕、汝、阮、蚋、箬、萨、掺、搡、臊、
僧、砂、莎、啥、苦、陕、殇、捎、杓、韶、赦、麝、肾、椹、蜃、笙、
甥、逝、轼、适、噬、抒、枢、淑、塾、署、墅、漱、唰、孀、朔、吮、
厮、祀、俟、涘、嗣、凇、讼、颂、嗖、塑、溯、薮、籔、髓、遂、娑、
唢、蹋、坍、瘫、潭、袒、璕、忒、滕、惕、恬、腆、蜩、髫、鲦、帖、
汀、婷、霆、哃、潼、瞳、捅、埏、湍、抟、蜕、拓、柝、剜、纨、惋、
绾、罔、惘、帏、惟、崴、伪、纬、猥、腲、渭、蔚、瘟、涡、喔、斡、
诬、妩、捂、鹜、汐、晞、浙、犀、熙、嬉、屣、呷、辖、黠、鹳、娴、
舷、跣、湘、肖、萧、箫、霄、泫、楔、邪、袤、榭、馨、腥、荇、匈、
朽、嘘、叙、恤、溆、婿、轩、眩、渲、谑、勋、薰、曛、醺、徇、殉、
押、笳、腌、湮、妍、阎、筵、俨、黡、飏、怏、徭、肴、姚、瑶、曜、
噎、邺、烨、谒、祎、咿、铱、揖、噫、怡、贻、佾、吃、绎、驿、昳、
弈、奕、翳、臆、懿、淫、嘤、膺、萦、颖、臃、踊、铀、黔、柚、釉、

迁、纡、钬、盂、娱、逾、腴、渝、虞、愚、伛、妪、峪、谕、裕、鹬、
垣、辕、苑、陨、酝、愠、缊、蕴、簪、攒、暂、鄫、赃、臧、蚤、啫、
暚、锃、札、闸、詹、辗、漳、璋、账、嶂、幛、瘴、昭、沼、棹、辄、
谪、辙、褶、柘、砧、祯、斟、榛、箴、铮、衹、芷、沚、枳、峙、贽、
铚、室、滞、雉、冢、踵、胄、诛、铢、舳、麈、伫、杼、贮、撰、篆、
椎、涿、斫、酌、琢、濯、鸶、孜、锱、髭、姊、梓、恣、眦、渍、鬃、
邹、诹、诅、攥、樽、嘬、侳（838个）。

（2）学理知识。

义音合成字的表义构件体现了汉字的概括表意性。（教学重难点）

3. 学生学情

初中生对义音合成字，也就是形声字有较多的了解与认识，一是因为形声字在汉字中的数量占比最大，二是小学课本的"语文园地"中数次引导学生探究形声字的特点，所以学生对义音合成字的表义构件体现字义的特点有较为充分的感性认识，我们需要在初中的汉字教学中渗透相关的汉字学理知识，帮助学生将感性认识逐步提升至理性认识。

4. 教学步骤和教学过程

因义音合成字的表义构件既可以体现汉字的表意性，也可以体系汉字的系统性，为了避免与第二部分的教学案例重复，这部分的教学案例我们主要从不同文体的角度进行展示。

案例一

本案例优选了不同文体中的义音合成字，借此认识表义构件体现汉字字义的特点，也通过比较不同文体中的汉字，引导学生意识到汉字字义对于理解任何一种文体的文意都有重要作用。

课前学习任务及要求

（1）查阅课本或工具书填写表中的文中义。

文体	汉字	课文	所在句子	本义	文中义
文言文	牍	《陋室铭》唐·刘禹锡	无案牍之劳形		
	叩	《愚公移山》（《列子》）	叩石垦壤		
	趋	《送东阳马生序》明·宋濂	尝趋百里外		
古诗词	箫	《游山西村》南宋·陆游	箫鼓追随春社近		
	碾	《卜算子·咏梅》南宋·陆游	零落成泥碾作尘		
	掣	《白雪歌送武判官归京》唐·岑参	风掣红旗冻不翻		
现代文	攲	《荷叶·母亲》冰心	攲斜		
	斓	《土地的誓言》端木蕻良	斑斓的山雕		
	氅	《三顾茅庐》罗贯中	身披鹤氅		

（2）拆分以上九个汉字，并借助《汉字形义分析字典》或"汉字全息资源应用系统"解释其表义构件的小篆字形和形义关系。

文体	汉字	表义构件	示音构件	小篆字形	形义关系
文言文	牍				
	叩				
	趋				
古诗词	箫				
	碾				
	掣				
现代文	攲				
	斓				
	氅				

设计意图：课前学习中所选的"牍""叩""趋""箫""辗""掣""毂""斓""氅"九个字都是初中阶段要学习的义音合成字，在选择时我们选择了不同文体中的易写错字、易读错字、难记字、难区分字及易拆分错的汉字，与此同时尽量避开在第二部分"义音合成字的系统性"中需要展示的一系列汉字。通过以上两个课前活动，一是让学生对这些汉字的本义和文中义做到心中有数，二是引导学生关注义音合成字中表义构件的表意作用，这样既可以巩固在全功能零合成字中学习的内容及方法，也可以让学生感受到义音合成字的概括表意性。

课中梳理并探究义音合成字的表义构件

（1）小组讨论课前学习内容，明确"牍""叩""趋""箫""辗""掣""毂""斓""氅"这九个汉字中表义构件的形义关系。

文体	汉字	表义构件	示音构件	小篆字形	形义关系
文言文	牍	片	卖		"片"是由破析树木而成的平而薄的木片，故其本义为"木片"
	叩	卩	口		"卩"的古文字形像一跪坐的人形，故其本义指"跪坐的人"
	趋	走	刍		"走"的古文字形上部像甩臂的人形，下面是一只脚，像人在跑，故其本义为"跑"

续表

文体	汉字	表义构件	示音构件	小篆字形	形义关系
古诗词	箫	竹（⺮）	肃		"竹（⺮）"的古文字形像竹杆上对生的两片叶子，故其本义为"竹子"
古诗词	辗	车	展		"车"的古文字形像从上方俯瞰车子的样子，有两个车轮，其中横贯一根轴，中间是车厢，故其本义为"车子"
古诗词	掣	手	制		"手"的古文字形像伸出五指的样子，故其本义为"手"
现代文	敁	支	奇		"支"的古文字形像手拿枝条，故其本义为"枝条"
现代文	斓	文	阑		"文"的古文字形像理纵横交错之形，故其本义为"花纹"
现代文	氅	毛	敞		"毛"的古文字形像毛发，故其本义为"毛发"

（2）根据以上汉字的表义构件的形义关系，分别说说它们与汉字的本义、文中的具体关系。

预设："牍"的表义构件是"片"，表示"牍"与"木片"有关，故"牍"的本义是"木简"，文中义"文书"即其引申义。由此可知"无案牍之劳形"的"案牍"指"官府公文"。

(3) 教师总结。

义音合成字的表义构件可以提示汉字的义类，学生由此可以推断义音合成字的字义范围，但不能体现具体的字义。

汉字的文中义与汉字本义有着密不可分的关系，只有明晰了汉字的本义，才能更好地记忆、理解文中义，从而较为深刻地理解文意。而汉字字义对于文意理解的作用，实则与文体无关，任何文章中的汉字都需要细细推敲才能理解其深意，只不过文言文、古诗文因文章距离现代较远，所以理解起来比现代文难一些；但倘若是现代文中出现的生僻字、非常用字等同样有一定的理解难度。

> 设计意图：通过课堂学习，首先明确课前学习的内容，其次让学生有效关联义音合成字表义构件、汉字本义及汉字文中义，引导学生对汉字字义形成链条认识，并非一个个单独的个体，以此减轻学生的记忆压力与学习负担，增强学生对汉字特点与规律的体悟。

课后巩固与拓展

依据不同文体，从833个义音合成字中任选6个汉字，运用课堂所学的方法，分析其表义构件与字义之间的关系。

文体	汉字	表义构件	示音构件	表义构件的形义关系	汉字本义	所在句子	文中义
文言文							
古诗词							
现代文							

> 设计意图：这个作业是一个开放作业，但有一些弊端，就是学生对课本不熟悉的话很难完成或者需要很长时间才能完成。建议可以根据不同年级的学生，由教师挑选相应的汉字让学生再填空，这样既可以巩固所学，也可以降低作业难度。

义音合成字的系统性

1. 学习目标

（1）知识目标：感知义音合成字表义构件和示音构件的类聚作用，并明确义音合成字系统性的特点。

（2）能力目标：学会依据义音合成字的类聚作用深入认识已学汉字，推断未学汉字的字义与字音，训练分析归纳的能力，提升梳理探究的意识。

（3）素养目标：加强对义音合成字系统性的认识，感受汉字的有序之美，引导学生热爱国家通用语言文字。

2. 学习内容

（1）学习材料。

皑、霭、隘、碍、暧、暖、盎、翱、坳、澳、芭、笆、跋、颁、阪、梆、谤、磅、褓、陂、狈、秕、鄙、庇、陛、裨、弊、髀、贬、汴、辫、骠、镖、憋、鬓、帛、钹、鹁、渤、箔、礴、簿、惭、粲、沧、漕、槽、嚓、茬、搽、猹、镲、诧、掺、搀、逸、婵、禅、潺、巉、阐、忏、氅、怅、倡、钞、晁、掣、嗔、忱、逞、骋、哧、笞、嗤、弛、叱、炽、敕、忡、宠、惆、畴、滁、怵、揣、踹、疮、怆、椿、蠢、戳、辍、疵、茨、祠、雌、龇、赐、枞、徂、猝、蹴、蹿、撺、蹿、篡、崔、啐、悴、瘁、粹、挫、厝、嗒、跶、岱、殆、怠、眈、殚、箪、掸、诞、惮、澹、砀、捯、悼、噔、蹬、荻、涤、诋、坻、砥、蒂、缔、掂、滇、癫、淀、惦、凋、貂、迭、铤、锭、窦、渎、椟、笃、赌、缎、敦、遁、咄、掇、铎、踱、垛、剁、舵、堕、俄、遏、愕、嗯、蕃、舫、妃、菲、绯、霏、翡、柿、肺、痱、氛、忿、烽、冯、讽、凫、怫、蚨、辐、辅、腑、擀、杠、皋、

羔、膏、篙、缟、镐、咯、嗝、骼、硌、梗、肱、躬、觚、佝、觳、辜、
汩、锢、呱、卦、棺、掼、鹳、犷、硅、轨、诡、刿、郭、骇、捍、颔、
翰、沆、蒿、嗥、壕、壕、濠、郝、耗、皓、嚆、涸、阖、嗨、姮、烘、
弘、鸿、呼、弧、鹄、槲、猾、槐、貛、寰、鬟、浣、痪、豢、篁、幌、
洄、恚、讥、玑、唧、赍、缉、畸、跻、稽、汲、楫、辑、戟、麂、稷、
髻、骥、枷、葭、嘉、奸、歼、缄、蒹、鞯、拣、贱、谏、姜、缰、殭、
狡、嗟、诘、拮、碣、屆、衿、浸、靳、噤、旌、腈、炯、鸠、啾、灸、
柏、雎、鞠、咀、榉、飓、涓、罥、噘、厥、谲、钧、皲、郡、咔、龛、
嵁、坎、槛、瞰、尻、铐、苛、珂、柯、嗑、窠、恪、垦、抠、叩、骷、
筷、诓、眶、盔、魁、傀、聩、鲲、癞、籁、阑、谰、斓、琅、烙、勒、
镭、赢、棱、骊、漓、鲡、哩、娌、枥、砾、蛎、笠、镰、敛、链、梁、
谅、僚、寥、蓼、撂、镣、冽、鄰、嶙、辚、磷、廪、吝、泠、菱、椋、
蛉、绫、琉、馏、绺、遛、陇、垄、偻、髅、陋、镂、泸、舻、庐、掳、
橹、漉、辘、戮、潞、麓、峦、纶、逻、锣、骡、摞、间、侣、蛮、曼、
嫚、熳、蛮、芒、氓、袤、湄、魅、咪、糜、靡、谧、汨、冕、缅、邈、
篾、铭、谬、馍、沫、嬷、鍪、沐、募、睦、挚、楠、椒、曩、讷、馁、
妮、怩、霓、匿、睨、拈、捻、碾、涅、镍、蹑、恁、侬、哝、驽、喏、
噢、钯、帕、攀、刨、裒、沛、珮、怦、砰、鹏、噼、圮、睥、骠、嫳、
颦、聘、娉、扑、仆、菩、蹼、蔞、岐、颃、脐、畦、琪、蕲、鳍、杞、
迄、茸、阡、倩、戗、蜣、锵、樯、襁、谯、樵、撬、鞘、锲、钦、衾、
檎、沁、氢、擎、磬、馨、穹、迣、遒、诎、趋、瞿、觑、蜷、怵、阕、
壤、攘、韧、溶、儒、濡、孺、蠕、汝、阮、蚋、箬、萨、糁、搡、臊、
僧、砂、莎、啥、苫、陕、殇、捎、杓、韶、敕、麝、肾、椹、屉、笙、
甥、逝、弑、适、噬、抒、枢、淑、墊、署、墅、漱、唰、孀、朔、哐、
厮、祀、俟、涘、嗣、淞、讼、颂、嗖、塑、溯、蒴、簌、髓、遂、娑、
唢、踏、坍、瘫、潭、袒、瑭、忒、滕、惕、恬、腆、蜩、髫、鯈、帖、
汀、婷、霆、嗵、潼、瞳、捅、堍、湍、抟、蜕、拓、柝、斮、纨、惋、
绾、罔、惘、帷、惟、嵬、伪、纬、猥、艉、渭、蔚、瘟、涡、喔、斡、
诬、妩、牾、鹜、汐、晞、浙、犀、熙、嬉、屣、呷、辖、黠、鑛、娴

舷、跣、湘、肖、萧、箫、霄、洨、楔、邪、袭、榭、馨、腥、荇、匈、朽、嘘、叙、恤、潋、婿、轩、眩、渲、谑、勋、薰、曛、醺、徇、殉、押、荀、腌、湮、妍、阉、筵、俨、巘、飑、快、侥、肴、姚、瑶、曜、噎、邺、烨、谒、祎、咿、铱、揖、噫、怡、贻、佁、呓、绎、驿、昳、弈、奕、翳、臆、懿、淫、嘤、膺、萦、颖、臃、踊、铀、黝、柚、釉、迂、纡、欤、盂、娱、逾、腴、渝、虞、愚、伛、妪、峪、谕、裕、鹬、垣、辕、苑、陨、酝、愠、缊、蕴、簪、攒、暂、鄫、赃、臧、葬、嚆、罾、铿、札、闸、詹、辗、漳、璋、账、嶂、幛、瘴、昭、沼、棹、辄、谪、辙、褶、柘、砧、祯、斟、榛、箴、铮、祗、芷、沚、枳、峙、挚、铚、窒、滞、雉、冢、踵、肯、诛、铢、舳、麈、仞、杼、贮、撰、篆、椎、涿、斫、酌、琢、濯、鸷、孜、锱、髭、姊、梓、恣、眦、渍、鬃、邹、诹、诅、纂、樽、曝、怍（838个）。

（2）学理知识。

义音合成字的表义构件和示音构件的类聚作用，体现了汉字的系统性。（教学重难点）

3. 学生学情

初中生对义音合成字表义构件和示音构件的类聚作用都有一定认知，所以我们要在此基础上更深入地认识义音合成字的系统性。对于义音合成字的表义构件，除了要知道其以义类聚的作用外，还需要对义类进行细化，如以"日"为表义构件的义音合成字，或与太阳有关，或与温度有关，或与日光有关……也要对同类表义构件进行上位归类，如"女""男""子"等都可以归为"人"这一大类。而对于义音合成字的示音构件，既要认识示音构件直接提示语音的汉字，如"姚""桃""跳"等，也要认识示音构件间接提示语音的汉字，如"恋""恋""銮"等的上边的"糸言糸"，经过草书楷化后为"亦"，凡是以"亦"为示音构件的义音合成字，其读音大致相同。

4. 教学步骤和教学过程

依据义音合成字系统性的具体体现及学生学情，我们将从表义构件和示音构件类聚汉字的角度展示相应的教学案例。

案例一

本案例通过探究以"日"为表义构件的八个义音合成字——暧、晁、曩、晞、曈、曜、昳、暂、昭,学习探究义音合成字表义构件的系统性的方法,同时也对其表义构件的表意性有更加细致的认识。

课前学习任务及要求

(1) 利用"汉字全息资源应用系统"查询"日"的甲骨文并解释其形义关系。

(2) 借助《形义分析字典》查询"暧""晁""曩""晞""曈""曜""昳""暂""昭"这八个汉字的本义。

(3) 查阅课本或其他工具书,明确以上八个汉字的文中义。

汉字	课文	所在句子	文中义
暧	《无言之美》朱光潜	暧暧远人村	
晁	《智取生辰纲》明·施耐庵	晁盖	
曩	《周亚夫军细柳》西汉·司马迁	曩者霸上	
晞	《蒹葭》(《诗经》)	白露未晞	
曜	《岳阳楼记》北宋·范仲淹	日星隐曜	
昳	《邹忌讽齐王纳谏》(《战国策》)	形貌昳丽	
暂	《酬乐天扬州初逢席上见赠》唐·刘禹锡	暂凭杯酒长精神	
昭	《出师表》三国·诸葛亮	以昭陛下平明之理	

设计意图:通过以上课前学习的内容,一方面巩固之前所学内容,另一方面帮助学生逐步明晰本节课的汉字学习方法,先探究表义构件的形义关系,再梳理汉字本义及文中义,引导学生感受义音合成字表义构件的类聚作用。

课中梳理以"日"为表义构件的义音合成字及探究"日"的义项

活动一

(1) 梳理"曖""晁""曩""晞""曛""曜""昳""暂""昭"这8个汉字的本义的文中义。

(2) 说说以上八个汉字的字义与"日"的本义的关系。

解说：古人观日判断时辰，所以以"日"为表义构件的义音合成字或与"时间"义项有关，比如"曩"字。

预设：

汉字	本义	文中义	与"日"的关系
曖	日光昏暗	迷蒙隐约	日光
晁	早晨	姓氏（假借）	时间
曩	过去的时间	先前的	时间
晞	晒干	干	太阳的作用
曜	照耀	光芒	太阳的作用
昳	太阳偏西	光艳	太阳的位置
暂	时间短	暂时（短时间）	时间
昭	日光明亮	显示	日光

(3) 教师总结。

"曖""晁""曩""晞""曛""曜""昳""暂""昭"这8个汉字本各有其义，但是通过我们的梳理探究，可以看到这些汉字字义均与"日（太阳）"有关，这就为同学们再学以"日"为表义构件的义音合成字提供了推断字义的切口。但是这样推断出的字义仍旧很宽泛，为了更具体我们可以再进行细化，或与"日光"有关，或与"时间"有关，或与"太阳的作用"有关，或与"太阳的位置"有关等。

设计意图：首先明确课前学习的内容，其次在此基础上探究细化表义构件与汉字字义的关系，这样可以为学生今后推断以"日"为表义构件的义音合成字的字义提供更为具体的方向。

活动二

（1）回顾所学，想一想还有哪些以"日"为表义构件的义音合成字，填入下表对应的位置。

预设：

分类	汉字
日光	曙、景、晖……
时间	时、早、晚……
太阳的作用	旱、映、晒……
太阳的位置	旭、晟、昳……

（2）根据已学过的汉字字义，想一想以"日"为表义构件的义音合成字还有哪些相关义项。

预设："暑""暴""暖"……与"温度"有关等。

（3）教师总结。

当我们根据义音合成字的表义构件对汉字的字义进行细化和归纳后，就可以有效记忆繁多的汉字及字义，这就是义音合成字系统性特点的妙处。

设计意图：通过关联已经学过的汉字，对以"日"为表义构件的义音合成字有更加系统的认识。经过以上两个课堂学习活动，我们希望能为学生建立一套探究义音合成字表义构件系统性的学习方法，便于学生今后举一反三。

课后巩固与拓展

请按照本节课的学习方法,梳理并探究"骠""骋""笃""冯""骇""骥""骊""骡""鸳""鹜""驿"这11个汉字。

学习步骤提示:明确"马"的形义关系——梳理以上11个汉字的本义及文中义——探究这些汉字字义与"马"的关系——再归类。

> 设计意图:第一,巩固本节课所学习的汉字探究方法;第二,认识以"马"为表义构件的义音合成字的具体义类。教师可以运用此方法探究其他义音合成字,以对义音合成字表义构件的系统性有更好的认识与理解。比如以"手""石""女"等表义构件的义音合成字。

案例二

本案例通过认识"足""彳""辶(辵)""走""行"及其相关的义音合成字,再次感受义音合成字的表意性,并从更宏观的角度感悟义音合成字表义构件的系统性特点——汉字的个体字符不是孤立的,而是相互关联的。

课前学习任务及要求

(1) 利用"汉字全息资源应用系统"查询"足""彳""辶(辵)""走""行"的甲骨文并解释其形义关系。

汉字	甲骨文	形义关系
足		
彳		
辶(辵)		
走		
行		

（2）查阅课本或工具书，写出下表中汉字的本义。

"足"部		"辶（辵）"部		"彳"部	
汉字	本义	汉字	本义	汉字	本义
跋		遂		徇	
踹		逞		"走"部	
趾		迭		汉字	本义
蹴		遁		趋	
蹿		遏		"行"部	
跶		遛		汉字	本义
蹬		逻		衔	
踱		邀			
跻		迄			
躐		述			
蹼		遒			
蹁		逝			
跣		适			
踊		迁			
踵		逾			

设计意图："足""彳""辶（辵）""走""行"这五个部首之间相互关联，在学生的认知里这些字都与"走"有关，实则不然，不同的部首表达的具体含义不同，但学生常常混淆，故而选择梳理、讲解以这五个字为部首的33个相关汉字，它们都是初中的义音合成字。通过课前学习，首先认识以上五个部首的本义，然后明确33个相关汉字的本义，由此引导学生建立部首与汉字字义之间的关系，既让学生感受到义音合成字表义构件的表意性，又让学生看到义音合成字表义构件的类聚作用，从而感受其系统性。

课中梳理并探究以"足""彳""辶(辵)""走""行"为表义构件的义音合成字

> 活动一

(1) 利用"汉字全息资源应用系统"查询"止""的甲骨文并解释其形义关系。

预设:"止"的甲骨文是"𣥂",像一只脚,故本义为脚。

(2) 明确"足""彳""辶(辵)""走""行"这五个部首的形义关系。

预设:

汉字	甲骨文	形义关系
足	𠯁	"足"字的上部是表形功能构件"口",像膝盖额形状,下部是表义构件"止"表示人的脚。结合《说文解字》的解释"人之足也。在下"。综合看来,"足"的本义指腿部膝盖以下的部分,包括小腿和脚
彳	彳 (小篆)	"彳"字无甲骨文字形,《说文解字》解释为"小步也。象人胫三属相连也"。故"彳"的本义是"小步行走"
走	夭	"走"字的甲骨文字形像"人跑步双臂摆动"的样子,故"走"的本义为"跑"。(后金文为"𧺆",下方加了"止"字,表意性更强)
行	䒑	"行"字的甲骨文像一个十字路口,故本义为"路"
辶(辵)	㣤	"辵"字的甲骨文是在"行(䒑)"中间又加了一只脚,故本义是指"在路上行走"

(3) 了解了"止"和"足""彳""辶（辵）""走""行"这六个部首后，说说你们的发现吧。

预设：

汉字的古今意义差别很大，原来"足"不是脚，"止"才是脚；原来"走"不是走，"彳"和"辶（辵）"才是走；原来"行"不是走，它只是一条路。

"足"与"止"都是身体的某个部位；"彳"与"辶（辵）"都指行走，但"彳"走得更慢一些，"彳亍"就是慢慢走、走走停停的意思；"行"的本义是"路"，后引申泛指"行走"；"走"是这些字中最快的，指"跑"。

"止""足""彳""辶（辵）""走""行"这六个汉字之间相互关联，但具体构意有别，不可以一概而论，将它们都视为"走"。

> 设计意图：通过活动一，认识并梳理"止""足""彳""辶""（辵）""走""行"这六个汉字的字义及其关系。一方面让学生认清以上六个汉字的字义；另一方面想让学生建立这六个汉字字义之间的关系，意识到字与字之间相互关联的事实，从而引导学生感受义音合成字表义构件的系统性。

活动二

(1) 明确以下33个汉字的本义。

预设：

"足"部		"辶（辵）"部		"彳"部	
汉字	本义	汉字	本义	汉字	本义
跋	跌倒	遨	游玩	徇	巡行
踹	用脚底向外撞击	逵	通达	"走"部	
跐	脚下滑动	迭	交替、更换	汉字	本义
蹴	踩、踏	遁	逃走	趋	小步快走
蹿	向上或向前跳	遏	阻止	"行"部	

续表

"足"部		"辶(辵)"部		"彳"部	
跶	蹦跳	遛	中途短暂停留之意	汉字	本义
蹬	腿和脚向脚底的方向用力	逻	来往察看	衙	行走的样子
踱	忽近忽退	邈	路途远		
跻	登，上升	迨	到		
躐	蹈	逑	聚合		
蹼	青蛙、鸭子等动物脚趾中间的膜，凫水时用来拨水	道	迫近、急迫		
蹋	踩踏	逝	前往		
跣	光着脚	适	往、到		
踊	跳跃	迂	曲折		
踵	脚后跟	逾	越进		

（2）小组讨论，解释它们与其表义构件之间的关系，并用上节课所学的方法，再进行细化分类。

预设：如"跣""踵"与脚有关，"踹""趾""蹴""跶""蹬""躐""蹋""踊"与脚的动作有关。

（3）结合所学，想一想还有哪些汉字是以"止""足""彳""辶（辵）""走""行"为部首的汉字。

预设：

部首	汉字
止	步、趾、址……
足	跑、跳、踢……
彳	徘、徊、待……
辶（辵）	远、近、迎……
走	趣、起、赶……
行	衔、街、衡……

> 设计意图：通过活动二，巩固上节课的汉字学习方法，并将新学汉字与已学汉字进行系联，拓展以"止""足""彳""辶（辵）""走""行"为部首的一系列汉字，意识到汉字与汉字的构形是相互关联的这一规律，从而加强对义音合成字表义构件系统性的宏观认识。

课后巩固与拓展

小组合作完成以下任务：

（1）查询"女""男""子""大""夭""老"的甲骨文并解释其形义关系。

（2）梳理以"女""男""子""大""夭""老"为部首的义音合成字，并解释这些汉字的本义。

（3）探究以上汉字本义与表义构件之间的关系，并对其进行细化分类。

> 设计意图：首先对"女""男""子""大""夭""老"这六个汉字及以其为部首的汉字进行梳理；然后系统认识"女""男""子""大""夭""老"这六个部首，这些汉字都与人有关，或指性别，或指老幼等；与此同时再巩固上节课所学习的方法及内容。

通过以上两个案例，我们展示了义音合成字表意性和系统性的特点，其表意性主要体现在用表义构件区分义音合成字的义类，这与全功能零合成字直接用物象形体表意的特点不同，它是凭借全功能零合成字这样的基础构件来概括表意的，所以只能起到提示义类的作用，而不是像会义合成字一样，通过构件间的组合关系表示具体的构意。

义音合成字的系统性表现在表义构件和示音构件的类聚作用上，不仅仅是相同的表义构件之间可以呈现汉字的系统性，相近或同类的表义构件之间往往也是相互关联的。它们既在汉字构形上有相通之处，因汉字是据形表意，所以在构意上也彼此印证。从示音构件体现义音合成字系统性这一特点的角度来看，汉字在简化的过程中，仍然严密地维护着汉字的构形系统。

综合以上理据清晰字的教学案例，我们可以发现在汉字的发展演变过程中，汉字的表意方式发生了质的变化，由全功能零合成字的具体形象表意逐步演变为义音合成字的概括表意，但这并不意味着汉字不再是表意文字，相反通过上文义音合成字的教学案例，我们能清晰地感受到汉字在满足易书写、易辨识的同时，也在顽强地坚持着自己的表意特点。比如，"然"的表义构件"灬"，表示字义与"火"有关，其本义是"燃烧"；然而后又加构件"火"，变"然"为"燃"，其表意性更加明显。目前义音合成字，也就是传统意义上的形声字，已经占据汉字总数的87%以上[1]，随着时代发展而衍生出的许多汉字，也大都使用义符加声符的方式构字，既保留了汉字的表意特点，同时增强了汉字构形的系统性。

因此，我们在讲解汉字时，要遵循汉字的表意特点，更要在系统中讲字，有目的地、有计划地渗透汉字学理知识，让原本无序的语料变为有序的知识，将汉字构形系统逐步地呈现学生的面前，引导学生关注汉字的可解释性和可联系性，这样既可从帮助学生科学地掌握汉字，又可以使学生在体会汉字趣味性的过程中感受中华文化。

二、理据丧失字的教学设计与教学实践

理据丧失字是指现代汉字经历隶变、楷化的过程，出现了一批黏合、省简、变形、错讹而部分或全部丧失理据的汉字。[2] 根据"理据丧失字溯源古文字形构形模式情况统计表"可知，初中语文教材需要学习的理据丧失字共40个，整理见表1-17。

---

[1] 王宁.汉字构形学导论[M].北京:商务印书馆,2016:191.
[2] 王宁.汉字构形学导论[M].北京:商务印书馆,2016:262.

表 1-17 理据丧失字

理据丧失字	溯源古文字形构形模式	例字	数量/个	总计/个
半理据字	义音合成字	厄 畚 蘸 蔑 橘 琼 涩 黍 庶 胁 翌	11	30
	会义合成字	敖 羼 春 莫 睪 叵 栗 娄 虐 频 乔 冗 叟 粟 彝 孕 旨 亘	18	
	形义合成字	函	1	
无理据字	义音合成字	厄 卢 雍 斋	4	10
	会义合成字	彗 仑 啬 孰 凤 夐	6	

根据表 1-17 可知,这些汉字溯源后的构形模式包括 24 个"会义合成字"和 15 个"义音合成字"以及 1 个"形义合成字",想要讲解它们,就必须利用溯源后的古文字形或繁体字形。

(一) 半理据字的教学设计与教学实践

1. 学习目标

(1) 知识目标:明确半理据字的构形特点。了解汉字在发展演变过程中形体结构发生变化的情况,变化使汉字从理据清晰字变为了理据丧失字,即汉字的构形失去了构意,形义统一关系遭到破坏,形体无法分析和解说;字形中的构件由原来具有功能作用,可确定构形模式发展演变为构件功能丧失,失去了构形模式,成为记号字;其中有些字形看似构件明确,但只是形体相同而已,却不体现构件所具有的构意,这种构件学界称之为"同形构件"。"同形构件"的出现同样是汉字形体发展演变的结果,也是汉字构形理据丧失的原因之一。

(2) 能力目标:掌握分析半理据字形义关系的方法(通过溯源古文字形),具有分析汉字构形模式的能力(分析构件功能,确定古文字形的构形模式,明确形义关系),了解汉字形体发展变化的情况。

(3) 素养目标:感受汉字悠久的历史,体会汉字发展变化的特点,提高学生对汉字的理性认识和综合分析能力。

2. 学习内容

（1）学习材料。

溯源后是会义合成字的：敖、羼、舂、奠、睾、叵、栗、娄、虐、频、乔、冗、叟、粟、彝、孕、旨、亘（17个）。

溯源后是义音合成字的：厄、畚、蘸、蔑、橡、琼、涩、黍、庶、胁、翌、（11个）。

溯源后是形义合成字的：函（1个）。

（2）学理知识。

① 有的汉字从理据清晰字变为了理据丧失字。

② 汉字的构形模式发生变化。

③ 汉字构形相同，但构意不同——同形构件的特点。

④ 半理据字部分构件的形体失去构意，需要溯源古文字形恢复理据，才能明确其构意。（教学重难点）

3. 学生学情

绝大多数半理据字都是非常用字，从《课标》要求及汉字教学原则看来，这些汉字不是初中生学习的重点，只须对此类汉字有所了解而已。关于全功能零合成字、会义合成字和义音合成字的特点，前面已做阐释，故对于此类汉字，其教学重点是引导学生认识溯源古文字形的目的，掌握溯源古文字形分析汉字形义关系的方法。

4. 教学步骤和教学过程

案例一

本案例讲解"半理据字"——"叵"，溯源古文字形"叵"的构形模式为"会义合成字"，据此，使学生了解汉字在发展演变过程中其构形趋于简化和符号化的特点，感受构形相同构意不同的变化情况，了解"同形构件"产生的原因及其特点，了解汉字从理据清晰字变为理据丧失字的过程。

课前学习任务和要求

利用"汉字全息资源应用系统"查找"叵"的古文字形及《说文解字》的释义。

> 设计意图：因理据丧失字需要溯源古文字形恢复理据才能明晰其形义关系，所以要查找"叵"的古文字形，《说文解字》的释义可以帮助学生明确其本义，以理解形义关系，故须为学生提供需要查阅的相关学习资料。

课中梳理"匚"字的关系与构意确定"叵"字的形义关系

（1）回顾所学，写出6个以"匚"为构件的汉字，归纳"匚"构形的构意。

预设：以"匚"为构件的汉字有"医、区、匠、匣、匮、匝、匾……"，构形"匚"为"存放器物"用具的形象，本义为"盛物的器具"，故其作为构件在构形中体现的构意为"存放器物的工具"。

（2）根据《说文解字》"叵"的释义，说明"叵"的本义。

预设：《说文解字》"叵"的释义为"不可也"，本义是"不可"，似乎与"匚"表示"存放器物工具"的构意无关。

（3）根据"叵"的古文字形，说明古文字形的构形模式，据此解释其古文字形的形义关系。

预设：

"叵"没有甲骨文和金文字形，小篆字形是"叵"，从"丂"从"口"，"丂"表示"气息上扬"，"口"表示"嘴巴"，"叵"在《说文解字》中的释义是"不可也，从反可"，故"叵"的本义是"不可"，所以"叵"的古文字形是会义合成字。

由此，我们可以看到"叵"的构意与表示器具的"匚"无关，它们之间属于"同形构件"，所以现代楷书字形"叵"是一个半理据字，如今只保留了"口"的构意。

设计意图:"匽、匮、匝、匾"这四个汉字都是初中出现的生字,通过梳理"匚"的构意,既可以学习以上四个汉字,又可以为之后推断"叵"的构意是否与"匚"表示"存放器物的工具"有关打基础。解说"叵"的形义关系,需要用到课前查找的内容,借助古文字形和《说文解字》的释义推断"叵"的本义,与此同时明确"叵"的构意与"匚"表示"存放器物工具"的构意无关,故而明白现代楷书字形的"叵"是一个半理据字。

课后巩固与拓展

按照课中的汉字学习方法,查阅"乔"字的古文字形、《说文解字》的释义等学习材料,理清其形义关系,说明溯源后的"乔"字是哪一种汉字构形模式。

设计意图:"乔"是一个非常容易误判其构形模式的汉字,乍一看大家都会认为它是全功能零合成字,其实现代楷书字形"乔"是半理据字,溯源古文字形"乔"是会义合成字,以此引导学生了解独体字(零合成)不一定都是"全功能"零合成字。巩固本节课的学习方法和学习内容,进一步感受半理据字的特点。

案例二

本案例选取了两个溯源后为会义合成字的半理据字——"旨",通过这个汉字,让学生认识半理据字的特点,并了解"草书楷化"的"简化方法"是产生"理据丧失字"的原因之一。

课前学习任务和要求

(1)利用"汉字全息资源应用系统",分析"旨"字的形体结构,查找"旨"的古文字形。

(2) 借助《汉字形义分析字典》的分析及释义，对照"旨"的古文字形，分析其古文字形的形义关系。

> 设计意图：经过溯源，"旨"的古文字形为会义合成字，现代楷书字形"旨"构形中的构件"日"为"同形构件"，其表义功能已丧失，依据《汉字形义分析字典》的析形和解义及其古文字形，引导学生了解"旨"字形体的发展变化及不同时代其构形与构意的关系，引导学生掌握恢复"旨"字构形理据的方法，为学习半理据字的特点做准备。

课中梳理"旨"的形义关系归纳半理据字的特点

（1）根据课前学习的内容，按照要求填写下面的表格。

汉字	古文字形			形义关系
	甲骨文	金文	小篆	
旨				

预设：

汉字	古文字形			形义关系
	甲骨文	金文	小篆	
旨				"旨"的甲骨文构形是一个从"口"从"匕"（勺）的会义合成字，本义为"美味"

（2）分析现代楷书"旨"的形体结构，对照上文古文字形的形义关系，说明"旨"字构件的构意变化情况。

预设：

现代楷书字形"旨"，从"日"到"匕"，原来的表义构件"口"或"甘"变为"日"，与"日"成为"同形构件"，但不具有"日"的构意，"表义"功能丧失；"匕"表示"勺"类取食物用具的构意仍在，所以现代楷书字形"旨"变化为"半理据字"。

（3）借助"汉字全息资源应用系统"，查找"旨"的古文字形并与现代楷书字形相对照，说说你的发现。

预设：

"旨"古文字形与现代楷书字形相近，由"甘"变为"曰"是汉字规整简化的结果。许多古文字形中的"甘"，发展到隶书和楷书都变为"曰"，这是由线条到笔画书写风格引起的字形变化，而这种变化产生出"同形构件"，"同形构件"的产生是使理据清晰字变为理据丧失字的原因之一。

> 设计意图：结合《汉字形义分析字典》，分析"旨"古文字形的构意，展示恢复理据丧失字构意的方法，即"溯源法"；通过依理拆分汉字的形体结构，让学生感知半理据字的构形特点，了解理据丧失的原因——同形构件的产生，完成本节课的学习任务。

课后巩固与拓展

回顾上课的学习过程，探究"半理据字"——"函"与"亘"的形义关系及演变为"理据丧失字"的原因。

> 设计意图：学习"函"与"亘"这两个半理据字，首先，结合《汉字形义分析字典》的析形与释义及溯源古文字形的形义关系分析，明确古文字形构形与构意的关系；其次，通过依理拆分现代楷书字形的结构，确定理据丧失的构件，从古今字形的变化明确理据丧失的原因。"函"字构形中的"氶"构件是由古文字"矢"讹错而来的，而"亘"的构件"曰"是古文字形"回"字由线条到笔画的结果，与"曰"形成"同形构件"，失去构意。

案例三

本案例讲解"半理据字"——"函"，其字形溯源后，"函"的古文字形是"形义合成字",据此引导学生巩固"古文字形溯源"法,了解"半理据字"的构形特点,比较与"半理据字"的异同。

课前学习任务和要求

利用"汉字全息资源应用系统"查找"函"的古文字形,分析"函"字的形体结构。

> 设计意图:溯源古文字形可以帮助学生明确"函"字的形义关系,明确"理据丧失"产生的原因;分析"函"字的形体结构,引导学生感受现代楷书字形形体与意义的关系,充分理解"半理据丧失字"的特点。

课中梳理"函"字的形义关系探究半理据字的特征

(1) 结合"函"字的古文字形,确定溯源后构形模式,分析其形义关系。

预设:"函"字的甲骨文是"𢎘",外面是一个布袋,内放箭矢,故"函"的甲骨文字形是形义合成字,所以"函"的本义是"箭袋"。

(2) 分析现代楷书字形"函",结合古文字形形义关系的解释,说明其构件的构意。

预设:从"函"字的字形发展演变情况可知,其字形内部的"氶"是由古文字形表示箭的"矢"演变而来;外部字形"凵"是由古文字形布袋的形象演变而来,从古文字形可知,"函"的构形模式是"形义合成字",通过对其古文字形构件功能作用的分析,可以确定其本义是"箭袋"。但字形发展到现代楷书字形,其构件"氶"已不体现构意,"凵"还保留有盛物的构意,所以"函"字的楷书字形是一个半理据字。

(3) 根据教师讲授和自己的理解,归纳"半理据字"和"无理据字"的异同。

预设:

相同之处:它们溯源古文字形后可确定构形模式,恢复理据进行形义关系的分析。

相异之处:"半理据字"的现代楷书字形尚存部分理据,而"无理据字"的现代楷书字形理据完全丧失,成为记号字。

> 设计意图:这些教学内容均是引导学生了解"函"的形义关系,感受"半理据字"的特点,进而运用对比的方法认识"半理据字"和"无理据字"的异同,在今后的学习中更好地区分两者。

课后巩固与拓展

利用"汉字全息资源应用系统"查找"孕"的古文字形,分析"孕"字的形体结构并解释其形义关系。

> 设计意图:"孕"与"函"均为"半理据字","孕"从"子"从"乃",构形中的构件"乃"是古文字"大腹人形"隶变的结果,与"乃"为"同形构件",不具有"乃"的构意,"表义"功能丧失。而另一表义功能构件"子"表示"孕"与"孩子"有关,故"孕"的本义是"怀胎"。课后通过学习"孕"字,巩固"半理据字"的特点,加深理解"半理据字"和"无理据字"的异同。

案例四

本案例讲解"半理据字"——"亘",通过溯源古文字形,"亘"的古文字形是"形义合成字",据此引导学生巩固"古文字形溯源"法,了解"半理据字"的构形特点,比较与"无理据字"的异同。

课前学习任务和要求

利用"汉字全息资源应用系统"查找"亘"的古文字形,分析"亘"字的形体结构。

> 设计意图：溯源古文字形可以帮助学生明确"亘"字的形义关系，明确"理据丧失"产生的原因；分析"亘"字的形体结构，引导学生感受现代楷书字形构形与构意的关系，充分理解"半理据字"的特点。

课中梳理"亘"字的形义关系探究半理据字的特征

（1）结合"亘"字的古文字形，确定溯源后"亘"字的构形模式，分析其形义关系。

预设："亘"字的甲骨文是"㘣"，像回旋之形，是一个象形字，有人认为是"漩"字的初文；应读为 xuān，其本义为"回旋"。后读为 gèn，表示"连绵不断"。字形发展到小篆变为"㮅"，增加了构件"二"，表示回旋的上下范围。现代楷书字形变为"亘"，其构件"日"是由古文字形表示回旋之形的"㘣"发展演变而来，这种演变是古文字形线条化到隶书楷书笔画化变化的结果，致使其与"日"成为"同形构件"，失去了构形理据，为此"亘"现在成为"半理据字"。

（2）分析现代楷书字形"亘"，结合古文字形形义关系的解释，说明其构件在构形中体现的构意。

预设：从"亘"字的字形发展演变情况可知，其构形中的"日"是由古文字形表示回旋之形"㘣"演变而来；构形中的"二"与古文字形一致，没有变化，只因"日"构形构意的丧失，致使"二"表示上下范围的构意不易体现；但经过溯源古文字形，"二"表示的构意方能体现出来。从古文字形可知，"亘"的构形模式是"会义合成字"，通过对其古文字形构件功能作用的分析，可以确定其本义是"回旋"。《说文解字》："亘，求亘（xuān）也。从二从回。回，古文回，象亘（漩）回形。上下，所求物也。徐锴曰：'回，风回转，所以宣阴阳也'。"《说文解字》"求亘"的释义是说"亘"为在上下之间盘旋回转之义。字形发展到现代楷书字形，由于其构件"日"已不体现构意，所以"亘"成为一个半理据字。

（3）根据教师讲授和自己的理解，归纳"半理据字"和"无理据字"的异同。

预设：

相同之处：它们溯源后可确定构形模式，恢复理据分析形义关系。

相异之处："半理据字"的现代楷书字形尚存部分理据，而"无理据字"的现代楷书字形理据完全丧失，成为记号字。

> 设计意图：这些教学内容均是引导学生了解"亘"的形义关系，感受"半理据字"的特点，进而运用对比的方法认识"半理据字"和"无理据字"异同，在今后的学习中更好地区分两者。

（二）无理据字的教学设计

1. 学习目标

（1）知识目标：了解汉字在发展演变过程中逐渐简化和符号化的趋势，并明确无理据字的特点。

（2）能力目标：能够借助无理据字的古文字形分析其形义关系，掌握通过溯源古文字形恢复汉字理据的方法，能通过对比古文字形与现代楷书字形的异同，感受汉字形体发展变化情况，培养学生分析汉字形义关系的能力。

（3）素养目标：感受古文字形与现代楷书字形的不同特点，丰富学生的汉字学理知识，提高学生对汉字形体发展变化的认识。

2. 学习内容

（1）学习材料。

溯源后是会义合成字的汉字：彗、仑、畜、孰、夙、夐（6个）。

溯源后是义音合成字的汉字：厄、卢、雍、斋（4个）。

（2）学理知识。

① 汉字在发展演变的过程中，逐渐简化和符号化。

② 无理据字的所有构件均无法直接体现构意，理据全部丧失，需要溯源古文字形以恢复其构形理据，再分析其构意。（教学重难点）

3. 学生学情

初中生对无理据字不甚了解，从认知角度来说这类字在理解上也比较难,所以无理据字须放在汉字形义关系内容的最后来讲解,讲解重点是无理据字形成的原因,溯源古文字形的构形模式的确定,目的是帮助学生有效理解和掌握无理据字的特点。

4. 教学步骤和教学过程

因无理据字的数量少,典型例字不易寻找,我们将从溯源古文字形是形义合成字和义音合成字中各选一字,进行教学案例的展示。

案例一

本案例讲解"无理据字"——"彗",通过溯源古文字形,"彗"的古文字形是"形义合成字",据此引导学生巩固"古文字形溯源"法,了解"无理据字"的构形特点,与"半理据字"进行比较,感受两者之异同。

课前学习任务和要求

利用"汉字全息资源应用系统"查找"彗"的古文字形,分析"彗"字的形体结构。

> 设计意图:溯源古文字形可以帮助学生明确"彗"字的形义关系,明确"理据丧失字"产生的原因;分析"彗"字的形体结构,引导学生感受现代楷书字形形体与意义的关系,充分理解"理据丧失字"的特点。

课中梳理"彗"字的形义关系探究无理据字的特征

(1) 结合"彗"字的古文字形,确定溯源后"彗"字的构形模式,分析其形义关系。

预设:"彗"字的小篆字形是"𢑥",上部是"扫把"之象形,下部是"又(手)",表示以手持帚。故"彗"的本义是"扫帚"。

(2) 分析现代楷书字形"彗",结合古文字形形义关系的解释,说明其构件的构意。

预设：从"彗"字的字形发展演变情况可知，其字形上部的两个"丰"是由古文字形表示扫把的形象演变而来；下部字形中的构件"ヨ"是由表示手的"又"演变而来，从古文字形可知，"彗"的构形模式是"形义合成字"，通过对其古文字形构件功能作用的分析，可以确定其本义是"扫帚"。但字形发展到现代楷书字形，其构件"丰丰"与"丰"为"同形构件"，构件"ヨ"已不是独立的字，没有意义，成为记号，故"彗"字构形中的构件均不体现构意，所以"彗"字的楷书字形已变成一个无理据字。

（3）根据教师的讲授结合学生自己的理解，引导学生归纳"半理据字"和"无理据字"的异同。

预设：

相同之处：它们溯源古文字形后能够确定构形模式，恢复理据可以进行形义关系的分析。

相异之处："半理据字"的现代楷书字形尚存部分理据，而"无理据字"的现代楷书字形关系理据完全丧失，成为记号字。

> 设计意图：这些教学内容均是引导学生了解"彗"的形义关系，感受"半理据字"的特点，运用对比的方法认识"半理据字"和"无理据字"异同，在今后的学习中更好地区分两者。

课后巩固与拓展

利用"汉字全息资源应用系统"查找"凤"字的古文字形，结合《汉字形义分析字典》对"凤"的形义解释，明确其古文字形的形义关系；分析"凤"的汉字形体结构，分析其现代楷书字形的形义关系。通过古今汉字字形的比较，说明"凤"字溯源后的古文字形和现代楷书字形的构形特点及形义关系。

设计意图:"夙"字相较于其他"无理据字",如"彗""仑""啬""孰""叟"等溯源古文字形后是会义合成字来说,"夙"字学生对其字形虽较为熟悉,却不太理解其形义关系。"夙"出现在初中课本《出师表》中,其意思是"早晨",但为何是"早晨"义,学生并不理解,所以希望据此帮助学生理解并有效识记"夙"的字义。同时巩固掌握"无理据字"的学习方法,加深对其特点的把握。

案例二

本案例通过学习"斋"字,引导学生关注繁体字在"理据丧失字"学习中的作用,感受汉字在发展演变过程中逐渐简化和符号化的特性。

课前学习任务和要求

利用"汉字全息资源应用系统",分析"斋"字的形体结构,说明其形义关系。

设计意图:通过前面几个案例,学生已经对"理据丧失字"产生了感性认识,也对基本掌握了"理据丧失字"的学习方法,所以课前设置的学习内容较为直接、简单。

**课中梳理"斋"字的形义关系感受
汉字形体发展变化的特点**

根据课前学习内容,按照要求填写下面的表格,并解释其形义关系。

汉字	拼音	繁体字	表义构件	示音构件	古文字形
斋					

预设：

汉字	拼音	繁体字	表义构件	示音构件	古文字形
斋	zhāi	斎	示	齐	（金文）

形义关系："斋（齋）"字的金文字形是"𩫏"，其构形原是一个从"示""齐"声的义音合成字，本义是"斋戒"。"斋"从现在字形来看，从"文"从"而"，而构件"文"和"而"只是"文"和"而"的"同形构件"，并不具有"文"和"而"的"构意"，使𩫏（齋）字形中"表义"和"示音"的功能都丧失了。所以现代楷书简体的"斋（齋）"，其构形已变化成为一个"无理据字"。

设计意图：通过表格引导学生掌握梳理"斋"字的方法，使学生通过梳理明确"理据丧失字"的特点。

课后巩固与拓展

通过填写下表学习"无理据字"——"卢"。

汉字	拼音	繁体字	表义构件	示音构件	古文字形	形义关系
卢						

设计意图："卢"字的确是一个"零合成字"，但却非"全功能"，从现代楷书字形来看，"卢"是一个无理据字。掌握学习"卢"字的方法与"斋"字一样，都需要借助其古文字形或繁体字形来溯源，以恢复其构形理据，据此分析其形义关系。通过学习"卢"字巩固课上所学的汉字学习方法，了解汉字简化的过程，理解"全功能"与"零合成字"的字不同。

"理据丧失字"是汉字在发展演变的过程中，为了满足汉字便于书写的职能需要，突显体现汉字符号性特点而产生的汉字形体变化情况，汉字的性质是表意文字，而"理据丧失字"因其构形丧失了构意，所以这些字并不在汉字的构形模式之内。这类字虽然降低了人们的书写难度，在一定程度上减轻了人们在笔画繁难上的记忆负担，但这类字确实违反了汉字的表意性质，所以它们的数量不可能太多。在初中阶段这类汉字不是学习的重点，教师可以根据学情决定是否在汉字教学中涉及。需要说明的是要讲解"理据丧失字"就必须采用溯源法，根据形体演变的情况，追溯到汉字构形理据恢复，能够体现构意的状态方可讲解。[1]

无论是讲解"理据清晰字"还是"理据丧失字"，我们都应该基于汉字的表意性和系统性的汉字学理依据进行讲授，依据不同的汉字构形模式，明确构件的功能作用，由此讲解其所体现的构意，渗透学理，总结归纳汉字的构形规律。如此，才能确保汉字教学的科学性和准确性。

语文教学的核心是对学生进行语言运用的培养与训练，而其基础即体现为汉字教学。因为在语文教学中，语文能力的培养是借助教材选取的文章（课文），通过文本阅读实现的，而文本阅读的基础是对词义的理解。词义分本义、引申义和假借义；本义是掌握词义的关键，引申义是以本义为基础在引申规律的作用下产生出来的新义，与本义有直接或间接的关系；假借义是指同音借用，借的是字形，与词的本义无关。在文本阅读中，特别是文言文阅读中掌握本义十分重要。而确定本义的重要方法之一是要结合古文字形的分析，这就需要掌握分析汉字构形与构意关系的方法，以明确汉字的形义关系，进而把握字与词的关系。所以汉字教学不单单是让学生认得某些汉字，能读出其音，写对其形，而是要让学生真正了解汉字的形义关系，培养学生的阅读鉴赏能力，从而在文本阅读的过程中实现初中语文课程在新《课标》中提出的以"语言运用"带动"文化自信""思维能力""审美创造"的目标要求。

---

[1] 王宁.汉字构形学导论[M].北京:商务印书馆,2016:75.

第二章

汉字学理与高中汉字教学

《普通高中语文课程标准（2017年版2020年修订）》明确把语言建构与运用作为语文学科核心素养的基础，并强调语言梳理与整合的重要性；同时在"学习任务群四"中也提出汉字积累、梳理与探究的具体内容与要求。可见，高中汉字教学是高中语文教学的重要内容。但在高中具体的语文教学实践中，汉字教学却不被教师所重视，其在高中语文教学中的重要作用未能得到充分发挥。

汉字教学是培养学生语文素养和人文关怀的重要基础[1]，故任何学段的汉字教学都极其重要。本章将以汉字学理论为指导，探索高中语文汉字教学内容、方法及教学规律，主要通过梳理高中汉字教学材料本身及其与义务教育阶段汉字教学材料之间的相互关系，探寻培养学生自主梳理探究汉字知识的能力的方法，旨在有效引导学生掌握自主梳理探究汉字学理知识的方法，达到课标要求；同时为高中汉字教学提供科学的理论依据、方法指导与实践策略。

---

[1] 赵宇强.高中阶段汉字教学的问题与对策[J].语文教学通讯·D刊（学术刊），2014(12):38-39.

高中语文汉字教学实践研究的总原则是以汉字学理为依据。其具体研究的出发点则主要基于以下三个方面的考量：第一，依据课程标准思考高中汉字教学的目标和要求；第二，通过文献测查了解高中汉字教学的研究情况；第三，通过考察教学现状探寻高中汉字教学存在的主要问题。

一、课程目标及要求

《普通高中语文课程标准》中提出了四个语文核心素养，同时指出语言的建构与运用是语文学科核心素养的基础，由此可见语言建构与运用的地位。王宁先生在《谈谈语言建构与运用》一文中说道："语言建构与运用，主要针对母语教育，也就是汉语与汉字的教育"。❶说明汉字教育在高中语文教学中应占一席之地。高中语文课程标准中课程架构的核心元素——学习任务群的设置，更加体现了汉字教育在高中语文教学中的重要性。在"学习任务群四"——语言积累梳理与探究中提到："在语文活动中，积累有关汉字、汉语的现象和理性认识，了解汉字在汉语发展和应用中的重要作用，巩固和加深义务教育阶段所学的汉字知识；体会汉字、汉语与中华优秀传统文化的关系及汉语的民族特性，增强热爱祖国语言文字的感情。"❷通过分析《课标》内容，我们可以发现，高中的汉字教育是一以贯之的，它以义务教育阶段的汉字教学为基础，同时在高中阶段也提出了更高的要求，王宁先生也曾说："汉字教育的目的，更重要的是要通过教学过程让学生产生对表意汉字构造特点和使用规则的感受。"❸所以高中汉字教育重在培养一种能力：在已经具备一定汉字基础的学生通过积累汉字现象，从而梳理及探究总结汉字规律的能力。

---

❶ 王宁.谈谈语言建构与运用[J].语文学习,2018(1):9-12.
❷ 中华人民共和国教育部制定.普通高中语文课程标准(2017年版2020年修订)[S].北京:人民教育出版社,2020:16
❸ 李节.再谈汉字教育的科学性——北京师范大学教授王宁访谈[J].语文学习,2015(3):7-11.

由上可见，高中汉字教学是课程标准明确提出的，也是我们为培养学生对汉字的理性认识所必须做到的。所以本论文的研究聚焦于如何培养学生具备学习和掌握汉字的能力方面。

通过对高中汉字教学相关文献的梳理，我们发现有关学者已经开始重视高中汉字教学，尤其在《普通高中语文课程标准》颁布后，"学习任务群四"与"学习任务群十三"已对高中汉字教学提出明确要求，相关研究文献百花齐放；但我们发现，在已有的高中汉字教学研究文献中，大多学者都是讲授单篇课文中某个单字的字理或词义，遇上哪个汉字就讲哪个汉字，还未完全体现出汉字教学的系统性与科学性，也未体现出学生自主梳理探究汉字的方法指导。因此，将高中汉字进行科学性梳理，并有计划、有步骤地教授十分必要。

对高中汉字教学现状的了解，主要通过以下两个方式进行：一是对一线教师的访谈；二是对教学课例的分析。

二、研究内容

在高中阶段，汉字教学已不再是单纯向学生讲授形音义三要素；而是要教授学生自主梳理探究汉字的能力。经科学统计，高中统编语文五册教材共有 4195 个不重复汉字，所以本论文的主要研究内容为 4195 个汉字，对其进行梳理探究，了解其蕴含的相关汉字学理知识，进而科学地选取高中汉字教学的内容，制定高中汉字教学的目标。

随着语文核心素养与学习任务群的提出，高中阶段的汉字教学开始更加重视科学化、系统化与整体性的规划。研究以汉字学理原则为指导的高中汉字教学，遵循汉字本身的特点，有助于促进高中汉字教学的规范化、科学化与系统化。同时学界对高中汉字梳理探究教学的研究较少，针对高中阶段进行专门的汉字教学研究，能够为高中汉字教学提供理论依据，丰富高中汉字学习任务群专题教学的教学理论，为高中汉字教学提供理论支撑，促进高中汉字教学的发展，同时也为高中汉字教学理论研究提供一定的事实依据。

探究以汉字学理原则为指导的高中汉字教学使研究更加有针对性，进而解决高中汉字教学过程中所出现的一些问题，同时也有利于高中汉字教学实践的科学化发展；高中汉字教学实践有了具体科学的操作方法，就能够帮助学生掌握学习汉字的技巧，增强语言文字运用的敏感性，训练学生观察汉字现象的能力和总结汉字规律的综合、分析能力，加深学生对汉字汉语的理性认识，为大学的专业学习乃至终身学习打下坚实的基础，使学生终身受用。

第一节 高中汉字教学材料的梳理

一、高中汉字教学材料的确定

本章内容是讨论高中语文汉字教学实践,内容聚焦在汉字教学方面,但在高中阶段,《普通高中语文课程标准(2017年版,2020年修订)》对高中汉字具体教哪些字以及数量都没有明确规定,统编高中语文教材也不再设置生字表。为此我们特制定高中汉字表,目的是使高中汉字教学有据可依。

统编高中语文教材共有五册,即必修上下册与选择性必修上中下册,我们对这五册教材中文本内出现的所有汉字进行了数量统计,运用 Python 程序统计出汉字数量为 246 613 字,其中必修上下册共 103 612 字,选择性必修上中下册共 143 001 字,经过查重处理,排除所有文本内的重复字,最终得出高中不重复的汉字数量为 4195 个。据此我们确定 4195 个汉字为高中汉字教学的材料,具体见表 2-1。通过对这 4195 个单字进行文字学属性及构形属性的测查,梳理出其汉字基础知识与构形知识,为探究高中汉字教学内容与目标提供教学实践的依据和基础。

表 2-1 统编高中语文教材汉字统计

教材	汉字总数/个	重复汉字数量/个	各新学汉字数量/个
必修上下册	103 612	2884	551
选择性必修上中下册	143 001		760
总计/个	246 613	4195	

二、高中汉字教学材料 4195 个汉字的文字学属性测查

形音义为汉字的基本属性,为了解 4195 个汉字教学材料的基本属性,

我们对此进行了文字学基本属性的测查。

形：简体与繁体；检字法部首与文字学部首，检字法部首依据《现代汉语词典》，文字学部首依据《说文解字》；历代字形演变（甲骨文—金文—其他古字形—篆文），依据《古文字类编》；六书（造字法）依据《说文解字》小篆字形；构形模式及形义关系，依据现代字形。音：汉语拼音，依据《现代汉语词典》。义：《说文解字》释义。汉字形义关系分析，主要依据《汉字形义分析字典》与《字源》中的解析。

为确保4195个汉字文字学属性测查结果的准确性与权威，以上所列参数的其他信息均以北京师范大学汉字研究与现代应用实验室研发的"汉字全息资源应用系统"为据。

三、高中汉字教学材料4195个汉字的形义关系

通过对高中汉字教学材料4195汉字文字学属性的测查，得出汉字的形义关系为以下五类：形义关系明确、形体丧失理据、形义关系不明、形义没有关系、形义关系脱节。

形义关系明确的字是指汉字的构形与构意关系明确，汉字的构形保持理据，其可划分具体的11种构形模式❶；例如"炙"，从火从肉，为会义合成字，指以火烧肉的状态，表示烧烤，其汉字构形与构意关系明确。形体丧失理据的字是指现代字形因字形的发展演变（黏合或减省）导致其构形不再体现构意，使其构形丧失理据；例如"兼"从现代字形来看我们已无法进行拆分，因其字形的黏合减省，构形已不再能体现出双手持禾的构意，故从现代字形来看为理据丧失字。形义关系不明的字是指从字形的发展历史来看，该字的构形与构意始终不甚明晰；例如"克"，无论从古文字形还是现代字形来看都无法准确分析其形义关系。形义没有关系的字是指该汉字字形只记录音节不记录意义；例如"乒、乓"二字仅记录音节，单字使用时没有意义，只有二字合用时才能体现意义。形义关系脱节的字是指该字只被用作记录假借义，导致形义关系脱节；例如"盍"本义为覆盖，但假借表示文言疑问词"何不"，且现在只表示文言疑问词"何不"，

---

❶ 这11种构形模式是王宁先生在《汉字构形学导论》中提出的,详见该书表3.3.

无其他的意义，故该字为形义关系脱节的字。根据以上分类标准，我们得出具体统计见表2-2。

表2-2　高中汉字教学材料4195个汉字形义关系统计

形义关系	汉字数量/个	比例/%
形义关系明确	3667	87.41
形体丧失理据	336	8.00
形义关系不明	64	1.53
形义没有关系	38	0.91
形义关系脱节	90	2.15

四、高中3667个汉字的构形模式

"汉字的本体是字形，汉字的字源、字用、风格和它所携带的文化信息等都是基于汉字的构形规律，因此只有把字形作为汉字的中心来探讨，才能从理论上研究其内在的规律"。❶ 王宁老师以"六书"、古代朴素的系统思想与现代系统论方法论为理论基础，构建了汉字构形学，总结出了"结构—功能"分析法用以分析可以囊括所有时代汉字的构形模式。

构件（或称部件）是汉字构形单位，构件在构字时会体现出一定的构意，而这些构件所承载的构意类别也就是构件的功能。王宁老师总结归纳出构件功能有四种：表形功能、表义功能、示音功能与标示功能。王宁先生根据以上的构件功能共归纳出11种汉字构形模式，这11种汉字构形模式"体现了'六书'的基本原理，避免了'六书'的局限，也能涵盖前四书"。❷ 具体构形模式见表2-3。

---

❶ 王宁.系统论与汉字构形学的创建[J].暨南学报(哲学社会科学),2000(2).
❷ 王宁.汉字构形学导论[M].北京:商务印书馆,2018:140.

表 2-3　汉字构形模式与"六书"对应

序号	构件	模式	字形
1	全功能构件+0	零合成字	象形（独体字）
			指事（独体字）
2	表形构件+标示构件	标形合成字	指事（采用标示构件的字）
3	表义构件+标示构件	标义合成字	
4	示音构件+标示构件	标音合成字	形声（采用示音构件的字）
5	表形构件+示音构件	形音合成字	
6	表义构件+示音构件	义音合成字	
7	示音构件+各类构件	有音综合合成字	
8	表形构件+表形构件	会形合成字	会意（没有示音构件的字）
9	表形构件+表义构件	形义合成字	
10	表义构件+表义构件	会义合成字	
11	各类构件（无示音）	无音综合合成字	

资料来源：王宁. 汉字构形学导论［M］. 北京：商务印书馆，2018：139.

根据王宁先生归纳的 11 种汉字构形模式，我们对形义关系明确的 3667 个汉字进行了构形模式分类归纳与总结，具体情况见表 2-4。

表 2-4　高中汉字教学材料 3667 汉字构形模式

构形模式	汉字数量/个	比例/%
义音合成字	3036	82.37
会义合成字	348	9.49
全功能零合成字	171	4.67
形义合成字	72	1.96
标义合成字	16	0.44
会形合成字	12	0.33
形音合成字	7	0.19
标形合成字	3	0.08
标音合成字	1	0.03
有音综合合成字	1	0.03

高中 3667 个汉字共有 10 种构形模式，除无音综合合成外，均有涉及，不同的构形模式有不同的构形特点，下文一一阐述。

（一）具有标示构件汉字的构形模式

1. 单构件模式的构形特点

全功能零合成字属于单构件模式，"它是由一个单独的成字构件也就是一个形素构成的，或者说它从一开始就无法再行拆分。"❶ 全功能零合成字一般多为象形字，独体字，没有合成对象，所以为"零合成字"；它的构件即表音又表形义，所以是全功能的，故称为全功能零合成字。在《汉字构形学导论》中，王宁先生将全功能零合成字分为两种类型：一种为传承式全功能零合成字，"是由古文字的独体象形字直接演变来的。"❷ 这类型汉字在演变中的结构模式没有发生变化，象物性特点很强，从构意来看，无法拆分；另一种为黏合式全功能零合成字，"是古文字阶段的合体字，是经过隶变、楷化发生变异，构件黏合而无法再分析的字"，这类型汉字在演变中结构模式研究发生了很大改变，从现代字形来看，已经无法分析，但从构意来看，这些字上溯后还可以进行拆分，找到其理据，也就是半理据和无理据字，即形体丧失理据字，上文已介绍，在此不再赘述。在对高中 4195 个汉字的梳理过程中，我们发现，传承式全功能零合成字的构字能力很强，且多半在小学就已经学习过，经过统计，高中全功能零合成字共 171 个，其中 164 个已在义务教学阶段学习过，高中新学全功能零合成字只有 7 个，分别为"豸、阜、幺、弋、孑、兀、缶"。因全功能零合成字的象物性较强，且构字能力强，故教师应该将其作为高中汉字教学的内容之一，与此同时，充分利用其象物性调动学生学习汉字的兴趣，从而使学生感受汉字表意性的特点。

2. 加标示构件模式的构形特点

汉字在构造新字时，时常会以旧字构造新字，加以符号进行区别。旧

---

❶ 王宁.汉字构形学导论[M].北京:商务印书馆,2016:123.
❷ 王宁.汉字构形学导论[M].北京:商务印书馆,2016:123.

字被标示的地方所产生的新的构意,就是新字。根据旧字与新字在形音义三个方面的相关性,这种模式分为三类:标形合成字、标义合成字以及标音合成字。

(1) 标形合成字。

"新字与旧字在表现的物象上相关,而用简单的符号区别,也就是一个表形成字构件加上标示构件,以标示物体的位置,增加与形体相关的信息,即为标形合成字。"❶ 高中出现的标形合成字只有 3 个,分别为上、下、凶,均已在义务教育阶段学过。

(2) 标义合成字。

"新字与旧字在语言意义上相关,而用简单的符号区别,也就是一个表义成字构件加上标示构件,以标示二者的区别,即为标义合成字。"❷ 标义合成字与作为背景的旧字通常是近义词,大部分也是旧字的直接分化字。高中出现的标义合成字有 16 个,分别为右、尺、未、玉、甘、享、枣、太、音、本、刃、夫、末、门、左、毋。比如"太"是"大"的直接分化字,以点与"大"区别,但该标示构件并无构意,仅区别不指事。再如"刀"与"刃","言"与"音"。对标义合成字进行讲解,利于学生根据旧字了解新字的意义,使学生对汉字产生系联,增强汉字系统性的认识,但应该注意的是,新字与旧字意义相关而非相同。

(3) 标音合成字。

"新字与旧字的字音相关,用简单的符号表示区别,成为标音合成字。"❸ 标音合成字加上标示构件后与原字只有声音关系,没有意义关系。比如"白"与"百",因甲骨文"百""白"音近,故加一横为标示构件以区别。

(二) 两个以上表形表义构件组合的模式

1. 会形合成字

"两个以上的表形构件组合在一起,表示一个新的意义,即为会形合

---

❶ 王宁.汉字构形学导论[M].北京:商务印书馆,2016:125.
❷ 王宁.汉字构形学导论[M].北京:商务印书馆,2016:127.
❸ 王宁.汉字构形学导论[M].北京:商务印书馆,2016:128.

成字。会形合成字都是形合字，也就是说，这种合成字不但构件是以物象体现意义，而且按物象的实际状态来放置构件，即以形合的方式来组合。"❶ 高中出现的会形合成字有 12 个，分别为开、品、具、哭、虎、合、将、多、央、包、俎、鲁，其中 11 个都已在义务教育阶段学习，高中新学汉字为"俎"。

2. 形义合成字

"用表义与表形构件组合在一起，表示一个新的意义，即为形义合成字。"❷ 高中出现的形义合成字有 72 个，分别为器、束、或、此、麦、叉、公、胃、流、足、秀、画、危、肩、冈、宫、行、丛、只、曰、肃、友、旬、鬼、屋、隶、穆、陆、舌、家、果、育、疆、帚、寻、昆、两、闭、石、封、甚、蛋、朵、走、履、步、黑、断、针、字、旦、由、弄、甩、引、号、正、美、古、冒、网、化、泉、灭、血、向、尹、桀、爨、鬻、雷、亏，高中新学汉字为尹、桀、爨、鬻。比如"旦"，表示日初升，下有光晕。其中表义构件为"日"，代表光晕的一横为表形的非字构件，该字即为形义合成字。

3. 会义合成字

"用两个以上的表义构件组合在一起，表示一个新的意义，即为会义合成字。会义合成字的构意，是由表义构件所提供的诸多意义信息共同表示的。"❸ 高中出现的会义合成字有 348 个，是高中数量较多的汉字构形模式类型，高中新学会义合成字有 36 个，分别为仄、毁、邕、甫、剌、悚、嵩、苷、楞、仕、奄、炙、髦、羌、圭、壑、侃、夏、翟、籴、臬、囷、妾、屠、杳、竦、卅、匝、羁、翕、辇、飧、箜、勾、昝、丞。比如"仕"有两个表义构件组合而成，其中"人"表示与人有关，"士"则表示与官员有关，由此可知，"仕"的字义即"人做官"。会义合成字可以拆分出两个或两个以上的表义构件，这些表义构件必须是成字构件，也就是全功能零合成字，且构件的位置可以随意挪动重组。在此，我们需要注意的是，全功能零合成字是表形又表义还是表音的，突出体现了汉字的表意

---

❶ 王宁.汉字构形学导论[M].北京:商务印书馆,2016:128.
❷ 王宁.汉字构形学导论[M].北京:商务印书馆,2016:129.
❸ 王宁.汉字构形学导论[M].北京:商务印书馆,2016:131.

性；而会义合成字中的成字构件为表义构件，是需要依据成字构件所具有的字义来分析其构意的，但也并非是两个表义构件所携带字面意义的简单相加，需要通过分析构件之间的逻辑关系来综合确定，所以其逻辑推理性更强，无论从数量上来看，还是从学生思维发展来看，会义合成字都应该是高中汉字教学的目标之一。

（三）示音构件介入的构形模式

1. 形音合成字

"用表形构件与表音构件组合，即为形音合成字。"❶ 高中出现的形音合成字有7个，分别为凤、疏、廷、囊、每、够、宥。比如"凤"字，原为象形字，后加表音构件"凡"，用声符来强化独体象形字，我们可以发现，在该字的构造中，表形构件被表音构件所强化，形音构件并举，更加突出了表形构件的作用。

2. 义音合成字

"用表义构件与示音构件组合，即为义音合成字。义音合成字就是典型的传统形声字，它以表义构件来体现义类，又以示音构件来提示读音，形成了同类字以音区别，近音字以义区别的格局。"❷ 高中4195个生字中，义音合成字数量最多，总计3036个，占比高达72.37%，高中新学义音合成字有799个。义音合成字的构件均为成字构件，其中表义构件表示类别，而示音构件提示语音，由此我们可以发现义音合成字的规律：同类者以音加以区别，近音者以类加以区别，在义音合成字中，汉字的系统性特点展现得尤为突出。比如以"讠"字为部首的汉字，"语""议""论"其字义均与言语行为有关，表义构件即为"讠"，而"吾""义""仑"为其示音构件，将三个字区别开来，也就是同类者以音别；再如"逃""桃""姚"其示音构件均为"兆"，以"辶""木""女"为表义构件，将其加以区分，也就是近音者以类别。在教授过程中，教师可以指导学生依据表义构

---

❶ 王宁.汉字构形学导论[M].北京:商务印书馆,2016:133.
❷ 王宁.汉字构形学导论[M].北京:商务印书馆,2016:134.

件来对汉字进行归纳与划分,进而促进学生对汉字的认识和把握;随着时代的发展,我们的语音发生了一些变化,所以部分现代义音合成字的读音与其示音构件的读音并不相同,在义音合成字中,示音构件的作用早已没有当初重要,因此读音相近的汉字划分没有太大必要。

经过整理后,高中义音合成字涉及的表意构件有160个,其中121个表义构件可以系联两个以上的汉字,系联数量为2997个,可占义音合成字总数的98.7%,剩余39个表义构件可系联一个汉字,平均每个表义构件可系联汉字个数为18.975个。

因表义构件的构字能力较强,故我们将可系联两个及两个以上汉字的121表义构件进行分类梳理,依据其义类的相近程度我们可将其分为14大类,分别为"与人相关""与植物相关""与动物相关""与自然现象相关""与衣服相关""与饮食相关""与居住相关"等,具体内容见表2-5。

表2-5 高中义音合成字121个表义构件归类

整体人形(12个表义构件,共254个字)	
人(118)	企们什作俟俩份倾伪傲低仰偿仆僧估假使饶候儒付侣伯供倍储仪偏价侍倔健任像倡仲借他仔僚催仗优佛俘俗仇传何伟伦依值俐俏促俄修你俺住悔倚伶伊亿代偶停仿做仍例侈伴佳似倦俭伺傍侨保僻偷俯伙伍伸仞亿佗侘帷佚俏偃佺偈儕订倩僮傅侬俪偻俾俊侠僵侧债倒俱傳
女(64)	姨妖媚姊姑妨始婿姆娃姗妒嫌妄奶姿姐嫂妆奸姓媳娜姚娱婆婚妹嫩娘嫁妙娇妈娲嫣孀婢嬉妪姱媛娅她嬷妣嫣嬬妍姬娟嫔姐婀妞姝娴妓婉姥妃姻媒嬴
疒(26)	疯疲瘾癌痕痴症疮瘫痒瘦病痛疗疤瘟痞癫瘀癣痣疢疼疫瘠疟
尸(8)	届尼犀屁屠屏屐屑
大(5)	奢夸奎奂奖
欠(9)	歉欲欺歌欣歆欤歇欧
父(3)	爷爸爹
见(4)	觑视觉觇
身(4)	躺躯躬躲

续表

子（6）	孩 孤 存 孺 孳 孟
勹（5）	句 匐 訇 匍 匈
北（2）	冀 乘

人体部位（14个表义构件，共489个字）	
肉（64）	胥 腐 肖 膜 臂 腔 肚 胡 腮 脑 脚 腥 胳 股 胀 膝 胞 膊 肤 腊 脱 胆 脆 腻 肴 胖 脂 膏 肿 脾 肝 腾 臊 肠 肺 胎 腹 腕 腰 胸 脖 肢 脯 胜 膀 胶 肋 背 腑 腴 腌 膑 朋 臆 腓 胫 肘 肌 腿 脓 脸 腋 脏 膺
手（212）	掌 挚 挈 扛 拳 摘 摩 扔 攀 掣 擎 揉 拘 拒 搞 扰 拆 推 扭 挖 摆 捻 撒 揪 搀 撑 捷 携 握 掀 择 掐 打 拦 接 掺 掘 招 挠 擞 搅 振 批 拐 扣 措 拢 掠 揽 抽 拉 传 撕 挨 撵 探 拟 撼 抚 搁 拂 拖 捂 抛 提 捏 搂 指 挑 搭 摇 据 抢 扒 掷 摊 捞 抱 捕 捎 排 摔 搬 扩 掂 捆 捡 摄 捉 抵 抑 撒 拍 捍 掩 拭 押 挺 扮 撩 撞 捐 换 描 拥 抬 担 拱 抗 抓 摸 播 抒 拨 挫 擒 挂 操 拓 拄 揭 拴 抡 援 扬 挪 托 擦 把 披 护 抹 挣 拔 措 扳 控 扑 撰 搜 扎 拾 掏 挡 挽 拽 栋 括 捧 抖 拌 捣 拼 捶 技 撬 损 抄 掉 撇 按 摇 拙 搓 挤 擂 扶 拧 揣 授 扯 持 摒 攒 摈 撂 掇 攥 抟 掊 摧 搏 挥 拷 拗 挎 拯 揍 拎 捺
辶（72）	逾 途 递 速 迄 遗 逻 选 遭 达 返 违 逗 逢 运 遵 迎 迹 遣 迁 迷 适 邀 逛 通 辽 进 迫 逐 逝 避 逆 透 逃 迂 迟 追 迅 远 遇 遥 逼 过 逊 遂 造 遍 逮 述 遮 遛 迤 逶 退 邂 道 邈 透 逦 违 遒 迕 逞 遽 迨 迩 逋 遏 近 迪 迢 逞
足（51）	踢 跳 践 蹭 蹋 蹬 路 跺 跪 跌 趴 距 趾 跨 踢 踩 蹈 踏 跛 跃 踪 跟 蹲 蹄 跋 躁 踹 跎 踮 跖 跽 蹩 蹒 蹼 踌 跄 踟 躅 蹯 蹒 跟 蹙 跷 蹁 蹉 踝 蹓 踞 跬 跂 踦
彳（21）	律 征 衡 得 徒 德 很 徐 彻 待 径 徽 彼 衔 循 微 御 徨 徕 彷 徂
攵（17）	敷 敏 敞 攻 效 故 数 教 敦 放 敛 收 整 整 敌 救
攴（3）	敲 肇 敚
页（17）	颊 顽 颠 顶 颁 颂 颈 颜 顿 领 颗 颖 颇 题 额 颚 颤
走（10）	赶 趣 起 超 趁 越 赴 趟 趋 赳
齿（2）	龄 龅
力（12）	势 劝 勇 助 励 勋 勤 勉 务 劾 勖 勘
立（4）	站 竭 端 竣

续表

又（2）	反 叙
廾（2）	异 弊
人体器官（7个表义构件，共470个字）	
骨（5）	髓 骷 骸 髅 髀
口（181）	喘 呼 咕 吞 噫 含 喊 喧 唇 喂 呐 咨 呢 台 告 啼 嚎 唧 哈 唉 吱 咐 哉 吸 咱 唱 哪 吃 嘴 哝 圆 哗 叽 嚼 嚷 召 味 啡 哀 喻 啪 喷 嗟 吝 喳 叮 哨 喻 哺 叽 吧 咏 哄 哑 盼 吻 叼 喝 嘶 哩 吗 哼 嗜 响 嘿 叫 喇 吾 咄 售 呕 哎 吁 啦 啄 咳 呀 呈 咽 哇 吐 咖 嗽 吼 叩 嘛 哦 啊 呜 哟 吆 啁 啸 唤 啥 唯 吓 吟 哲 唐 叭 呻 吵 嘻 嘲 嚼 咔 噢 啷 叱 喔 噎 嚷 啾 嗤 嘀 崒 呒 喑 唢 嗨 喷 呱 喋 嚓 噬 嚣 咆 嚯 呓 哐 噙 嗯 呸 咣 呓 嘘 嗥 嗖 嗒 哂 喊 嘟 咯 嘶 哽 喽 哈 喋 呦 嗔 喾 唬 咀 噔 厥 咦 嗷 嘈 唔 喟 啖 啜 哂 嚣 咥 呕 嗓 呵 员 吮 啰 唾 咬 唆 咋 啤 呛 嗅 可
心（138）	恤 惧 慷 愉 怖 愕 惜 慢 懦 惕 懈 情 悴 悦 怕 怯 怅 怀 慎 惯 愤 怜 惊 恼 怪 愣 忧 惶 憾 恍 惭 懂 恢 性 恨 怡 愧 快 惨 悟 悼 忙 恬 慨 惦 悔 悄 怔 憎 恰 懒 慌 悸 忖 惆 松 怏 憎 但 憾 作 恪 愀 恻 挥 忾 惚 慢 悭 忸 怵 怵 惆 怆 俐 呢 惮 悌 恫 忏 悸 怿 惜 忱 忆 悖 慕 您 忘 忽 愁 怎 想 悲 惑 忠 恕 感 慰 患 态 恶 恐 恩 惠 憋 忍 急 惩 忿 愚 怨 思 慈 怒 惟 悠 念 悬 慧 愿 愈 憩 恙 怂 恁 恣 恧 忒 憋 愆 怠 忌 恋 憨 志 恳 恭
言（92）	诱 谁 诺 该 诣 评 读 诧 谭 访 谬 详 讼 让 诚 诲 调 证 词 识 训 语 请 课 譬 讯 记 谦 诉 谋 谢 谴 译 试 诊 谧 订 诡 设 讥 诬 谓 谨 谐 诞 讳 誓 诫 谅 谈 论 议 讲 询 诵 误 谊 说 诈 认 谣 谱 辩 谏 谤 讶 訾 讪 诩 诅 逸 詟 诮 浑 讷 诛 诃 谪 谄 谖 譔 谩 谛 讣 谇 许 讽 诗 谆 谎 诽
目（37）	眼 盯 眠 眷 瞅 督 瞪 睬 睁 眨 盲 瞄 瞒 盼 睡 瞎 睫 眯 眶 睹 睛 瞌 眩 眦 瞋 瞽 眛 瞟 瞍 睨 眺 瞥 盹 瞧 瞩 瞻 瞬
耳（11）	聊 聪 职 聘 耽 耻 聚 聊 聒 聆 聋
髟（6）	鬓 鬟 髻 鬈 鬣 髭
动物形体、部位（18个表义构件，共227个字）	
虫（41）	蛾 蚊 蚁 蜂 蠕 蝴 蝉 螺 蜡 蜕 蛛 融 蚕 蝶 虾 蜈 蜘 蚤 虹 蛙 蚩 蜜 蚣 蛮 蛇 蚂 蜷 蜢 蛟 螳 虱 蟠 蚱 蠹 蝮 蝼 蜉 蠹 螯 蟹

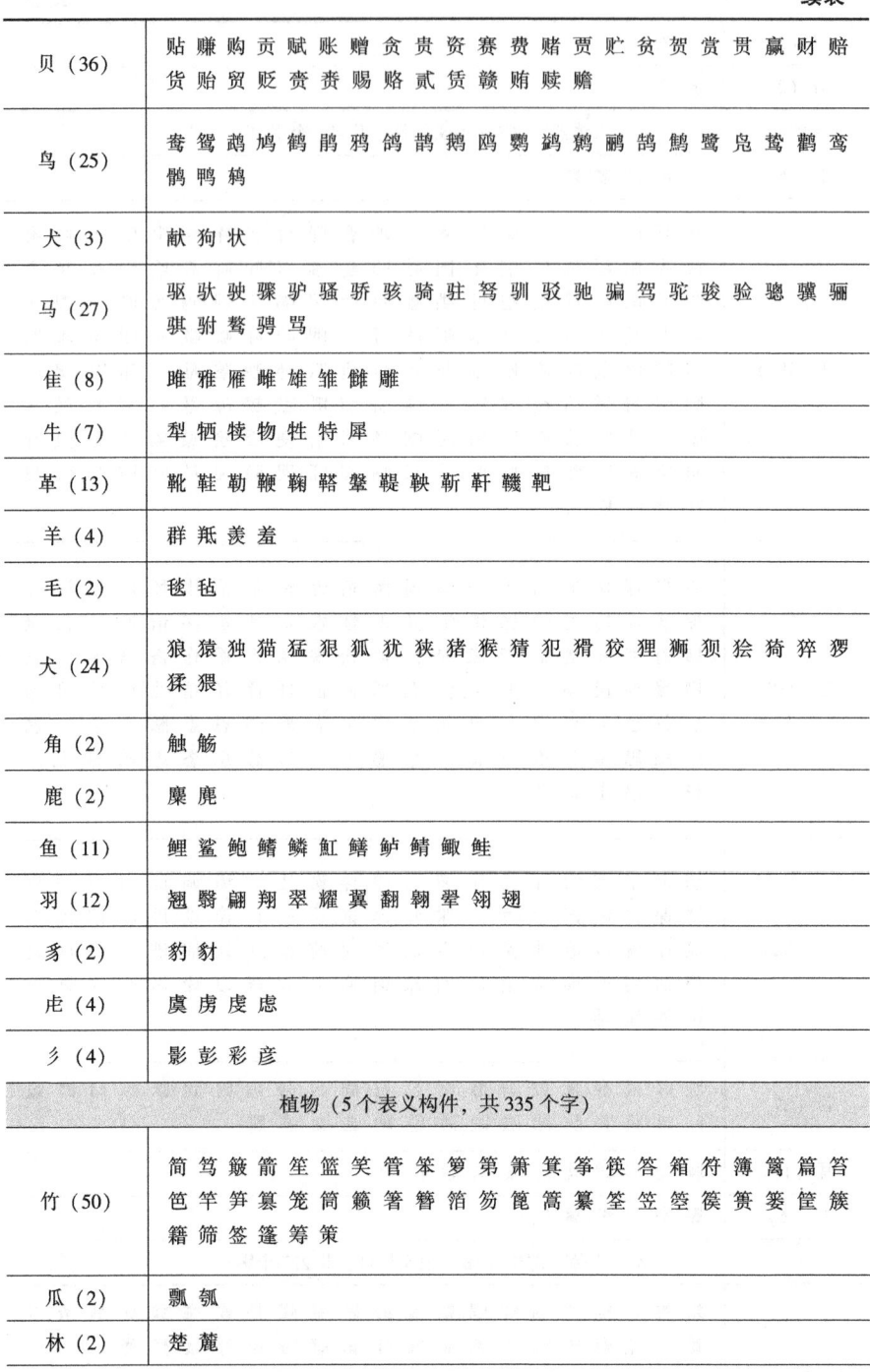

续表

贝(36)	贴 赚 购 贡 赋 账 赠 贪 贵 资 赛 费 赌 贾 贮 贫 贺 赏 贯 赢 财 赔 货 贻 贸 贬 赍 赉 赐 赂 贰 赁 赣 贿 赎 赡
鸟(25)	莺 鸳 鹉 鸠 鹤 鹃 鸦 鸽 鹊 鹅 鸥 鹦 鹉 鹩 鹏 鸽 鸩 鹭 凫 鸯 鹳 鸾 鹃 鸭 鸫
犬(3)	献 狗 状
马(27)	驱 驮 驶 骤 驴 骚 骄 骇 骑 驻 驾 驯 驳 驰 骗 驾 驼 骏 验 骢 骥 骊 骐 驸 骛 骋 骂
隹(8)	睢 雅 雁 雌 雄 雏 雠 雕
牛(7)	犁 牺 犊 物 牲 特 犀
革(13)	靴 鞋 勒 鞭 鞠 鞘 鞣 鞭 鞅 靳 靶 鞴 靶
羊(4)	群 羝 羡 羞
毛(2)	毯 毡
犭(24)	狼 猿 独 猫 猛 狠 狐 犹 狭 猪 猴 猜 犯 猾 狡 狸 狮 狈 狯 猗 猝 猡 猱 狠
角(2)	触 觞
鹿(2)	麇 麂
鱼(11)	鲤 鲨 鲍 鳍 鳞 魟 鳝 鲈 鲭 鳅 鲑
羽(12)	翘 翳 翩 翔 翠 耀 翼 翻 翱 翚 翎 翅
豸(2)	豹 豺
虍(4)	虞 虏 虐 虑
彡(4)	影 彭 彩 彦
植物 (5个表义构件，共335个字)	
竹(50)	简 笃 簸 箭 笙 篮 笑 管 笨 笋 第 箫 箕 等 筷 答 箱 符 簿 篱 篇 答 笆 竿 笋 篡 笼 筒 籁 箸 簪 箔 筠 筐 筒 纂 筌 笠 筌 筷 簧 篓 筐 簇 籍 筛 签 篷 筹 策
瓜(2)	瓢 瓠
林(2)	楚 麓

续表

木（141）	柳标桃椒棉杓桨楫樽柱梳染棕檐极榜杖棒柴榴橱棋 槐梁机椎枉杆校梭档朽李梧柯札梯橙检案枝棱桌械 棹楼榕梨枪槛柜杨桥梗构栖松棵橘柘枚棚栋株枫材 模格架柿杜枢桩核横桂栈枯榨棺橡柔柄棍椰朴梢植 查栏桶栅杏板杭根枕械枞橄枷桫桄权梵槌枋榻杞枇 檩桓柢桴桦杷橐榭樵槅柁槟橼楯樯橹槁椠檠柏橛樟 桐椭概村榄样梅框榆
艹（140）	蔓薄蒸芝芋芦菌萄莲草蕃苍蒂芳茵茸萍落蔽蔗荣藏 葛苴药荡莱菜苏蔼范芬荐茬芥蓄莺荦芒荫萧葫藉藻 芽芹苑蓉蕉蒙茫茅芙蔬萨荆花蕴菱荷茂菲募茄蓬蒲 萌蔡蓝萤蕊董苦菩苹莹英蓍韦芜藕葱惹蔚藤艺菊蕾 萝蕤芰茨苯葩苇茸黄蓟蓊芽苣蒿葆莜薰莩苻萃菀苴 薛芍莓葚葳芮蘸藁蘖蕗苌燕荀莎蔻荻蓐綮藩莳苊蕙 蘖茎荒节蒋荔薯葡

自然现象（15个表义构件，共559个字）

水（205）	渗泻渊渠泥滇溺灌汁浩溯深溉淌渣江泳涤波活济浙 湍治浓沛汀淋渔汝漂沽泄汗沸澜湖滴游滚澡洼洞滋 漾涨清汹污泡洲沃滑洪浦池澄淮溜满漱酒溶漏河湘 淫沁滔渤滞泛汀混汇湿浸温浑洋浅澈溅派汽演濯沟 漠湮滩激淤滨浴淹潇潮消汉溪浮涕沈泣液沧涛源沉 沼润渡港涯渴滥浪鸿沦津洛潜添涌滴沐浊汪沫淘注 洒涡淑沙油淡测洗泊溢涔汕潦汶泛渚浙泥漉泗渭渥 泮湄泡泗沌澼湛渍瀚滂浔汨澹澹涅泖滟溢泾瀛浼沅 汲渌淇漳汩滓洎泮溢浚洵沂漆淳渺淀湾漫浇瀑沪沿 洽沽涝潭海浆泼
土（67）	均壁坤域增塌壤培垩堂垛垢墓坏坎塘堪墙堡堵址墩 块埂堆坠城坡垮填坳圮型地埃塑圾坊垫场堕坑坦坟 垃塔坪境墁熹坍埙堑墺垠壅坯埴块埏垣堰堤坏坷基 在
口（5）	园固围圈圃
火（50）	爆焰煤烙灶烫烁炫炕烂炒熔烛灿爝炸灯烟烤炮炮燃 煌炊炭炉熄烧灼炬烷炷烽焯炽炖炖熨煨煴炜熊熙焦 煎熟熬烈点煮

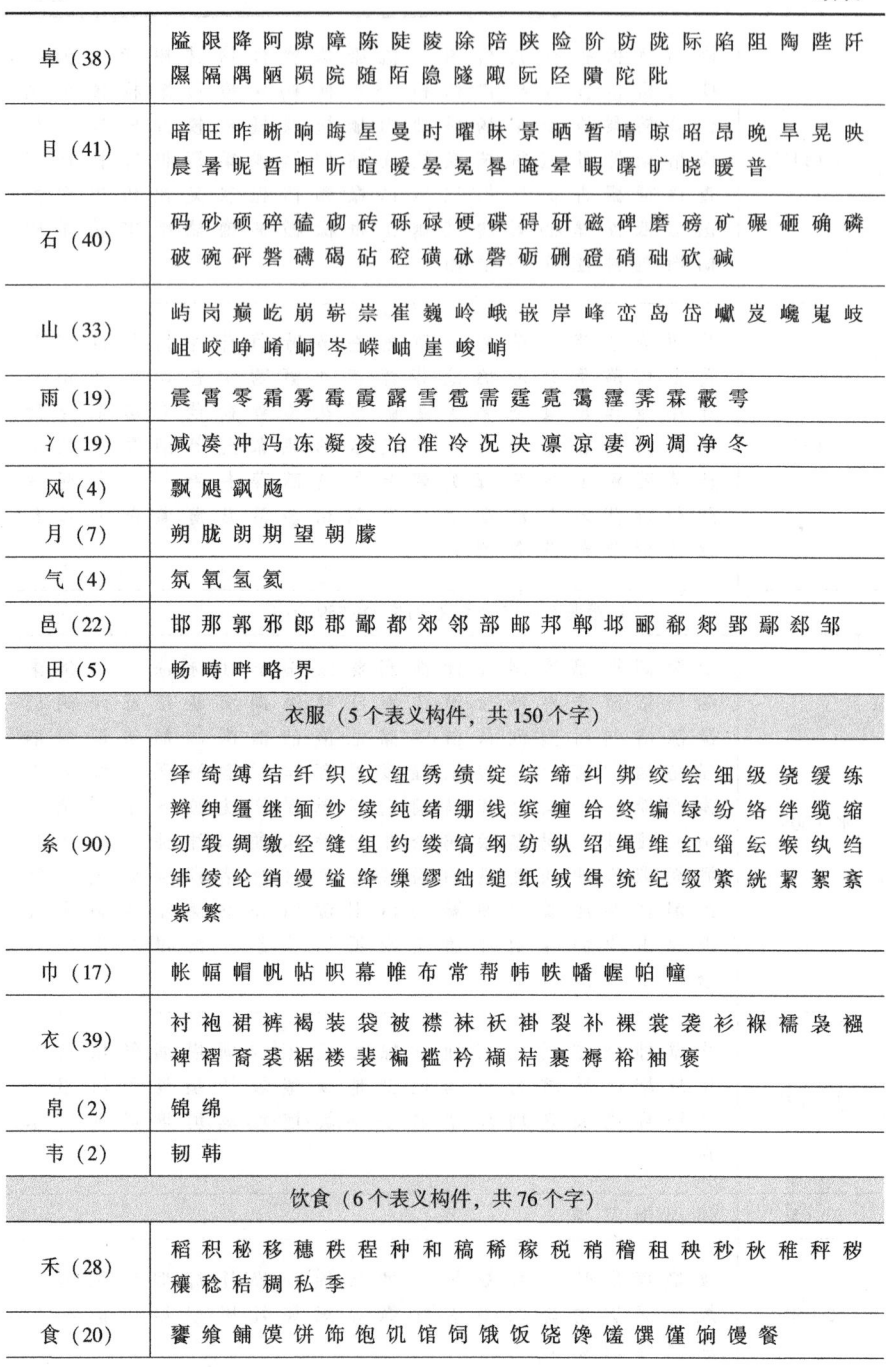

阜（38）	隘 限 降 阿 隙 障 陈 陡 陵 除 陪 陕 险 阶 防 陇 际 陷 阻 陶 陛 阡 隰 隔 隅 陋 陨 院 随 陌 隐 隧 陬 阮 陉 隤 陀 阢
日（41）	暗 旺 昨 晰 响 晦 星 曼 时 曜 昧 景 晒 暂 晴 晾 昭 昂 晚 早 晃 映 晨 暑 昵 晳 晖 昕 喧 暖 晏 冕 暑 晻 晕 暇 曙 旷 晓 暧 普
石（40）	码 砂 硕 碎 磕 砌 砖 砾 碌 硬 碟 碍 研 磁 碑 磨 磅 矿 碾 砸 确 磷 破 碗 砰 磐 磺 碣 砧 硷 磺 砩 磐 砺 硎 磴 硝 础 砍 碱
山（33）	屿 岗 巅 屹 崩 崟 崇 崔 巍 岭 峨 嵌 岸 峰 峦 岛 岱 巘 岁 巉 崽 岐 岨 峧 峥 嵴 峒 岑 嵘 岫 崖 峻 峭
雨（19）	震 霄 零 霜 雾 霉 霞 露 雪 雹 需 霆 霓 霭 霪 霁 霖 霰 雯
氵（19）	减 凑 冲 冯 冻 凝 凌 冶 准 冷 况 决 凛 凉 凄 冽 凋 净 冬
风（4）	飘 飓 飙 飚
月（7）	朔 胧 朗 期 望 朝 朦
气（4）	氛 氧 氢 氮
邑（22）	邯 那 郭 邪 郎 郡 鄙 都 郊 邻 部 邮 邦 郸 邶 鄞 郗 郑 郢 鄢 郯 邹
田（5）	畅 畴 畔 略 界
衣服（5个表义构件，共150个字）	
纟（90）	绎 绮 缚 结 纤 织 纹 纽 绣 绩 绽 综 缔 纠 绑 绞 绘 细 级 绕 缓 练 辫 绅 缰 继 缅 纱 续 纯 绪 绷 线 缤 缠 给 终 编 绿 纷 络 绊 缆 缩 纫 缎 绸 缴 经 缝 组 约 缕 缟 纲 纺 纵 绍 绳 维 红 缁 纭 缑 纨 绐 绯 绫 纶 绡 缦 缢 绛 缲 缪 绌 缒 纸 绒 缊 统 纪 级 紧 绔 絮 絮 紊 紫 繁
巾（17）	帐 幅 帽 帆 帖 帜 幕 帷 布 常 帮 帏 帙 幡 幄 帕 幢
衣（39）	衬 袍 裙 裤 褐 装 袋 被 襟 袜 袄 褂 裂 补 裸 裳 袭 衫 褓 襦 袅 褪 裨 褶 裔 裹 裾 褛 裱 褊 褴 衿 襕 袺 裹 褥 裕 袖 褒
帛（2）	锦 绵
韦（2）	韧 韩
饮食（6个表义构件，共76个字）	
禾（28）	稻 积 秘 移 穗 秩 程 种 和 稿 稀 稼 税 稍 稽 租 秧 秒 秋 稚 秤 秽 穰 稔 秸 稠 私 季
食（20）	饔 飧 铺 馍 饼 饰 饱 饥 馆 饲 饿 饭 饶 馋 馐 馔 馑 饷 馒 餐

续表

米 (20)	籽 糖 粱 糊 粹 糕 粉 粗 糙 精 糠 粘 粒 粮 糁 粑 籼 糅 粽 糟
辛 (2)	辣 辜
耒 (4)	耗 耘 耕 耔
黍 (2)	黎 黏

住 (9个表义构件，共128个字)	
瓦 (3)	瓮 瓷 瓶
宀 (33)	富 审 害 宇 室 宾 寂 察 寓 完 宴 宵 寥 宏 宙 宽 寨 寐 宛 密 客 宣 宠 宿 寄 寞 寰 宕 寒 謇 寮 宅 窨
厂 (12)	厦 厢 厨 厉 厕 厘 厅 厄 厩 厮 厥 厚
广 (26)	序 廊 庞 庐 废 庸 庭 魔 度 廉 廓 庙 府 床 座 廪 庇 底 庠 廖 廒 庖 膺 庚 庵 店
户 (6)	房 雇 所 扉 扈 扃
门 (20)	问 阀 阙 阔 闻 闸 闸 阁 阁 间 闷 阅 阑 阗 闳 闵 闩 阖 闱 闽
亠 (4)	衷 毫 亭 衾
穴 (22)	究 窟 空 窄 窠 窜 室 窝 窃 窍 窨 窿 窗 窥 窑 穹 窦 窸 窄 窕 窈 窾
几 (2)	凯 凳

行、饰物或用于武器 (5个表义构件，共55个字)	
车 (28)	输 载 辅 辑 轧 轿 辕 轮 辐 辗 轨 辙 辆 辖 轻 轩 较 轴 辈 轫 辊 辘 轸 辍 轱 辇 转 舆
舟 (12)	舱 航 艘 艇 舰 舵 船 舸 舫 舳 舷 舻
黑 (6)	默 點 黜 黯 黔 党
㫃 (6)	施 旗 筛 旌 旎 旃
工 (3)	巧 项 式

用具 (6个表义构件，共37个字)	
匚 (2)	匪 匮
酉 (19)	酷 酬 醒 酣 配 酪 醉 酌 酱 醺 醴 酽 酤 酹 醇 醣 醋 醇 酸
缶 (4)	缺 罐 缸 罅
斗 (4)	斜 斟 料 科
斤 (3)	斯 新 斧
皿 (5)	盒 盛 盖 盆 盏

续表

	工具（2个表义构件，共34个字）
刀（30）	切 剪 劈 辨 剖 刚 割 刻 刷 剑 刑 判 削 刺 剔 剃 剩 创 列 剂 刨 副 剁 刽 剜 刎 剽 剿 刊 到
冈（4）	罩 署 置 罔
	武器（4个表义构件，共29个字）
矢（4）	矮 矫 短 矣
弓（8）	弥 弹 弧 弘 弛 弦 弩 张
戈（10）	戚 成 戮 戳 戴 战 截 伐 戟 戒
殳（7）	毅 段 毁 榖 穀 毂 殴
	文化用品（7个表义构件，共130个字）
鬼（5）	魏 魂 魅 魄 魁
示（18）	禁 祖 禅 祠 神 祥 祝 祷 祈 祸 祀 社 禊 祐 祺 祚 福 禄
玉（33）	现 璃 瑰 琴 瑞 球 玲 环 瑟 珠 琉 玻 理 琢 珍 玩 玷 珊 瑶 璨 瑁 珂 玦 玳 璀 珥 珰 瑕 瑾 玑 瑜 瑙 璧
音（2）	韵 韶
金（67）	锁 铅 钞 钧 镜 钝 错 钓 键 钩 锣 饮 铛 钉 钢 镇 铁 镰 钴 镶 铃 铭 锯 锋 销 锻 铺 锄 铜 钥 锡 锤 锐 铐 镀 铲 镗 镣 镯 镭 铿 铢 锉 镂 铩 铆 钵 铮 铍 锭 钿 镍 镂 铥 镞 镝 锅 钠 钱 链 银 钟 镑 铸 锈 锌 锢
士（3）	壮 嘉 寿
文（2）	斓 斐
	颜色（3个表义构件，共11个字）
白（6）	皓 皎 皙 帛 皋 皤
青（3）	青 静 靛
赤（2）	赦 赭
	其他（2个表义构件，共13个字）
歹（8）	殊 歼 殆 殖 残 殃 殒 殇
非（2）	靠 靡
片（3）	牌 版 牖

在高中语文课堂教学中，我们可以指导学生通过这样的梳理，让学生

通过相同义类的汉字的类聚与相近义类汉字的类聚的对比中，加深对义音合成字特点及规律的感受，同时我们也要支持学生从不同角度进行梳理，进而得出与教师不同的类别。

五、义务教育阶段汉字教学材料与高中汉字教学材料的对照

《普通高中语文课程标准》中指出："在语文活动中，积累有关汉字、汉语的现象和理性认识，了解汉字在汉语发展和应用中的重要作用，巩固和加深义务教育阶段所学的汉字知识；体会汉字、汉语与中华传统文化的关系及汉语的民族特性，增强热爱祖国语言文字的情感。"❶ 故我们有必要将义务教育阶段所学汉字与高中所学汉字进行对比，进而梳理其包含的汉字知识。

我们将义务教育阶段与高中阶段形义关系明确及形体丧失理据的汉字进行对比，具体内容见表2-6。

表2-6　义务教育阶段与高中阶段汉字重复字

功能构件	汉字
全功能零合成字（164）	羽 我 牙 刀 工 象 一 又 习 户 鼠 止 而 山 力 矢 兴 皿 广 兆 生 鸟 士 氏 长 伞 二 革 云 辛 首 小 卜 米 厂 月 电 衣 白 申 丫 母 言 壶 川 虫 三 中 干 牛 单 立 司 鼎 爪 戈 介 斗 示 非 州 雨 升 王 世 水 共 自 龟 车 冉 几 册 巨 弓 出 凹 永 盾 回 臣 才 帝 文 穴 瓦 尸 民 毛 京 夕 乍 勺 竹 页 女 耳 亚 令 燕 乌 凸 贝 元 歹 马 甲 丰 主 片 身 豆 已 亥 田 角 十 见 免 日 口 寸 矛 手 斤 直 目 舟 面 予 大 失 火 丹 肉 及 土 丘 亡 气 入 门 乙 人 鹿 井 之 不 心 再 鱼 弗 丁 兔 瓜 禾 巾 丸 犬 子 羊 木 高 飞
义音合成字（2237）	驱 疯 擎 朔 蔓 渗 薄 锁 富 盒 恤 喘 眼 揉 您 均 反 壁 律 忘 拘 物 耗 蒸 呼 翘 审 爆 芝 问 咕 芋 俟 惧 现 吞 稻 欹 届 施 俩 拒 那 坤 序 踢 搞 泻 积 皓 璃 噎 戚 逾 铅 份 毯 绵 扰 隘 旗 廊 柳 膜 减 拆 倾 渊 钞 筐 究 诱 瓢 姨 标 域 忽 渠 衷 伪 缺 推 臂 绎 桃 码 阀 焰

---

❶ 中华人民共和国教育部制定.普通高中语文课程标准（2017年版2020年修订）[S].北京：人民教育出版社，2020：16.

续表

功能构件	汉字
义音合成字（2237）	泥瑰颇鲤椒殊莺煤滇芦傲含剖毅扭挖屿溺筝籽棉简 青谁慷成摆窟钩灌枸绮狼镜征厦笃菌途诺弥汗衡增 愁该浩递萄瓷舱盛愉贴衬溯塌低盯秘喊鸳深凑喧捻 撒祖砂驶诣唇疲糖阙速烙迄仰揪卷输眠顽溉异瘾掌 庞怎评浆猿却禅喂偿搀氛赦腔得癌仆莲呐读咨妖戳 瞥撑钝捷灶僧呢独肚移孩琴影台错淌猫谭航斜斯蛾 草眷蕾柱梳渣院江筷暗跳告蚊房媚啼郭嚎赶携握奢 唧雇胡掀哈怖邪唉簸践泳熊染吱苍择涤棕咐波想访 蒂哉羞掐腮矮箭檐硕谬打躺极榜估趣翻碎痕壤乖芳 假活阔茵翔豪培埋吸咱瑞钓痴烫拦缚郎愕赚济使犁 园蚁蹭接购结戴脑茸歉萍罩渐庐唱哪岗掺堂落悲姊 斟穗掘惑袍垛瞅淌靴蹬招烁吃载姑蔽挠杖蔗齿嘴忠 震敷废鲨键夸妨冶炫浓骡贡脚搅庸棒刚钩辅荣振磕 庭垢厢蜂批帐路藏沛遗锣随酸逻侥割空鬃野嗅害魔 聋圆柴惜督躯炕罔拐榴艘汀候度辑橱墓选蠕详扣葛 讼棋限措恕膏感酷哗始儒拢砌廉遭槐爷淋婿巅慢渔 付烂纤懦赋叨郡起芷梁敏汝腥侣药炒织廊厨球秩荡 姆伯翠症冀莱漂供祠蝴沽踩钦嚼季掠纹菜蝉冲敞驴 胳零雁揽疮砖纽鲍苏砾抽视慰拉娃让泄倍惕汗嚷楚 裙势段懈裤颠召绣答庙窄账冯诚豁舞坏降坎挎献 顶储蔼达撕仪旺屹挨绩沸程熔澜机绽情湖昨固股海 撑少跪味探滴偏浆拟螺胀徒价撼站侍范芬抚啡返铠 幅赠轧游晰鲭刻攻违骚聊综宇箱调刷滚膝神辜笙弊 椎捆紫骄种和闻超证逗碌肆哀符词骇胞识矫拂缔氧 塘逢患巧柱瓶杆簿颁猛劝效拖熙运骑贪偃鞋健悴 纠祥烛冻跌鄙婶簇喻剑膊府捂梁绑馨堪聪冬宙帽 室啪鹅瘫澡洼洞绞钉糊瞪墙钢喷篮荟语滋宾都歼响 胧提颂漾绘捏鼻企堡毫吝厉苣颈粹搂寂篱指褐稿芥 驻糕喳挑灿校阿燥搭故围悦屈炸怕遵摇堵蓄莺畅涨 腐据细迎硬玲刑晦任察环叮焦清切荤颜梭贵迹汹狠 妒判寓稀们芒趴霜请像崩档怯哨倡荫距竭污抢遗厕 朽扒仲帆级资址萧稼祝嫌孤掷墩趾借爬新隆李泡洲 梧完沃滑肤态柯欲韵洪他仔蜡块蜕室镇瑟课警摊眯 绕涛梯睁浦笑恶床捞怀腊隙圈缓税橙嚷迁窝葫妄抱 讯池铁埂馍澄检数篇淮记捕眨藕装皱捎崭哺叽案溜 籍帖奶堆鹤排谦枝满诉漱挚脱德酬藻芽僚芹狐璧星 催答弩苑棱摔胆职坠魏蓉酒搬座镰碟可谋稍练雾吧 桌迷城脆扩轿溶跨恐谢掂盖腻漏河恩蕉盲慎辩姿</br>

续表

功能构件	汉字
义音合成字 （2237）	群障咏仗爸灯赛鹃捆湘陈陡适趁胖曼脂鸦毡宴畴淫 凝坡械犹优佛鸽烟绅沁瞄捡俘垮译蹋惠牌饼滔袋蒙 摄缰继碍烤管耀哄试缅窃宵项膏俗殆哑粉仇憋甜瞒 茫煎渤填耘痒覆纱盼传滞诊续踩狭犀捉熟蛛肿窍抵 时勒吻赖何茅抑邀叨喝姐曜棹泛蹈芙蔬稽粗伟驯勇 忍楼阐猪脾聘扛萨榕荆嘶伦肝剪盆筛陵彭撒花梨盼 腾蕴菱枪纯拍战汀惯郊融氢捍寥掩依逛绪轮房宏绷 拭除竿壮愤跑被崇臊押哩吗租挺扮宙混崔值罐闸撩 蚕线陌俐汇撞耽钻槛阎俏蝶湿辐柜缤浸辗糙哼盏订 珠翼捐换鞭耕温醒怠秧嫂霉扛研酗诡浑炮署缠秒费 琉考洋浅肠澈描促嗜艇彩荷拥溅杨抬桥欺通韧什虾 辽猴给饰到担响玻梗镶殖嘿宽瘦派构睡妆歧型凌隐 俄削短设汽栖讥进迫松修叫演濯秋棵你邻蜈踏橘沟 霞诬茂惩磁终地喇斧编襟漠部怜谓赌鹊配拱湮奸铃 姓理逐驳逝抗很帜饱抓柘寨燃欧猜鹅岔陪俺精贾驰 滩瘵饥菲惊徐吾犯糠绿摸弹缸避埃激轨淤播鸥恼锦 庀铭瞎截幕陕版肺辙滨怪昧浴募猾抒愚贮淹逆刺潇 拨匪餐茄枚挫笋畔碑棚住蓬肖冶愣擒锯纷挂谨舰朗 操飘络磨胎教忧彻腱景磅侮越潮顿拓隧嘉蒲塑领政 舵残船挂谙咄揭媳消售栋圾呕厘篡锋酪拴汉袜惺销 慕坊助株祈腹准阁倚尼溪卦伶厅雌耻宛抡诞哎牺浮 笨娜憾透吁馆匙恍援励扬逃涕期勋晒挪讳病托伊剔 繁擦把啦枫啄腕窘稚琢露咳袄辆跋绊姚秤赴萌蜘冷 缆缩蔡刹签蠢暂沈晴眯泣披护褂惭待誓纫跃抹蓝液 腰屉萤沧涛裂呀亿挣拔揩屁端懂恢源代呈踪敦娱饲 弧咽作哇缎魂材吐扳绸模格架沉辕拳险雪沼偶垫控 停雄迁仿剩弘救润闾巍渡阶补骗煌蕊性迟径场董鹦 轻做岭炊诫仍港胸扑饿脖恨祸辨放撰裸柿锻杜凯搜 痛眶笋咖驾枢圃窿闷涯怡矣缴啾桩贫苦菩核追扎匿 谅拾矿存龄晾掏防鞠横豫虹挡屠肢渴愧苹蛙第例桂 经创亭陇栈驼党缝滥浪挽拽睬况炭徽莹组约狡珍枯 铺榨轩吼迅疗蚕谈邮脯置叩鸿熬狗英邦爹怨貌着佟 栋远锄快魅勤叙铜婆堕碾敛裳捧密烈思趟抖婚 拌窗弛遇慈炉棺蜜坑坦触峨伴贺嘛砸望昭捣论沦勉 津翻拼惨洛收佳豹阅较哦骏悟啊捶帷状潜缕屏箫橡 钥祀柔议赏讲添嵌悼际饭呜似坟柄陷垃篷昂决遥怒 雅恭询魄摘狸贯忙涌滴弦列哟跟敲所锡技熄鳞缟彼 略确荸衙棍靠撬聚损弩逼吃惟岸疤倦睛循恬界嘱诵

续表

功能构件	汉字
义音合成字 （2237）	晚啸过沐客芜烧椰饶塔玩抄灼微掉锤蚣锐浊胜赢魁 财俭宣筹凛袭汪纲沫砧误蹲唤纺纵朴凳谊粘铐伺蛮 狮逊蹄蛇撇策寺按说点朝箕摩搔淘梢剂躬毁傍阻啥 唯注赔慨吓惦植洒吟妹悔旱晃诈映拙朦查哲鼋狠醉 遂轴悠絮搓瘟韩造涡镀挤蚂栏擂禁遍淑悄笼唐藕念 侨酌辉糜扔凉粒式底保嫩张逮征布叽绍宠膦悬窥绳 扶粮衫默沙峰胶呻货吵泱颖葱雏桶僻油述句认维磷 趋惹歌跛谣栅破辈碗常髓贻帮淡肋静攀酱峦御秒娘 憎颇题测嫁妙杏黠宿筒馋欣嘻炬贸洗黎谱刨册在板 副拧劈揣泊坪慧辩授性砰恰陶涑娇扯蔚持偷杭愿俯 伙煮嘲遮溢贬根铲晨愈寄藤懒艺需境毙妈背街额寞 岛谤怒伍菊验蕾慌窑伸凄暑躁觉萝红讶枕妓许隔赐 蓼桔晕摧蟹瞧纸勘绒搏羡崖殴黯锅歇赂裹庵怠敌福 挥瞩孟缉柏茎聆漆讽肇钠诗钱褒婉俊瑙奖狠颤嗓 料呵侠链荒节员淳匈姥矜暇峻渺屑吮隅啰橄拷拗硝 淀剽虑帕湾漫疚樟褥堰躲曙妃舔挎蒋裕疼旷贰瞻醋 陋闱姻转拯僵紊唾谆荔普浇侧赁忌肘桐银薯债辣袖 椭黔揍堤宅幢禄坯恋晓稠峭豺肌概鸭腿村赣咬厚 倒瀑沪醇刊瞬遏近俱忆雕榄疫窖店纪私篓脓样梅沿 脸舆冶沽媒迪净贿赎钟础缀唆腋镑迢暖闽咋谎竣科 憨铸啤葡疴瘁陨基框延志呛涝诽特锈傅脏拎悖逞 砍恳舅骂赡隋榆整捺馒潭翅糟碱锌
会义合成字 （312）	妥功计巷褪刮辟突贼闪戎容取报阳蚀匾意官登逸亩 扇览幽泪看凭如烦臭秉外香件泯警岔艳就安启呆冰 否疾恒君佐鸣椅赘闲侦筋牢昏益戒幼孝诏薪穿岩便 斩坐剥墟鞍伏墨定彤憔巫兹帘紧妇命鲜旅炎徒双宗 比有尉挟霍脉办莫明曦赞盈歪仁坚赫吏等讨希蛊位 冥狱罚各佩棘话盟算北利居侵豚嚣晶闯阵印粪天兵 串冤辞析借信删集冠同涟知孙从宰建涉劫折葬奇没 鼓亮阴卡辱喜半畜里暮息全委赤衔皇败叛焚则撮袭 投替彪觅些划牧章岳尘佣悯吹困套崋弃唬汤占筑 烹歇休涵契诀众闺体原采照敌间寇名器嫂宦武舀 扁要碰交皂好雀苗宝笔男动库脊规囚吠死皆连尾暝 旋甸佑兜道舒初光匠插医层智敬全咒森伐威博尊夏 茶斑宋羹碧邑师卸联莽社顺另类悉昌兄闹留仙劣须 加省解肥荧找守粤寡贞彰负灾盗麻奴族相衍典林吊 班禀酥尖

164

续表

功能构件	汉字
形义合成字 (68)	器 束 或 此 麦 叉 公 胃 流 足 秀 画 危 肩 冈 宫 行 丛 只 日 肃 友 旬 鬼 屋 隶 穆 陆 舌 家 果 育 疆 帚 寻 昆 两 闭 石 封 甚 蛋 朵 走 履 步 黑 断 针 字 旦 由 弄 甩 引 号 正 美 古 冒 网 化 泉 灭 血 向 雷 亏
标义合成字 (14)	右 尺 未 玉 甘 享 枣 太 音 本 刃 夫 末 左
会形合成字 (11)	开 品 具 哭 虎 合 将 多 央 包 鲁
形音合成字 (6)	凤 疏 廷 囊 每 够
标形合成字 (3)	上 下 凶
标音合成字 (1)	百
半理据字 (173)	改 奠 参 凿 获 热 树 鸡 急 牵 晋 席 早 肯 侯 狂 蒇 区 洁 内 退 还 欠 弱 系 这 桑 戏 频 孔 杉 赵 巡 鹰 射 团 毕 役 实 栽 熏 胁 岂 舍 巢 帅 寝 泽 刘 罕 誉 穷 炼 绝 国 显 养 顾 边 劳 奋 叹 梦 扫 旨 琼 叟 素 婴 压 杯 鉴 朱 贱 眉 庶 差 带 图 曹 聂 巩 责 虚 昼 弯 军 老 要 劲 监 致 盐 营 金 襄 耐 饮 郑 暴 卧 泼 宪 妻 宜 难 寒 竖 秦 娄 称 杀 协 质 孕 奉 灰 迈 累 敢 粥 裁 索 旁 善 处 观 坛 礼 庄 款 队 释 盘 尝 币 散 矩 她 稳 往 然 衰 别 爵 务 乔 栗 展 邓 骨 粟 贤 祭 形 变 艰 泰 虐 制 笛 伤 春 冗 傻 先 送 猎 涩 匀 凰 爽 甘
无理据字 (146)	临 疑 丧 关 皮 头 叶 举 龙 学 爱 仑 应 乳 齐 历 年 商 幺 重 旧 竟 禽 农 会 黄 执 岁 尔 乡 勾 与 畏 奔 杰 夺 至 丈 乐 杂 谷 孰 事 专 并 卖 函 严 服 尽 卿 归 竞 圣 康 欢 书 写 父 兽 乎 食 华 术 仓 毒 丝 宁 四 罢 击 法 灵 儿 卒 总 塞 导 对 条 更 县 备 卑 色 必 发 夹 承 听 史 寿 幸 卫 着 买 壳 风 拜 票 夜 属 个 乱 业 亲 罗 产 受 表 卢 当 奏 无 后 周 丽 庆 义 去 匆 争 复 兰 声 卤 兼 率 亢 尚 弟 幻 互 了 真 曲 乘 童 卵 南 乏 离 垂 久 卮 亨

由表 2-6 我们可知,义务教育阶段与高中阶段共重复了 3135 个字,占高中阶段的 74.73%,可见高中阶段承载着巩固义务教育阶段汉字知识的重要任务;从构形模式来看,义音合成字重复最多,数量为 2237 个字,

会义合成字、全功能零合成字以及半理据字和无理据字次之，形义合成字、标义合成字、会形合成字、形音合成字、标形合成字以及标音合成字重复率较低，最多不超过 70 个。由此可见，在义务教育阶段，学生已学习过高中阶段出现的各种类型的汉字构形模式，对照重复的汉字构形模式，我们可以发现，义音合成字、全功能零合成字、会义合成字以及半理据和无理据字这四种类型的构形模式占比最多，因此我们的教学内容可以以此为基点，示范梳理探究义务教育阶段的汉字知识，使学生学会梳理探究的方法，进而迁移到高中阶段的汉字学习中，促使学生感受到汉字的规律及特点。

看到重复字表，我们自然会有这样的疑问，义务教育阶段的汉字占高中阶段的半数以上，这足以看出高中阶段的巩固地位，那除此之外，在高中阶段，我们到底需要学习哪些新的汉字呢，它能给我们带来什么样的提升呢？通过重复字表的排除，我们就得到了表 2-7。

表 2-7　高中阶段新学汉字

功能构件	汉字
全功能零合成字（7）	豸 阜 幺 弋 孓 兀 缶
义音合成字（799）	涔 醌 噌 裸 磐 捋 遛 仞 蕤 椷 枞 芰 蜷 惺 咔 臻 踹 眤 褊 墁 橄 辖 瑶 沓 庠 噢 痄 跎 仁 璨 茨 汕 铛 汕 寰 舸 诩 苯 厄 辄 葩 啷 岱 袅 诅 逡 攒 鸸 芤 踯 翱 潦 缁 娲 茸 摈 叱 忖 虞 惘 喔 嫣 糙 迤 撂 阆 蠛 锢 骢 戗 坳 汶 柳 泛 黄 擞 耆 喳 趼 麓 彦 瞌 怏 帏 腮 斓 阪 苁 祉 拊 廖 蟞 扉 惴 咬 嬖 拮 渚 浙 磔 麦 嚷 巍 眩 啾 飓 蓟 嗤 桅 籁 穿 镣 帏 襁 霆 纭 熹 权 坍 觇 觜 炷 晡 憩 嘀 巅 悴 珊 毗 鏊 泫 骷 漉 嵬 犄 佗 怛 蓊 呜 岐 郫 舫 泗 箸 晰 梵 碣 舳 茆 苴 婢 哝 麈 簪 剡 惴 蛭 喑 嬉 窦 咋 辕 窸 佬 挞 菖 蛟 饕 鹪 姬 蹼 羞 丛 镕 傩 胯 伥 槌 跻 唢 嗨 恪 镯 腑 偟 迻 褪 瘌 跄 渭 镏 悃 啧 遨 愀 呱 稏 伎 髻 烽 匐 霓 袢 狳 徕 佾 馔 恻 筲 荤 恽 渥 嫒 暄 噤 邶 气 惚 舡 焯 嚓 铿 噬 迤 葆 毂 摞 翎 慢 泮 鼋 拎 悭 醯 廒 笏 郫 鏊 阮 楔 涓 遨 蟶 咆 庖 鹂 郜 洇 嘁 鞔 娅 铢 锉 唑 瞋 彷 挥 镂 莜 鹄 偎 箧 榍 篙 鹩 颚 剞 珥 昚 哇 咧 虱 泅 喻 消 褶 鬈 沌 漪 蟠 嗯 湛 篆 虔 搜 俨 骸 绶 薰 杞 炽 纨 忸 霭 殒 鳝 恁 蒯 阒 胄 岐 撅 渍 蛊 透 戕 戟 诨 霪 逦 操 跖 骥 泾 裘 荸 瓢 瀚 杷 旬 撷 笆 雾 岨 寅 滂 荇 厩 闶 杧 炖 陲 臑 浔 铄 槠 晢 裾 骊 蚱 冽 鼗 姥 筌 桓 闱 绐 堙 讷 窀 柢 桴 赳 嬷 垆 峤 佺 桦 珂 诛 蜚 吓 峥 聃 怃 汩 腴 瀔 绯 崤 笠

166

续表

功能构件	汉字
义音合成字 (799)	伏 澹 杷 韶 咣 稔 闶 幡 蹋 峒 蹜 眛 凇 惆 呟 麂 萃 怆 嘘 匍 嗥 嘤 舡 灿 鹭 蠡 踌 谥 苑 掖 玦 苣 箜 嗒 谐 珥 妣 咂 喊 札 孜 攥 髅 旌 辊 暧 晏 怫 槆 跟 邯 麴 褛 寿 涅 猗 辘 祐 氦 霖 瘀 沏 瞟 裴 啷 桊 堑 陀 冕 薛 遑 咯 凫 铆 昕 绫 旰 蘼 骐 鲭 掤 滗 溢 艿 跕 橐 嫱 钵 踟 腌 赭 孀 蹉 哽 猝 驸 莓 偈 妍 彷 姬 炖 儌 糅 晡 葚 鸳 窕 遒 丕 窈 诃 怩 砧 嗣 喽 挈 哈 蠃 喋 踝 娟 葳 耿 擦 铮 谪 硷 呦 膑 刎 醐 仃 奎 熨 嫔 芮 觳 宕 纶 庀 靛 蹿 蘸 踞 萝 墺 逵 膺 嗔 泾 寨 欹 姐 岑 酤 黏 蝮 轸 鹳 盹 煾 懂 蠛 瀛 厮 倩 垠 迸 癖 鹜 薮 槲 钺 挞 誉 樵 僮 惮 妸 棕 棡 诒 妞 膑 遽 悌 诧 篌 柁 蝣 褊 胭 槟 蘖 痣 鸹 雎 槛 嘎 帛 鞅 恫 罋 辍 蕙 眺 咻 锭 橡 咀 蓿 擢 跬 璀 郏 蜉 凛 衮 斩 饷 涴 噔 崛 祺 沅 爇 孺 噘 轩 俦 荀 逐 嵘 咦 黜 莎 忏 侬 蔻 挚 臆 汲 磺 嗤 嘈 唔 楣 鸩 珥 垆 髭 衿 阡 谳 渌 展 鸾 悖 获 绡 钿 樯 酹 圻 谩 挹 弍 糵 揿 腓 搽 囫 碛 嗟 醅 赍 橹 价 迨 迩 舫 铄 谛 拎 縠 裆 唣 綮 柞 镂 槁 淇 姝 皋 簧 殇 绗 偻 蓐 雠 樽 飑 撄 徂 埴 褓 瞥 岫 镩 宧 绰 葡 舣 唉 籽 謇 瑕 旴 瑾 踦 阢 怿 讦 肩 蓊 汩 髀 劢 娴 戮 呶 缦 鲦 瓯 赉 瓠 淬 藩 瓮 铦 洎 骋 莳 垲 欤 庚 缢 绛 炜 郓 鹃 缫 诙 祜 挚 礅 椠 嘲 剜 鄢 惬 胫 豫 郏 哂 缪 铱 玑 掇 竺 逋 涎 泮 蹊 醺 攮 甑 揍 苞 溢 细 镝 悴 砺 邹 浚 瑜 忾 垣 鞣 圊 厥 砌 缒 憋 蠹 絜 胥 饔 燹 偭 勔 磴 零 哐 鲑 曷 泂 辚 隙 阒 沂 鳌 呃 飧 搴 鬵 蕙 掊 愆
会义合成字 (36)	厌 毁 邕 甬 刺 悚 啬 苷 楞 仕 奄 炙 毳 羌 圭 壑 侃 夒 翟 籴 臬 困 妾 屏 杳 涑 卅 匜 羁 禽 辇 飨 笁 勺 峇 丞
形义合成字 (4)	尹 桀 爨 鬻
标义合成字 (2)	臼 毋
会形合成字 (1)	俎
形音合成字 (1)	宥
有音综合合成字(1)	毚
标形合成字 (0)	/

续表

功能构件	汉字
标音合成字（0）	/
半理据字（6）	彝 樊 舂 隽 黍 娈
无理据字（11）	亘 兮 戍 甍 耆 雍 谍 隳 朕 夙 苤

义务教育阶段的汉字大多均在义务教育语文课程常用字表与《通用规范汉字表》一级字表中，为了解高中新学汉字的难易及使用特点，我们将高中新学汉字与《通用规范汉字表》进行对比，得出表2-8。

表2-8　高中阶段新学汉字与《通用规范汉字字表》重复字

分类	汉字
与一级字表重复字（0）	/
与二级字表重复字（793）	纶 砬 迨 擤 偌 翚 磬 腑 遴 呬 嗥 縈 羗 谩 髫 甸 橐 傺 扪 邹 梵 铿 闶 揉 瑜 暧 坍 逍 筮 桀 逌 鸩 踣 婀 踯 骛 丞 鹈 捋 擷 樊 瑚 铢 簏 哂 骋 鬣 赳 吥 榭 翱 谛 黢 鍀 砜 叱 楣 岑 炭 阆 謇 猗 咯 窠 棕 荮 膺 啎 绐 幡 绛 胲 雝 迪 恁 囵 磴 蹚 廖 鄣 旃 哂 榘 饎 荨 琶 嵬 碣 馑 辍 浐 呱 嗟 珰 曷 惺 唳 苶 驸 衿 凫 黜 甘 渍 簪 戢 迨 庑 酆 咎 厄 恋 奄 阿 峒 焯 鸶 镗 拮 耶 偎 啜 蹉 嘎 恪 伏 彝 佗 诃 鸾 渐 嵘 绡 铆 榄 蟒 麀 楣 佚 磔 澹 霆 螳 皎 峥 皋 喵 鲑 岫 醋 晏 哐 雠 晤 疡 杞 镟 纂 恸 朕 觕 骢 蘸 忸 槟 杈 鲍 匜 苣 闶 鄀 昒 孺 槁 藩 钿 僮 韶 踌 瀛 悚 喔 嬉 鞅 袤 胬 昵 粿 啷 喵 黏 癣 哽 潦 瘛 揳 茨 郯 孳 镏 赢 蠹 缶 恽 楯 暑 眩 喋 跖 踹 蠡 羟 涝 鳖 刊 喹 肩 霈 镯 瓠 醴 阒 挈 熹 胫 啐 噌 穸 糍 劲 裾 珂 笆 怚 娈 莆 歆 歧 眦 祉 孜 春 渚 诅 涑 璨 媛 讷 杳 诛 兀 襦 荻 壅 鹄 掇 蔻 蕤 澜 皐 琵 俨 腌 檩 罗 逶 忾 啰 薛 冽 泮 蒽 觌 舫 汕 郦 襻 玦 觇 诼 瓮 谧 褛 庚 厮 厥 鼙 髅 蘼 嚷 搽 瞟 黍 聃 戗 妣 玑 腰 蛴 悌 烷 榫 蜷 舻 裸 掣 猝 蹯 驮 妞 臬 迺 柢 赀 迨 髭 厄 炽 邈 霓 撺 懑 骸 缏 灶 豸 瑶 杷 擢 靳 迤 氪 娴 彦 帛 喷 筌 剡 鄣 莩 龅 烽 膂 剡 扽 孓 嗝 汕 嗖 啾 筘 伫 墁 鹭 啷 夼 彗 惆 谪 淇 褊 搴 涓 鄄 忾 薰 汩 鼍 镣 蟠 癍 胂 咮 珊 沲 龛 筌 桄 涠 铮 埚 付 霖 嗣 札 霪 憩 柙 撅 赍 莴 缒 搭 赭 逖 殒 葳 跟 蘖 赉 彷 纭 涅 珥 屌 钺 鮴 铍 挨 快 咦 尹 姬 昕 勖 泐 垠 镂 浙 蜊 醺 镝 舻 翟 佘 怵 夏 恙 郧 獯 荀 寨 暄 醉 鹚 茌 迤 茸 伥 踞

续表

分类	汉字
与二级字表重复字（793）	苤 嗯 辄 褶 裒 褊 炙 屐 枞 腓 倪 甸 郓 舻 桓 鸸 怿 坳 喑 鳌 丕 娅 跬 诓 宥 擓 陀 茕 洎 嫣 荇 骐 窕 椆 忏 谀 耙 槌 喊 翎 惘 惚 箐 岽 橄 仕 圭 啬 庠 铼 厣 遛 汲 懂 剡 姹 诟 洵 嘈 卅 蟆 缢 霁 椠 邯 跄 醅 宕 柁 溘 昵 怼 瞥 窦 戮 唁 陞 湛 辕 崆 浚 嗔 羁 喷 闩 嬗 黄 雎 陂 剽 寰 飧 瑾 揆 曳 俎 泾 辘 撺 摒 纫 隽 钵 莎 磐 操 鹳 依 狁 嬿 摈 熨 镡 樽 琠 喧 嚛 帏 刺 嬬 逼 阆 轶 蓊 垣 虔 毋 谑 踝 篦 夑 蚱 凤 戍 嗨 炜 柠 柞 聒 榖 鹋 笠 阮 砒 觑 戟 斿 冽 迩 绯 畬 瑕 镂 蓟 扉 骥 攒 浔 悭 俾 虬 毂 诧 拊 橹 怛 笾 偻 莓 恻 跎 迸 酤 猱 笏 汶 甚 傈 籁 厌 笸 邶 锭 赣 兑 咀 蓦 奎 恫 谇 霁 韠 赉 瘁 蝥 嘘 鹏 苷 弋 苊 姝 姐 虻 逦 沅 汩 枋 潞 嫔 臻 冕 邕 轸 倩 堑 蛟 嚓 噢 悖 棘 瞋 咔 咤 掊 阼 绫 苁 汩 楔 礜 哝 叮 泗 骷 脘 窸 渌 绥 撖 呦 陉 匍 煨 奂 渥 菽 葆 眦 式 淖 坏 筋 诣 逯 蝮 亘 稔 怋 甫 旌 橡 挞 扈 蚩 砺 枇 虞 臆 籼 婢 缦 噬 穰 窈 蒿 鳝 斐 觳 辊 妾 廪 攘 樵 嚼 喽 蹦 锢 䁖 颡 骊 箸 芍 胁 磲 妫 祺 赉 橹 膾 鲎 娼 哙 缪 珉 蹼 痣 沌 萦 妍 嘀 犟 蓐 朐 蕙 徨 缁 瀚 訾 彻 跻 惴 渭 侃 挈 沂 戌 吮 崤 裒 飓 仂 浞 徨 讷 炖 闵 璀 庖 妪 靛 督 廪 纳 盍 么 谖 兮 忪 氇 锉 亨 瘠
与三级字表重复字（66）	洴 厩 麹 軒 耆 飑 酾 怊 鹚 苣 啄 鞔 煴 佗 愆 瘃 椷 蒲 岨 於 浣 鳜 哇 䃅 蕗 祐 醑 羝 峧 楞 荠 憨 偺 泛 搽 絜 忾 荾 咺 舭 傅 晢 耱 岫 靰 跛 崳 困 挎 鲭 矙 秄 鞯 堙 佺 踦 娉 鷔 桨 甯 隤 涎 价 溋 潲 跿

由表2-8可知，学生在结束义务教育阶段的学习后，均应具备识读与掌握常用3500字的水平与素养，到高中阶段，新学生字对学生的帮助很大，能够扩大学生的识字量，提升学生的汉字水平。我们也可以发现这些汉字常在书面表达中使用，因此学习新的汉字，可以促进并提升学生的汉字水平进而提升其汉语水平，增加对词汇的理解进而促进学生阅读与写作的学习。因此，在高中阶段，学生已经具备较高的认知水平，我们也可以进行字理讲解，通过字理分析进而转向词义，运用汉字将造意与实义沟通起来，让学生既了解汉字的表意，又理解汉语的词义，一箭双雕，通过汉字来提高学生的阅读水平与能力。

综合以上梳理，高中3667个汉字可涵盖10种汉字构形模式，全功能零合成字、义音合成字、会义合成字占比较高，此外还包括一部分半理据字和无理据字，共224个字。通过与义务教育阶段汉字材料加以对照，其中仍然是全功能零合成字、义音合成字、会义合成字及半理据字和无理据字的数量最多，占比最大。因此，这四类字（共计3891字）将是我们高中汉字实践教学的主要材料。第一，从教学实践上看，这些汉字可以进行归纳演绎，利于学生进行知识迁移、举一反三；第二，从数量上看，这四类汉字占高中汉字的92.76%，部分半理据字和无理据字虽然从现代楷体来看是理据丧失字，但将其推源后能重新确定其构形模式，因此只要掌握了这三种构形模式及推源方法，学生可以基本掌握高中汉字。

第二节　高中汉字教学材料的探究

　　通过对高中汉字教学材料的梳理，我们已经确定高中汉字实践教学材料的丰富数据信息。高中汉字实践教学材料共3891个字，涵盖3种构形模式，分别为全功能零合成字、会义合成字、义音合成字，以及部分半理据和无理据字。与义务教育阶段重复的汉字共计3032个字，这一数据意味着高中汉字教学中，须巩固的汉字有3032个字，需要掌握的新汉字有859个字，探究这些数据信息，能使我们明确教学材料所涉及的相关学理知识，给予高中汉字教学以更科学更合理地进行教学指导，以此有针对性地确定高中汉字教学的内容与目标，针对内容目标探寻适合高中汉字教学的策略与方法。故此，在高中汉字教学材料梳理的基础上，其探究主要体现在以下三个方面：

　　第一，在梳理的基础上，归纳高中汉字的学理知识点。通过对高中3891个汉字材料的属性测查及构形模式的梳理，归纳该批汉字的学理知识。

　　第二，在梳理的基础上，确定高中汉字的教学内容。首先，确定3891个汉字的形音义讲解为最基础的汉字教学内容；其次，明确高中汉字教学内容包括巩固义务教育阶段所学汉字内容；最后，高中汉字教学的重点内容是在巩固义务教育阶段所学汉字的基础上，在学习高中新学汉字的过程中，引导学生学会梳理汉字的特点、掌握探究汉字规律的方法，提高学习和积累汉字的能力。

　　第三，在梳理的基础上，制定高中汉字的教学目标。高中汉字教学目标的制定需要以高中汉字教学内容为依据,首先确定高中汉字教学的巩固目标,其次确定高中汉字教学的提升目标。

一、汉字学理知识点归纳

(一)汉字基础知识

经过高中汉字属性测查的整理,我们可以发现,其中所涉及的学理知识有:

(1)汉字的起源与发展。首先,在讲解汉字的起源时,明确汉字起源于图画,引导学生了解汉字的形成历史,明确汉字的功用是记录汉语。其次,在讲解汉字的发展时,把握汉字发展的变化特点和规律,明确汉字在不同时代的形体特征,使学生认识到汉字形体演变是由象形到符号的过程。

(2)汉字的性质。突出体现在领会汉字表意性特点上。汉字是表意文字体系,故在讲解汉字的表意性时,首先,要以象形性特点十分突出的全功能零合成字为教学基础,使学生深刻感受其构形体现出的构意的形象性特点;在此基础上引导学生感受其充当表义功能构件时,在所参构字形中所体现出的表意作用。其次,要使学生了解部首与表义功能构件的关系,明确部首不都是表义功能构件,但表义功能构件却都是部首。最后引导学生寻找相近义类的表义功能构件,探寻汉字表意的构形规律。

(3)汉字的特点。主要体现在理解汉字是一个符号系统,字与字之间是有联系的特点等方面。高中阶段学生的识字已经达到一定数量,可以通过启发学生总结构件的不同功能,让学生感受汉字与汉字之间在构形上的有序关系。

以上三点均属于汉字学理的基本知识,也是汉字学理的共性知识。

(二)汉字构形知识

汉字构形学的相关知识主要分为两大类:

1. 构形

(1)汉字的结构(有理拆分的依据)。

（2）汉字的构形单位（构件）。

（3）汉字的构形模式。

在讲解构形的相关知识时，首先明确汉字的结构方式有平面结构、层次结构及综合结构，只有把握好汉字的结构方式才能保证构件拆分以及造字理据分析的准确性；其次，明确汉字的构形单位是构件，构件是汉字构形的基础，引导学生了解构件的不同功能（表义功能、表形功能、示音功能和标示功能，以及丧失构意功能的记号构件）；最后，明确汉字的构形模式及划分依据与特点，汉字的构形模式取决于构件的功能。

2. 构意

（1）构意与本义、实义的关系。

（2）历史文化在构意中的体现。

在讲解汉字的构意时，首先，明确汉字形体中可分析的意义信息即为构意，它来自原初造字时造字者设计字形的意图；其次，明确构意与实义的区别，构意是具体的构造汉字的意图，即造意；实义是指词义，即在实际语言中使用过的意义；最后，体会汉字构形与构意所蕴含的历史文化内容，提高学生汉字学习的兴趣，把握汉字与中华优秀传统文化的关系。

以上两点均为汉字构形学的相关知识，了解了这些知识，有利于我们科学地分析汉字的字理，也是汉字梳理的基本内容。

据此，高中汉字教学既需要掌握汉字学理的基本知识，又需要把握汉字构形学的相关知识，这两者即王宁先生所讲的汉字教学应遵循的普遍学理。在高中阶段，学生的识字已经达到一定数量，教师须在科学讲解汉字的基础上，引导学生丰富汉字积累，梳理不同汉字现象并能够从中探究出汉字特点与规律，了解汉字在汉语发展中的重要作用，感受汉字与中华优秀传统文化的紧密关系。

二、高中汉字教学内容的确定

（一）全功能零合成字的教学内容

1. 不可拆分与构形的"全功能"特点

从结构来说，全功能零合成字是由古文字的独体象形字直接演变而来，是单独的成字构件，尽管在楷书阶段，汉字字形有相离或相接的部分，但是不能按现代字形对其进行强行拆分，因为拆分出来的部分已无法体现其构意。例如"壶"，其字形不可拆分为"士""冖""业"，根据汉字"构意"的讲解原则，"士""冖""业"是"壶"在历史发展中发生变化的字形结构，构件因经过变异其构意已不直接明确，因此现代楷书字形"壶"已无法直接确定其构意，对此在讲解时就须对"壶"进行推源。根据"壶"的古文字形，如甲骨文字形♉，就是壶的象形，构形是一个整体，不可拆分。由"壶"的构意可以得知其本义为"盛液体的容器"。若将其按现代楷书字形进行拆分为"士""冖""业"，其构形已无法体现造意（构意）。所以构成全功能零合成字的构件，从数量上来说只有一个；因其没有合成对象，所以从功能上来说，该构件既表形义又示音，其功能是全面的，因此称之为全功能零合成字。

高中阶段全功能零合成字总计有171个，其中在义务教育阶段即已出现的全功能零合成字有164个，这164个全功能零合成字是高中阶段需要巩固加深的汉字内容；此外还有7个是高中阶段新出现的全功能零合成字，这7个全功能零合成字是高中阶段需要提升的汉字内容。高中阶段所出现的具体的全功能零合成字见表2-9。

表2-9 高中阶段全功能零合成字（总计171个字）

义务教育阶段 （164） （需要巩固加深的 全功能零合成字）	羽 我 牙 刀 工 象 一 又 习 户 鼠 止 而 山 力 矢 兴 皿 广 兆 生 鸟 士 氏 长 伞 二 革 云 辛 首 小 卜 米 厂 月 电 衣 白 申 丫 母 言 壶 川 虫 三 中 干 牛 单 立 司 鼎 爪 戈 介 斗 示 非 州 雨 升 王 世 水 共 自 龟 车 冉 几 册 巨 弓 出 凹 永 盾 回 臣 才 帝 文 穴 瓦 尸 民 毛 京 夕 乍 勺 竹 页 女 耳 亚 令 燕 乌 凸 贝 元 歹 马 甲 丰 主 片 身 豆 巳 亥 田 角 十 见 免 日 口 寸 矛 手 斤 直 目 舟 面 予 大 失 火 丹 肉 及 土 丘 亡 气 入 门 乙 人 鹿 井 之 不 心 再 鱼 弗 丁 兔 瓜 禾 巾 丸 犬 子 羊 木 高 飞
高中阶段（7） （需要提升的 全功能零合成字）	豸 皁 幺 弋 孑 兀 缶

这些全功能零合成字均不可拆分，为独体字。教师可通过示范梳理义务教育阶段所学过的汉字，让学生能够举一反三把握高中阶段7个全功能

零合成字"豸""阜""幺""弋""孑""兀""缶"不可拆分及构形全功能的特点。

具体的梳理方法，教师在指导学生对高中阶段需要巩固加深的全功能零合成字进行梳理时，可通过图表的方式，首先需要准确掌握每个全功能零合成字的形、音、义三要素。从形的角度而言，需要了解现代字形的形成原因，就必须了解其古文字形（以《古文字类编》为准），在梳理字形发展演变的过程中，了解其字形的发展历史，感受汉字形体的变化特点和规律，引导学生通过梳理汉字形体的发展变化，实现对字形既知其然又知其所以然，并且通过古文字学了解构形与构意的关系，从而掌握探求字本义的方法，明确字义与字形的关系。从音的角度而言，需要准确掌握字的现代规范音读，即汉语拼音（以《新华字典》为准）。从义的角度而言，需要通过字形分析理解字之本义，即造意（以《说文解字》释义为准），在此基础上把握其所记录的词本义、引申义及假借义，最终全面掌握词义系统。

对教师而言，需要对高中阶段所有全功能零合成字的形音义进行穷尽性地细致梳理，在对所有全功能零合成字学理知识透彻理解之后，统筹计划，合理安排，确定课时及所要引导梳理的内容。

梳理内容建议：对需要巩固的全功能零合成字进行梳理，主要引导学生观察所梳理的全功能零合成字的古文字形与现代楷体字形之间的传承方式，即引导学生掌握梳理字形变化的特点及规律，了解字形的古今发展变化过程，通过对字形是否可以拆分的认识和切实感受，获得掌握字形拆分的原则。

如"月"字其古文字形为)，其构形是月亮的象形，以整体形象体现月亮的构意，因此其构形不可拆分，因为拆分出来的"竖撇、横折钩及两横"只是笔画，是书写单位而非构形单位——构件，书写单位笔画是不能体现"月"的构意的。因此，构形"月"读音作"yuè"，构意表示月亮，其构件既表形义又示音，表明"月"这一构件体现为形音义的全部功能。

通过对义务教育阶段已学全功能零合成字的梳理展示，使学生对全功能零合成字的构形特点有深刻的感受和体会，明确全功能零合成字的第一个突出特点就是构形不可拆分及构件的全功能作用。在此基础上引导学生仿照展示的梳理方法学习高中新出现的全功能零合成字，在梳理训练过程中，提高学生对全功能零合成字的学理知识进行梳理的能力，进而培养学生从自己梳理的全功能零合成字的学理知识中探究全功能零合成字的构形规律和特点，以提高学生正确理解汉字，准确使用汉字的能力，为学生的终身识字打下坚实的基础。

如"缶"字其古文字形为甲骨文字形𠙹，是一个腹大口小有盖子的可盛东西的瓦器的形象，其构形为独体，不可拆分，拆分后为无意义的笔画；读音作"fǒu"，构意表示盛酒浆的瓦器，构件体现为形音义全部功能，故该字为全功能零合成字。以此顺次梳理高中阶段其余的全功能零合成字"豸""阜""幺""弋""孑""兀""缶"，探究其构形特点独体象形，形音义兼备，功能全面，不可拆分，零合成。

2. 表意性突出的特点

全功能零合成字的表意性特点最为突出，是因其来源大都由古文字的独体象形字直接演变而来，这些全功能零合成字的古文字形往往具有抓事物主要特征进行描绘的突出特点，图画意味浓厚，象物性强，并且这些全功能零合成字的现代字形在演变过程中都属于书写变化，没有发生结构性变化，故其字形的演变轨迹清晰，学生可以通过对这批全功能零合成古文字字形的梳理，加深汉字起源于图画及表意文字性质的理解和认识。

教师可在上面第一图表梳理的基础上，对比梳理表示同类事物汉字的古文字形（甲骨文、金文、小篆、楷书）构形特点，以此加深学生对古文字形体现事物主要特征构形特点的印象，增强汉字起源于图画及表意性的认识，从而体会高中新学全功能零合成字的表意性，理解汉字由图画到符号的发展趋势，见表2-10。

表2-10 部分全功能零合成字古文字形发展演变

汉字	甲骨文	金文	小篆	隶书	楷书
象 （巩固内容）					象
鹿 （巩固内容）				鹿	鹿

续表

汉字	甲骨文	金文	小篆	隶书	楷书
山（巩固内容）					
阜（提升内容）		—			
子（巩固内容）					
孑（提升内容）	—	—		—	
字形特点	象物性强		线条圆劲，圆起圆收	字形宽扁，由圆变方	笔画横平竖直，棱角分明

通过表2-10内容的梳理，很容易发现大部分汉字只要追溯到小篆字形，其形象意味即可显示出来，对理解汉字的形义关系就已能够提供丰富的构形与构意的信息。甲骨文、金文的形象特征更加突出，如"象"和"鹿"的甲骨文字形，可以很直观地看出大象和鹿的形象特征，头部、身体、腿部和尾巴均有图画般的描绘，特别是大象的"长鼻"及鹿的"长角"特征，描绘得十分细致，有很强的象物性，可以使学生获得强烈的象形性感受，自然产生出汉字表意性的认识。通过对比梳理"山和阜"，学生通过"山"古文字形山峰山谷的特征即可了解"山"是指隆起于陆地的地势；通过"阜"古文字形陡峭崖岩的特征描绘，即可明白"阜"是指山崖。对比梳理"子与孑"，学生通过"子"古文字形襁褓中婴儿形象——有两手，一头，双腿包裹特征的描绘，即可领会"子"是指小孩儿；通过"孑"古文字形无右臂人象形特征的描绘，即可领会"孑"的"单独、剩余"之义。教师示范梳理以上汉字后，学生以相同方法探究高中提升内容，教师也可出示高中阶段新学汉字的古文字形，让学生确认现代字形，感受汉字的表意性。除此之外，通过对比，梳理汉字字形的发展演变，学生也可探究出

汉字起源于图画，汉字形体演变是由象形到符号的过程。

3. "汉字构形基础"的特点

全功能零合成字是成字构件，故其可参构合体字充当表义构件或示音构件，是汉字构形的基础。通过全功能零合成字系联的合体字可体现出汉字构形的系统性。在教学实践中，教师可将 171 全功能零合成字全部列出，将这些汉字进行分类，提供科学的类别，让学生自主填写分类，梳理探究这些汉字的构形特点：是否可以作为偏旁部首，或者是否可以参构汉字。分类标准参考高明先生在《中国古文字学通论》中的六种分类情况（见表 2–11）。

表 2–11　全功能零合成字表义构件分类

字的分类	巩固内容	提升内容
人和人的肢体与器官	口 牙 身 言 耳	幺 子
动物形体	羽 象 鼠 鸟 虫	豸
植物形体	米 竹 禾 木	
生活器具、工具和武器	刀 伞 衣 戈 斤	弋 缶
自然物的形体	水 雨 山 火 月	阜 兀
精神意识方面的事物	卜 示	

通过梳理分类巩固阶段全功能零合成字，学生即可将大的义类分清楚，对汉字的表意性有一定认识，在将汉字进行分类中，学生也会发现，有些全功能零合成字是可以参构汉字作为偏旁部首的，比如"月、口"；但有些汉字是不可参构汉字的，比如"伞""鼠"。而且部分汉字即可当作表义构件充当偏旁部首，也可作为示音构件参构汉字，例如全功能零合成字"斤"，作为表义构件时参构"斧、斩、匠、断"等合体字，作为表音构件时可参构"近""祈""昕""芹"等合体字，构字能力强，是汉字构形的基础，这些汉字都通过全功能零合成字"斤"联系在一起，可体现汉字构形的系统性。在梳理中学生也可探究出在义务教育阶段学过的全功能零合成字参构汉字的比例更大，频率更高；而高中新学的全功能零合成字构字能力较弱，例如"阜"就是小土堆的意思，它即为左耳朵"阝"，其可作为表义构件参构汉字"阴""阳""陆""陡""陵"；"子"可参构汉

字"孜"、"缶"可作表义构件参构汉字"罐",其构字能力较低于义务教育阶段全功能零合成字,但其都可梳理出全功能零合成字的构形基础作用,同时也可体现出汉字构形的系统性。

全功能零合成字作为汉字构形的基础,也是会义合成字的构件,我们可在这一部分提前梳理关于高中会义合成字中出现的相关表义构件(见表2-12),体会其功能作用,为会义合成字的讲解做铺垫。

表2-12 高中新学会义合成字表义构件分类

表义构件所属类型	具体表义构件
人和人的肢体与器官	亻(人)殳 忄(心) 大 女 尸 立 口 勹
动物形体	毛 羊 隹 羽
植物形体	艹 木 禾 食 竹
生活器具、工具和武器	刀 戈 匚 网 车
自然物的形体	厂 水 火 土

(二)会义合成字的教学内容

1. 可拆分的特点

"用两个以上的表义构件组合在一起,表示一个新的意义即为会义合成字。"❶ 故会义合成字的构件数量多数为两个以上,且均为表义功能,故会义合成字均可拆分为成字构件即全功能零合成字。值得注意的是会义合成字在拆分时应注意其结构是平面结构,还是层次结构,不可随意拆分。义务教育阶段所学会义合成字,又在高中再次出现的会义合成字共计312个,这是高中阶段需要巩固加深的汉字教学内容。高中阶段新出现的会义合成字为36个,这是高中阶段需要提升的汉字教学内容。具体情况见表2-13。

---

❶ 王宁.汉字构形学导论[M].北京:商务印书馆,2016:131.

第二章 汉字学理与高中汉字教学

表 2-13 高中阶段所出现的会义合成字（总计 348 个字）

义务教育阶段（312）	妥 功 计 巷 褪 刮 辟 突 贼 闪 戍 容 取 报 阳 蚀 區 意 官 登 逸 亩 扇 览 幽 泪 看 凭 如 烦 臭 秉 外 香 件 泯 警 岔 艳 就 安 启 呆 冰 否 疾 恒 君 佐 鸣 椅 赘 闲 侦 筋 牢 昏 益 幼 孝 诏 薪 穿 岩 便 斩 坐 剥 墟 鞍 伏 墨 定 彤 憔 巫 兹 帘 紧 妇 命 鲜 旅 炎 徙 双 宗 比 有 尉 挟 霍 脉 办 莫 明 曦 赞 盈 歪 仁 坚 赫 吏 等 讨 希 蠢 位 冥 狱 罚 各 佩 棘 话 盟 算 北 利 居 侵 豚 啃 晶 闯 阵 印 粪 天 兵 串 冤 辞 析 借 信 删 集 冠 同 涟 知 孙 从 宰 建 涉 劫 折 葬 奇 没 鼓 亮 阴 卡 辱 喜 半 畜 里 暮 息 垒 委 赤 衔 皇 败 叛 焚 则 撮 衾 投 替 彪 觅 些 划 牧 章 岳 尘 佣 悯 吹 困 套 蜉 弃 晓 汤 占 筑 烹 分 休 涵 契 诀 众 闰 体 原 采 照 敝 间 寇 名 器 娶 宦 武 软 昌 扁 要 碰 交 皂 好 雀 苗 宝 笔 男 动 库 脊 规 囚 吠 死 皆 连 尾 瞑 旋 甸 佑 兜 道 舒 初 光 匠 插 医 层 智 敬 全 咒 森 伐 威 博 尊 夏 茶 斑 宋 羹 碧 邑 师 卸 联 荞 社 顺 另 类 悉 昌 兄 闹 留 仙 劣 须 加 省 解 肥 荧 找 守 粤 寡 贞 彰 负 灾 盗 麻 奴 族 相 衍 典 林 吊 班 禀 酥 尖
高中阶段（36）	厌 毁 邕 甫 刺 悚 嵩 苷 楞 仕 奄 炙 氇 羌 圭 壑 侃 夏 翟 佘 枭 囷 妾 犀 杳 涑 卅 匦 羯 衾 辇 飨 筮 匄 峇 丞

教师可将巩固内容示范拆分，使学生有所感受，进而让学生自主选择汉字进行拆分练习。对构意明确的会义合成字直接拆分，如"突"字可拆分成全功能零合成字"穴"与"犬"，"伏"可拆分为"人"和"犬"，"呆"可拆分为"口"和"木"。对形体发生变化构意不明确的汉字，教师在讲解之后再行拆分，同时也可指导学生探究其形体变化的原因及有规律，可以成批地进行类推演绎。

在指导汉字拆分的过程中，教师还需要提示学生注意表义构件与部首的联系和区别，避免学生无理拆分；如"安"中的"宀"看起来是非字构件，但其为表义构件表示房屋，同理学生即可类推出"牢""宰""宦""宝""守""寡""灾"这批字都与房屋有关，学生通过这样的梳理即可了解这类汉字应该如何拆分。再如"爫"是手的变体，故"妥""舀""觅""采"这些字的字义均与"手"的动作有关。再如部首"忄"是"心"的变体，故从"忄"的字如"悚"其构意与心理活动相关。

2. 表意性特点

在全功能零合成字的梳理探究部分，学生已对全功能零合成字的构形基础地位有了充分的认识，故在会义合成字的讲解中，教师可充分利用这部分的内容，指导学生找到会义合成字中的表义构件，对汉字形体进行合理拆分。同时也需注意会义合成字中的表义功能构件，其表意性往往是对表义功能构件关系的综合体现。如会义合成字"炙"，从"月（肉）"、从"火"，它并不是"肉"和"火"字义的简单相加"火烧肉"，而是通过"火烧肉"表示"烧烤"，不只限于"肉"，表示的是一种烧烤般的"状态""感受"或"体验"。故其表意性要比独体象形字（全功能零合成字）的表意性抽象一些。独体象形字的表意，是通过"画成其物，随体诘诎"的方式，用所描画事物的形象直接表示所指之事物。如：独体象形字"日"，画一个太阳的形象，就是太阳的意思。而"会意"则是通过"比类合谊，以见指撝"的方式，即通过综合表义构件意义的关系，来体现其表意指向，而非表义构件形象意义的直接所指。如，"明"，用太阳和月亮的形象，但并不是表示太阳和月亮的意思，而是表示"明亮"。之所以选择"日""月"做"明亮"的意象，是因太阳月亮分别代表了昼夜的发光体，通过综合这种构形间的意义关系，体现明亮这样的意义指向。

再如"汆"从"入"表示与"动作放入、进入"有关，从"水"表示与水有关，故"汆"指"把食物放到沸水里稍微一煮"，本义指"过水煮"。"邕"从"川"表示与"水"有关，从"邑"表示与地域有关，故"邕"指"四周被水环绕的城邑"，又指邕江；"侃"从"口"表示与"说话言语"有关，从"川"表示川流、水流，从"人"表示与"人"有关，故"侃"的本义为"一个人说话慷慨激昂、口若悬河的样子"；"困"从"禾"表示与"粮食"有关，从"口"表示围绕，故"困"的本义为"圆形的粮仓"；"飧"从"夕"表示与"晚上"有关，表示在晚上，从"食"表示与"食物"有关，在夜晚吃的食物是晚饭，故"飧"的本义为"晚饭"。通过梳理学生也可发现会义合成字多表示人与人、人与物或物与物之间的关系，故通过梳理这些汉字，学生也可了解古人的生活图景。例如"邕"，是指四周被水环绕的城邑，由此我们可以了解古代在城门外会有护城河，用作军事设施，保护城邑，人民出城时，会大开城门，将桥下放，在关闭城门时，则将桥收起，以抵御外族入侵；"炙"就是烧烤，在火上烤肉，在人类学会使用火之后，古人开从生食转变为用火烹饪食材；再如

"囷"从囗（wéi）从禾，指圆形的粮仓，故学生自然可以联想到古人粮食丰收后会将其码成圆形的粮仓的生活图景，从而体会汉字构形中所蕴含的历史文化信息。

在梳理探究会义合成字表义功能构件的同时，也应为义音合成字的梳理探究做铺垫，要区别两种汉字表义功能构件的不同意义范围。会义合成字的构意是由表义构件的诸多意义信息共同表示的，是对表义功能构件关系的综合体现，想要得到字义，必须分析成字构件所携带的意义信息进行逻辑推理；故教师可引导学生对会义合成字进行联想推理，大胆猜测。通过第一部分的拆分梳理，学生已能合理拆分出两个表义构件，接下来教师即可示范如何运用表义构件确定构意，比如"男"从"田"从"力"，它并不是"田和力"的简单相加，"在田里劳动"，而是通过"在田里劳动"表示"出大力耕作的是男人"。而义音合成字中的表义功能构件多半表示的是类别义，比如从口的字，其字义大都表示人或动物口的功能作用，比如"哀""叹"都与口部动作相关。

（三）义音合成字的教学内容

1. 可拆分的特点

经过会义合成字的学习，学生已初步掌握大部分汉字可拆分的意识，会义合成字由两个以上表义构件组成，而义音合成字由表义构件与示音构件组成，其区别在于示音构件，但也须注意义音合成字的表义构件多表类别义，示音构件并不标音，而是在表义构件所表示的义类范围内，通过示音构件加以区别汉字意义。在高中阶段，义音合成字共计3036个，其中义务教育阶段义音合成字2237个，属于巩固内容；高中阶段新学义音合成字799个，属于提升内容。

在教学过程中，教师可帮助学生掌握正确拆分汉字结构的方法，合理拆分汉字是科学讲解字理的前提，大部分义音合成字是可以直接拆分的，其结构层次清楚明确，例如"鲑"从鱼圭声，"忖"从忄寸声，"锢"从钅固声，"骢"从马恩声，"枷"从木加声，"岌"从山及声，这些义音合成字的读音大多与其示音构件相似或相同，故学生很容易区分其示音构件与表义构件；还有一种义音合成字，其读音与示音功能构件差别较大，教师可引导学生根据汉字构意首先确定好表义构件，再明确示音构件，如"栘"从木多声，"渚"从水者声，"啾"从口秋声，"穹"从穴弓声，"骷"从骨古声，"怛"从忄旦声，这些汉字读音与示音构件相差较大，故学生均可从汉字构意入手，合理拆分。

除此之外，有些义音合成字结构层次不直观，不能随意拆分，在这种情况下，教师就要教授学生合理拆分的方法，讲授汉字结构的三种类型：平面结构、层次结构和综合结构并举例说明。例如，巩固内容"荆"，该字为层次结构，不可直接将其拆分为"艹""开""刀"，该字从艹刑声，故拆分顺序应为"艹、刑"再次拆分为"开、刀"；这种方法也可迁移至提升内容，例如"蓟"从艹鲥声，"鲥"再拆分为鱼、刀；"晅"从日恒声，"恒"再拆分为忄、亘；"褓"从衤保声，"保"再拆分为人、呆，"呆"再拆分为口、木；"磬"从石殸声，"殸"再拆分为舟、殳，"殳"再拆分为几、又；教师可设计一个自主梳理环节，让学生从积累的汉字中寻找类似的汉字，并对其进行合理拆分。

2. 表义功能构件类别表义的特点

义音合成字的表义构件由全功能零合成字充当，其构意由表义构件所体现，示音构件提示读音，分析其表义构件可体现类别，义音合成字的表义构件可提示义类，但不可确定具体字义；例如，在义务教育阶段，学生已学习过大批的义音合成字，"江""河""湖""海""洋""沟""汽""池""清""沙"这些义音合成字都有相同的表义构件"水"，说明这些汉字都与水有关，"水"就是它们的类别义，但具体字义无法仅仅依靠"水"明确，高中新学汉字"沌""澼""沂"等字均可归为此类。

在全功能零合成字中已提及表义构件的分类依据，教师可指导学生通过列表（见表2-14）将义务教育阶段学习过的汉字类别进行梳理，再将高中阶段的义音合成字分别归类，探究义音合成字表义构件类别表义的特点，以人体器官为例。

表2-14 与人体器官相关的表义构件系联

巩固内容（318个字）	提升内容（153个字）
人体器官（7个表义构件，共471个字）	

	巩固内容	提升内容
口（181）	叨 嗓 含 吗 哺 喊 哞 呐 叽 唇 喻 咐 哲 呕 啥 喇 唧 吩 嗜 嘻 呼 呵 啪 吐 啤 吻 啡 呈 哇 咖 喧 吼 唉 吱 睡 囔 唆 员 嗅 啄 喂 响 吃 召 哦 叩 吟 唯 吓 咬 嘱 告 哼 呀 售 嘴 哨 叫 嗡 咏 可 哟 嘶 呻 叭 吵 嚎 喧 嘲 呢 唐 唱 嚼 唤 昧 吝 鸣 咕 啸 吁 哀 吸 哈 圆 咱 啰 喘 吾 咄 嘿 台 呛 咋 喝 吮 啼 噫 叼 哑 哉 吧 哪 嘛 哎 哄 啦 咽 吃 啊 嗷 咳 喷 咨 哩 叮 吞	噘 嗟 啧 喱 嘘 啾 喋 喧 呦 哑 咫 哽 喽 哙 啖 啷 噔 喊 嚓 噬 嗒 呱 咻 啷 嚓 喔 啜 嗬 唢 嘘 唒 喋 哂 叱 吆 囹 嗯 唔 嗔 囊 鼍 哇 呖 嗞 噶 哝 喻 咀 咔 咯 喑 噢 嗤 咣 咆 嘈 噌 啐 嗥 呸 咦 喾 听 嗨 嘤
心（138）	恬 怒 懂 惊 愁 愉 惭 惶 惠 恋 快 慎 忍 懦 性 息 憨 惟 慰 怪 悼 惯 态 思 想 怎 愈 悖 懈 恢 忠 憎 惜 悲 恨 悴 悠 您 恭 憾 惕 情 慕 悬 慈 愧 怀 惩 恶 忘 慌 怯 念 惑 忆 慢 悦 憋 愕 忌 怡 惫 患 忽 忙 怖 悔 慷 恤 恬 悄 恰 恼 愣 惧 感 征 慧 恩 恍 怜 怕 忿 悬 愤 愿 愚 惨 悟 忧 恐 志 怨 恕 懒 慨	惴 悝 恻 倜 恣 悧 惙 怆 怂 忳 怿 怏 憨 惚 愀 恁 惺 憲 怵 恫 惘 恪 怍 怛 恽 忸 悸 惮 劼 怅 惛 怂 慢 怩 恙 忖 忒 忾 愆 憩 忏 悌
言（93）	记 谋 诉 订 识 课 誓 谬 诈 辩 谭 论 语 读 讽 谐 诺 谢 诞 谨 详 诗 谆 诬 诵 诚 访 议 谎 譬 调 謇 诊 误 讥 谦 谅 询 谤 让 设 讲 认 谓 谊 译 谁 诣 诫 许 谣 试 证 谱 诽 讯 讶 讳 诡 词 说 评 讼 该 训 诱 谏 请 诲 谈	诒 谆 诮 谛 讷 谦 谑 谩 诟 訾 诩 诃 诶 诛 诌 谪 诼 诨 讪 谇 诧 诅 谥
目（37）	瞎 睫 督 瞩 瞬 眠 眯 瞧 睁 盯 瞻 盲 盼 瞅 瞒 眼 眨 瞄 睡 睹 睛 瞪 眯 眶 眷	睨 瞟 眦 眺 眢 昧 睑 盱 瞋 睐 瞽 眩
耳（11）	聊 聪 职 聘 耽 耻 聚 聆 聋	聃 聍

续表

巩固内容（318 个字）		提升内容（153 个字）
髟（6）	鬓	鬈 髻 鬃 鬣 髭
骨（5）	髓	骷 骸 骶 骿

根据以上梳理，学生自然会发现，这些表义构件都与人的器官有关，从"口"表示与嘴巴有关，字义多与嘴巴及其功能作用有关；从"心"表示与内心活动或心脏有关；从"言"多与言语相关；从"目"多与眼睛或眼睛的功能作用有关；从"耳"表示与耳朵及耳朵的功能作用有关；从"髟"表示与毛发相关，从"骨"表示与骨头相关。同时学生也会发现，表义构件相同时，义音合成字的表义构件即提示义类，并不能看出该字的具体意义所指。表明义音合成字表义构件的功能是类别表义的特点。

3. 表义构件及示音构件的类聚特点

义音合成字由表义构件与示音构件组成，均为成字构件，部分汉字在义音合成字中既可作声符也可作义符，义音合成字形成了"同类者以音别，近音者以类别"的格局。❶ 在高中阶段，学生的汉字积累已达到一定数量，对积累汉字进行义类梳理，有助于学生成批归纳演绎汉字。教师可带领学生对比梳理该类型汉字的表义构件与示音构件，从而感受汉字关系的系统性特点。

在教学过程中，教师可出示"槐""板""桃""挑""姚""跳"六个字，让学生进行分类，学生即可将其梳理为两类：第一，槐、板、桃；第二，挑、姚、跳。根据分类梳理，学生很容易探究出第一组字具有相同的表义构件，字义均与植物（树木）有关；示音构件分别为"鬼""反""兆"，分别起到区别和提示语音的作用。第二组汉字具有相同的示音构件"兆"，表义构件分别为"手""女""足"用义类方式区别同音或音近的字。通过对巩固内容的梳理，学生已基本掌握该方法，教师可设计自主学习任务，让学生自主梳理提升内容的汉字（见表2-15），观察其是否符合该特点。

---

❶ 王宁.汉字构形学导论[M].北京:商务印书馆,2016:136.

表2-15 部分相同表义构件或相同示音构件系联

表义构件	示音构件	汉字
竹	巴	笆
木		杷
竹	高	篙
	者	箸
木	高	槁
	从	枞
讠	肖	诮
辶		逍
讠	山	讪
	且	诅
辶	留	遛
	委	逶
虫	交	蛟
山		峧
虫	卷	蜷
	孟	蜢
山	及	岌
	鬼	嵬

通过表2-15对义音合成字的梳理训练，学生可以获得很强的汉字构形系统性的感受。在表义构件相同时，该汉字以示音构件进行区别；在示音构件相同或相近时，该汉字又可利用表义构件进行区别。通过这样的感知训练，学生自然可以感受到义音合成字"同类者以音别，近音者以类别"的特点；同时学生也可根据这些梳理发现作为义音合成字的构件多为全功能零合成字，这也充分证明了全功能零合成字的基础构形地位，也展现出汉字构形的系统性和字形之间有序性。高中阶段义音合成字共计3036个，这些字可涉及160个表义功能构件，其中121个表义构件可系联高中所出现的2997个汉字，占高中义音合成字总数的98.7%，这121个表义构件根据意义可分为14类，教师可将分类标准提供给学生，让学生自主归

纳演绎汉字或让学生自主分类并说明理由。

（四）半理据和无理据字的教学内容

在汉字发展的历史长河中，某些构件发生了变异，丧失其构意，丧失理据的这些构件，就称为记号构件。半理据字就是指该合成字中的一个直接构件为记号构件，也就是构意半存；无理据字则指合体字的构件均为记号构件，构意完全丧失；这两类汉字均不能界定构形模式。需要说明的是半理据字和无理据字并非一开始就构意半存或丧失构意，这些汉字在隶变及楷化之前，其古文字均可看清构意，有理据可依。

1. 字形变化理据丧失

汉字字形经历了由图画向符号的过渡，最后变成我们现在可以看到的楷书简体，简化之后的汉字书写更加方便，但也因为简化致使有些汉字形体发生了改变，或减省或黏合，使之无法直接体现构意，变成记号构件。比如"春"字，其上部结构已变为记号构件，只有下面的"日"理据尚存，为半理据字；再如"岁"由"歲"人为简化而来，在简化过程中丧失了构形理据，无法分析构意，为无理据字。

2. 字形溯源恢复理据

半理据字和无理据字的构形中就存在着这样的记号构件，因此探寻半理据字和无理据字的构意都需要上溯其古文字的形源，以恢复其构形理据，分析其构意。比如"买"，从现代字形来看，"头"与"冖"均无法明确体现其构意，通过溯源古文字形，分析其甲骨文字形，我们发现，"买"的古文字形从"网"从"贝"，是个会义合成字；"网""贝"会意，表示"以钱购物"之义，后引申为求取之义。

针对这一类型的汉字，教师可以利用学生已有的知识经验，直接向学生展示古文字形，指导学生根据参考书目自主溯源，分析字理。在高中阶段共17个半理据和无理据字，通过溯源，有7个可以确定为义音合成字，有7个可以确定为会义合成字，剩余三个形义不明。半理据和无理据字表见表2-16。

表2-16　高中阶段新学的半理据和无理据字

理据	构形	例字
半理据和无理据字（17）	溯源后为义音合成字（3）	雍 朕 夔
	溯源后为会义合成字（10）	舂 彝 樊 亘 戍 黍 彗 隽 分 夙
	溯源后仍形义不明（4）	苊 耆 諜 隳

在教学过程中，教师可指导学生观察新学汉字的特征，选取一个已学汉字与其对照，例如在讲解新学汉字"春"时，可与"舂""泰""秦"对比梳理，引导学生观察这些字在构形上的异同。这些字从现代字形来看均为上下结构，上部结构相同，只有下部不同，一个从日，一个从臼，一个从水，一个从禾；但是上部构形无法确定其构意，已是一个记号构件；通过溯源其古文字形，制作表格（见表2-17）即可明了这些字的构意。

表2-17　部分半理据和无理据字字形推源表

汉字	甲骨文	金文	小篆	隶书	楷书
春				春	春
舂				舂	舂
泰	—	—		—	泰
秦				秦	秦
字形特点	象物性强	线条圆劲，圆起圆收	字形宽扁，由圆变方	笔画横平竖直，棱角分明	

通过上溯形源，学生即可发现"春"是义音合成字，从日从艹屯声，表明春回大地之义。现代楷书简体字形"春"的上部结构是古文字形的"艹"与"屯"构件黏合而成。"舂"是会义合成字，从廾从午从臼，表示双手握杵在臼里舂米之义。现代楷书字形"舂"的上部结构是古文字形

的"廾"和"午"黏合而成。"泰"是义音合成字，从廾从水大声，表示双手撩水在水中洗濯之意。现代楷书字形"泰"的上部结构是古文字形的"廾"与"大"构件黏合而成。"秦"是会义合成字，从廾从午从禾，表示双手持杵舂捣禾麦的意思，现代楷书字形"秦"的上部结构是古文字形的"廾"与"午"构件黏合而成。经过以上梳理，学生自会感受到不能用现代字形判断汉字的构形与构意。虽然这几个字的现代字形极其相似，但其构意却完全不同。故半理据和无理据字中的记号构件只有构形作用，其构意分析须上溯古文字形，利用恢复的形义关系进行解释。在梳理古文字形的过程中，教师也可指导学生观察汉字的形体演变，探究出不同时代汉字的不同特点，最后得出汉字形体演变由图画到符号过程的结论。

三、高中汉字教学目标的制定

基于高中汉字教学内容的确定，据此以制定高中汉字的教学目标。高中阶段，能力培养应与知识传授并重，教师要善于利用学生已有的知识和经验，以此为基础引导学生探索新知。已有知识即需要巩固的知识，新知即在已有知识基础上需要提升知识。为此，高中汉字教学目标分别设定为巩固和提升两种目标。

（一）巩固目标

（1）正确掌握3032个汉字的形音义。（义务教育阶段须巩固加深的汉字）
（2）了解汉字的起源及形体的演变及其特点。
（3）掌握汉字的表意性质。
（4）领会汉字的表意性及汉字构形的系统性特点。

（二）提升目标

（1）正确掌握859个汉字的形音义（高中新学汉字）。
（2）通过义务教育阶段全功能零合成字在高中"义音合成字"及"会义合成字"充当表义功能构件内容的学习，梳理探究出"全功能零合成字"具有汉字构形基础特点,通过归纳总结的方法积累汉字,建立对汉字构形系统性的认识。

(3) 自主梳理并掌握汉字构件的六种功能:表形功能、表义功能、示音功能、标示功能及记号构件,明确不同汉字构形模式的特点,初步具备推源、分析字理的能力。

(4) 感受汉字构意所体现出的历史文化内涵。

(5) 认识汉字的构形与构意在理解词义方面的作用。(区分构意与本义)

(6) 在汉字现象的积累过程中,通过各种教学活动,组织学生自主学习、合作学习,梳理汉字学理的相关知识,在此基础上探究汉字的特点和规律,培养学生自主掌握、积累汉字及汉字知识的能力。

第三节　高中汉字教学实践与策略

高中语文汉字教学实践主要是为了培养和训练学生具有梳理汉字学理知识的能力,并在此基础上具备从各种汉字现象中探究汉字特点和规律的能力,以实现学生具备终身汉字学习能力的目标。高中语文汉字教学实践实际上是对高中阶段汉字学习与积累方法的展示,根据汉字教学的基本理论与原则,阐述说明并展示高中语文汉字教学的过程,并以此为据总结归纳高中语文汉字教学的策略,为高中汉字教育提供科学的理论原则和方法指导。

一、汉字教学实践的总体原则

汉字,作为一门独立的学科,有其自己的学科特点与规律,故在汉字教学的过程中,必须遵循汉字自身所具有的规律,接受科学汉字学理论的指导,即重视汉字学理,因为它是汉字教学的总纲,同样也是高中汉字教学科学化的重要保障。在教学中,对教师而言,作为教学的引导者,必须具备科学的汉字理论素养;在汉字的阐释讲解过程中必须以汉字学理论为指导,在分析汉字形义关系时必须以科学的汉字构形学理论为依据,这是汉字教学应遵循的学理。如此，教师才能在学生解错汉字时，帮助学生找出问题所在。

王宁先生在《汉字教学的原理与各类教学方法的科学运用（下）》中详细阐释了科学讲解汉字的五个原则，这五个原则就是汉字教学的普遍原则，也是高中汉字教学的总体原则。第一，不可讲错构件的形音义。汉字是由构件组合而成的，每一个组成字的成字构件，都已有确立的形音义，讲错了构件的形音义，就会使整个字的讲解发生错误。第二，不可曲解构件体现构意的功能。汉字的构件在进入构字后，就具有了或表形或示音或表义或区别标示的功能，解释汉字必须依据它们的客观功能。讲错了或曲解了构件的功能，就会使整个字的讲解发生错误。第三，不要把层次结构讲成平面结构。由基础元素组构成汉字，大部分是依层次逐级组构的，构意是逐级生成的。小部分是一次性平面组构的，以集合的方式产生构意。在讲解汉字时，既不能把层次结构讲成平面结构，也不能把平面结构讲成层次结构，否则就会发生错误，而人们常犯的错误是不懂得汉字构意依层次生成的道理，见一个构件讲一个构件。第四，对黏合、省简、变形、错讹而变得无理据的字不可乱编理据。第五，用汉字构形系统成批或类推讲解汉字构意时，要进行有理归纳，不可仅因形体相同而认同。汉字构形是成系统的，现代汉字90%以上是形声字，讲解汉字可以利用形声字的声符系统和义符系统通过归纳和演绎成批地进行。❶

根据这五个原则，教师应明确科学讲解汉字必须正确讲解汉字构件的功能，准确分析汉字的构形与构意，明确汉字的结构方式，对汉字进行有理拆分。不仅如此，王宁先生还针对如何讲解现代已经发展变化的字形的"构意"做出明确说明，她特别指出："科学的汉字讲解，就是要在不违背汉字构形规律和演变规律的前提下，对构意直接明确的字加以准确讲解；或对需要经过推源再来讲解的汉字，推源后再来讲解。在讲解个体汉字时，要把它放到汉字构形系统中去，找到它应有的位置再来讲解，以免讲

---

❶ 王宁.汉字教学的原理与各类教学方法的科学运用(下)[J].课程·教材·教法,2002(11).

了一个，乱了一片。"❶ 因此，我们可以把上述说明确定为汉字"构意"的讲解原则。依据这样的原则，其在汉字教学中的作用如下：

第一，对构意直接明确的汉字进行讲解，教师可以通过准确分析构件所体现的构意，使学生充分理解汉字的造字意图（造意），掌握确定字义的分析方法，从而更好地理解词义。

第二，对汉字形体在历史发展中发生变化的字形，或部分汉字的构件因经过变异或黏合构意不直接明确，无法直接确定其构意的汉字，教师在讲解时需要展示汉字的古文字形，目的是通过对汉字进行历史溯源的方法，使字形的理据得以恢复，然后再行讲解。在这个展示过程中使学生明确不能依据发展变化的字形牵强附会，以避免违背汉字学理，错解汉字。

第三，对现代字形经推源后其字形的形义关系仍不明确的汉字，即理据丧失无法确定构意的汉字，教师要特别提示对这类汉字不能强作解释，宁可不讲，也不能乱讲，使学生养成尊重汉字，科学对待汉字的良好习惯。

针对高中阶段汉字实践教学所涉及的汉字，构意明确可直接讲解的汉字包括全功能零合成字（171个）、义音合成字（3036个）、会义合成字（348个）及推源后形义关系明晰的一部分半理据字和无理据字（336个），总计3891个。这些字的构意均可分析，就是高中汉字实践教学的全部内容。

二、高中汉字教学的实践过程

《语言积累、梳理与探究（高中语文学习任务群详解与案例）》一书中提到："语言积累、梳理与探究教学活动设计需要遵循科学性、真实性、实践性的原则。"❷ 故此我们在进行汉字教学时也应遵循此原则。科学性强调学理依据，要求教师在教学设计中应重视汉字自身的特点及运用规律，帮助学生从各种不同的文字现象中梳理探究出汉字的规律，也就是我们所

---

❶ 王宁.汉字教学的原理与各类教学方法的科学运用(下)[J].课程·教材·教法,2002(11).

❷ 王宁.语言积累、梳理与探究(高中语文学习任务群详解与案例)[M].北京:语文出版社,2021:10.

强调的汉字学理知识；真实性强调情境真实，要求教师在教学设计时要贴近学生生活，可从个人体验情境、社会生活情境及学科认知情境三方面入手，吸引学生兴趣，努力设立真实的言语实践情境；实践性强调能力培养，要求教师在教学设计中根据所设立的真实情境，设立相应任务，在汉字使用中习得汉字，以问题为导向，为学生思维的逐层递进提供支架，通过自主合作探究的形式，使学生养成梳理知识的习惯，解决现实生活中所遇到的汉字难题，将知识转化为能力，完成从认识汉字到掌握汉字学理的过程，增强文字运用的敏感度。

王宁先生指出："识字教学的最终目标应当是：①积累一定数量的汉字，达到形音义全面把握。②在符合汉字表意性、构形系统性的教学方法强化下，产生掌握汉字的科学方法，以达到不教而终身识字。③在对汉字有正确认识的前提下，强化民族文化意识，增进爱国主义情操。"❶ 以上目标本应在义务教育阶段实现，但各种问题的出现，致使义务教育阶段的汉字教学存在一定的偏差，故高中阶段，既要巩固义务教育阶段必须完成的教学目标，也要加深学生对汉字的理性认识，培养终身汉字学习的能力。分析"语言积累、梳理与探究"学习任务群学习目标与内容的相关表述，我们可以划分出两个属于汉字知识体系的学习主题，见表2-18。

表2-18 "语言积累、梳理与探究"任务群中属于汉字知识体系的学习主题[a]

"语言积累、梳理与研究"学习目标与内容	学习主题	知识体系
在语文活动中，积累有关汉字、汉语的现象和理性认识，了解汉字在汉语发展和应用中的重要作用，巩固和加深义务教育阶段所学的汉字知识；体会汉字、汉语与中华传统文化的关系及汉语的民族特性，增强热爱祖国语言文字的感情。[b]	汉字特点	汉字
	汉字与传统文化	

[a] 王丹霞，朱俊阳. "语言积累、梳理与探究"任务群课标设计详解 [J]. 语文建设，2019（17）：4-8.

[b] 中华人民共和国教育部制定. 普通高中语文课程标准（2017年版2020年修订）[S]. 北京：人民教育出版社. 2020：16.

---

❶ 王宁.汉字教学的原理与各类教学方法的科学运用(上)[J].课程·教材·教法,2002(10).

由表 2-18 可知，在高中阶段，学生需要学习汉字特点与汉字文化的相关知识，故依据上述学习主题，结合本论文目的，笔者针对汉字特点学习主题设计了如下几个专题。

专题一：从整体性特征方面感受独体象形字（全功能零合成字）的特点，通过独体象形字的形象性特点，了解汉字的起源与汉字的表意性特点。

专题二：从表意性角度感受会意字（会义合成字）的特点，通过对会意字（会义合成字）中表义功能构件表意关系的分析，体会汉字构形中所蕴含的历史文化信息，感受汉字的文化魅力。

专题三：从系统性特征方面感受形声字（义音合成字）的特点，强化学生对汉字构形特点和规律的把握，通过表义与示音功能构件在义音合成字构形中的不同作用，明确汉字在组合过程中正确分析构件功能作用的重要性。

专题四：展示汉字因发展变化使形体丧失理据的现象，通过上溯形源复原汉字构形理据的过程，引导学生把握汉字形体发展演变的特点和规律。鉴于高中学生还未曾接触汉字构形模式的专业术语，故我们采用"六书"代替，具体对应情况见汉字构形模式与"六书"对应表。汉字专题教学的具体实践过程见下文。

（一）专题教学实践一：象形字（全功能零合成字）的教学实践

从整体性特征方面感受独体象形字（全功能零合成字）的特点，通过独体象形字的形象性特点了解汉字的起源与汉字的表意性特点。

1. 教学目标

（1）感知独体象形字"不可拆分"与"全功能"的特点；

（2）通过对独体象形字古文字形的梳理了解汉字的起源及表意性的特点；

（3）感受独体象形字是"汉字构形基础"的特点。

2. 教学过程

师：从小学到中学，我们一直都在学习汉字、积累汉字。汉字的数量是极其巨大的，我们不可能全部掌握，所以学习汉字的方法尤为重要，每个人都应该学会扩充自己的识字量，提升识字的能力。在汉字"家族"中，汉字的类型多种多样，今天我们首先来看下面这类大家非常熟悉的汉字。

师：给大家3分钟时间，将下列表格填写完整，希望同学们仔细观察这些汉字有什么共同特点，说出你的发现。

汉字	甲骨文	金文	小篆	隶书
日				
山				
矢				
鱼				
子				

生：这些字都没有偏旁，结构很简单，笔画也很少，根据第一个甲骨文字形就能很容易知道是现在的哪个字。

师：好，那你能举个例子来给大家解释一下吗？

生：比如说第一个"日"，它只有四画，它不像"明"可以分成"日"和"月"。

师：好，老师清楚了，你是说"日"的字形结构是一个单独的字，没有偏旁部首，不能拆分，这样的字我们称之为"独体字"，而"明"是由两个独体字"日""月"组合而成，是有偏旁部首的，说明其字形是可以拆分的，这类字我们称其为"合体字"。

师：那老师有一个疑问了，这是这些汉字共同的特点吗？"鱼"能不能拆分呢？

生：可以，"鱼"可以拆分为上下两部分，下面是一。

生：我觉得不可以，他们应该是一个整体。

师：这个问题有点争议，那我们一起来看一下"鱼"的古文字形，看看它能不能拆分。（出示古文字形）

甲骨文　　小篆

师：这是"鱼"字的甲骨文与小篆字形，那么依据字形来看，谁可以说一说它能不能拆分呢？

生：我觉得它不能拆分，它是象形字，是"鱼"的形象，和"日"是太阳的形象一样，都是不可以拆分的。从甲骨文字形可以很容易看出它是一条鱼的形状，尖尖的头部和分叉的尾巴还有表现鱼鳞的身体都能形象地体现出来；小篆字形和现代楷书字形就有相似的地方了，可以看出它的鱼鳞形象现在变成了"田"，下面的鱼尾变成了"灬"后来又因简化而变成了"一"，如果拆开的话，就不是鱼的整体形象的意思了。

师：很好，所以它是不可拆分的，也就是说"鱼"的字形没有与之组合的其他字形（构件），就是没有偏旁部首，所以"鱼"也是独体字。那么后面的"鼠、鸟"也是不可拆分的【板书：不可拆分，没有组合的其他字形】，你们能从积累的汉字中还想到哪些汉字是属于这一类情况吗？

生：燕、竹、壶……

师：太棒了！的确它们的字形都是一个整体，不能拆分，是独体字，这类汉字有一个共同的特点就是字形既表义还有具体的读音，所以就其字而言，是形音义兼备的，汉字的三要素就是"形音义"，所以这类字就汉字"三要素"来看，它们的功能作用全备的，即是全功能的。【板书：全功能】

师：所以我们可以发现这三个汉字是不可拆分且形音义兼备的。

（体现独体象形字不可拆分及形音义俱全特点的梳理）

师：那我们再来看一组大家耳熟能详的汉字，看看你们能不能写出它们现在的楷书字体，同时想想它们能不能拆分。

甲骨文	金文	小篆	隶书	楷体汉字
			象	
			鹿	
			鼠	
			鸟	
			衣	
			戈	

生：这些汉字分别是象、鹿、鼠、鸟、衣、戈；它们也不能拆分，因为它们和"鱼"的情况是一样，也是独体象形字。

师：太棒啦，你是怎么辨认出来的呢？

生：我先看的是隶书的字形，隶书和现代楷书字形很相像，能够大致猜到是现在的哪个字；再通过甲骨文字形突出的形象性，就可以证实自己的判断了，因为甲骨文直接画出那个字所表示的事物的形象了。

师：老师注意到你用了"画"和"像"两个字，同时你刚刚也提到了象形字，那你能说说你对"象形字"的认识吗？

生：我觉得"象形字"就是按照字形所表示的事物的形状来造字的，一看到它的字形就可以知道它指的是什么意思。

师：好！你是说"象形字"的字形与它所描绘的事物形象之间极其相似，字形就是根据事物形象的主要特征进行描绘的，也就是其象物性极强，这些字是像图画一样直接描绘这个事物的，对吗？

生：对。

师：那你能结合上面两个字具体说说它们的特点吗？

生：比如表格中的"象"，是大象形象的象形，在古文字形中突出了"大象"长鼻子的特点；而"鹿"的古文字形，描绘了鹿的四肢、头部，突出了鹿角的部分。

师：所以我们可以发现早期的汉字（古文字形）具有直接描绘事物主要特征的特点，使人们一看到字形就能明白所表示的意义（字义），这就是象形字。抓住事物主要特征进行描绘，字形象物性极强的特点，决定了我们的汉字是"表意文字"体系。从汉字起源的角度来说，"独体象形字"属于最早出现的一种汉字类型，也说明我们的汉字是从"图画"发展而来的，换句话说就是汉字是起源于"图画"的。因为时间和空间的限制，人们通过语言已经不能满足保存意义信息的需要了，于是人们就开始通过各种手段来帮助记事，而通过画画的方式能够使意义信息较为具体且易使人明白，在这样的基础上，图画与语言中的词形成了固定的联系之后，汉字就此产生，原始"图画"也逐渐演变成了字符。

师：那老师还有一个问题，汉字发展演变到今天，还是以图画的形式呈现的吗？

生：不是，是由笔画组成的。

师：那哪位同学能说一说你发现的字形演变的情况呢？

生：观察这个字形演变表格就以看出，汉字字形的发展顺序是：甲骨文—金文—小篆—隶书—楷书；甲骨文和金文的形象性特点很强；小篆字形线条圆劲，圆起圆收；隶书字形宽扁，由圆变方；楷体字形横平竖直，棱角分明，可以数清笔画，部分楷体字形还有简体和繁体之分，但是基本都可以看出它们的字形特点。

师：同学们真的很棒，为汉字书写方便，部分繁体字形还进行了简化，简化是字形一种人为的改变。有兴趣的同学可以找一找汉字简化的原因与简化的方法；从字形的演变我们就可以看出汉字是从图画逐步转变为符号的，由线条到笔画，由繁体变简体，汉字在不停地变化。

（体现独体象形字象物性强的特点，感受汉字字形演变特点的梳理）

师：在刚开始上课时，第一位同学说到这些字都没有偏旁部首，那大家看一看，这些字虽然没有偏旁部首，它自身能不能当做偏旁部首呢？

生：绝大部分汉字可以，这些字都可以做偏旁，而且根据字义可以将其分类。

师：那你能不能举个例子呢？

生：比如"鱼"，它就与动物有关，以它为部首的汉字就有很多，比如"鲫""鲈""鲨""鲤""鲸"都与鱼类相关；而"日"与太阳有关，由它做偏旁的汉字有"晦""明""晚""早""旦"均与时间或太阳的特点有关。

师：很棒，这样我们就又发现这类汉字的另一个特点，那就是可以组合汉字，同学们还可以再找出很多这样类型的字来组成合体字，因为合体字就是在这些独体字的基础上产生的。【板书：构形基础】

师：今天我们通过列表形式梳理了独体象形字（全功能零合成字）这批字的四个特点：没有合成的偏旁部首（零合成）、形音义三要素俱全（全功能）、形象性特点突出（象物性强）、是合体字产生的基础（构形基础）。通过这类型汉字的学习，我们可以明确汉字是表意文字，也可以以此了解汉字起源于图画，并通过古文字形的展示可以看出汉字字形的演变是由图画向符号发展的事实。

据此，我们可以把独体象形字特点的具体梳理步骤确定为：第一，溯源古文字形，观察其字形的发展演变，确定是否可以拆分，明确其是否形音义兼备；第二，确定该汉字不可拆分后，观察其形义关系是否统一（此处教师需要借助《说文解字》的释义加以说明与阐释）；第三，观察其是否可以作为其他汉字形体的组合要素。

师：接下来请大家观察下面3个汉字，看看它们属不属于独体象形字（全功能零合成字），说出你的理由。

汉字：阜 孑 岳

生1：我觉得它们不好判断，必须得看看古文字形。

师：确实这3个字的象物性比较差，那给大家6分钟时间，按照我们确定的梳理步骤自己动手梳理，通过梳理来探究一下3个字到底是不是独体象形字（全功能零合成字）。一会儿请3位同学来给我们分享展示。

生2：这些字都是独体象形字（全功能零合成字），经过老师所提供的这些字的古文字形（古文字形材料源自高明先生主编的《古文字类编》[1]）

---

[1] 高明.古文字类编[M].上海：上海古籍出版社,2008:8.

对古文字形进行梳理后，我们发现"阜"的古文字形主要描绘出了陡峭崖岩的特征，通过《说文解字》的释义，可确定"阜"指"山崖"，其形义关系统一，也表明其字形不可拆分，读音是"fù"，形音义兼备，同时可以组构其他汉字，如"陛、隤、陉、阮、鵙、陀、阡、陬"这些字都以"阜"为部首，由"阜"组合的汉字，在简化过程中，因草书楷化字形为右"阝"。

生3："孑"也是独体象形字（全功能零合成字），通过对老师提供的古文字形进行梳理，可以发现"孑"的古文字形描绘了人无右臂的特征，借助《说文解字》的释义，可确定"孑"为"单独、剩余"之义，形义关系统一，字形不可拆分，读音是"jié"，形音义兼备，可作为偏旁组合其他汉字，比如"孜"，但由其组合的汉字数量较少，说明它的构字能力不强。

生4："缶"是独体象形字（全功能零合成字），通过对其古文字形进行梳理，可以发现"缶"的古文字形描绘了盛酒浆的器皿的样子，腹大口小，有盖；通过《说文解字》的释义，可确定"缶"就是"一种瓦器"，形义关系统一，字形不可拆分，读音是"fǒu"，形音义兼备，可作为偏旁组合其他汉字，比如"罅"等，由其组合的汉字数量也较少，其构字能力不强。

师：很棒，看来大家都已初步学会梳理探究独体象形字（全功能零合成字）特点的方法了，刚刚大家分析的汉字都是我们高中新学的独体象形字（全功能零合成字），而且大家也感受到了在高中新学的这类独体象形字中，它们的构字能力都比较弱，说明独体象形字这类汉字的构字能力是比较低的。

（体现独体象形字"汉字构形基础"特点的梳理）

3. 板书设计

形音义兼备——全功能
独体字、不可拆分——零合成，没有组合的其他字形
汉字起源：图画
汉字性质：表意文字
字形发展趋势：由图画向字符

4. 教学反思

义务教育阶段,学生已经学过了大量的独体象形字(全功能零合成字),这些汉字在高中阶段属于需要巩固加深的范畴,教师在直接出示这些汉字后,学生可以简单说出这些汉字的字义,但并不明确构形与构意之间的关系,故教师首先展示梳理该类汉字的方法,其次使学生运用该梳理方法学习掌握高中新出现的独体象形字(全功能零合成字),把握该类型汉字的特点,建立对汉字的理性认识,感受汉字构形与构意之间的关系。因高中阶段新学的全功能零合成字象物性并不明显,需要通过追溯古文字形,理解古人的造字意图;同时还要明确这批字的构字能力要比义务教育阶段所学的全功能零合成字的构字能力弱很多。高中全功能零合成字均在《通用规范汉字表》的二级字表中,故其出现频率远低于义务教育阶段所学汉字,构字能力也较低。

(二) 专题教学实践二:会意字(会义合成字)的教学实践

从表意性角度感受会意字(会义合成字)的特点,通过对会意字(会义合成字)中表义功能构件表意关系的分析,体会汉字构形中所蕴含的历史文化信息,感受汉字的文化魅力。

1. 教学目标

(1) 正确拆分会意字(会义合成字),感受会意字在独体象形字基础上的构形组合特点。

(2) 通过会意字(会义合成字)构形与构意的分析,感受会意字意符或形符(表义功能构件)的表意特点,体会其与独体象形字表意的不同,注重分析会意字的表意关系,体会汉字的表意性特点,感受汉字构形中所蕴含的历史文化信息。

2. 教学过程

师:学习了象形字后,我们了解到它是汉字构形的基础,大部分象形字都可作为偏旁部首成为其他汉字构形的组合要素,我们说它是独体字,与之相反的一种汉字类型是……

生：合体字。

师：对，合体字就意味着它的构形是……

生：可以拆分的。

师：对！今天我们来学习一组合体字，现在请大家尝试拆分以下几个汉字，看看它们有什么特点，说出你的发现。

汉字：泪 原 囚

生1：它们都能拆分，大部分都是左右结构的汉字。

师：那你先试着拆分一下这些汉字吧。

生1："泪"肯定是可以拆分成"氵（水）"和"目"的；"匠"的话应该是拆分成"斤"和"匚"吧？"原"能拆分成"厂"和"原"；"囚"能拆分成"囗"和"人"。

（体现正确拆分会意字）。

生：那大家观察一下这些汉字的字形和字意有什么关系呢？它还是像独体象形字那样，表意很具体吗？

生：好像不是，它们这些汉字好像要把拆分的汉字的意思加起来，才能体现出这个汉字的意义。

师：那你能举个例子来说说你的感受吗？

生：比如说"泪"，它就是和"眼睛、水"有关嘛；"原"就是和"厂、泉"有关；"囚"就是和"囗（wéi）、人"有关。

师：在这里要提醒大家注意的是：虽然大家已经意识到这些汉字的构形并不像独体象形字那样具有直接而具体的表意特点了，但是这类汉字的构意往往也不是每个构件意义的简单相加。就拿"泪"来说吧，"泪"从目从水，表示眼睛里流出来的水，就是泪水，而并非眼睛与水的意义的简单拼合。会意字的重点在"会"上，即要会合构形中所有构件的意义，所以会意字的表意特点是对构件意义所体现出的关系进行综合。换句话说，会意字是通过综合表义构件的意义关系，体现其构形的构意指向，而非表义构件形象意义的直接所指。"原"从厂从泉，"厂"其实是像山崖伸出的形状，"泉"就是泉水，所以"原"的构形是指水从山崖下的石穴出向下涌流，由构形体现出的构意是水源之地，由构意可以明确"原"的本义为河流的发源地，即源头；引申为"最初""原来"。"囚"大家一定要注意是构形从口（wéi），而不是从口（kǒu），"口"即"围"的初文，后演变为形声字，加声符"韦"。"囚"从口从人，其构形体现出的构意是把人关押起来，通过构意可知其本义为"拘禁"。这类字在构形上的突出特征就是有两个或两个以上的表义构件，这样的字就是会意字。

（体现会意字可拆分的特点）

师：经过老师刚才的讲解，相信同学们对会意字（会义合成字）已经有了很深刻的体会，接下来请大家分析一下"仄"这个汉字，看看它的构意是什么？

生："仄"字，它也是会意字，因为它的构形可以拆分为"人和厂"。从"厂"表示山崖，山崖可以遮风挡雨，古人充分利用自然环境维持生存，这一点从史料记载或现实生活都可以找到事实依据。所以从"厂（读音 yǎn）"，其构意体现为与住处有关，从"人"表示和人类有关，综合这两个表义功能构件的关系，体现出人在悬崖局促其身的构意，由此可以明确其本义为"狭窄"。

师：很棒！我们首先可以明确会意字，是可以拆分的，其构件必须是表义构件，而且你也分清楚了构意与词义的关系。谁能说说"妾"字它的构意是什么？

生：我觉得"妾"是从"立和女"的，一个女人站在那里，不能坐下，是因为她不是正室，所以不能坐。

师："妾"是个历史词语，旧时指男子在正妻以外娶的女人，也是旧时女子的自称。从其字形来看，我们分析一下"妾"的形义关系到底是怎样的。"妾"的甲骨文字形为𦔮，金文为𡥂，小篆为𡣕，从古文字形来看，是从"辛"从"女"。"辛"是一种刑具的象形，从"女"表示"妾"的字义与"女性"有关。从"辛""女"表义功能构件的关系中，体现出的构意为受刑之女，即现在所说的"女犯人"。所以《说文解字》解释为："有罪女子给事者"，即戴罪服役的女人。所以"妾"的本义是指被剥夺自由、被迫服务于他人的女子即女奴隶，由地位低下的女子引申为正妻以外所娶之女。因此，我们不能以我们知道的词义去反推字形的构意，而应该借助工具书，从古文字形来分析构意，进而理解词义。

师：在我们的学习过程中，以"女"为部首的会义合成字还有"奴""委"，义音合成字有"妖""媚""嫉""妒""嫌""奸""婪"等。大家发现这些字的含义有什么特点了吗?

生:通过网上查找"妖"的字义,基本义有:①古称一切反常怪异的事物或现象。②迷信传说中称害人的怪物。③美丽妖娆的女子。前两个词义都不是褒义,第三个词义比较中性,但自古就有"英雄难过美人关"的说法,于是也就有了"红颜祸水"这样的成语出现,容貌姣好也成了祸患,这就使"妖"整个词都具有了贬义的意味。"奸"也有三个基本义①阴险,虚伪,狡诈。②不忠于国家或自己一方的人。③男女发生不正当的性行为。也不是一个好词。"婪"的主要意义就是指人贪得无厌,也不是好词。

师:我们想一想这些卑劣的品性是女人独有吗?显然不是!可这些字为什么都从女呢?从这种构形现象中我们可以窥视到汉字构形的文化内涵,是造字时代人们对妇女认识的一种反映,在过去的历史时代,女子的社会地位低下,经济不独立,从思想到行为都不自主,处于被压制和从属的地位。甚至在造字时,都会把人性的弱点强行附加在"女"字旁上,于是造出了一批从"女"字,但字义内涵却不仅只与女人有关的字来。对这类字,我们在分析字的构形构意时,就需要探寻汉字形体所蕴含的历史文化信息。

师:接下来给大家10分钟的时间,请你从下面给出的汉字中任选3个,分析其构形与构意,随后我们一起来分享你的观点。

仄 毁 邕 甭 刺 悚 鬶 苷 楞 仕 奄 炙 髦 羌 圭 壑 侃 夏 翟 氽 臬 囿 妾 孱 杳 觫 卅 匦 羁 翕 辇 飧 筮 勺 咎 丞

生1:

炙	从"肉"表示与"肉或肌肉"有关,从"火"表示火焰,燃烧,故"炙"的构形体现出的构意为"以火烤肉",其本义为"烧烤"。
氽	从"入"表示与"动作放入、进入"有关,从"水"表示与水有关,故"氽"的构意体现为"把食物放到沸水里稍微煮一下",本义为"过水煮"。
邕	从"川"表示与"水"有关,从"邑"表示与地域有关,故"邕"的构意为"四周被水环绕的城邑",又指邕江。

生2：

侃	从"口"表示与"说话或言语"有关，从"川"表示川流、水流，从"人"表示与"人"有关，故"侃"的本义为"一个人说话慷慨激昂、口若悬河的样子"。
囷	从"禾"表示与"粮食"有关，从"口"表示围绕，故"囷"的本义为"古代圆形的粮仓"。
飧	从"夕"表示与"晚上"有关，从"食"表示与"食物"有关，在夜晚吃的食物是晚饭，故"飧"的本义为"晚饭"。

师：每位同学的分享都很精彩，从会意字中，我们更能感受到汉字的表意性，关于会意字今天我们了解到了两个特点：第一，会意字（会义合成字）可拆分；第二，会意字（会义合成字）的构意需要对构形的表意关系进行综合分析，它的表意与独体象形字的形象直观表意不同，但表意性仍然很强。特别需要注意的是有些会意字（会义合成字）的表义构件还蕴含着深厚的历史文化信息。

梳理会意字的步骤：第一步，先合理拆分构件；第二步，根据古文字形分析构形与构意；第三步，结合《说文解字》及文本义确定本义、引申义和假借义。

（体现学会分析其表意关系，体会汉字表意性的特点）

3. 教学反思

经过独体象形字的学习后，学生很容易看出会意字中的独体象形字，正确拆分会意字对学生来说并不是难事，而根据构形判断构意才是学生较为困难的关键点。会意字已不再像独体象形字一样，通过具体的形象来体现构意；相反，在会意字中，学生需要用逻辑思维来综合表义构件意义的关系，故教师在教授会意字时，须利用学生的逻辑思维能力。与此同时，我们还发现在会意字中蕴含着丰富的历史文化信息，小到古代人民的生活情景，大到某一时代社会的观念认识，这些皆可在会意字构形与构意的讲解中渗透。

（三）专题教学实践三：形声字（义音合成字）的教学实践

从系统性特征方面感受形声字（义音合成字）的特点，强化学生对汉字构形特点和规律的把握，通过表义与示音功能构件在义音合成字构形中的不同作用，明确汉字在组合过程中正确分析构件功能作用的重要性。

1. 教学目标

（1）正确拆分形声字（义音合成字），区分声符与义符。

（2）梳理探究形声字（义音合成字）表义构件的类别义，区分构意（字形的造字意图）与实义（在具体语言环境中使用过的意义），体会汉字构形表意性（汉字的性质）特点。

（3）明确形声字（义音合成字）"同类字以音别，近音字以义别"的构形格局，感受汉字构形的系统性特点。

2. 教学过程

师：学习了独体象形字后，我们了解到它是汉字构形的基础，大部分独体象形字都可作为偏旁部首，成为其他汉字构形的组合要素。今天我们要学习的形声字，在现代汉字结构中所占比例高达90%以上，是名副其实的汉字结构的主体。形声字，顾名思义是指其形体结构中既有形符（意符或义符）又有声符，显然是合体字，即字形是由表义构件（形符或意符或义符）与示音构件（声符）组合而成的汉字。现在给大家三分钟时间，请同学们指出下列汉字中的声符和义符。

第一组字：鲑、忖、锢、骢

第二组字：渚、骱、荆、哀

生1："鲑"的义符是"鱼"，声符是"圭"；"忖"的义符是"忄"，声符是"寸"；"锢"的义符是"钅（金）"，声符是"固"；"骢"这个字有点难，不认识，但是我猜它的义符应该是"马"，声符应该是右边的那个字形"悤"。

师：你拆分得全部正确，你能给大家讲讲你为什么这样拆分，也就是你的拆分依据是什么吗?

生1:我发现这些形声字的读音都与声符相同或者相似,所以我从中推断出最后字的声符应该是"悤",而不是"马"。

师:看来你很善于寻找规律嘛,确实在第一组汉字中,老师选取的形声字读音基本与声符读音相似,最后一个字读音作"cōng",声符为"悤",义符为"马",指毛色青白相间的马。

师:第一组形声字比较好辨别,相信大家都已经掌握了,那谁能来挑战一下第二组字呢?

生2:"渚"的义符肯定是"氵",声符是"者";"骷"的义符肯定是"骨",声符应该是"古";"荆"的义符应该是"刂",声符应该是左边的"艹、开";最后的"哀"是形声字吗?

师:好,这是你的拆分,前两个拆分很正确,你能不能说说你为什么这么拆分呢?

生2:我记得我们学过"渚清沙白鸟飞回"这句诗,句中的"渚"是指水中的小块陆地,它肯定是和水有关,所以"渚"的义符应该是"氵(水)",声符是"者";"骷髅"就是指死人的骨头嘛,所以"骷"的义符肯定是"骨",声符是"古"。

师:很棒,你在分析的时候结合了具体语境和词义,这是一个好的方法。那后两个字有没有其他同学有不一样的拆分啊?

生3:按照生1的拆分依据来看的话,我觉得"荆""艹"应该是它的义符,"刑"是它的声符,因为我们常说"荆棘"肯定和草有关系。"哀"字的话应该是"口"作义符,"衣"作声符,因为我们一般都说"哀叹",肯定和"口"有关系。

师:太棒啦,你很好地结合了上一位同学拆分的思路,我们发现形声字的读音不一定与声符完全相同。在古代,形声字的读音可能大部分与声符相同或相似,但在现代汉字中,由于语音的发展变化,致使其声符与汉字之间的联系有所减弱,所以我们不能单纯通过读音来确定汉字的声符和义符;正确的做法就是从字形字义角度先找出义符,再确定声符。

师:大家说生3寻找的声符和义符,对不对?

生:对。

师:接下来请大家按照这种拆分思路和原则,判断下列形声字的声符和义符，并说出你的理由。

蓟、瀚、褓、骥

生4：哈哈，这次我可不会再上当了，"蓟"的声符肯定是"劍"，义符肯定是"艹"，毕竟我们都说"蓟草"这个词；"瀚"的声符是"翰"，义符是"氵（水）"因为我们都说"浩瀚"，是指其广大。

生5："褓"的义符必须是"衤（衣）"，声符肯定是"保"，"襁褓"组词就看出来了；"骥"的义符肯定是"马"，声符是"冀"，我们学过"骐骥一跃，不能十步"就是指马。

师：大家都很棒，在以后的学习过程中，大家也可以按照今天讲解的思路自行区分形声字的声符和义符。

（体现形声字可拆分特点的梳理方法）

师：我们在独体象形字的学习中已经了解到，分析汉字字形是可以有效帮助我们理解字义的，那么这个方法在形声字中也同样适用吗？我们一起来看一看。给大家3分钟的时间，请同学们仔细观察下面这些汉字有什么共同特点，说出你的发现。

第一组字：骢 骥 驸 骜

第二组字：醉 酹 酣 酿

生1：两组汉字都有相同的义符，第一组字的义符是"马"，第二组字的义符是"酉"。

师：看来这个问题很简单，大家说得都对，不过老师有一个问题，就是你们知道这些汉字分别是什么意思吗，让我们先来看第一组字。

生2：这几个字看起来都很熟悉，只能组词来解释，第一个不是很熟悉，但我猜应该和马匹有关系；第二个是骐骥，是骏马的意思；第三个和公主有关，公主的丈夫称为驸马，但是感觉和"马"这个义符也没什么关系啊，难道义符是"付"吗？第四个就是桀骜不驯，应该也和马匹有关。

师：很棒，看来大家已经发现了形声字的一个大秘密，就是可以根据它的义符来判断其字义与什么类别义有关，这些义符提示了这些字的义类所属。

师：让我们来细看一看这些字。这些字的义符都是"马"，说明这些形声字的构意都可能与"马"有关。第一个字，同学猜得很对，"骢"，义符是马，提示义类与马匹有关，右边"息"即为示音构件，提示读音，所以它的字义是指青白二色相杂的马；第二个，我们在《劝学》中也学习过，就是指骏马，良马之意，故"骐骥一跃，不能十步"也在反面印证了坚持的重要性；接下来第三个字就是大家有疑问的地方了，驸其实是指几匹马共同拉车，在旁边拉车的马叫驸马，而执管该马匹的人也被称为驸马，是官职名称，而后成为皇帝女婿的专称；第三个，也是指骏马良马之义，桀指的是暴君夏桀，故桀骜不驯也就指性情倔强不驯服，由此引申指人的性格脾气。由此我们可以发现形声字中的义符并不能精准地确定该汉字的意义，但是我们却可通过义符大致了解它的类别义，通过分析构意（造字意图）了解其所记录的词义。

师：所以我们在遇到不认识的汉字时，首先需要合理拆分，确定义符与声符，再根据该字义符所承载的类别义进行判断，最后依据《说文解字》的释义进行印证，弄清其构意（汉字的造字意图）与实义。比如"附"的造字意图就很明确是指马，但是其在"驸马"一词中展现给我们的就是具体语境中的词义，皇帝女婿的意思，分析字理即可以帮助我们理解词义，从而领会文意。

师：接下来请同学们仿照老师刚刚的梳理办法，梳理阐述第二组汉字，哪位同学可以说说呢？

生1：它们都与"酉"有关，是义符，说明它们的类别义肯定与"酒"有关，因为"酉"的古文字形是酒坛子的形象，根据这个类别义，我们很自然就可以得出这几个字的意思可能都和酒有关；第一个"醉"，是指"饮酒过量，神志不清"的意思；第二个"酹"，是指"把酒浇在地上，表示祭奠"的意思，由此我们可以得知"一尊还酹江月"这句诗就是在洒酒酹月，借以抒发自己的情感。

生2：第三个"酣"，是指"酒喝得很尽兴的时候"，在"酣睡"这个词中，指睡得香甜，因此"酣"可以引申为指"沉湎与某种活动"之义；第四个"酿"，其本义是指"酿造、酿酒"之义，引申为"造成某种后果"的意思。

师：大家的梳理很清楚，通过这组汉字，我们更加明确，在形声字中尽管明确了义符（表义构件），我们还是很难把握形声字的意义，只能借助义符明确其字义与什么义类有关，这是形声字的一个突出特点，即其义符（表义构件）可以提示意义类别，体现出字义的所属义类范围，但不体现具体的字义；此外还须注意的一点是构意（造字意图）与实义的关系与区别。造意又称之为构意，即字形所体现出的造字意图，是字义；而实义是在具体语境中也就是现实语言交际中运用的意思才称之为实义，也就是我们通常所说的"词义"，我们只有通过分析汉字字理了解造意之后，才更容易理解汉字所记录汉语的"词义"，即"实义"。

（体现形声字表义构件体现的类别义功能作用，学会区分构意与实义的梳理办法，体会汉字构形的表意性特点）

师：现在请大家拿出一张纸，根据老师提供的这些汉字，尝试拼合出正确的形声字，你也可以根据自己所积累的汉字进行补充，前提是它的声符或义符在老师提供的汉字范围内；给大家十分钟的时间，小组合作完成，十分钟之后，我们看看哪个小组拼合的汉字最多。

巴、高、者、高、从、肖、山、且、留、委、交、卷、盂、及、竹、木、言、虫、山。

下表为学生合作成果展示：

表义构件	示音构件	汉字
竹	巴	笆
木		杷
竹	高	篙
	者	箸
木	高	槁
	从	枞
讠	肖	诮
辶		逍
讠	山	讪
	且	诅
辶	留	遛
	委	逶
虫	交	蛟
山		峧

续表

表义构件	示音构件	汉字
虫	卷	蜷
	孟	蜢
山	及	岌
	鬼	巍

师：在绘制表格的时候你们有什么感受呢？在梳理的过程中，你们有什么发现呢？

生1：我发现这些汉字大多是独体象形字，在形声字中既能作声符也能做义符。

师：对，所以我们说独体象形字是汉字的构形基础。

生2：这些汉字长得都太像了，我都快要分不清楚了。

师：你的意思是形近字或者音近字比较多吗？

生2：对，老师就是这个意思，太难区分辨认了。

师：有哪位同学能帮一帮生2呢？看看怎么能分清楚这些汉字啊？

生3：我是根据义符和声符来判断的，在义符相同的情况下，我们只能按照声符来区分这些字，在声符相同的情况下，我们就只能通过义符来区分，然后判断这些字的意思。

师：很棒，汉字绝非独立的存在，它们之间在构形上是相互联系的，共同构成了汉字构形的系统，而大家发现的这个规律就是形声字（义音合成字）的一个特点——同类字以音别，近音字以义别，之所以是近音字，是因为古今语音的演变，我们不能直接用现在的语音去解析形声字的声符与形声字读音的关系。

师：像这种类型的字还有很多，接下来请大家自选独体象形字，看看它们能组合出哪些字来？运用思维导图或表格形式呈现，以此来感受汉字构形系统性的特点。

下表为学生成果展示：

义符	声符	义音合成字
足	兆	跳
	各	路

续表

义符	声符	义音合成字
人（亻）	足	促
手（扌）		捉
米	良	粮
	立	粒
辶	米	迷
目		眯
斤	木	析
	父	斧
衤	斤	祈
氵		沂
弓	长	张
	也	弛
矢	乔	矫
隹	矢	雉

师：大家都给出了自己的答案，都很正确。看来大家已经掌握了梳理形声字特点的方法了，在梳理的过程中我们可以发现汉字与汉字之间并不是孤立存在的，而是在字形方面相互间存在着一定的联系，字形之间彼此构成了一个严密的汉字构形系统。形声字作为汉字结构的主体，是最能体现汉字构形系统性特点的，请大家在日后的学习生活中，留心观察，力争把这个表格做得更细致、更完善。

（展示形声字"同类字以音别，近音字以义别"构形特点的梳理方法，使学生充分感受汉字构形系统性的特点）

3. 教学反思

高中阶段，学生已经积累了大量关于汉字特点的感性认识，但并未对这些汉字现象进行梳理探究，所以对汉字的理解程度也仅停留在表面；形声字（义音合成字）作为汉字结构的主体，其构形特点十分突出，所以教会学生梳理、探究此类汉字构形的特点十分重要，有利于学生感受汉字构形系统性的特点。汉字的三要素是形音义,合理拆分形声字,找到其义符,可以由义符所体现的类别义确定该形声字的构意,通过分析构意进而了解其所体现的词义,这有利于帮助学生理解文意。通过梳理探究这类型汉字,有意识地区分义符与声符,分析其构意,学生可对同音字(如诙与恢)、近音字(如消与销)、形近字(如纂与篡)等文字现象有很好的把握,也可很有效地解决学生易写错别字问题,从而提高语文教学质量。

(四)专题教学实践四:半理据字和无理据字的教学实践

展示汉字因发展变化使形体丧失理据的现象,通过上溯形源复原汉字构形理据的过程,引导学生把握汉字形体发展演变的特点和规律。

1. 教学目标

(1)掌握上溯形源复原汉字构形理据的方法。

(2)感受汉字字形的演变,掌握汉字形体演变的特点。

2. 教学资源

《说文解字》(许慎,中华书局,2013年版)

学会利用《说文解字》,有助于学生理解构形与构意及形义统一关系,确定构形模式,进行汉字构形理据的分析。

3. 教学过程

师:经过前面的学习,我们已经了解了独体象形字、会意字及形声字的特点。在现代楷体字形中,有这样一类字,因为汉字形体的演变与简化,人已无法从构形中直接辨析出构意,这类汉字就是理据半失或理据全失之字。今天就让我们一起来了解这类汉字的形体特点,并据此特点明确掌握这类汉字字义的方法。

师:请大家观察"兼"这个汉字的楷书形体,看看它的构形能不能拆分。

生1:好像很难拆分啊,好像能看到其中有一个"并"字。

生2:我觉得它肯定不能拆,就没有可以拆分出来的汉字。

师：好！现在老师把它的古文字形给大家展示出来，看看同学们看看能有些什么发现。

𬀪	秝	兼	兼
金文	小篆	隶书	楷书

生："兼"字原来的字形是这样啊，从金文和小篆字形能看出来它是由"彐"和两个"禾"组合而成的。

师：从哪个时代的字形上我们就能看出"兼"的构形啦？

生：从小篆的字形上就能看出来啦。

师：是的！小篆字形从"彐"，"彐"是由古文字形"ᚲ"发展演变而来。"ᚲ"古文字形对应的现代传承标准体字形是"又"字，"彐"是"又"字形的变体。"ᚲ"是"手"的形象，体现了"手"之构意。因此金文字形"𬀪"就是用一只手握住两个禾苗的构形，体现了"兼并、合并"的构意。从"兼"字的形义关系来看，大家知道应该是什么结构类型呢？

生：会意字！

师：完全正确！所以它就有把多个事物并在一起的意思。在"兼"的古文字形发展演变过程中，我们可以看到小篆字形还能够清楚体现构形与构意，但是发展到隶书阶段，汉字的结构就变得不那么形象了。

生：就把两个"禾"的撇捺各简省掉一个，字形黏合成为不可拆分和解释的结构。

师：我们通过"兼"字构形情况的分析可以发现，在现代楷书特别是简体字形中，因为字形在发展演变过程中的减省、黏合等情况，使汉字的形体在结构上发生了变化，导致我们已经不再能够直接通过构形了解它的构意了，这也是汉字形体发展演变的特点，所以我们在对待这类字形时，一定要注意不能强行根据现代字形解析字理，否则就易出现牵强附会、错解字义的情况。正确的做法是上溯汉字的历史形源，复原汉字的形义统一关系，依据恢复后的构形，分析其所体现的构意，在符合汉字学理知识的情况下，合理分析汉字字义。

师：接下来我们再来看一个汉字——"娈"，看看这个字是不是可以拆分呢，你能不能说说它的构形与构意的关系呢？

生1：我看这个字好像是可以拆分成"女"和"亦"，应该和女人有关吧？但是"亦"这个意思好像在这个字中看不出来，前面记得说"亦"的本义是腋窝，难道它的意思是指女人的腋窝吗？

生2：老师，我觉得他说的不对，我们可以了解一下它的古文字形。

师：好。大家看看它的古文字形再作判断吧。

金文　　小篆

生2：我通过查阅《说文解字》，又通过老师给出的古文字形，可知"娈"字形体结构是从女䜌声，我觉得它应该是一个形声字。现代字形"娈"，是把古文字形的"䜌"简省成了"亦"；从"女"，表示其字义与"女性"有关，《说文解字》的释义为"慕也"，即"爱慕""恋慕"，引申为"美好"。我记得我们在诗经《静女》篇中就学到过这个字，"静女其娈，贻我彤管"中的"娈"就是"娇美、美好"之义。

师：好的，看来经过这段时间的训练，大家已经初步掌握了分析汉字形义关系的方法与途径，而且也能寻找合适的工具书来帮助自己，把上溯形源的步骤与方法阐释得都很明确，同时还能联系文本，进入具体语境，说明同学们已经掌握了这个字。同时我们发现不能正确解释构形与构意的时候，我们就会闹出笑话，所以一定要正确分析字理，不能随意讲解汉字。下面让我们一起来总结一下梳理这类型汉字的步骤吧。

师：第一步，我们在遇到类似无法直接通过构形确定构意的汉字时，首先要查阅高明先生的《古文字类编》上溯其字的古文字形，探寻字形的发展演变过程；第二步，按推源后的古文字形，并结合《说文解字》对字形的分析说明，确定其造字法（构形模式），据此分析构形，明确构意；第三步，通过古文字形的分析及《说文解字》的释义确定本义。

（体现上溯形源复原汉字构形理据的方法）

师：现在给大家10分钟的时间，趁热打铁，试试分析下面这些字。它们在字形来看，都有相同的地方，但是大家仔细观察观察，它们的构意相同吗?

汉字:春、春、泰、秦

生1:我觉得应该都一样吧,它们的楷体上面部分都一样啊。

生2:我也觉得肯定一样。

师:我们先不着急给出答案,请大家先列出古文字形发展的表格,按照刚才的方法进行分析,然后再回答老师的问题。

师:老师先给大家做个示范,请大家一会儿就按照这个方式回答。

甲骨文	金文	小篆	隶书	楷书
(图)	(图)	(图)	春	春

师:该汉字从现代楷体来看只有"日"可以看出其构意表示时间季节,其余部分为记号构件,故其为半理据字;经过上溯形源,我们可以确定"春"是形声字,从日从艹屯声。经查阅《说文解字》,其释义为:"推也。从艹屯,从日,艹春时生也。""推"的释义是"声训"的方式,以此来解释说明"春天"的特征是推动万物生长、复苏的季节。据此我们可以确定"春"的本义就是"春天"之义。现代楷书简体字形"春"的上部结构是古文字形的"艹"与"屯"构件黏合而成的,失去了构意。

以下为学生制作的表格:

汉字	甲骨文	金文	小篆	隶书	楷书
春	(图)	(图)	(图)	春	春
泰	—	—	(图)	—	泰
秦	(图)	(图)	(图)	秦	秦

生:好像不一样。

师:哦?那你来说一说它们怎么不一样啊?

生1：我说一下"泰"吧，根据老师刚刚给出的方法，我发现"泰"字从现代楷体来看只有"水"可以看出构意，其余部分为记号构件，故其为半理据字；经过上溯形源，我们可以确定"泰"是形声字，从廾从水，大声。经查阅《说文解字》，其释义为"滑也"，水是液体，手是掬不住的，水会顺着手指缝流出去。我以为"滑"与"顺"同义，日子过得"顺"，心情就"舒坦"，就"平安"。"泰"的常用义就是"平安"。现代楷书字形"泰"的上部结构是古文字形的"廾"与"大"构件的黏合。

师：很棒，你合理拆分了汉字并且搞清楚了构形与构意之间的关系，重要的是体现了通过字形分析字义的思路，充分体现了你的学习能力。剩下两个字谁来说一说呢？

生3：我发现它们两个好像有点关系，都是会意字，而且都从廾从午。"舂"从现代楷体字形来看只有"臼"可以看出构意，其余部分为记号构件，故其为半理据字；经过上溯形源，我们可以确定"舂"是会意字，从廾从午从臼。经查阅《说文解字》，其释义为"捣粟也，从廾持杵临臼。上午杵省也"。据此我们可以确定"舂"为双手握杵在臼里捣粮食之义。现代楷书字形"舂"的上部结构是古文字形"廾"和"午"的黏合。"秦"从现代楷体来看只有"禾"可以看出构意，其余部分为记号构件，故其为半理据字；经过上溯形源及《说文解字》对其字形的分析，我们可以确定"秦"为会意字，小篆字形为从廾从午从禾，但《说文解字》解释为"从禾舂省"。经查阅《说文解字》，其释义为"伯益之后所封国，地宜禾，从禾舂省。一曰秦，禾名"。由此，我们可以确定"秦"的本义有两个：一个是地名，即古时诸侯国的封地——秦国（春秋战国时代），后秦统一天下，成为朝代名。因其地适宜"禾"的种植，所以字形从"禾"；另一个意义是一种"禾"即粮食作物的名称。后一种释义不为所知，现在"秦"的常用义是朝代名。现代楷书字形"秦"的上部结构是古文字形廾和午的黏合。

师：分析得太好了！祝贺你！分析思路清晰，方法科学，知识能力都达到了我所期望的目标。我们现在来总结一下：通过对上面这四个字形体的分析，我们可以了解到在现代即使字形相同，也不可以贸然判断它们就具有相同的构意，这一点说明了汉字形体发展演变的一个特点：古文字形不同发展到现代可以产生相同的字形，表明现代字形看似构形相同，实际上是同形构件，其构意却不相同。所以分析汉字的形义关系，特别是理据丧失的汉字形体，一定要溯源古文字形，利用恢复的形义关系才能进行不违背学理的科学解释。

师：大家在制作古文字形发展演变表格的时候，有没有发现汉字演变的一些特点？甲骨文字形和金文字形一般都比较……

生：形象。图画性特点突出，表意较为具体。

师：正确！其实这也能体现我们的汉字是起源于图画的事实。

师：那么小篆字形一般就比较……

生：规整，线条圆润，感觉胖胖的。（生笑）

师：也就是说我们的小篆字形线条圆劲，圆起圆收，没有锋芒。同时人为整理规范的迹象明显。

师：那隶书有什么样的特点呢？

生：矮胖矮胖的。

师：哈哈，你的意思是它的字形特点是宽扁，而且变方了？

生：就是这个意思。

师：为什么从小篆的圆润到隶书就变得宽扁了呢？

生：主要是因为它们书写方式的变化，小篆的书写单位是线条，而隶书变成了笔画。

师：非常好！就是这个原因。可见书写方式的变化会影响字体风格的变化。那么我们观察观察楷书字形有什么特点啊？

生：笔画更明显了，字形变得更加方正了。

师：是的！也就是说我们的汉字变得棱角分明，横平竖直。这也就说明我们汉字形体演变的发展趋势是由图画向符号的转变，在这个变化中使得汉字由具体的形象渐渐变为抽象的符号，表意方式发生了很大的变化。尽管如此，汉字仍然保持其表意文字的性质没有变。

（体现汉字字形的演变，掌握汉字形体演变的特点，加深对汉字表意性的新认识。古文字形是形象表意，现代楷书是抽象表意）

4. 教学反思

半理据和无理据字因其构形的变化，导致构意不明，故学生对其熟悉程度不高，理解也较困难，但其简化减省并非没有规律可循，故教师在教授这类汉字时，应先以义务教育阶段学习的汉字为例，让学生对汉字减省黏合的过程有所感悟，在此基础上指导学生自主溯源，掌握汉字。这类汉字在高中汉字教学材料中的比例偏大，也是需要高中学生掌握的重要内容；故教师在教学过程中须将简化方法相同的汉字归纳在一起讲解，指导学生寻找规律；同时也可指导学生在了解古文字形的发展演变过程中，探寻汉字形体演变的规律，将对汉字的感性认识上升为理性归纳。

三、高中汉字教学策略

（一）高中汉字的总体教学策略

根据皮亚杰认知发展理论，高中学生的心理认知特点已属于形式运算阶段，"形式运算是以科学的推理和假设的建立为特征的，具有假设—演绎、科学—归纳、反省—抽象等结构上的特性。"[1] 这表明高中学生的思维已接近成人水平，学生已初步具有独立处理问题的能力；结合《普通高中语文课程标准（2017年版2020年修订）》对汉字教学的目标要求（"在观察探索语言文字现象，发现语言文字运用问题的过程中，自主积累语文知识，探究语言文字运用规律，增强语言文字运用的敏感性，提高探究、发现的能力，感受祖国语言文字的独特魅力，增强热爱祖国语言文字的感情。"[2]）来看，教师可在语文学习中安排汉字知识相关的自主合作探究活动。

经过义务教育阶段的学习，学生理应累计积累常用汉字3500个左右，要认清字形、读准字音、掌握汉字基本意义的情况下，具备独立识字的能力。[3] 据此我们可以认定高中学生应已积累了大量的汉字，有了充分的感性认识；学生在高中阶段的汉字学习，教师理应帮助学生将已积累的相关

---

[1] 徐梦秋.皮亚杰的认知和情感发展理论[M].沈明明,译.厦门:厦门大学出版社,1989:154.

[2] 中华人民共和国教育部制定.普通高中语文课程标准(2017年版2020年修订)[S].北京:人民教育出版社,2020:15.

[3] 中华人民共和国教育部制定.义务教育语文课程标准(2011年版)[S].北京:北京师范大学出版社,2012:28.

汉字知识建立起有机联系，通过巩固汉字知识的教学展示引导学生掌握梳理汉字学理知识的方法，在此基础上探究归纳汉字的特点及规律，以训练学生的汉字学习能力。根据高中汉字教学的总体原则、课标要求与教学理念，结合高中汉字梳理与探究教学的具体实践过程和实践结果，概括总结关于高中汉字梳理与探究教学的策略有以下三点。

1. 系统性策略

系统性的反面即碎片化，在高中阶段，学生学习掌握汉字，应注重汉字的系统性，避免一个一个地孤立学习，系统性掌握汉字有利于学生将汉字学理知识转化为独立学习和掌握汉字的能力。从系统性角度进行高中汉字教学，旨在帮助学生通过梳理汉字现象，从中探究汉字的特点与规律，由此建立汉字学理知识系统，从而获得独立学习汉字的能力。

为此，在学生积累汉字的过程中，重点在于指导学生能够通过汉字现象，学会梳理汉字的学理知识，并在梳理的基础上掌握探究汉字特点与规律的方法，以此培养和训练学生具有独立汉字学习的能力，实现终身汉字学习的目标。在这个过程中掌握和积累汉字，就必须要具有系统意识。

根据《普通高中语文课程标准（2017年版2020年修订）》，汉字教学内容属于"语言积累、梳理与探究"学习任务群，该学习任务群的教学提示明确指出："本任务群贯串整个高中阶段，既有课内活动，也应有课外任务。""本任务群的课时，在必修和选择性必修阶段，可以有两种分配方式：或集中安排，或穿插在其他学习任务群中。"❶ 根据这一教学提示，要求教师在指导学生梳理探究汉字时有统筹意识，才能将汉字积累、梳理与探究学习任务贯穿整个高中阶段，这就需要教师能将高中所学汉字及汉字的学理知识全部梳理出来，有计划地在课内活动、课外任务、必修和选择性必修阶段，或集中或穿插于其他学习任务群中，从而使高中语文教学能够真正做到整体把握，相互融通，并很好地与其他学习任务群进行融合，实现高中课标提升学生核心素养，在语文活动中获得对知识的理性认识，培养学生解决问题的能力。

在具体教学活动的安排方面，可以把汉字教学与"学术论著专题研

---

❶ 中华人民共和国教育部.普通高中语文课程标准(2017年版2020年修订)[S].北京：人民教育出版社,2020：16.

讨"学习任务群有机结合，使学生在汉字梳理与探究过程中，借助对汉字内容的学术论著的研讨学习，对汉字学理知识形成科学理性、全面系统的把握。此外，还可以与"中华传统文化经典研习"学习任务群结合，使学生在汉字梳理与探究过程中，借助于对中华传统文化经典的研习，在挖掘传统文化经典思想内容时，有意识地培养学生在阅读过程中感受汉字对文本理解不可替代的作用，从而养成学生在阅读中梳理和探究汉字的习惯，自觉地、高质量地进行汉字积累，最终实现对汉字的准确运用。

汉字教学系统性策略也可体现在汉字专题教学上。在义务教育阶段汉字教学的基础上，学生已积累了很多汉字并对汉字知识已有了初步的感受。高中阶段，教师应帮助学生通过梳理已学过的大量汉字现象，引导学生在梳理汉字现象的基础上进行汉字理性知识的探究，在此过程中培养和训练学生独立归纳总结汉字特点和规律的能力。因此，在"汉字专题"教学中，我们专门设计了汉字构形模式及汉字形义关系内容的汉字专题教学，目的是帮助学生建立对汉字形义关系的整体把握，感受汉字构形与构意的关系，从汉字系统性特点方面整体把握汉字。

高中语文汉字教学按照汉字构形模式的知识内容，其教学可分为四个专题：

专题一：从整体性特征方面感受独体象形字（全功能零合成字）的特点，通过独体象形字的形象性特点了解汉字的起源与汉字的表意性特点。

专题二：从表意性角度感受会意字（会义合成字）的特点，通过对会意字（会义合成字）中表义功能构件表意关系的分析，体会汉字构形中所蕴含的历史文化信息，感受汉字的文化魅力。

专题三：从系统性特征方面感受形声字（义音合成字）的特点，强化学生对汉字构形特点和规律的把握，通过表义与示音功能构件在义音合成字构形中的不同作用，明确汉字在组合过程中正确分析构件功能作用的重要性。

专题四：展示汉字因发展变化使形体丧失理据的现象，通过上溯形源复原汉字构形理据的过程，引导学生把握汉字形体发展演变的特点和规律。

经过这四种汉字专题教学，学生可以掌握高中阶段语文教材文本中的大部分汉字，掌握梳理探究的汉字学习方法，科学积累汉字，正确运用汉字。

2. 活动性策略

活动性的反面即被动性，过去的汉字知识教学更多依赖老师进行知识总结，再传输给学生，但活动性策略旨在让学生通过相应的语文活动，从中获得核心素养的提升。活动形式以学生为主，教师为辅，使学生的知识获得能够通过语文学习活动自主建构，避免填鸭式灌输。近年来，高考语文命题更加注重基础知识，重视学生解决问题的能力，重视学生独立学习的潜能。所以在高中汉字教学中，我们更要以任务为驱动导向，通过有意识的统筹安排教学内容，有计划、有目的教学设计，训练学生在教学活动中学会自主梳理汉字规律，在梳理基础上探究与此相关的汉字学理知识，引导学生在梳理和探究的过程中对汉字特点即规律进行科学的理性归纳和总结，进而培养学生终身学习汉字的能力。

教师在教授汉字时，可设计选取适当的学习情境，组织教学活动，布置合理的学习任务，目的是找寻一条由基础知识转化为基本能力再到提高核心素养的有效路径。其中适当的学习资源，可以有效促进学生在自主合作探究学习过程中获得知识建构与能力的提升。

（1）示范引领，掌握方法。

在具体的汉字教学实践中，教师首先给出学生已学过的汉字，引导学生观察汉字的具体特点，有针对性地对相关汉字现象进行梳理，此时可提供相关的示范性学习资源，即义务教育阶段所学汉字及相关的汉字知识，帮助学生明确从什么角度进行汉字梳理，具体梳理什么内容；通过展示义务教育阶段汉字梳理的过程，使学生掌握梳理汉字学理知识的方法。例如，在专题四中，示范性学习资源即为"兼"和"娈"，训练学生梳理的表述语言是该汉字从现代楷体来看只有"日"可以看出其构意，表示时间季节，其余部分为记号构件，故其为半理据字；经过上溯形源，我们可以确定"春"是形声字，从日从艹屯声。经查阅《说文解字》，其释义为："推也。从艹屯，从日，艹春时生也。""推"的释义是"声训"的方式，以此来解释说明"春天"的特征是推动万物生长、复苏的季节。据此我们可以确定"春"的本义就是"春天"之义。现代楷书简体字形"春"的上部结构是古文字形的"艹"与"屯"构件黏合而成的,失去了构意。

在此过程中,由于学生的汉字知识基础较为薄弱,教师可引入第二类知识性学习资源,即汉字学相关理论书籍。高中生对汉字知识的探究虽不以掌握系统汉字学知识为目的,但仍需要正确的汉字学理论作支撑,故教师在知识性学习资源的选取上就要十分谨慎,如《说文解字》《汉字构形学导论》《古文字类编》《汉字形义分析字典》《文字学概要》等这类学术性强的书籍就比较适合,提供这些知识性学习资源的目的不在于让学生细细研读该类书籍,而在于借助这些书籍使学生更快地掌握相关汉字特点及规律,并建立相应的理性认识。因此,选取适当的汉字学理知识作为汉字教学的知识性资源,在高中语文汉字教学活动中至关重要。

(2)迁移练习,巩固能力。

在学会梳理探究汉字的方法后,学生需要对这些知识进行消化,从而学会迁移运用。在此过程中,就需要教师提供第三种学习资源,即分析性学习资源,在高中汉字教学中,该资源即高中新学汉字。以专题四为例,其中的分析性学习资源即为"春""春""泰""秦"四字,通过这四个汉字,学生即可利用教师的方法自主探寻这四个汉字的相关学理知识,进而把握半理据和无理据字的特点及规律。

3. 思想性策略

"祖国语文是中华儿女的精神家园,语文课程对继承和弘扬中华优秀传统文化、革命文化、社会主义先进文化,培养文化自信,推动文化的创新发展,具有不可替代的优势。"❶ 高中课程标准对语文课程的重要性进行了相关阐述,而语言文字是文化的载体,其蕴含的文化知识更为丰富具体,教师也可通过汉字教学渗透相关文化知识,提高学生的语文核心素养。知识的学习不仅仅停留在认知层面,而是需要与学生自身建立起密切的关系,因为"知识具有能够对人的精神生活和意义世界给予关照、护持、滋养的本性"❷,故在学习汉字理论及知识的过程中,就需要以汉字构形学理论知识为抓手,引导学生掌握分析字理的方法,最终获得汉字表意

---

❶ 中华人民共和国教育部. 普通高中语文课程标准(2017年版2020年修订)[S]. 北京:人民教育出版社,2020:2.

❷ 李召存. 走向意义关照的课程知识观[J]. 全球教育展望,2005(5).

性和系统性特点的知识。在掌握汉字构形表意性特点的同时，领会汉字构形所蕴含的丰富历史文化知识，由此激发学生对汉字文化的关注，进而产生对中华优良传统文化的热爱。汉字不仅仅是记录汉语的工具，同时具有促进思维与传承文化的作用。因此，教师在汉字教学中，要引导学生多角度、多层次地梳理探究汉字所承载的丰富内容。以专题二为例，其中对汉字构形的文化内涵进行了渗透，使学生思考形容卑劣品性的汉字为何均以"女"作为部首。"师：我们想一想这些卑劣的品性是女人独有吗？显然不是！可这些字为什么都从女呢？从这种构形现象中我们可以窥视到汉字构形的文化内涵，是造字时代人们对妇女认识的一种反映，在过去的历史时代，女子的社会地位低下，经济不独立，从思想到行为都不自主，处于被压制和从属的地位。甚至在造字时，都会把人性的弱点强行附加在'女'字旁上，于是造出了一批从'女'，但字义内涵却不仅只与女人有关的字来。对这类字，我们在分析字的构形构意时，就需要探寻汉字形体所蕴含的历史文化信息，对陈旧落后的文化信息有客观的认识。"

这段教学实践内容就是在引导学生感受汉字形体中蕴含的思想认识在字形中反映的情况。再如我们讲到"王（玉）"这个表义构件时，也可引导学生观察由它参构的汉字或成语所具有的特点，比如"如花似玉""温润如玉""玉洁松贞"等均能体现出古人对于"玉"的美好品质的赞美；"如花似玉"能够体现出中华民族的审美心理；"温润如玉""玉洁松贞"能体现出古人的道德标准和价值观念。这种正确的价值观在日常的语文学习中也可向学生不断渗透，从而引导学生认同中华优秀传统文化。

（二）高中汉字三种构形模式及半理据字和无理据字的具体教学策略

1. 全功能零合成字（象形字）的教学策略

全功能零合成字表意性强，不可拆分。全功能零合成字的古文字形象物性极强，多由独体象形字演变而来。故在高中阶段，教师可出示具体汉字古文字形，让学生观察字形从而识别汉字，总结出全功能零合成字不可拆分的特点；同时感受该类型汉字抓住事物主要特征的绘形特点，以及蕴含的历史文化信息。

全功能零合成字多为成字构件,为汉字构形的基础。在高中阶段,学生已积累了充足的全功能零合成字,故在具体教学过程中,教师应有意识地引导学生感受其参构汉字的特点,并将其分类,感受其表意性特点带来的义类聚合把握汉字的系统性特点。

2. 会义合成字（会意字）的教学策略

会义合成字由两个表义构件组成,可拆分。在全功能零合成字的讲解中,学生已了解到其可参构汉字；故在会义合成字的讲解中,教师需引导学生正确拆分,理解表义构件在其中的作用及意义。一方面感受全功能零合成字的构形基础作用,另一方面感受会义合成字的表意性特点。需要提示学生注意的是与全功能零合成字表义构件的表义方式不同,会义合成字中的表义功能构件,其表意性是对表义功能构件意义关系的综合体现,而非仅是表义构件意义的简单相加,故教师在讲解中也须引导学生正确分析表义构件的相互关系,从而理解其构形所体现的构意。在会义合成字的分析讲解中,教师也可适当渗透汉字构形体现出的历史文化,比如部分会义合成字可体现出古人的相关生活图景、其造字观念及思想认识。

3. 义音合成字（形声字）的教学策略

义音合成字由表义构件与示音构件组成,可拆分。在会义合成字的讲解中,学生已了解到汉字的表义功能构件,在义音合成字的讲解中,教师可由此角度引出示音功能构件,引导学生正确拆分义音合成字。提示学生注意与全功能零合成字及会义合成字中表义构件功能作用的不同。义音合成字中的表义功能构件表示类别义,因此,不能通过表义构件直接确定字意,故教师在讲解中可引导学生对表义功能构件进行义类划分,感受汉字构形的表意性特点。

同一成字构件既可作表义构件也可作示音构件,故形成了义音合成字相同表义构件以示音构件区别,相同或相近示音构件以表义构件区别的格局；高中阶段学生已积累了众多义音合成字,故教师可让学生以列表的方式归纳演绎义音合成字的不同构件组合,从而感受汉字构形的系统性特点,感受字与字之间的相互关系。

4. 半理据和无理据字的教学策略

半理据与无理据字是从现代字形来判定的,其形体丧失部分理据或全部丧失理据,在教授这类型汉字时,教师须时刻谨记形体理据丧失的原因是字形的发展演变,故只有追溯古文字形方可恢复理据,才能判定构形模式再行讲解。高中阶段,学生已具有很强的逻辑推理能力,故教师可展示具体的古文字形,让学生自主判定该字的字形变化、恢复理据,训练掌握上溯形源的途径与方法,培养讲解字理的能力,从而能够自主探究出汉字形体发展演变规律与特点。

第四节 巩固加深义务教育阶段所学汉字知识教学实践

一、巩固加深义务教育阶段所学汉字材料的确定与梳理

高中语文教学在"巩固加深义务教育阶段汉字知识"方面,存在的最大问题是"巩固""加深"哪些汉字不明确,巩固、加深哪些汉字知识不清楚。为此,我们整理出高中语文教材出现的所有汉字,通过与义务教育阶段汉字教学材料进行分析对比,确定高中需要"巩固""加深"义务教育阶段的汉字及具体的汉字知识。

(一)巩固加深义务教育阶段汉字材料的确定

要想明确高中阶段应该巩固加深义务教育阶段所学的哪些汉字,就必须对义务教育阶段所学汉字与高中阶段所学汉字做比较和分析,以此来确定高中阶段所要"巩固"和"加深"的具体汉字材料。

"巩固"是指义务教育阶段已经学习过的汉字,但在高中阶段却未再出现;"加深"是指义务教育阶段已经出现而在高中阶段再次出现的汉字。

"巩固"和"加深"与义务教育阶段所学汉字及高中阶段所学汉字间的关系，见图 2-1。

图 2-1　巩固、加深汉字与义务教育阶段所学汉字对比

由图 2-1 可知，要想计算出"巩固"和"加深"的具体汉字量，必须先明确义务教育阶段（小学+初中）和高中教育阶段分别学习了哪些汉字。

小学阶段的汉字教学材料主要体现为"识字表"和"写字表"中所列的汉字。为此，我们统计出 1~6 年级"识字表"和"写字表"中出现的所有汉字，通过去重，最终得出小学阶段不重复汉字的总量是 3004 个，这就是小学阶段所学的全部生字。初中和高中已经不再设置生字表，为此，对于初中和高中汉字教学材料的确定，我们的方法是将部编初中语文教材和高中语文教材文本中出现的所有汉字分别输入计算机，统计出它们的汉字总量分别为 218 200 个和 246 613 个，通过去重，得出初中阶段所学汉字的总量是 3941 个，高中阶段所学汉字的总量是 4195 个。具体统计数据见表 2-19。

表 2-19　小学初中高中所学汉字统计

学段		识字表/个	写字表/个	识字表、写字表去重/个	小学去重/个
小学低段	一年级上册	300	100	1619	3004
	一年级下册	400	200		
	二年级上册	250	250		
	二年级下册	450	250		
小学中段	三年级上册	250	250	1520	
	三年级下册	250	250		
	四年级上册	250	250		
	四年级下册	250	250		

续表

学段		识字表/个	写字表/个	识字表、写字表去重/个	小学去重/个
小学高段	五年级上册	220	220	896	3004
	五年级下册	214	180		
	六年级上册	—	180		
	六年级下册	—	120		

学段	文本总字量/个	初中高中去重/个
初中	218 200	3941
高中	246 613	4195

由表2-19可知，小学阶段不重复汉字的总量是3004个，初中阶段不重复汉字的总量是3941个，高中阶段不重复汉字的总量是4195个。将小学所学的3004和初中所学的3941去重，最终得到义务教育阶段不重复汉字的总量是4099个，这是义务教育阶段所学的全部汉字。由上文可知我们将"加深"定义为"义务教育阶段已经出现而在高中阶段又再次出现的汉字"。因此，要想确定"加深"的汉字，我们需要提取出4099个义务教育阶段所学汉字和4195个高中阶段所学汉字的重复字。提取二者重复字的方法是将4099个汉字与4195个汉字分别输入计算机后，通过"提取重复值"的指令设置，最终得到重复汉字3535个，即在高中教育阶段需要"加深"的汉字及汉字量是3535个。又由于我们将"巩固"定义为"义务教育阶段已学，而在高中阶段却未再出现的汉字"，因此，要想确定"巩固"的汉字，我们需要提取出4099个义务教育阶段所学汉字和3535个"加深"汉字的不重复字。提取这批汉字的方法是将4099个汉字与3535个汉字分别输入计算机后，通过"提取唯一值"的指令设置，最终得到不重复汉字564个，即在高中教育阶段需要"巩固"的汉字及汉字量是564个，具体见表2-20。

表2-20 巩固加深汉字数量统计

汉字类别	数量/个（去重后数据）
义务教育阶段所学汉字	4099
高中教育阶段所学汉字	4195

续表

汉字类别	数量/个（去重后数据）
巩固汉字	564
加深汉字	3535

据此，高中教育阶段需要"巩固""加深"的具体汉字材料及数量为4099个，其中需要"巩固"的汉字有564个，需要"加深"的汉字有3535个。

（二）巩固加深义务教育阶段汉字教学材料的梳理

要想明确在高中教育阶段应该巩固加深哪些汉字知识，就必须对上文确定的具体"巩固""加深"汉字教学材料做全面细致的梳理工作，为探究巩固加深汉字知识教学内容的确定及教学目标的制定找到理论和实践依据。

1. 巩固加深所学汉字不同形义关系的分析分类

王宁先生指出："科学的汉字讲解，就是在不违背汉字构形规律和演变规律的前提下，对构意直接、明确的字加以准确讲解；或对需要经过推源再来讲解的汉字，推源后再来讲解。"[1] 这句话为我们指明了科学讲解汉字的路径，即首先应当明确汉字的形义关系，辨别哪些汉字可以讲解。汉字的形义关系共有以下五种情况：

（1）"有理据"：指汉字的构形与构意关系明确，构形理据清晰。例如"拿"，是从合从手的会意字，通过表义功能构件"合"与"手"相关关系，体现"与手相合"的构意，从而表示"拿"的词义，构形理据清晰，属于有理据字。

（2）"无理据"：指汉字的构形与构意关系不清晰，但经过溯源，构形理据即可恢复。例如，"舂"，从现代楷书字形来看，上半部分的构形与构意不清晰，但经过溯源（从"舂"的小篆字形𦥑可知，"舂"原为从"杵"从"手"从"臼"的会意字，通过表义功能构件"杵""手""臼"的相互关系，体现"双手握着舂杵在捣缸中捣米"的构意，以此表示"舂米"

---

[1] 王宁.汉字教学的原理与各类教学方法的科学运用(下)[J].课程·教材·教法，2002(11).

的词义，构形理据清晰），构形理据恢复。

（3）"形义脱节"：指汉字构形之初的构意已不再使用，而是由于语音相近或其他一些原因被长期借去充当其他意义了，通常指我们所说的"通假字"。例如"其"，原为"簸箕"之义，但由于与语气词"其"读音相近，故被长期借用，致使构形与构意脱节。

（4）"形不表义"：指汉字的形体不用来表示意义，仅用来记录音节。这些字大多是外来词或连绵词，两个或多个字记录一个语素。例如"啤酒"的"啤"，虽然由"口"构成，但并不是说它与"口"或"嘴巴"有关，而仅仅是由英语"beer"（啤酒）音译过来记录音节的。

（5）"形义不明"：指汉字的构形与构意关系始终不明。例如"乏"，其构形与构意在整个汉字形体演变过程中都不明确。

根据以上五种形义关系的说明，我们知道"形义脱节""形不表义"和"形义不明"汉字，构形与构意均不清晰，所以也就无法通过构形去了解字义，故不作为"巩固"和"加深"的教学内容。只有"有理据"的汉字，因其构形与构意关系明确，可以准确进行讲解，因此，"有理据"汉字是"巩固"和"加深"的重点教学内容。对于"无理据"汉字来说，虽然从现代字形来看其构形与构意也不清晰，但通过溯源，理据即可恢复，因此，也可以进行讲解。故此，"无理据"汉字也可以作为我们的教学内容。关于4099个汉字形义关系的统计结果见表2-21。

表2-21 4099个汉字形义关系分类统计

	汉字	形义关系	数量/个	占比/%
4099个巩固加深汉字	巩固汉字（564个）	有理据	523	92.7
		无理据	6	1.1
		形义脱节	5	0.9
		形不表义	26	4.6
		形义不明	4	0.7
	加深汉字（3535个）	有理据	3053	86.4
		无理据	323	9.1
		形义脱节	109	3.1
		形不表义	14	0.4
		形义不明	36	1.0

由表 2-21 可知，4099 个需要"巩固"和"加深"的汉字，其五种形义关系的具体情况是：564 个需要"巩固"的汉字中，"有理据"字共有 523 个，占总体需要"巩固"汉字比例的 92.7%。"无理据"字有 6 个，所占比例为 1.1%。"形义脱节"字有 5 个，所占比例为 0.9%。"形不表义"字有 26 个，所占比例为 4.6%。"形义不明"字有 4 个，所占比例为 0.7%。3535 个需要"加深"的汉字中，"有理据"字共计 3053 个，占总体需要"加深"汉字比例的 86.4%。"无理据"字有 323 个，所占比例为 9.1%。"形义脱节"字有 109 个，所占比例为 3.1%。"形不表义"字有 14 个，所占比例为 0.4%。"形义不明"字有 36 个，所占比例为 1%。从总体来看，"有理据"字所占比重最高。

2. 巩固加深所学汉字构形模式的分析归纳

"六书"中的前"四书"是"造字法"，后"二书"为"用字法"已成学界共识，"结构规律的反向操作就是解构的规律"[1]，所以，"六书"又成为分析汉字形体结构的常用方法。王宁先生认为传统"六书"在分析汉字时难以涵盖所有的字体，因此，她在传统"六书"的基础上，提出"结构—功能"分析法来分析汉字的形体结构。其中，"结构"指"哪些构件参与结构"；"功能"指"构件具有何种构意功能"，故称之为"结构—功能"分析法。这种分析方法可以囊括各个时代的汉字。

构件是汉字的构形单位，构件在构字时总会体现一定的构意，而构件所承担的构意类别就称之为构件功能。王宁先生认为构件的功能一共可以分为"表形功能""表义功能""示音功能""标示功能"四类。据此，共归纳整理出 11 种构形模式，具体见表 2-22。

表 2-22　11 种构形模式表与"六书"对应

序号	构件	功能	构意
1	全功能构件+0	零合成字	象形（独体字）
			指事（独体字）

---

[1] 王宁.汉字构形学导论[M].北京:商务印书馆,2018:122.

续表

序号	构件	功能	构意
2	表形构件+标示构件	标形合成字	指事
3	表义构件+标示构件	标义合成字	
4	示音构件+标示构件	标音合成字	形声
5	表形构件+示音构件	形音合成字	
6	表义构件+示音构件	义音合成字	
7	各类构件+示音构件	有音综合合成字	
8	表形构件+表形构件	会形合成字	会意
9	表形构件+表义构件	形义合成字	
10	表义构件+表义构件	会义合成字	
11	各类构件（无表音）	无音综合合成字	

为了对"巩固、加深"汉字的构形模式有清晰的认识，我们根据以上构形模式的分类，分别对上文3905个汉字所包含的3576个"有理据"汉字和329个"无理据"汉字（溯源后的古文字形）进行了构形模式的分析与统计，具体情况见表2-23。

表2-23 巩固加深汉字构形模式统计

汉字		形义关系	构形模式	数量/个	占比/%
3905个有理据无理据汉字	巩固汉字（529）	有理据（523）	全功能零合成字	7	1.3
			会义合成字	39	7.5
			义音合成字	475	90.8
			标义合成字	1	0.2
			会形合成字	1	0.2
		无理据（6）	会义合成字	3	50.0
			义音合成字	3	50.0
	加深汉字（3376）	有理据（3053）	全功能零合成字	155	5.0
			会义合成字	279	9.1
			义音合成字	2482	81.3
			标形合成字	8	0.3

续表

汉字	形义关系	构形模式	数量/个	占比/%
3905 个有理据无理据汉字	加深汉字（3376）			
	有理据（3053）	标音合成字	1	0.03
		标义合成字	8	0.3
		形音合成字	7	0.2
		会形合成字	25	0.8
		形义合成字	88	2.9
	无理据（323）	全功能零合成字	19	5.9
		会义合成字	89	27.6
		义音合成字	186	57.6
		会形合成字	20	6.2
		形义合成字	9	2.8

由表 2-23 可知，在"有理据"字中，需要"巩固"的汉字中共包含了 5 种构形模式，其中义音合成字的比例为 90.8%，会义合成字占 7.5%，全功能零合成字占 1.3%，标义合成字和会形合成字各有 1 个，各占 0.2%。需要"加深"的汉字中共包含 9 种构形模式，其中义音合成字占 81.3%，会义合成字占 9.1%。全功能零合成字占 5.0%，其余 6 种构形模式总计不足 5%。

在"无理据"字中，经溯源古文字形后，构形理据得以恢复，需要"巩固"的汉字中，其古文字形共包含 2 种构形模式，会义合成字有 3 个，义音合成字有 3 个。需要"加深"的汉字中，其古文字形共包含 5 种构形模式，全功能零合成字占 5.9%，会义合成字占 27.6%，义音合成字占 57.6%，会形合成字占 6.2%，形义合成字占 2.8%。

总体来看，不论是"有理据"还是"无理据"汉字，在构形模式上都以义音合成字、会义合成字和全功能零合成字为主，所占比例高达 91% 以上。在这三者之中，又以义音合成字最多，会义合成字次之，全功能零合成字最少。因此，我们把这三种构形模式的汉字作为"巩固""加深"的重点内容。下面分别对这三种构形模式的特点进行分析。

（1）全功能零合成字的特点。

全功能零合成字是"由一个单独的成字构件也就是一个形素构成的，

或者说，它从一开始就无法再行拆分"。❶ 由于没有合成对象，因此取语言学的"零"概念来指称它，也由于它没有合成对象，所以组成它的形素必须"形""音""义"兼具，因此它是全功能的。王宁在《汉字构形学导论》里又将全功能零合成字进一步划分为"传承式全功能零合成字"和"黏合式全功能零合成字"两种。前者"是由古文字的独体象形字直接演变来的"。❷ 它们在形体演变的过程中并没有发生结构模式的变化；后者是"古文字阶段的合体字，是经过隶变、楷化发生变异，构件黏合而无法分析的字"。❸ 但我们认为汉字构件的黏合必然会导致汉字构形理据的丧失，因此，我们将"黏合式全功能零合成字"当作"无理据"字对待。

全功能零合成字的意义多通过具体的形象来表示，它的构形大都较为简单，并且具有很强的构字能力，其他合体字的构成大部分是由全功能零合成字组合而成。由此可见，在高中阶段还是很有必要通过引导学生对全功能零合成字的特点进行巩固，从而使学生对汉字的表意性与系统性有更深刻的理解。

（2）会义合成字的特点。

会义合成字是由"两个以上的表义构件组合在一起，表示一个新的意义"。❹ 首先，从构件的数量上来看，它多由两个构件组成，也有少量多构件的，而且这种多构件会义合成字多以平面结构居多。其次，从构件的表意上来看，它的意义并不是几个构件意义的简单相加，而"是由表义构件所提供的诸多意义信息共同表示的"。❺ 因此，要想分析出最终的意义，就必须找到这诸多意义之间的内在逻辑关系。因此，相比全功能零合成字由具体形象直接表义来说，会义合成字意义的获得则需要更多理性思维的参与。最后，从会义合成字的表义构件本身来看，它们已经全部义化且都是成字构件。与全功能零合成字相比，可以发现组成会义合成字的构件多是由全功能零合成字组成的，构意也由全功能零合成字本身所具有的意义承担，凸显了汉字的表意性与系统性。因此，巩固加深会义合成字可以使学

---

❶ 王宁.汉字构形学导论[M].北京:商务印书馆,2018:123.
❷ 王宁.汉字构形学导论[M].北京:商务印书馆,2018:123.
❸ 王宁.汉字构形学导论[M].北京:商务印书馆,2018:124.
❹ 王宁.汉字构形学导论[M].北京:商务印书馆,2018:131.
❺ 王宁.汉字构形学导论[M].北京:商务印书馆,2018:131.

生对汉字的表意性质与系统性特点有更深的体会。

（3）义音合成字的特点。

义音合成字也就是传统"六书"当中的"形声字"。因其由表义构件与示音构件组合而成，故称之为义音合成字。首先，从构件的数量上来看，主要由表义构件和示音构件组合而成。其次，从构件的表意上来看，它多表示"类别义"，区别于全功能零合成字以具体形象表示具体的意义，也区别于会义合成字以构件的相互关系体现抽象的意义。最后，义音合成字最大的特点是"同类字以音别，近音字以义别"，如："吗""妈""码""玛"字音都与"马"相近，以"口""女""石""王"表示其义类而区别；"驹""驮""驾""骑"都与"马"有关，以"马"充当他们共同的表义构件，而又以"句""大""加""奇"提示其声音而区别。又可以看出同一字样"马"既可以在此字中充当表义构件，又可在彼字中充当示音构件，可以说在形素的使用上非常经济，因此，义音合成字逐渐成为今文字的主体。从高中4099个"巩固""加深"汉字的构形模式也可看出这一现象。在教学过程中可以引导学生从示音构件和表义构件这两个角度对义音合成字进行分析，使学生充分感受汉字构形的系统性特点，但也必须明确一点，义音合成字中的示音构件随着时空变化，语音已经发生了很大的变化，其提示语音的作用已经大大减弱，故本论文不再对示音构件作进一步划分。

义音合成字的构意主要体现在表义构件上，如"江"的表义构件为"氵"，表示"江"与"水流"有关，但"水流"只表示一个大的义类，在"水流"这个大的义类下还有很多更具体的意义，故可以对其进行更详细的划分，从而便于学生的理解与记忆。经整理，在有理据字中，高中教育阶段需要"巩固""加深"的2957个义音合成字中共包含150个表义构件，其中14个表义构件仅系联一个汉字，我们称之为构字能力弱的表义构件。其余136个表义构件均能系联两个以上（含两个）汉字，我们称之为构字能力强的表义构件，这些构字能力强的表义构件所系联的汉字高达2900个，占义音合成字的98.1%，平均每个表义构件约系联2个汉字，可见这136个表义构件的构字能力是非常强的。因此，可以根据表义构件所体现的义类作进一步的划分，主要包括"整体人形""人体部位""人体器官"等16类，具体内容见表2-24。

表2-24 巩固、加深所学136个义音合成字表义构件归类

一、整体人形（15个表义构件，共261个字）	
构件	汉字
1. 亻	俗佐侦偕佣俟俩份倾伪傲低仰偿仆僧估假使侥候儒侣伯供倍储仪偏价侍倜健任们像倡仲借他僚催仗优佛俘仇传何伟伦依值俐俏促俄你俺住侮倚伶伊亿代作偶停仿做仍例侈伴佳似倦俭侗傍侨保僻偷俯伙伍伸俊僵侧倒俱博俨依亿仞偻仃佑倩化傻倘佝佃侄伛休偎愧谣倭怡
2. 女	姨妖媚姊姑妨始婚姆娃姊妒嫌她妄奶姿姐嫂妆奸姓媳娜姚娱婆婚妹嫩娘嫁妙娇妈姥妃娥娲嬉娴嫘妪嫉嫣妍嬬孀威嫠娟娆嫖娓姿娌娉姗姜妮姮妩妯婷
3. 疒	疾疯疲瘾癌痕痴症疮瘫痒瘦病痛疗疤瘟疼瘪瘩疙癫癫瘁痰痱瘘疵瘴
4. 尸	屠屡屈屉屁屏屑屋属展屣尻
5. 欠	次欲歉欺歌欣歇钦软
6. 大	衡奢夸奖奂奕
7. 子	存孺孩孤孟疑
8. 身	躺躯躬躲
9. 父	爷爸爹
10. 男	舅甥
11. 儿	党允
12. 见	觉觑
13. 卩	却卷
14. 北	乖冀
15. 老	考耄

二、人体部位（17个表义构件，共493个字）	
构件	汉字
16. 扌	挟插揉拘拒搞扰拆推扭挖摆捻撤揪挽撑捷携握掀择掐打拦接掺掘招挠搅振批拐扣揩拢掠揽抽拉传撕挨撵探拟撼抚搁拂拖捂抛提捏搂指挑搭摇据抢扒掷摊捞抱捕捎排挚摔搬扩挂捆捡摄捉抵抑撒拍捍掩拭押挺扮撩撞捐换扛描捌抬担拱抗抓摸播

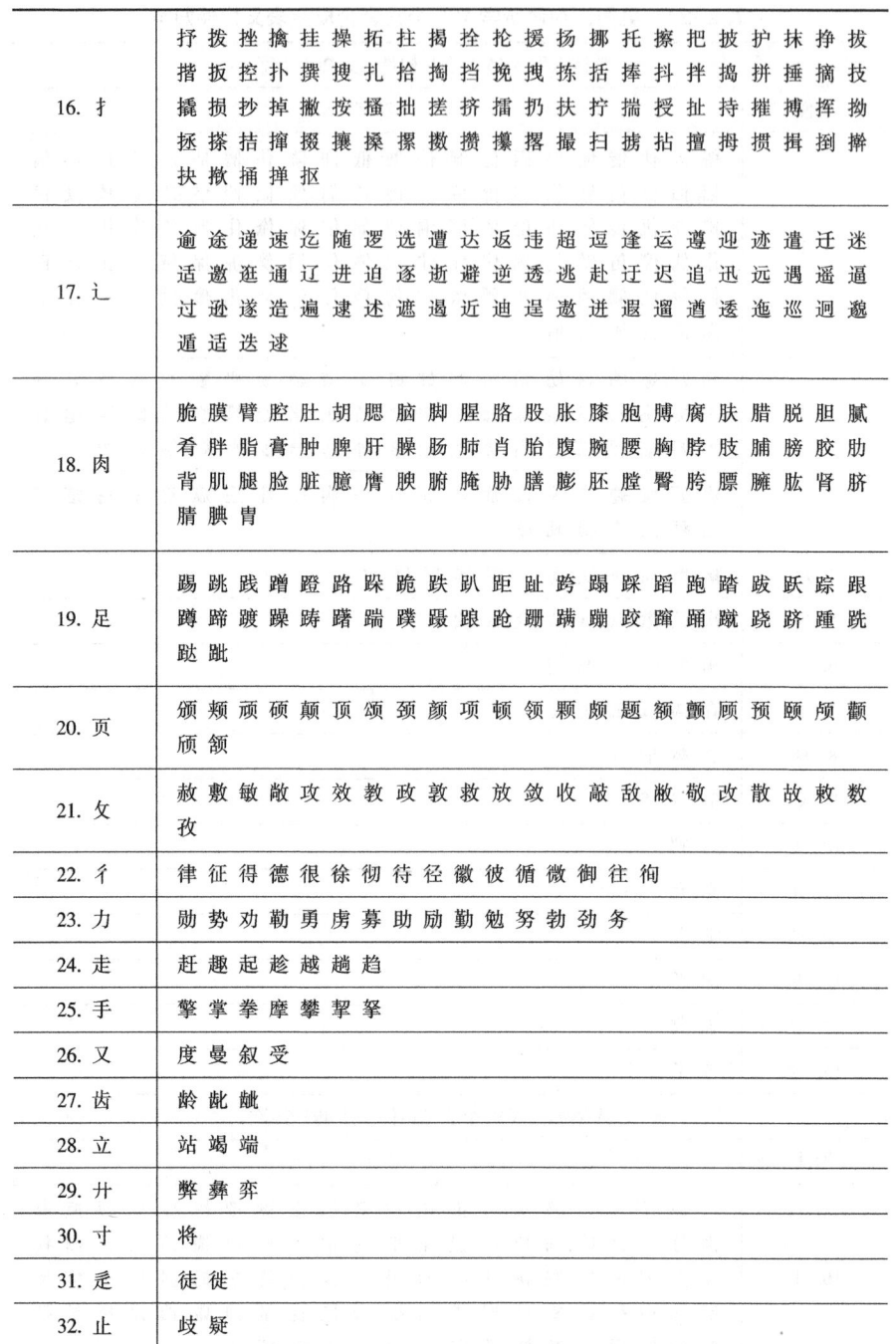

续表

16. 扌	抒 拨 挫 擒 挂 操 拓 拄 揭 拴 抢 援 扬 挪 托 擦 把 披 护 抹 挣 拔 揩 扳 控 扑 撰 搜 扎 拾 掏 挡 挽 拽 拣 括 捧 抖 拌 捣 拼 捶 摘 技 撬 损 抄 掉 撒 按 搔 拙 搓 挤 擂 扔 扶 拧 揣 授 扯 持 推 搏 挥 拗 拯 搽 拮 掉 掇 攘 操 擦 搣 攒 攘 摺 撮 扫 掳 拈 擅 拇 掼 捭 捌 擀 抉 揪 捅 掸 抠	
17. 辶	逾 途 递 速 迄 随 逻 选 遭 达 返 违 超 逗 逢 运 遵 迎 迹 遣 迁 迷 适 邀 逛 通 辽 进 迫 逐 逝 避 逆 透 逃 赴 迂 迟 追 迅 远 遇 遥 逼 过 逊 遂 造 遍 逮 述 遮 遏 近 迪 逞 邀 进 退 遛 道 透 迤 巡 迥 邀 遁 适 迭 述	
18. 肉	脆 膜 臂 腔 肚 胡 腮 脑 脚 腥 胳 股 胀 膝 胞 膊 腐 肤 腊 脱 胆 腻 肴 胖 脂 膏 肿 脾 肝 臊 肠 肺 肖 胎 腹 腕 腰 胸 脖 肢 脯 膀 胶 肋 背 肌 腿 脸 脏 臆 膺 腴 腑 腌 胁 膳 膨 胚 腔 臀 胯 膘 臁 肱 肾 脐 腈 胰 青	
19. 足	踢 跳 践 蹭 蹬 路 跺 跪 跌 趴 距 趾 跨 踢 踩 蹈 跑 踏 跛 跃 踪 跟 蹲 蹄 跛 躁 踌 蹰 蹴 蹑 跟 跄 跚 蹒 蹦 跤 蹲 踊 蹴 跻 踵 跣 跋 趾	
20. 页	颂 颊 顽 硕 颠 顶 颔 颈 颜 项 顿 领 颗 颇 题 额 颤 顾 预 颐 颀 颥 顾 颌	
21. 攵	赦 敷 敏 敞 攻 效 教 政 敦 救 放 敛 收 敲 敌 敝 敬 改 散 故 敕 数 孜	
22. 彳	律 征 得 德 很 徐 彻 待 径 徽 彼 循 微 御 往 徇	
23. 力	勋 势 劝 勒 勇 募 助 励 勤 勉 努 勃 劲 务	
24. 走	赶 趣 起 趁 越 趟 趋	
25. 手	擎 掌 拳 摩 攀 挈 拏	
26. 又	度 曼 叙 受	
27. 齿	龄 龇 龃	
28. 立	站 竭 端	
29. 廾	弊 彝 弈	
30. 寸	将	
31. 辵	徒 徙	
32. 止	歧 疑	

续表

三、人体器官（10个表义构件，共461个字）	
构件	汉字
33. 口	咱 害 叩 喘 呼 问 咕 吞 噎 含 喊 喧 唇 喂 呐 咨 呢 告 啼 嚎 唧 哈 唉 吱 咐 哉 吸 唱 哪 吃 嘴 嗅 哗 叨 嚼 嚷 召 味 和 喻 啪 喷 吝 喳 叮 哨 噙 哺 叽 可 句 吧 咏 哄 哑 盼 吻 叼 喝 嘶 哩 吗 哼 嗜 响 嘿 叫 喇 吾 咄 售 呕 哎 吁 啦 啄 咳 呀 呈 咽 哇 吐 咖 嗽 吼 嘛 哦 啊 呜 哟 吃 嘱 啸 唤 啥 唯 吓 吟 哲 唐 叭 呻 吵 嘻 嘲 嗓 呵 啰 咬 骂 嗫 嚓 嗔 味 咀 噘 嗟 嗟 叱 啐 嗒 噔 啷 哆 喔 咦 嘎 咯 呱 嗨 啾 噪 嘀 喉 哝 噢 咝 嗖 嗦 呗 喳 噬 嗯 旷 咆 嗣 嘘 咙 听 啭 唠 嘹 啨 噜 咚 噪 哞 咧 喃 嚅 嗵 喵 嗑 咪 呓 嗳 噼 嘤 咛 吭 嘀 嗝 唰 呷 咿 喏
34. 讠	诀 诱 谁 诸 该 诣 评 读 谭 访 谬 详 讼 让 诚 诲 谒 调 证 词 识 训 语 请 课 讯 记 谦 诉 谋 谢 译 试 诊 订 诡 设 讥 诬 谓 谨 谐 诞 讳 诫 谅 谈 论 议 讲 询 诵 误 谊 说 诈 认 谣 谱 辩 谏 谤 讶 许 讽 诗 谎 诧 逸 诅 诛 诸 谑 讷 谧 谪 谜 谗 谰 证 讪 诎 谒 诋 遣 诘 谕 谯
35. 忄	憔 悯 恤 惧 慷 愉 怖 愕 惜 慢 懦 惕 懈 情 悴 悦 怕 怯 怀 慎 惯 愤 怜 惊 恼 怪 愣 忧 惶 憾 恍 惭 懂 恢 性 恨 怡 愧 快 惨 悟 悼 忙 惟 恬 慨 惦 悔 惰 怔 憎 恰 懒 慌 忆 忏 怅 惆 怅 怆 惮 惰 快 恪 怱 忸 悚 怍 惘 怩 懊 忡 愠 怫 惋 忱 忮 怦 恃
36. 心	忘 愁 想 悲 惑 忠 恕 感 慰 患 态 恶 恐 恩 惠 憋 忍 急 惩 忿 愚 闷 怨 思 慈 怒 恭 悠 念 悬 慧 愿 愈 急 虑 忌 恋 志 恳 恣 丛 恁 忒 恶 急 恚 怎 忽
37. 目	眼 盯 眠 眷 瞅 督 瞪 睬 睁 眨 盲 瞄 瞒 盼 睡 瞎 睫 眯 眶 睹 睛 瞧 暇 瞬 睨 眺 眦 眩 瞟 瞽 瞄 睥 瞅 了 瞑 眸 眈 睢 瞳 脸 睦
38. 耳	聋 聊 闻 聪 聘 耽 聆 耸 耷 聩
39. 髟	鬓 髻 鬈 髭 鬟 髯 髫 鬃
40. 骨	髓 骱 骷 髅 骼
41. 言	譬 誓 詹
42. 旨	昂 旨

四、动物形体、部位（21个表义构件，共256个字）	
构件	汉字
43. 虫	蜷 蛾 蚊 蚁 蜂 蠕 蝴 蝉 螺 蜡 蜕 蛛 蚕 蝶 虾 蜈 蜘 蠢 虹 蛙 蚤 蜜 触 蚣 蛮 蛇 蚂 蟹 蝙 蟋 蚓 蜂 蚱 蟆 蜢 蜿 蜩 蜒 蛀 蚝 蜗 虬 蛎 蚨 螃 蛰 蚋 蛉 蚝 蚪 蠹 蚌 蜓 蚪 蜻 蝇

续表

44. 贝	赚 购 贡 赋 账 赠 贪 贵 资 赛 赖 费 赌 贾 贮 贫 贺 赏 贯 赢 财 赔 货 贻 贸 贬 赐 员 贱 责 贤 赘 贩 赃 贷	
45. 犭	猜 狼 猿 独 猫 猛 狠 狐 犹 狭 猪 猴 犯 猾 狡 狗 狸 狮 狈 狼 猝 狂 猎 猬 獐 犷 猕 猩 猹 獾 狩	
46. 马	驱 驳 驮 驶 骤 驴 骚 骄 骇 骑 驻 驽 驯 腾 驰 驾 驼 骏 骋 骥 骆 骊 骞 骈 骠 鸳 骡 驿	
47. 鸟	鹉 莺 鹤 鹃 鸦 鸽 鹊 鹅 鸥 鹦 鸭 鹄 鹳 鹏 鹭 鸠 袅 凫 鹰 鸵 鹧 鹏 鸶	
48. 羽	翕 翘 翳 翩 翔 翠 翼 翻 翅 翁 翌 翡 翰	
49. 隹	雁 截 雌 雄 雏 雕 睢 雉 瞿 雇	
50. 革	鞍 靴 鞋 鞭 鞠 靳 鞳 鞘 鞯	
51. 鱼	鲤 鲨 鲍 鳍 鳞 鲦 鳄 鲫 鲲	
52. 牛	物 犁 犀 牺 牲 特 牮 牡	
53. 毛	毯 毫 毡 毽 氅 麾	
54. 彡	彰 影 彩 修 形	
55. 犬	默 献 状 状	
56. 鹿	麂 麝 麈	
57. 羊	群 羡 羚	
58. 豕	豪 豢	
59. 豸	豹 貂	
60. 虍	虔 虞	
61. 皮	皱 皲	
62. 爪	爬 受	
63. 角	衡 觥

五、植物（5个表义构件，共344个字）

构件	汉字
64. 木	柳 标 桃 椒 棉 杓 桨 柱 梳 染 棕 檐 极 榜 杖 棒 柴 榴 橱 棋 槐 梁 机 椎 枉 杆 校 梭 档 朽 李 梧 柯 梯 床 橙 检 案 梭 桌 械 棹 楼 榕 梨 枪 槛 柜 杨 桥 梗 构 栖 松 棵 橘 柘 枚 棚 栋 株 枫 材 模 格 架 柿 杜 枢 桩 核 横 桂 栈 枯 榨 棺 橡 柔 柄 棍 椰 朴 梢 植 查 栏 桶 栅 杏 板 杭 根 枕 柏 桐 概 村 样 梅 框 榆 权 枞 樵 椀 榭 桓 楣 柳 楞 柠 札 樽 樯 杞 檬 橹 杏 杉 杯 棠 栽 橄 梓 楱 檀 樱 桦 翀 楷 檎 槲 枥 楔 槽 栓 楠 梆 椹 枳 桥 棂 杼 柿 柚 榉 柏 椿 杠

238

续表

构件	汉字
65. 艹	蘸 藏 薪 蔓 芝 芋 芦 菌 莲 草 蕃 苍 蒂 芳 茵 茸 萍 落 蔽 蔗 荣 墓 葛 芷 药 荡 莱 菜 苏 范 芬 荐 茬 芥 蓄 荤 芒 荫 萧 葫 藉 藻 芽 芹 苑 蓉 蕉 蒙 茫 茅 芙 蔬 萨 花 蕴 菱 荷 茂 菲 茄 蓬 蒲 慕 萌 蔡 蓝 茧 蕊 董 苦 菩 苹 莹 英 着 苇 芜 藕 葱 惹 蔚 藤 艺 菊 蕾 萝 茎 荒 节 薯 葡 茨 获 莎 藓 荐 紫 苟 蒿 蓟 薰 茸 苔 莉 茶 荧 蔑 莅 薄 蓑 荟 蒜 葵 蔷 苞 荚 艾 薇 薮 芭 茴 葭 芼 兼 苛 菠 蘑 苗 蓼 薛 蕲 菌 菇 苫 萎 妻
66. 竹	筐 筝 简 笃 筷 簸 箭 答 箱 笙 符 簿 簇 篮 篱 篇 籍 笞 管 筛 竿 笋 纂 签 箩 第 箫 篷 筹 策 箕 笼 筒 笆 箔 篙 笠 簪 笞 籁 筑 笛 篌 箴 箐 歔 篁 箸 篆 筵 箪 箧
67. 林	楚 彬 麓
68. 瓜	瓢 瓣

六、自然现象（17个表义构件，共572个字）

构件	汉字
69. 氵	涵 渗 泻 渊 渠 泥 滇 溺 灌 汁 浩 溯 深 溉 淌 渣 江 泳 涤 波 活 济 渐 湍 治 浓 沛 泞 淋 渔 漂 沽 泄 汗 沸 澜 湖 海 滴 游 滚 澡 洼 洞 滋 漾 涨 清 汹 污 泡 洲 沃 滑 洪 浦 池 澄 淮 溜 满 漱 酒 溶 漏 河 湘 淫 沁 滔 渤 滞 泛 汀 混 汇 湿 浸 温 浑 洋 浅 激 溅 派 汽 演 濯 沟 漠 湮 滩 激 淤 滨 浴 淹 潇 潮 消 汉 溪 浮 涕 沈 泣 液 沧 涛 源 沉 沼 润 渡 港 涯 渴 滥 浪 鸿 沦 津 洛 潜 添 涌 滴 沐 浊 汪 沫 淘 注 洒 涡 淑 沙 油 淡 测 洗 泊 溢 漆 渺 淀 湾 漫 浇 瀑 沿 潭 涓 澹 渭 浙 归 瀚 汲 湃 澎 湛 渍 潼 涅 涂 涟 汤 流 洁 涩 泽 泼 涎 汐 濒 涧 洄 漩 濡 汛 漪 润 沥 浙 溃 汴 泚 渲 沔 湄 潺 涣 泸 澳 涿 濠 潼 冽 渝 浏 涘 冷 漕 滁 溆 浣 漳 溟 潞 浒 沮 浇 泍
70. 土	坏 墟 垠 均 壁 坤 域 增 塌 壤 培 埋 堂 垛 垢 坎 塘 堪 墙 堡 堵 址 墩 块 埂 堆 坠 城 坡 垮 填 圮 型 地 埃 塑 圾 坊 垫 场 堕 坑 坦 坟 垃 塔 在 坪 境 堤 基 坳 坍 垣 墁 疆 坝 坻 壕 垅 坞 埋 垒 垦 墅 塾
71. 阝	陈 耶 隘 院 郭 郎 限 郡 降 鄙 都 阿 隆 隙 障 陡 陵 郊 除 陌 隐 邻 部 陪 陕 隧 险 阶 防 陇 邮 邦 际 陷 阻 陶 隔 陋 陨 附 邹 陀 郁 阡 阮 陂 邺 鄢 郝 阪
72. 火	爆 焰 煤 烙 烫 烁 炫 炕 烂 炒 熔 烛 灿 燥 炸 灯 烟 烤 炮 燃 煌 炊 炉 熄 烧 灼 炬 炽 炖 烽 炼 灰 焖 烨 熠 烬 炯 烘 焕 熳 灸 燎
73. 石	碰 碧 码 砂 碎 磕 砌 砖 砾 碌 硬 盘 碍 砑 磁 碑 磨 磅 矿 碾 砸 确 磷 破 碗 砰 础 砍 磺 碣 砧 磬 砒 砚 碳 砀 礁 硌 硅 斫 砥

续表

74. 日	冥 暝 曦 暗 旺 昨 晰 晌 晦 星 时 曜 昧 景 晒 晴 晾 昭 晚 旱 映 晨 暑 晕 旷 普 晓 暖 暧 暮 晖 曛 曝 旭 昳 晞 昕 曩	
75. 山	屿 岗 巅 屹 崩 崭 崇 崔 巍 岭 炭 峨 嵌 岸 峰 峦 岛 崖 峻 峭 巉 岱 巇 岖 崎 嵬 岐 峪 峡 嶂 岣 呼 嶙 岿 嵁 崛 幽	
76. 雨	震 霄 零 霜 雾 霉 霞 露 雪 雹 需 霭 霸 雳 霓 霆 霹 霖 雯	
77. 冫	减 凑 冲 冻 凝 凌 冶 准 冷 况 决 凛 凉 凄 净 凋 冽 凇	
78. 灬	蒸 熙 焦 煎 熟 熬 烈 点 煮 烹 照 热	
79. 田	畴 畔 略 界 畦 畎 畚 畸 甸	
80. 月	朔 胧 朗 期 望 胜 朝 朦	
81. 囗	园 圆 固 围 圈 囿	
82. 风	飘 飓 飒 飔 飕	
83. 光	耀 晃 辉	
84. 气	氖 氧 氢	
85. 水	浆 滕	

七、衣服（5个表义构件，共145个字）

构件	汉字
86. 纟	纳 绵 绎 绮 缚 结 纤 织 纹 纽 绣 绩 绽 综 缔 纠 绑 绞 绘 细 级 绕 缓 练 辫 绅 缰 继 缅 纱 绫 纯 绪 绷 线 缤 缠 给 终 编 绿 纷 络 绊 缆 缩 纫 缎 绸 缴 经 缝 组 约 缕 缟 纲 纺 纵 绍 绳 维 红 纸 绒 缉 统 纪 缀 绯 缘 纶 纨 绫 缈 绰 绢 绚 缭 纬 绾 缯 缊 缄 纡 缥 绦 缨
87. 衤	褪 衬 袍 裙 裤 褐 被 襟 袜 袄 褂 补 裸 衫 裕 袖 褓 衿 褴 褛 褶 祖 袄 裆
88. 巾	帖 帛 帐 幅 帽 帆 帜 幕 帷 布 帮 帕 幔 幛 帼
89. 衣	衷 哀 装 袋 裳 袭 裹 裘 衰 裴 裁 衮 衾
90. 糸	紫 繁 絮 彝

八、饮食（5个表义构件，共76个字）

构件	汉字
91. 禾	稻 积 秘 移 穗 秩 季 程 种 稿 稀 稼 税 稍 稽 租 秧 秒 秋 稚 秤 颖 秽 稠 科 秀 穆 称 稷 秆 秕 私
92. 米	籽 糖 粱 糊 粹 糕 粉 粗 糙 精 糠 粘 粒 粮 料 糟 粽 彝 粲 糁 糜
93. 饣	馍 饼 饰 饱 饥 馆 饲 饿 饭 饶 馋 饮 馁 饺 馏 饴 馅 馈
94. 耒	耗 耘 耕
95. 辛	辜 辣

续表

九、住 (9个表义构件,共99个字)	
构件	汉字
96. 宀	害 寂 察 奥 富 审 宇 室 宾 寓 完 窒 宴 宵 寥 宏 宙 宽 寨 寐 宛 客 宣 宠 宿 寄 寞 宅 宥 寰 寡 字 寝 宪 寤
97. 穴	究 窟 空 窄 窜 窝 窃 窍 窘 窿 窗 窥 窑 窈 窠 穹 窦 窕 邃
98. 广	庞 座 序 廊 庐 废 庸 庭 廉 廓 庙 府 庇 底 店 廪
99. 门	阀 阙 阔 闸 闩 阎 阁 间 阅 阊 阑
100. 厂	厦 厢 厨 厕 厘 厅 厚 厥 厮 厝
101. 瓦	瓷 瓶
102. 冖	冠 冢
103. 户	扇 房
104. 几	凯 凳

十、行、饰物或用于武器 (6个表义构件,共51个字)	
构件	汉字
105. 车	轩 输 载 辅 辑 轧 轿 轮 辐 辗 轨 辙 辆 辖 轻 较 轴 辈 转 辍 辕 辘 辄 轼 辚
106. 舟	舱 航 艘 艇 舰 舵 船 舫 舷 舳 舻 服 舶 艉 艄
107. 黑	點 黯 黛 黝 黧
108. 𭃎	旗 旌
109. 壴	嘉 彭
110. 工	式 巧

十一、用具 (8个表义构件,共46个字)	
构件	汉字
111. 酉	酸 酷 酬 醒 酣 配 酪 醉 酌 酱 醋 醺 酿 醮 酝 酵
112. 皿	盒 盛 盖 盆 盏 盟 盘 监 盗 盂 盆
113. 缶	缺 罐 缸 罅 罄
114. 匚	匾 匿 匮 匣
115. 斗	斜 斟 魁 斡
116. 匕	匙 疑
117. 釆	释 釉
118. 斤	斯 斧

十二、工具（3个表义构件，共37个字）	
构件	汉字
119. 刂	刮 剖 刚 割 刻 刷 剑 刑 判 荆 削 刺 剔 剃 剩 创 列 剂 刨 副 刊 剧 剡 剌 刹 刿 刎
120. 罒	罩 署 置 罹 罥 罾
121. 刀	切 剪 辨 劈
十三、武器（4个表义构件，共21个字）	
构件	汉字
122. 弓	弹 弧 弘 弛 弦 弩 张 彀 弶
123. 矢	矮 矫 短 矣 矩
124. 戈	戳 战 戮 戗 戟
125. 殳	毅 毁
十四、文化用品（7个表义构件，共132个字）	
构件	汉字
126. 钅	锲 锁 铅 钞 钧 镜 钝 错 钓 键 钩 锣 钦 铛 钉 钢 镇 铁 镰 钻 镶 铃 锦 铭 锯 锋 销 锻 铺 锄 铜 钥 锡 锤 锐 铐 镀 铲 锅 钱 链 银 钟 铸 锭 锢 镯 铢 镂 镣 铿 锱 铮 衔 铎 卟 镪 钳 锥 锵 铒 锚 铱 镖 镐 铍 铀 钯 镭 铤 镍 镲 铨 钗
127. 玉	碧 璧 现 璃 瑰 瑞 球 玲 环 珠 琉 玻 理 琢 珍 玩 玷 珊 瑶 瑜 瑚 珂 玛 玑 琼 琐 珮 琪 瑭 璋
128. 礻	祖 禅 祠 视 神 祥 祝 祷 祈 祸 祀 福 裨 礼 祎 祲 祯 祇
129. 鬼	魔 魂 魅 魄
130. 珏	琴 瑟
131. 音	韵 韶
132. 金	鉴 鋬
十五、颜色（1个表义构件，共5个字）	
构件	汉字
133. 白	皓 暂 皎 皋 皑

续表

十六、其他（3个表义构件，共16个字）	
构件	汉字
134. 歹	殊 歼 殆 殖 残 殃 殇 殂 殚 殉
135. 非	靡 靠 罪
136. 片	牌 版 牍

通过以上对义音合成字表义构件的分类与系联，相同义类的汉字就类聚在一起，这种类聚不仅能强化学生对义音合成字"同类字以音区别，近音字以义区别"❶格局的认识，而且更能在无形之中激发学生比较相同义类汉字的兴趣，这种比较既能使学生对相同义类下不同汉字字义的区别有更深刻的理解，更能使学生在日后的阅读中对作者的遣词造句有更深的思考，并将这种能力运用到自己的写作当中。

二、巩固加深义务教育阶段所学汉字与相关汉字教学材料的对照

课标在高中阶段设置"巩固加深义务教育阶段所学汉字知识"的学习任务，一方面是通过复习义务教育阶段所学，达到汉字积累的目的；另一方面是为了促进义务教育与高中阶段汉字教育的衔接，以更好地促进高中的语文学习。我们有必要对巩固加深汉字进行前后的对照，使之更加有效地促进巩固加深义务教育阶段所学汉字知识教学目标的实现。

（一）与义务教育阶段所学汉字材料的对照

巩固加深汉字在义务教育阶段所学汉字中的比例数，见图2-2。

通过与义务教育阶段所学汉字（4099个字）的对照，我们发现巩固汉字与义务教育阶段所学汉字重复的有564个，占整个义务教育阶段所学汉字的13.8%；加深汉字与义务教育阶段所学汉字重复的有3535个，占整个义务教育阶段所学汉字的86.2%。也就是说，高中阶段巩固的比重相对

---

❶ 王宁.汉字构形学导论[M].北京:商务印书馆,2018:134.

较小，汉字教学的主要任务在于加深。

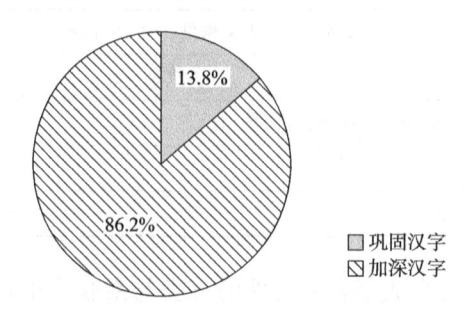

图 2-2　巩固加深汉字在义务教育阶段所学汉字的比例

（二）与高中阶段所学汉字材料的对照

由于我们将"巩固"汉字界定为：义务教育阶段已学而高中未再出现的字。因此，"巩固"汉字与高中所学汉字并没有重合，所以这里仅对加深汉字在高中所学汉字中的情况加以说明，具体情况见图 2-3。

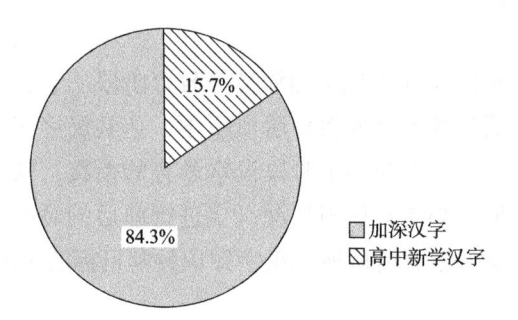

图 2-3　加深汉字在高中所学汉字中的比例

通过与高中阶段所学汉字（4195 个字）的对照，我们发现加深汉字与高中所学汉字重复的有 3535 个，占整个高中所学汉字的 84.3%，这就说明高中所学汉字基本都是义务教育阶段已经学习过的内容，只有 660 个新学汉字，仅占高中所有汉字的 15.7%。因此，汉字量的增加已经不再是高中阶段汉字教学的主要目标，汉字教学内容的确定也不能仅是简单重复义务教育。

（三）与《通用规范汉字表·一级字表》及识字写字基本字表汉字材料的对照

"巩固""加深"汉字与各级字表的重复情况见表2-25。

表2-25 巩固加深汉字与各字表重复情况统计表

汉字	与各字表重复情况	数量/个	占比/%
巩固汉字（564个字）	一级字表（3500个字）	164	4.7
	二级字表（3000个字）	372	12.4
	识字写字基本字表（300个字）	0	0.0
加深汉字（3535个字）	一级字表（3500个字）	3155	90.1
	二级字表（3000个字）	374	12.5
	识字写字基本字表（300个字）	300	100.0

通过与一级常字表（3500个字）的对照，我们发现巩固汉字与一级字表重复的汉字有164个，占一级字表的4.7%；加深汉字与一级字表重复的有3155个，占一级字表的90.1%。

通过与二级字表（3000个字）的对照，我们发现巩固汉字与二级字表重复的汉字有372个，占二级字表的12.4%；加深汉字与二级字表重复的有374个，占二级字表的12.5%。

通过与识字写字基本字表（300个字）的对照，我们发现巩固汉字与300个基本字表均不重复；加深汉字包含了300个基本字。

由表2-25可以看出，巩固和加深汉字包含了整个义务教育阶段所学的汉字，而加深汉字又涵盖了86.2%的义务教育阶段所学汉字和84.3%的高中阶段所学汉字，可见加深汉字既起着承上复习巩固的作用，又发挥着启下衔接加深的作用，所以在高中教育阶段一定要高度重视加深汉字所起的重要作用。另外，不论是从高中新学汉字的数量来看，还是与一级字表的重复率来看，都可说明汉字量已经不再是高中汉字教学的重要目标，相反，应该把巩固加深放在教学的突出地位。

三、巩固加深义务教育阶段所学汉字教学材料的探究

通过对高中需要"巩固""加深"义务教育阶段汉字教学材料的梳理，我们获得了丰富的内容信息和翔实的统计数据。高中阶段需要"巩固""加深"义务教育阶段的汉字教学材料共计4099个字，这些字中属于《通用规范汉字表·一级字表》的字有3319个，也就是说高中需要"巩固""加深"义务教育阶段的汉字有80%是属于"一级字表"所收的常用字，这就意味着高中教育阶段所重视的仍然是"常用"汉字的学习，提示我们在语文教学中务要避免走进专讲生僻字的教学误区。因此，只有对这些数据作深入探究，才能使我们明确教学材料当中所包含的具体教学内容及所需渗透的汉字学理知识，从而为教学目标的制定提供科学的依据。具体来说，在对4099汉字形义关系、构形模式等内容梳理的基础上，我们归纳总结出在高中教育阶段需要巩固加深的义务教育阶段所学汉字的教学内容。

（一）汉字教学内容的确定

1. 巩固加深义务教育阶段所学的汉字量及具体汉字教学材料

根据梳理，我们已经明确在高中教育阶段需要"巩固"和"加深"的义务教育阶段所学的汉字量为4099个，其中需要"巩固"的汉字为564个，需要"加深"的汉字为3535个。具体内容见表2-26。

表2-26　巩固加深义务教育阶段汉字字表

掌握要求	汉字
需要巩固的汉字（564）	皑 嗳 艾 媛 敖 澳 懊 芭 钯 坝 掰 阪 瓣 梆 蚌 苞 陂 飙 蹦 匕 秕 汴 瘭 膘 镖 婊 濒 菠 铍 舶 鹁 粲 漕 槽 猹 镲 钗 婵 潺 羼 伥 嫦 氅 晁 掣 忱 龅 敕 忡 憧 滁 俶 椿 绰 疵 呲 囱 殂 蹴 蹿 毳 瘁 厝 耷 沓 跶 贷 黛 眈 弹 箪 掸 菪 裆 凼 砀 捯 嘀 诋 坻 砥 癫 佃 貂 迭 昳 铤 咚 蚪 渎 腠 吨 遁 铎 剁 鳄 珐 贩 霏 翡 柿 痱 孵 孚 佛 蚨 袄 呷 秆 擀 沆 壕 濠 郝 涸 妲 烘 呼 囫 槲 浒 琥 桦 獾 浣 浼 焕 痪 豢 篁 幌 晖

246

续表

掌握要求	汉字
需要巩固的汉字（564）	麈 苗 洄 卉 荟 敠 畸 跻 稷 鲫 葭 荬 缄 兼 鞯 蛀 睑 涧 健 姜 弰 跤 礁 饺 醛 醮 诘 烃 浸 腈 憬 迥 炯 灸 韭 臼 柏 沮 榉 娟 镌 绢 冐 抉 崛 阚 鞍 楷 龛 嵌 瞰 尻 苛 嗑 蛞 垦 啃 吭 抠 骻 诓 盔 葵 夔 傀 匮 馈 溃 聩 鲲 阃 崂 镭 赢 罹 黧 娌 沥 枥 蛎 嘹 缭 燎 蓼 了 咧 洌 郯 嶙 辚 蔺 泠 榾 蛉 羚 浏 馏 绺 珑 垄 噜 泸 颅 掳 潞 囵 骡 幔 熳 锚 蝥 芼 耗 渼 焖 眯 猕 迷 縻 汨 喵 秒 邈 篾 瞑 蘑 茉 哞 眸 鉴 牡 拇 睦 挲 喃 楠 赧 曩 馁 妮 旎 拈 酿 尿 镍 咛 喏 螃 胚 珮 謦 怦 鹏 膨 噼 睥 骈 缥 嫖 颦 娉 杯 珀 曝 曩 顾 脐 畦 琪 蕲 钳 谴 蜣 锖 蔷 硗 橇 谯 鞘 箧 衾 檎 揪 蜻 馨 蚯 虬 述 诎 瞿 颧 犰 髯 娆 濡 蚋 箬 糁 苫 姗 擅 膳 舢 麝 肾 椹 蜃 娎 屎 恃 轼 适 狩 墅 蟀 唰 栓 舜 浚 凇 飕 擞 蒜 睢 邃 娑 蓑 琐 痰 檀 祖 碳 瑭 膛 傥 绦 耥 滕 倜 腆 蜩 髫 鲦 蜓 婷 啁 潼 瞳 捅 坨 臀 驼 柝 蜿 豌 惋 绾 偎 薇 韦 纬 萎 艉 猥 雯 倭 蜗 斡 妩 坞 鹜 痦 汐 晞 屣 匣 峡 涎 跹 馅 汶 哮 楔 亵 猩 夐 栩 旭 溆 漩 绚 渲 薛 曛 峋 汛 徇 殉 琊 蚜 怏 艇 筵 砚 谚 徉 曳 邺 烨 谒 袆 咿 铱 揖 漪 饴 颐 伥 旖 吒 驿 弈 奕 翌 熠 懿 埋 缨 樱 蝇 臃 踊 攸 铀 酉 黝 柚 釉 纡 盂 渝 伛 屿 熨 谀 鹬 鸢 酝 愠 蕴 腾 郓 赃 臧 奘 唣 噪 簪 锃 斋 詹 獐 漳 嶂 樟 瘴 晸 浙 祯 蓁 箴 祗 侄 汫 枳 崂 陟 赘 铚 雉 冢 踵 妯 纣 侏 麈 杼 蛀 啭 篆 妆 锥 涿 茁 斫 鹫 龇 梓 鬈 诹 曝
需要加深的汉字（3535）	阿 啊 哎 哀 埃 挨 癌 矮 蔼 霭 爱 隘 碍 暧 安 鞍 俺 岸 按 案 暗 黯 昂 凹 遨 熬 袄 坳 傲 奥 八 巴 扒 叭 疤 芭 拔 跋 把 爸 罢 霸 吧 白 百 柏 摆 败 拜 扳 班 颁 斑 搬 板 版 办 半 伴 拌 绊 扮 邦 帮 绑 榜 棒 傍 谤 磅 包 胞 雹 薄 饱 宝 保 堡 褓 报 抱 豹 鲍 暴 爆 杯 卑 悲 碑 北 贝 狈 备 背 倍 被 辈 惫 奔 本 笨 崩 绷 迸 逼 鼻 比 彼 笔 鄙 币 必 毕 闭 庇 陛 毙 敝 婢 碧 蔽 弊 壁 避 髀 臂 璧 边 编 蝙 鞭 贬 扁 匾 变 便 遍 辨 辩 辫 标 彪 表 憋 别 瘪 宾 彬 滨 缤 鬓 冰 兵 丙 秉 柄 饼 并 病 拨 波 玻 剥 播 伯 驳 帛 泊 勃 脖 博 渤 搏 箔 膊 礴 簸 卜 补 捕 哺 不 布 步 怖 部 簿 擦 猜 才 材 财 裁 采 彩 睬 踩 菜 蔡 参 餐 残 蚕 惭 惨 灿 仓 苍 沧 舱 藏 操 糙 曹 草 册 厕 侧 测 策 层 曾 蹭 叉 权 插 嚓 茬 茶 查 搽 察 岔 刹 诧 差 拆 柴 搀 掺 搀 逸 馋 禅 孱 缠 蝉 巉 产 铲 阐 忏 颤 昌 肠 尝 常 偿 厂 场 敞 怅 畅 倡 唱 抄 钞 超 巢 朝 嘲 潮 吵 炒 车 扯 彻 撤 澈 嗔 臣 尘 辰 沉 陈 晨 衬 趁 称 撑 成 丞 呈 诚 承 城 乘 程 惩 澄 橙 逞 骋 秤 吃 哧 笞 嗤 痴 池 弛 驰 迟 持 尺 齿 侈 耻 叱 斥 赤 炽 翅 冲 充 春 虫 崇 宠 抽 仇 惆 绸 畴 酬 稠 愁 筹 踌 丑 瞅 臭 出 初 除 厨 锄 雏 橱 蹰 础 储 楚 处 怵 畜 触 矗 揣 踹 川 穿 传 船 喘 串 疮 窗 床 闯 创 怆 吹 炊 垂 捶 锤 春 纯 唇 蠢 戳 辍 词 茨 祠 瓷 辞 慈 磁 雌 此 次 刺 赐 啐 悴 粹 匆 枞 葱 聪 从 丛 凑 粗 促 猝 醋 簇 撺 窜 篡 崔 催 摧 脆 啐 粹

续表

掌握要求	汉字
需要加深的汉字（3535）	翠 村 存 寸 搓 撮 挫 措 错 搭 嗒 达 答 瘩 打 大 呆 歹 逮 代 岱 带 殆 待 怠 袋 戴 丹 担 单 耽 胆 旦 但 诞 淡 惮 弹 蛋 澹 当 铛 挡 档 党 荡 刀 叨 导 岛 捣 倒 祷 蹈 到 盗 悼 道 稻 得 德 的 灯 登 噔 蹬 等 邓 凳 瞪 低 堤 滴 迪 荻 敌 涤 笛 抵 底 地 弟 帝 递 第 蒂 缔 谛 滇 颠 巅 典 点 电 佃 店 玷 淀 惦 奠 殿 叼 凋 雕 吊 钓 掉 爹 跌 叠 碟 蝶 丁 仃 叮 盯 顶 鼎 订 钉 定 锭 丢 东 冬 董 懂 动 冻 栋 洞 都 兜 抖 陡 斗 豆 逗 窦 督 嘟 毒 独 读 犊 笃 堵 赌 睹 杜 肚 妒 度 渡 镀 端 短 段 断 缎 锻 堆 队 对 兑 敦 墩 蹲 炖 钝 盾 顿 多 咄 哆 掇 夺 踱 朵 垛 躲 舵 堕 惰 跺 俄 峨 娥 鹅 蛾 额 厄 恶 饿 遏 愕 恩 嗯 儿 而 尔 耳 二 发 乏 伐 罚 阀 帆 番 蕃 翻 凡 烦 繁 反 返 犯 饭 泛 范 方 坊 芳 防 妨 房 仿 访 纺 舫 放 飞 妃 非 菲 啡 绯 肥 匪 吠 肺 废 沸 费 分 芬 吩 纷 氛 坟 焚 粉 份 奋 忿 粪 愤 丰 风 枫 封 疯 峰 烽 锋 蜂 冯 逢 缝 讽 凤 奉 佛 否 夫 肤 敷 弗 伏 凫 扶 芙 拂 服 俘 浮 符 匐 幅 辐 福 蝠 抚 甫 斧 府 俯 辅 腑 腐 父 付 负 妇 附 咐 赴 复 副 赋 傅 富 腹 缚 覆 嘎 尬 该 改 丐 盖 溉 概 甘 肝 竿 尴 杆 赶 敢 感 干 冈 刚 纲 钢 缸 岗 港 皋 高 膏 篙 糕 搞 缟 稿 告 戈 疙 咯 哥 胳 鸽 搁 割 歌 革 阁 格 隔 葛 个 各 给 根 跟 亘 庚 耕 羹 哽 梗 更 工 弓 公 功 攻 宫 恭 蚣 躬 巩 拱 共 贡 供 勾 沟 钩 苟 狗 构 购 垢 够 觳 估 咕 孤 姑 古 谷 汩 股 骨 鼓 固 故 顾 雇 锢 瓜 刮 呱 刮 寡 卦 挂 褂 乖 拐 怪 关 观 官 棺 馆 管 贯 冠 惯 灌 罐 鹳 光 广 逛 归 龟 规 瑰 轨 诡 鬼 柜 贵 桂 跪 滚 棍 郭 聒 锅 国 果 裹 过 哈 还 孩 海 亥 骇 害 酣 含 函 涵 韩 寒 罕 喊 汉 汗 旱 捍 撼 憾 瀚 行 杭 航 蒿 毫 嚎 豪 嚎 好 号 耗 浩 皓 呵 喝 嗬 何 合 和 河 荷 核 盒 阖 贺 赫 褐 鹤 壑 黑 嗨 嘿 痕 很 狠 恨 亨 哼 恒 横 衡 轰 弘 红 宏 虹 洪 鸿 哄 侯 喉 猴 吼 后 厚 候 乎 呼 忽 惚 狐 弧 胡 壶 葫 鹄 湖 瑚 蝴 糊 虎 唬 互 户 护 花 划 华 哗 猾 滑 化 画 话 怀 徊 淮 槐 坏 欢 环 桓 寰 鬟 缓 幻 宦 换 唤 患 荒 慌 皇 黄 凰 徨 惶 煌 恍 晃 谎 灰 挥 恢 辉 徽 回 悔 毁 汇 会 讳 海 绘 彗 晦 秽 惠 慧 昏 荤 婚 浑 混 魂 豁 活 火 伙 或 货 获 祸 惑 霍 讥 击 叽 饥 玑 圾 机 肌 鸡 唧 积 基 缉 箕 稽 激 羁 及 吉 汲 级 极 即 急 疾 棘 集 楫 辑 嫉 藉 籍 几 己 挤 脊 戟 麂 计 记 纪 技 忌 际 季 剂 迹 济 既 继 祭 寄 寂 绩 蓟 髻 冀 加 佳 挟 柳 家 嘉 夹 戛 颊 甲 贾 假 价 驾 架 嫁 稼 尖 奸 歼 坚 间 肩 艰 监 兼 煎 拣 俭 捡 检 减 剪 简 见 件 建 荐 贱 剑 健 舰 渐 谏 践 溅 鉴 键 箭 江 将 浆 僵 缰 疆 讲 奖 桨 匠 降 酱 交 郊 浇 娇 骄 胶 椒 焦 蕉 嚼 角 狡 绞 矫 皎 脚 搅 缴 叫 觉 轿 较 教 阶 皆 接 揭 嗟 街 节 劫 杰 洁 结 捷 睫 截 碣 姐 解 介 戒 芥 届 界 诚 借 巾 斤 今 金 津 衿 矜 筋 襟 仅 紧 锦 谨 尽 进 近

续表

掌握要求	汉字
需要加深的汉字（3535）	劲 晋 浸 靳 禁 噤 茎 京 经 荆 旌 惊 晶 睛 兢 精 井 颈 景 警 径 净 竞 竟 敬 静 境 镜 窘 纠 鸠 究 揪 啾 九 久 酒 旧 咎 救 就 舅 拘 居 雎 鞠 局 菊 橘 咀 矩 举 巨 句 拒 具 炬 俱 剧 据 距 惧 飓 锯 聚 捐 涓 鹃 卷 倦 眷 噘 决 诀 绝 掘 厥 爵 倔 军 均 君 钧 菌 俊 郡 峻 骏 咔 咖 卡 开 揩 凯 慨 刊 堪 坎 砍 槛 看 康 慷 糠 扛 亢 抗 炕 考 烤 铐 靠 珂 柯 科 棵 窠 颗 磕 瞌 壳 咳 可 渴 克 刻 恪 客 课 肯 恳 坑 空 孔 恐 控 口 叩 扣 寇 枯 哭 窟 骷 苦 库 裤 酷 夸 垮 跨 块 快 筷 宽 款 筐 狂 旷 况 矿 框 眶 亏 窥 魁 愧 坤 昆 捆 困 扩 括 阔 廊 垃 拉 啦 剌 喇 腊 蜡 辣 来 莱 赖 癞 籁 兰 拦 栏 婪 阑 蓝 澜 褴 篮 斓 览 揽 缆 懒 烂 滥 郎 狼 廊 朗 浪 捞 劳 牢 老 姥 烙 酪 乐 勒 了 雷 垒 蕾 肋 泪 类 累 擂 棱 楞 冷 愣 厘 狸 离 骊 梨 犁 鹂 漓 璃 黎 篱 礼 李 里 哩 理 鲤 力 历 厉 立 吏 丽 励 利 例 隶 俐 莉 苈 栗 砾 笠 粒 雳 连 怜 帘 莲 涟 联 廉 镰 敛 脸 练 炼 恋 链 良 凉 梁 粮 粱 两 俩 亮 谅 辆 量 晾 跟 辽 疗 聊 僚 寥 撩 料 撂 镣 列 劣 冽 烈 猎 裂 邻 林 临 淋 磷 鳞 凛 廪 吝 伶 灵 玲 铃 凌 陵 菱 绫 零 龄 岭 领 另 令 溜 刘 留 流 琉 榴 柳 六 遛 龙 咙 胧 聋 笼 隆 窿 陇 拢 娄 偻 楼 髅 搂 陋 镂 漏 卢 芦 庐 炉 胪 房 鲁 橹 陆 录 鹿 碌 路 潞 辘 戮 鹭 簏 露 峦 卵 乱 掠 抡 仑 伦 沦 纶 轮 论 啰 罗 萝 逻 锣 箩 螺 裸 洛 络 骆 落 摞 驴 闾 吕 侣 旅 屡 缕 褛 履 律 虑 率 绿 略 妈 麻 蟆 马 玛 码 蚂 骂 吗 嘛 埋 买 迈 麦 卖 脉 蛮 瞒 满 曼 墁 蔓 漫 慢 芒 忙 盲 氓 茫 莽 猫 毛 矛 茅 卯 茂 冒 贸 袤 帽 貌 么 没 玫 枚 眉 梅 煤 霉 每 美 妹 昧 寐 媚 魅 门 闷 们 萌 蒙 盟 檬 朦 猛 蜢 孟 梦 眯 弥 迷 靡 米 觅 秘 密 谧 蜜 眠 绵 棉 免 勉 冕 缅 面 苗 描 瞄 秒 渺 妙 庙 灭 蔑 民 皿 悯 敏 名 明 鸣 冥 铭 瞑 命 谬 摸 馍 模 膜 摩 磨 魔 抹 末 沫 陌 莫 蓦 漠 寞 墨 默 嬷 谋 某 母 亩 姆 木 目 沐 牧 募 墓 幕 慕 暮 穆 拿 哪 那 呐 纳 娜 乃 奶 奈 耐 男 南 难 囔 囊 挠 恼 脑 闹 讷 呢 内 嫩 能 尼 泥 怩 霓 拟 你 逆 匿 睨 腻 溺 年 黏 捻 撵 碾 廿 念 娘 鸟 袅 捏 聂 涅 啮 蹑 恁 您 宁 柠 凝 拧 泞 牛 扭 忸 纽 拗 农 侬 哝 浓 弄 奴 驽 努 弩 怒 暖 虐 挪 诺 懦 女 噢 哦 欧 鸥 呕 偶 藕 趴 啪 爬 琶 帕 怕 拍 排 徘 牌 派 湃 攀 盘 蹒 判 盼 叛 畔 乓 彷 庞 旁 膀 胖 抛 刨 咆 袍 跑 泡 炮 陪 培 赔 裴 沛 佩 配 喷 盆 砰 烹 朋 彭 棚 蓬 澎 篷 捧 碰 批 披 砒 劈 霹 皮 疲 琵 脾 匹 屁 僻 譬 臂 偏 篇 翩 片 骗 漂 飘 瓢 瞟 票 瞥 撇 拼 贫 频 品 聘 乒 平 评 坪 苹 凭 屏 瓶 萍 坡 泼 颇 婆 迫 破 魄 剖 扑 铺 仆 匍 菩 脯 葡 蒲 朴 圃 浦 普 谱 蹼 瀑 七 妻 栖 凄 戚 期 欺 漆 齐 岐 其 奇 歧 祈 崎 骑 棋 旗 鳍 乞 岂 企 杞 启 起 绮 气 迄 弃 汽 泣 契 砌 葺 器 掐 恰 千 阡 迁 牵 铅 谦 签 前 虔 钱 干 潜 浅 遣 欠 倩 嵌 歉 羌 枪 戗 腔 强

续表

掌握要求	汉字
需要加深的汉字（3535）	墙 樯 抢 襁 跄 悄 敲 乔 侨 桥 憔 樵 瞧 巧 俏 峭 窍 翘 撬 切 茄 且 妾 怯 窃 挈 锲 钦 侵 亲 芹 秦 琴 禽 勤 擒 寝 沁 青 轻 氢 倾 卿 清 情 晴 擎 顷 请 庆 磬 穷 穹 琼 丘 秋 囚 求 球 遒 裘 区 岖 驱 屈 躯 趋 渠 曲 取 娶 去 趣 觑 圈 权 全 泉 拳 蜷 鬈 犬 劝 缺 却 雀 确 鹊 阙 裙 群 然 燃 冉 染 瓤 攘 嚷 让 饶 扰 绕 惹 热 人 壬 仁 忍 刃 认 仞 任 纫 韧 扔 仍 日 戎 茸 荣 绒 容 蓉 溶 榕 熔 融 冗 柔 揉 肉 如 儒 孺 蠕 汝 乳 辱 入 阮 软 蕊 锐 瑞 闰 润 若 弱 洒 撒 萨 腮 塞 赛 三 伞 散 桑 搡 嗓 丧 搔 骚 扫 嫂 臊 色 涩 啬 瑟 森 僧 杀 沙 纱 砂 莎 鲨 啥 傻 厦 煞 霎 筛 晒 山 杉 删 衫 珊 姗 闪 陕 扇 善 伤 殇 商 响 赏 上 尚 裳 捎 烧 梢 稍 勺 芍 韶 少 绍 哨 奢 舌 蛇 舍 设 社 射 涉 赦 摄 申 伸 身 呻 绅 深 什 神 沈 审 婶 甚 渗 慎 升 生 声 牲 笙 绳 省 圣 胜 盛 剩 尸 失 师 诗 狮 施 湿 十 石 时 识 实 拾 食 蚀 史 矢 使 始 驶 士 氏 示 世 市 式 似 势 事 侍 饰 试 视 拭 柿 是 适 室 逝 释 嗜 誓 噬 匙 收 手 守 首 寿 受 授 售 兽 瘦 书 抒 枢 叔 殊 梳 淑 舒 疏 输 蔬 孰 熟 暑 黍 属 署 蜀 鼠 薯 术 戌 束 述 树 竖 恕 庶 数 漱 刷 耍 衰 摔 甩 帅 蟀 拴 双 霜 孀 爽 谁 水 税 睡 顺 瞬 说 烁 朔 硕 司 丝 私 咝 思 斯 厮 撕 嘶 死 四 寺 伺 祀 饲 侯 肆 嗣 松 怂 耸 悚 竦 讼 宋 送 诵 颂 搜 嗖 艘 叟 擞 嗽 苏 俗 夙 诉 肃 素 速 粟 塑 溯 酸 算 虽 随 髓 岁 遂 碎 隧 穗 孙 损 笋 梭 唆 缩 所 索 唢 锁 他 它 她 塌 塔 踏 蹋 鳌 胎 台 抬 苔 太 态 泰 坍 贪 摊 滩 瘫 坛 谈 谭 潭 坦 毯 叹 炭 探 汤 唐 堂 棠 塘 镗 糖 倘 淌 躺 烫 趟 涛 掏 滔 逃 桃 陶 萄 淘 讨 套 忒 特 疼 腾 藤 剔 梯 踢 提 啼 题 蹄 体 屉 剃 涕 惕 替 天 添 田 恬 甜 舔 挑 条 调 窕 眺 跳 帖 贴 铁 厅 汀 听 廷 亭 庭 停 霆 挺 艇 通 同 彤 桐 铜 童 统 桶 筒 痛 偷 头 投 透 凸 秃 突 图 徒 途 涂 屠 土 吐 兔 湍 团 抟 推 颓 腿 退 蜕 褪 吞 豚 托 拖 脱 驮 陀 驼 妥 拓 挖 哇 洼 娲 蛙 娃 瓦 袜 歪 外 弯 剜 湾 丸 纨 完 玩 顽 宛 挽 晚 碗 万 腕 汪 亡 王 网 枉 冈 往 惘 妄 忘 旺 望 危 威 透 微 巍 为 违 围 桅 唯 帷 惟 嵬 伟 伪 苇 尾 委 猥 卫 未 位 味 畏 胃 谓 尉 喂 渭 蔚 慰 魏 温 瘟 文 纹 闻 蚊 吻 稳 问 翁 嗡 涡 喔 窝 我 沃 卧 握 乌 污 巫 呜 诬 屋 无 毋 芜 吾 吴 梧 蜈 五 午 伍 武 侮 捂 鹉 舞 兀 勿 务 物 误 悟 雾 夕 兮 西 吸 希 昔 析 牺 息 奚 悉 淅 惜 晰 稀 翕 犀 锡 溪 熙 熄 嘻 膝 嬉 蟋 曦 习 席 袭 媳 洗 徙 喜 戏 系 细 隙 虾 瞎 狭 遐 暇 辖 霞 黠 下 吓 夏 罅 仙 先 纤 掀 鲜 闲 贤 弦 咸 娴 衔 舷 嫌 显 险 藓 县 现 限 线 宪 陷 羨 献 乡 相 香 厢 湘 箱 襄 镶 详 祥 翔 享 响 想 向 项 巷 象 像 橡 肖 消 宵 萧 销 箫 潇 霄 嚣 小 晓 孝 校 笑 效 啸 些 歇 协 邪 胁 偕 斜 谐 携 鞋 写 泄 泻 卸 屑 械 谢 榭 懈 蟹 心 辛 欣 新 薪 馨 衅 星 腥 刑 形 型

续表

掌握要求	汉字
需要加深的汉字（3535）	醒兴杏幸性姓荇凶兄匈洶胸雄熊休修羞朽宿秀袖绣 嗅戌吁须虚墟需嘘徐许序叙恤绪续絮婿蓄轩宣喧玄 悬旋选炫眩削靴穴学雪血谑勋熏薰醺旬寻巡询循训 讯迅驯逊丫压押鸦鸭牙芽崖涯衙哑雅亚讶呀咽烟焉 淹腌湮嫣延严言妍岩炎沿研盐阎颜檐俨衍掩眼演赝 厌艳宴验雁焰燕央殃鸯秧扬羊阳杨飏洋仰养氧痒快 样漾吆妖腰邀侥肴姚窑谣摇遥瑶杳咬舀窈药要钥曜 耀耶椰噎爷也冶野业叶页夜液一伊衣医依壹噫仪夷 怡宜咦贻姨移遗疑彝乙已矣迤蚁倚椅弋亿义艺忆 议屹亦异抑邑役译易诣绎益谊逸意溢毅黟臆翼因阴 茵荫音殷吟垠银淫尹引饮蚓隐瘾印英莺婴鹦膺鹰迎 荧盈莹萤营嬴颖影应映硬媵佣拥庸雍永咏泳勇 涌恿用优忧幽悠尤由邮犹油游友有又右幼佑宥诱迂 于淤于欤余鱼娱渔逾腴愉瑜榆虞愚与予屿宇羽雨语 玉芋妪郁育狱浴预域欲遇喻御寓裕愈誉豫鸳鸢渊元 园员垣袁原圆援缘猿源辕远苑怨院愿曰约月岳阅悦 跃越晕云匀耘允陨孕运韵蕴匝杂砸灾哉栽仔载宰再 在簪咱攒暂赞脏葬遭糟凿早枣蚤澡藻皂灶造燥躁则 责择泽贼怎增憎赠扎喳渣札轧闸眨乍诈栅炸蚱榨摘 宅窄寨沾毡粘斩盏展崭辗占栈战站绽湛蘸张章彰长 涨掌丈仗杖帐账胀障招昭爪找沼召兆诏赵棹照罩遮 折哲辄谪辙者褶这柘蔗着贞针侦珍真砧斟诊枕阵振 震镇争征怔睁铮筝蒸拯整正证郑政挣症之支只汁芝 吱枝知肢织脂蜘执直值职植殖止旨址芷纸指趾至志 帜制质炙治挚致秩掷窒智滞置稚中忠终钟衷肿种仲 众重舟州周洲粥轴咒宙昼皱骤帚朱诛珠株诸铢猪蛛 竹逐烛舳主拄煮嘱伫助住贮注驻柱祝着铸筑箸抓拽 专砖转赚撰妆庄桩装壮状撞追椎坠缀赘准拙捉桌灼 卓浊酌啄琢濯镯孜咨姿兹资滋锱髭子姊籽紫自字恣 眦渍宗综棕踪总纵粽邹走奏租足卒族诅阻组祖钻攥 嘴最罪醉尊遵樽昨左佐作坐柞座做

2. 巩固加深义务教育阶段所学汉字的学理知识

通过对4099个汉字形义关系的具体分析，4099个汉字分别属于"有理据""无理据""形义脱节""形不表义"和"形义不明"五种形义关系。其中"有理据"汉字共3576个，"无理据"字共329个，"形义脱节"

字共 114 个,"形不表义"字共 40 个,"形义不明"字共 40 个。在这五种形义关系中,可以讲授的是"有理据"字和"无理据"字。"无理据"字可以讲授是因为通过溯源古文字形,其理据大多可以恢复,因此可以进行讲解。"有理据"字的构形能够体现构意,可通过分析其构形模式,说明形义关系,故可以直接讲解。为此,我们对"有理据"字的构形模式进行了穷尽性分析,其构形模式总结归纳为八类,分别是"全功能零合成字""会义合成字""义音合成字""标形合成字""标义合成字""标音合成字""形音合成字"和"形义合成字"。其中"全功能零合成字"共 162 个,"会义合成字"共 331 个,"义音合成字"共 2957 个,"标形合成字"共 8 个,"标音合成字"共 1 个,"标义合成字"共 9 个,"形音合成字"共 7 个,"形义合成字",共 88 个,"会形合成字"共 26 个。

"无理据"字通过溯源古文字形确定的构形模式共包含五种,分别是"全功能零合成字""会义合成字""义音合成字""形义合成字"和"会形合成字"。其中"全功能零合成字"共 19 个,"会义合成字"共 92 个,"义音合成字"共 189 个。据此,我们将"全功能零合成字""会义合成字"和"义音合成字"这三种构形模式确定为在高中教育阶段所要"巩固"和"加深"的内容。因为这三种构形模式的汉字将近涵盖了在高中教育阶段所需"巩固""加深"汉字的 91% 左右,复现率极高,从教学示范的目的来说,具有较强的典型性和代表性,从学生学习角度来说也容易做到知识的迁移和举一反三,由此达到巩固和加深的目的。

在确定了高中教育阶段所要巩固和加深的三种构形模式后,对于具体所要巩固加深的汉字学理知识,自然也就需要从这三种构形模式中去探究和总结,具体来说,主要包括汉字基础知识和汉字构形知识这两方面。

(1) 汉字基础知识。首先,关于汉字的起源与发展,因为我们在对"无理据"字进行溯源的过程中,必然会涉及汉字的古文字形,包括甲骨文、金文、小篆、楷书等,那么,通过这一系列的字形演变,就必然会使学生感受到汉字悠久的历史。其次,汉字属于典型的表意文字体系,在对汉字的形体分析当中,必然会使学生对汉字"因义构形"的特点有所体会,从而使学生对汉字的表意性质有更深刻的理解。最后,从全功能零合成字作为构字基础,在充当其他合体字的表义构件时所体现的构意来看,也能使学生对汉字的表意性和系统性有所了解,从而使学生明确汉字是一个有序的系统，字与字之间存在着有序关系。综上所述，讲解汉字的过程中必然会渗透汉字的起源与发展、汉字的表意性质以及汉字构形的系统性等内容，因此，这些教学内容都是汉字教学当中必不可少的。

（2）汉字构形知识。首先，汉字的构形单位就是构件，构件是释读汉字的基础，所以对汉字意义的分析必须首先从汉字的构件出发。其次，构件之所以能讲，正是由于构件所具有的"表形""表义""示音""标示"功能所决定的，所以构件的功能也必须作为我们的教学内容之一。再次，构件的功能又决定了汉字具有怎样的组合模式，也就是我们所说的单构件模式"全功能零合成字"，它由一个单独的成字构件组成，由于没有合成对象，所以组成它的形素必须形、音、义兼备。然后是两个以上构件的组合模式"会义合成字"和"义音合成字"。前者由两个表义功能构件组合而成，后者由一个表义功能构件和一个示音功能构件组合而成。最后，在这三种构形模式当中，要想确定究竟哪个构件属于表义功能构件哪个属于示音功能构件，就需要对汉字的"构意"有明确的认识，所谓"构意"也就是"原初造字时造字者的一种主观造字意图"。❶ 这是我们分析汉字构形最主要的内容。综上，要想科学的分析汉字，就必须对以上所提到的汉字的构件、构件的功能、汉字的组合模式及汉字的构意全面掌握，所以，这些内容都应该作为我们巩固加深的重要内容。

（二）汉字教学目标的制定

教学目标的制定是依据教学内容而来的，因此，基于以上教学内容的确定，我们将教学目标制定为以下六方面的内容：

（1）了解汉字形体的组合方式；
（2）了解构件在组合当中的主要功能和作用；
（3）利用汉字构件的表义功能和示音功能掌握分析汉字的方法；
（4）掌握全功能零合成字（六书中的象形字）的构形特点；
（5）掌握会义合成字（六书中的会意字）的构形特点；
（6）掌握义音合成字（六书中的形声字）的构形特点。

---

❶ 王宁.汉字构形学导论[M].北京:商务印书馆,2018:55.

四、巩固加深义务教育阶段所学汉字知识的教学实践与策略

通过探究，我们已经明确了高中阶段所需"巩固""加深"义务教育阶段所学汉字及具体的学理知识，即解决了"巩固加深"哪些汉字及具体汉字学理知识的问题，在此基础上需要进一步解决的则是"如何巩固加深所学汉字和汉字学理知识"的问题。为此，本节的任务首先是确定在高中阶段运用什么手段和方法来"巩固加深"义务教育阶段已学的4099个汉字；其次需要解决的是在"巩固加深"所学汉字的过程中怎样引导学生掌握依据汉字学理分析汉字的方法，从而达到培养学生具备科学分析汉字能力的目标；最后需要做的工作是总结归纳教学方法，提炼高中阶段巩固、加深义务教育阶段所学汉字知识的策略，为高中阶段学生积累汉字、巩固已学汉字提供参考。

（一）巩固加深义务教育阶段所学汉字知识的教学实践

1. 汉字教学所需遵循的总体原则

在进行巩固加深义务教育阶段所学汉字及汉字知识教学之前，必须明确的一点是汉字知识实际上就是汉字所体现出的"学理"内容，即汉字的"规律"和"特点"。所以，汉字知识的学习必须以掌握汉字本身的特征为出发点。汉字学作为一门独立的学科，有其自身的内在规律，讲解汉字自然要遵循汉字的特点和规律。关于这一点，王宁先生提出了"科学汉字教学"必须遵循的五个原则：

（1）不可讲错构件的形音义。
（2）不可曲解构件体现构意的功能。
（3）不要把层次结构讲成平面结构。
（4）对黏合、省简、变形、错讹而变得无理据的字不可乱编理据。
（5）用汉字构形系统成批或类推讲解汉字构意时，要进行有理归纳，不可仅因形体相同而认同。汉字构形是成系统的，现代汉字90%以上是形

声字,讲解汉字可以利用形声字的声符系统和义符系统通过归纳和演绎成批地进行。❶

据此,我们将以上五点确定为本论文开展"巩固加深"义务教育阶段所学汉字及汉字知识教学实践的总原则。

2. 巩固加深义务教育阶段所学汉字知识的教学实践过程

通过对高中阶段所需"巩固""加深"义务教育阶段4099个汉字教学材料的梳理与探究,4099个汉字教学材料中属于"全功能零合成字""会义合成字"和"义音合成字"这三种构形模式的字所占比例高达91%以上,因此被确定为高中阶段"巩固、加深"义务教育阶段所学汉字知识的主要教学内容。为此,本节具体教学实践即围绕这三种构形模式展开,以实现"巩固加深"的目标。

(1) 全功能零合成字的教学实践。

"汉字教学不是仅仅以识字为目的,更重要的是要通过教学过程让学生产生对表意汉字构造特点和使用规则的感受。"❷ 因此,我们教学的主要目标就是使学生对所占比例较大的"全功能零合成字""会义合成字"和"义音合成字"这三类构形模式汉字"构造特点"和"使用规则"有深刻的感受。首先是"全功能零合成字",即"六书"中的象形字,这些字大多是从古文字的独体象形字中传承发展而来,所以其古文字形具有很强的象形意味。要了解"全功能零合成字"的特点,自然要涉及汉字的历史、汉字的性质等相关内容,故此可在讲授过程中加以渗透。

在梳理4099个汉字的过程中,需要"巩固"的564个汉字中,"全功能零合成字"为7个;需要"加深"的3535个汉字中,"全功能零合成字"总计为155个。据此,高中阶段需要"巩固""加深"义务教育阶段所学汉字"全功能零合成字"的实践,就是围绕这162个汉字展开。具体教学内容设计如下。

---

❶ 王宁.汉字教学的原理与各类教学方法的科学运用(下)[J].课程·教材·教法,2002(11).

❷ 王宁.汉字构形学导论[M].北京:商务印书馆,2018:243.

教学设计

高中阶段所需巩固加深义务教育阶段全功能零合成字的教学设计

一、课标要求

高中语文课程标准指出"在语文活动中，积累有关汉字、汉语的现象和理性认识，了解汉字在汉语发展和应用中的重要作用，巩固和加深义务教育阶段所学的汉字知识"❶。可见《课标》对高中学生巩固加深义务教育阶段所学汉字知识提出了明确的要求，因此，需要教师精心设计，通过语文教学活动有意识地引导学生梳理已学的汉字，在梳理的过程中归纳、提炼汉字所体现出来的学理知识，以实现学生对汉字产生科学的认识。

二、学情分析

高一的学生经过九年义务教育阶段的学习，已积累了一定的识字量。针对高中阶段所要"巩固""加深"的"全功能零合成字"而言，学生在"形音义"方面大都能够正确认读，也能规范书写，只是对"构形"（字形）与"构意"（字义）之间的关系，即这个字形为什么是这个字义并不清楚，对汉字"形音义"（三要素）的理解只知其然，而不知其所以然。真正科学地掌握汉字最重要的评价要素是能够明确汉字的"形义关系"，要想达到这个目标就需要培养学生掌握分析汉字"形义关系"的方法。汉字是表意文字，这是汉字的基本性质。汉字的表意性决定了汉字的"构形"是可分析的，也是理解"字义"的依据和基础。故此，汉字教学最重要的是在"汉字构形学理论"指导下，依据汉字学理来讲解汉字，而不是简单地教学生机械地认识汉字的"形音义"，需要通过渗透汉字的学理知识揭示汉字的"形义关系"，使学生在理论上充分认识和理解汉字，并注重训练学生具备分析汉字"形义关系"的能力。

三、教学目标

（1）了解全功能零合成字以形象表意的特点。

---

❶ 中华人民共和国教育部. 普通高中语文课程标准(2017年版2020年修订)[S]. 北京：人民教育出版社，2018.

(2) 感受全功能零合成字不可拆分的特点。

(3) 明确全功能零合成字构字能力强的特点。

四、教学过程

(一) 课前学习任务布置

全功能零合成字

一 二 十 厂 卜 人 入 儿 几 匕 了 刀 力 又 三 干 土 士 工 大 弋 小 口 山
巾 川 丸 勺 夕 广 亡 门 丫 之 尸 已 弓 子 女 飞 习 马 丰 王 井 元 云 木
犬 歹 车 牙 屯 戈 瓦 止 少 日 中 水 贝 手 牛 毛 气 升 长 片 斤 爪 月 氏
丹 乌 文 亢 火 斗 户 心 予 示 巨 凸 目 甲 申 电 田 冉 皿 凹 生 失 矢 乍
禾 丘 白 瓜 令 册 鸟 主 穴 永 矛 母 耳 亚 臣 再 页 虫 曲 回 肉 竹 臼 自
行 舟 兆 伞 衣 玄 羊 米 州 羽 豆 酉 串 身 卤 龟 角 卵 辛 弟 直 雨 非 鱼
网 兔 京 单 革 面 盾 帝 首 壶 鬲 高 象 鹿 率 鼎 鼠 燕

(1) 查阅曹先擢和苏培成先生主编的《汉字形义分析字典》，学会使用这部工具书。

(2) 依据《汉字形义分析字典》，以表格的形式写出上面汉字的构意。

这些汉字是高中阶段所有需要"巩固""加深"的"全功能零合成字"，为了有效开展教学，我们在上课之前就将这些"全功能零合成字"下发给学生，让学生依据《汉字形义分析字典》找出这些字的字义，并思考汉字字义确定的依据。目的是通过这一问题启发学生对汉字"因义构形"表意特点的关注和思考，真正领会并理解"全功能零合成字"构形的表意特点。

(二) 课堂教学

对于"全功能零合成字"的课堂教学安排，设计了三个具体的教学活动。

1. "由今溯古析字义"

具体的教学活动步骤是：

(1) 教师提供所需"巩固""加深"的162个"全功能零合成字"的古文字形。

(2) 引导学生通过观察甲骨文字形，感受汉字"构形"与"构意"之间的关系。

（3）引导学生通过感受甲骨文、金文、小篆到楷书字形的发展变化，适当渗透汉字悠久历史及字形由形象到符号的发展变化特点。

这一环节旨在带领学生重温已学的"全功能零合成字"，引导学生发现汉字"构形"与"构意"之间的内在联系，并使学生对汉字具有悠久历史及字形变化特点有深切的感受。

2."火眼金睛辨字形"

具体的教学活动：分小组让学生仔细观察162个全功能零合成字的形体构成。

这一环节旨在使学生关注到"全功能零合成字"的构形特点，避免对汉字进行"无理拆分"。

3."头脑风暴集字群"

具体的教学活动：以比赛的形式将162个"全功能零合成字"分给10个小组，在规定时间内，完成为162个"全功能零合成字"聚集字群的任务（教师提供高中阶段所有需要"巩固""加深"的会义合成字和义音合成字，让学生在这个范围内，尽可能快地找出含有这162个全功能零合成字的会义合成字或义音合成字，用时最短组获胜）。

这一环节旨在通过全功能零合成字在会义合成字与义音合成字中充当表义或示音功能构件，使学生体会汉字构形之间的联系，并对汉字构形的系统性特点产生直观感受。

1. 由今溯古析字义

师：同学们，课前给大家发的汉字都认识吗？

生：认识。

师：那我们请几位同学来说一说，验证一下是不是真的认识。

（学生能正确把握汉字的形音义）

师：看来大家没有骗老师，是真的认识了，但是有人知道它为什么以这样的字形表示这样的字义吗？

生：（沉默）

师：看来大家都没有想过这个问题，而且还可以看出，同学们对汉字的"前世"与"今生"还不是很了解。其实汉字并不是生来就写成这样的，从产生、发展到现已有几千年的历史，其中必然发生了不小的变化。同学们也许只知道汉字的"今生"，那么现在，老师带大家看看它们的前世究竟是怎样的。请同学们认真看下面这些字，并且告诉老师，你们都认识吗？

（PPT呈现）

甲骨文	金文	小篆	楷书
⛰	⛰	山	山
氵	氵	川	水
田	田	田	田
木	木	木	木
☽	☽	月	月
☉	☉	日	日

生：哦……象形字。

生：我知道了，汉字以前就是被画出来的，就是我们小学时候学的象形字。

（学生的记忆被唤醒）

师：没错，它们确实就像被画出来的一样，但它们确实也不是画，而是真正的文字，你生活在那个时代也这样写字。

师：那大家现在能回答汉字的形体与汉字的字义之间是什么关系吗？

生：汉字用图形的方式描画出了它所要表达的意义，像"山"，就是用"山"的形象表示出"山"的意思。水、田、木、日、月也是根据事物本身的形象来表示字义的。

师：非常好！正如东汉许慎在《说文解字·叙》里面所说的："仓颉之初作书也，盖依类象形，故谓之文。"也就是说，仓颉最初造字的时候，是依据物类的形体特征把它描画出来的，所以叫作"文"。简单来说就是汉字的"字形"是由其所记录"汉语的语义"决定的，"字形"是根据所记录语言体现的事物特征描绘出来的。从汉字古文字形来看，其形与义是统一的关系。这就启发我们分析汉字的"字义"可以从"字形"出发，我们把汉字的这种表意特点称为"汉字的表意性质"，这是汉字的根本属性，是必须牢记的。

师：了解了这一特点后，老师还有一个疑惑，大家看，人们通过甲骨文的字形比较容易了解它的字义，但汉字为什么不延续使用甲骨文字形而要变化呢？如果一直使用甲骨文大家不就没有不认识的字了？那该多好呢！

生1：肯定有人不善于画画，万一把猫画成狗岂不是闹笑话了。

生2：画出来也太费时间了，高考写完一篇不低于八百字的作文时间不够，不合适。

生3：简单的事物还好，可是有些字不太好画吧？

……

师：没错，大家都觉得不能画，所以汉字也就顺应时代，由以前的"图画象形"发展为今天不象形的"符号"了。除此之外，大家还发现了这些字的共同特点了吗？重点关注它们的字形结构，小组可以讨论一下。

2. 火眼金睛辨字形

组1：我们组发现它们都是独体字。

组2：我们组觉得大多数是独体字，但像"金鱼"的"鱼"，"羽毛"的"羽"应该不是独体字。

师：看来大家对什么是"独体字"还有异议，那我们来分析一下这些字的构成。首先，它属于"字"，前面我们说过汉字最根本的特点是什么？没错，通过字形表示字义，也就是汉字构形的表意性。

师：以"金鱼"的"鱼"字为例。汉字的"字形"是为体现"字义"服务的，通过"字形"可以分析出"字义"。

师：根据组2同学的理解，"鱼"既然不是独体字，那么也就是说，它可以进行拆分。那么你们组是如何拆分的呢？

组2：可以拆分成"⺈""田"和"一"三个部分。

组2：或者拆分成"上半部分"和"一"两部分。

师：但这样拆分之后，构件能不能表示它的字义呢？构形与构意之间是否还存在关联呢？

组2：这个……好像不能表示。

师：为了验证结论是否正确，我们来看一看"鱼"的"前世"。

（PPT呈现）

实物"鱼"的图片	甲骨文	金文	小篆	楷书
🐟	𤉯	𩵋	𩵋	鱼

师：大家看出"鱼"的字形和实物小鱼有什么联系了吗？

生："鱼"就是一条鱼儿的形状，有鱼头、鱼鳍、鱼身、鱼尾甚至身上还有一条条的鱼鳞。

师：也就是说"鱼"的各部分整合在一起组合成了"鱼"的完整形象，如果单独拆出其中一个部分，表示的就是鱼头、鱼鳍、鱼身或者鱼尾了，而不是完整的鱼的样子，所以"鱼"是不可以拆开的，拆开之后"⺈""田"和"一"这些构形就失去了构意，也就是在"鱼"这个字形中不能表意了。

师：我们再来看"独体"的问题。"独"意味着是独立一个单位，独体字是指字形是单独的一个形体，结合汉字的表意性，是指独体字是由单独的一个构件体现汉字的字义。所以说，判断汉字是不是独体、能不能拆分的依据应该是什么？

生：汉字构形所体现的构意，即"字义"的来源和依据。

师：诸如此类的字还有很多，同学还能举出其他一些例子来吗？

生1：竹、壶、伞、鼎、册、角、贝。

生2：兔、鹿、鼠、燕。

师：看来这样的字还真不少呢，这些字从字形来看，还有相离和相间的部分，但从构意来看，已经不能再拆分了，再拆就无法体现构意了。

3. 头脑风暴集字群

师：课前大家说自己已经阅"字"无数了，那老师现在可要考考大家了，就是上面出现的这些汉字，大家还在别的字当中看见过吗？也就是它还会和哪些字组合？比如"日"可以和"月"组成"明"，也可以和"木"组成"杲"。大家注意也可以是这些字的变体，比如"人"的变体"亻"，"手"的变体"扌"。

生：好多呢！

师：那咱们现在就来一场比赛。不过，在比赛之前老师要先检查一下同学们是否已经完成了课前学习任务（利用《汉字形义分析字典》，写出高中需要"巩固""加深"的162个象形字的构意），大家把自己的成果都摆在桌面上。

师：看来同学们都很自觉，现在老师将给出你们所有高中需要"巩固""加深"的会意字和形声字。你们需要从老师提供的这批字中，找出含有这162个象形字的合体字。我们分成10个小组，每组选一个代表，抽签决定自己小组的组别，前九组都是16个字，最后一个小组18个字。我们来看一下哪个组能最先完成，计时十五分钟。

组别	汉字	汉字	构意	组构的汉字	高中需要巩固加深的会意字和形声字
1组	一厂入匕力干 二卜几了又三 十人几刀	一	数目字，最小的整数	无	甜 世 及 出 建 字 家 颜 坐 里 闪 采 男 北 尖 就 尘 有 笔 明 林 从 众 双 尾 森 影 比 亮 半 师 同 全 穿 加 找 夏 医 吹 陟 动 孙 相 喜 安 阴 阵 冰 香 陆 阳 道 光 死 信 连 拿 外 原 知
		二	数目字，一和三之间的整数	些 仁	
		十	数目字，比九大一的整数	廿 世 博	
		厂	没有墙壁或只有一面墙壁的房屋	原 厅 厨 厕 厢 厦 厚 厘 厥 厮	
		卜	烧灼龟甲以占卜吉凶祸福	外 占 盐 卦	

续表

组别	汉字	汉字	构意	组构的汉字	高中需要巩固加深的会意字和形声字
1组	一厂入匕力干 二卜儿了又 十人几刀三	人	能制造工具并使用工具进行劳动高等动物	从 信 位 伏 侦 伐 情 们 保 北 全 仙 付 佩 佐 佣 伛 作 住 及 比 休 仙 付 佩 佐 佣 伊 仵 候 坐 众 体 件 便 仁 答 你 什	幼 意 奇 鼓 套 肥 层 好 昌 扁 威 宝 确 类 武 昏 突 豚 付 功 罚 舒 典 帘 尊 鲜 形 班 败 兵 剥 初 定 汇 扛 察 苗 等 位 分 灾 容 致 觅 巷 讨 赞 筋 碰 扇 规 戒 件 联 益 麻 计 警 占 雀 凭 巫 蕊 娶 体 些 呈 皂 如 休 刮 仙 利 衔 族 解 棘 筑 牢 闻 烦 集 庄 艳 撑 脆 戒 绵 闲 兄 匠 否 恐 启 慈 闹 息 猝 碧 没 守 另 名 留 话 敬 取 顺 软 贫 君 革 鸣 博 孝 炎 呆 泪 岩 友 插 社 墨 囚 佩 蚌
		入	进来或进去，与"出"相反	无	
		儿	小孩子	光 兄	
		几	像几案，古人坐时供倚靠的家具	凳 亮 凭	
		匕	饭勺	匙	
		了	明白、结束	无	
		刀	武器，引申泛指用于切、割、削、砍的有锋刃的工具	解 刚 剪 刻 剑 刊 别 剌 班 刷 剧 创 劈 割 刨 刑 列 剁 荆 切 剐 剖 副 刨 剁 剌 判 剃 剖 削 剜 剌	

263

续表

组别	汉字	汉字	构意	组构的汉字	高中需要巩固加深的会意字和形声字
1组	一厂入匕力干 二卜儿了又 十人几刀三	力	古文字形像耒形，用耒须用力，故指力量	男 加 动 幼 另 筋 功 劾 劣 勇 助 勃 努 势 勤 勉 励 肋 勋	衍 臭 灶 涉 折 看 宰 罢 吠 伏 间 恒 便 劫 冠 划 辞 悉 狱 侵 垒 辱 逸 皇 昏 岔 委 斩 鲁 寇 唤 秉 劣 旬 斑 畜 幽 岳 茭 盗 困 脉 妥 射 躬 匦 诬 佐 墟 偏 诏 薪 挟 鞍 谯 徒 矗 霍 仁 赫 删 啮 析 偕 恫 卡 彪 佣 咒 涵 闰 宜
		又	古文字像手，指右手	及 双 取 友 侵 奴 反 叙	
		三	数目字，二和四之间的整数	无	
		干	古字形像使用的武器，在丫杈的两端和中间捆上石头，用以攻击对方。本义指干犯、冒犯	竿 杆	

师：好，时间到。第一组同学你们找到了多少个含有"一""二""三"……的汉字呀？剩下几个组呢？

师：大家的眼力真不错！短短15分钟就为它们组合了这么多汉字。大家在这个过程中有哪些感受呀？

生1：这些字能组合成的汉字真多呀！尤其像"水（氵）""木""口""手（扌）"等。

生2：但有些字就组合不了几个字。

师：那大家有没有思考过这是什么原因造成的呢？

生3：可能"水（氵）""木""口""手（扌）"等在生活中比较常见吧，其他像"串""乍""率"等就不常见了。

师：没错，其实归根结底还是由汉字的表意性质决定的。汉字作为记录语言的工具，汉字的多少与语言中这类词的多少密切相关，当某类词与人们的生活关系不密切时，其构字量自然就小，组合能力也就相对较弱，反之则强。

师：大家在字义上还有什么发现吗？

生4：这些字的构形是相互联系的，前面的独体字经常充当合体字的部首。像含有"水（氵）"的字，在字义上都与"水流、河流"相关，含有"木"的字就都与"树木"相关。其他字也都是这样。

师：也就是说这些独体字经常作为表义构件出现在合体字当中，具有提示字义的作用。正如许慎在《说文解字》中所言"凡水之属皆从水"，意思就是说"凡是与水相关的字，都采用'水'作偏旁"。

生5：但是像包含"串"的"窜""蹿"和包含"乍"的"昨""炸""诈"并没有和"串""乍"产生字义上的联系。

师：非常好，所以老师说它们是"经常作为表义构件"，而不是"都作为表义构件"。那么这也就点明了独体字的另一个功能——充当示音构件。

师：老师大概统计了一下，同学们找出了将近2000个含有这162独体字的合成字。而这2000个字占高中需要"巩固""加深"汉字的一半左右，也就是说只要掌握了这162个独体字，就相当于已经掌握了一半高中需要"巩固""加深"的汉字了。可见这些独体字是构成其他合体字的基础，具有很强的构字能力。它们既可以在合体字中充当表义构件，也可以充当示音构件，前者提示字义，后者提示语音。所以，我们一定要重视这批独体字，它将成为我们后续学习的重要基础。

师：我们来总结一下本节课所学的内容，相信同学们通过这节课的学习，一定会对汉字产生了新的认识。首先，我们已经明确了汉字"字形"与"字义"的关系；其次，我们也明白了"字义"是进行汉字拆分的依据；最后，是对独体字作为构字基础的地位有了相应的了解。

（三）教后反思

通过本节课的学习，学生既巩固了义务教育阶段所学的汉字，又对所学汉字有了新的认识，能够将义务教育阶段所学的零散的汉字知识进行归纳与整合，从源头及理性的角度重新认识汉字，达到理性认识汉字、分析汉字的高度，对"全功能零合成字"作为汉字基础的重要地位有更深刻的理解，意识到掌握汉字学理知识的重要性。

（2）会义合成字的教学实践。

在对需要"巩固""加深"义务教育阶段所学汉字的梳理过程中，我们统计出所需"巩固"汉字中共包含 39 个会义合成字，所需"加深"的汉字中包含 279 个，共计 318 个会义合成字。318 个会义合成字是由 254 个表义构件（去重后数据）组合而成，其中大部分是所需"巩固""加深"义务教育阶段所学的"全功能零合成字"。为了使学生更好地理解"会义合成字"的表意方式和特点，同时加深学生对汉字构形系统性的认识，我们在教学材料的选择上，以含有前面所学"全功能零合成字"作为表义功能构件的"会义合成字"为主要教学内容，同时挑选出已学全功能零合成字中构形能力较强的"口"和学生不易理解的"亻""阝""夂"作为教学展示内容。具体教学设计如下。

会义合成字教学设计

高中阶段所需巩固加深义务教育阶段会义合成字的教学设计

一、学情分析

通过上一节课的学习，学生已经对"全功能零合成字"的形体结构和表意方式及特点有了充分的感受，对它的构形基础地位也有了较为深刻的认识。为了强化学生对汉字表意性的认识，并引导学生体会汉字构形系统性的特点，我们有必要在分析"会义合成字"的形体组合方式时，让学生充分感受和体会"全功能零合成字"在组合"会义合成字"（合体字）中作为参构构件的构形基础作用。

对于"会义合成字"的学习，其理解和掌握的难点在于它的表意方式。由于组合"会义合成字"的构件皆为成字构件，并且已经全部义化，因此，学生可能会认为多个表义构件之和即为"会义合成字"的字义，但实际上"会义合成字"的表意方式是由"表义构件所提供的诸多意义信息共同表示的"❶，并不是几个构件意义的简单相加。所以我们将"会义合成字"的表意方式及特点作为本节课的重点内容进行讲授。

二、教学目标

（1）了解会义合成字的形体组合方式。

（2）掌握会义合成字的表意特点。

三、教学过程

对于会义合成字的课堂教学安排，我们共设计了两个教学活动。

1. 了解会义合成字的组合方式

具体的教学活动步骤：

（1）师生交流讨论，对比全功能零合成字与会义合成字形体组合方式的不同，总结归纳会义合成字的表意特点。

（2）检查课前作业的完成情况（要求学生分小组对所需"巩固""加深"的318个会义合成字进行构件拆分，并分别写出它们"的"构意。

（3）对学生构件拆分的情况进行分析和讲解。

这一环节旨在使学生能够明确全功能零合成字与会义合成字的形体组合方式，并学会对"会义合成字"的构件进行正确拆分。

2. 掌握会义合成字的表意方式

具体的教学活动步骤：

（1）引导学生感受拆分后的各构件与字义间的关系，体会构件数量与位置对字义的影响，同时对诸如"彳""攵""阜（阝）"和"邑（阝）"等这些从字形不易看出构意的字进行讲解，明确字义是由各构件的意义信息综合体现的含义。

（2）教师提前完成对会义合成字构件拆分的统计工作，要求学生对拆分后的构件与前面所学的"全功能零合成字"作对比，体会全功能零合成字在会义合成字中充当表义功能构件的作用。感受全功能零合成字以具体形象表意，会义合成字以表义构件所提供的诸多意义信息综合表意方式的不同特点。

---

❶ 王宁.汉字构形学导论[M].北京:商务印书馆,2018:131.

这一环节旨在使学生掌握会义合成字的字义是由表义构件所提供的诸多意义信息综合体现的，并在这个过程感受全功能零合成字和会义合成字不同的表意方式。

(一) 课前学习任务布置

会义合成字

采	颓	建	凳	字	家	里	尖	闪	北	出	就	男	有	笔	明	尘	从	双	林	影	比	尾	半
师	同	亮	穿	加	找	全	医	吹	夏	孙	相	喜	阴	阳	阵	冰	安	香	死	信	连	光	外
甜	及	世	原	知	拿	闹	体	初	幼	息	些	定	呈	汇	奇	鼓	没	如	套	守	休	苗	另
等	名	仙	位	好	利	分	昌	话	衔	灾	扁	敲	族	容	威	取	致	宝	顺	棘	觉	软	筑
巷	类	贫	绵	插	羴	赞	昏	牢	突	鸣	闯	件	博	烦	扇	付	舒	集	规	功	炎	庄	艳
呆	戚	君	泪	孝	讨	典	岩	武	联	帘	豚	闲	益	友	尊	牧	兄	麻	社	匠	计	智	墨
否	警	彤	歪	贼	占	班	囚	启	雀	败	蕊	凭	兵	蚌	娶	剥	衍	臭	灶	看	罟	坐	陆
冠	侵	狱	众	森	寇	解	罚	巫	佩	劫	宰	恒	便	悉	间	辞	辱	垒	岔	皇	昏	冤	逸
斩	鲁	旬	秉	劣	岳	晓	畜	幽	盗	困	脉	焚	射	躬	匪	妥	蚀	旸	氓	佐	赘	侦	诏
薪	壕	鞍	憔	徙	挟	霍	仁	赫	蠢	唔	析	偕	删	卡	彪	佣	惘	涵	闺	宦	咒	伐	羹
彰	奴	帛	炙	屏	铐	蜷	谷	羌	鏊	频	戍	腔	遨	喋	褓	腑	铟	派	估	冗	甘	涟	叛
撮	杳	蟠	陟	庚	羼	驭	鸯	屎	尿	孚	凶	杳	羔	涎	汐	迥	濒	膳	牵	雁	掳	焖	橇
瞿	烨	颐	赞	羼	泂	篦	佃	燹	荟	漩	骈	龇	峪	涉	折	伏	吠	磐	碧	盐	羁	楞	寰
筋	瘪	攸	掰	羼	彝																		

(1) 查阅《新华字典》等工具书，将不认识的字注音，写出各字的字义。

(2) 找出这些汉字的直接构件，写出它们的构意。思考这些构件与字义之间的关系，体会直接构件在字形中的功能作用。(利用《汉字形义分析字典》进行构件拆分)

(二) 课堂教学

1. 会义合成字的组合方式

师：上节课我们一起学习了汉字家族当中的"独体字"，今天再来带大家看它的其他兄弟。大家仔细观察一下课前发给大家的汉字，与上节课的汉字相比，它们最大的不同是什么？

生1：这些字都是合体字。

生2：总体来看，形体结构相对较为复杂。

师：没错，这些字均为合体字，而且相对上节课的独体字而言，形体结构确实复杂化了。但是如果大家都认真地完成了上节课老师给大家布置的任务，你们可能就不会有这种感觉了。怎么样？大家都完成了吗？

生：完成了。

以下展示内容为学生课前利用《汉字形义分析字典》对"会义合成字"构件拆分的情况：

汉字	构件拆分	字/词	构意
采	爪（爫）	手	从"手"表示"手"，从"木"表示"树"。综合其表义功能构件所体现的"构意"，"采"的本义为"摘取"
	木	树	
颓	秃	头上无发	从"秃"表示"头上无发"，从"页"表示"人头"。综合其表义功能构件所体现的"构意"，"颓"的本义为"头秃"
	页	人头	
建	行（廴）	行动	从"行"表示"行动"，从"律"省，表示"法律"。综合其表义功能构件所体现的"构意"，"建"的本义为"建立典章法度"
	律	法律	
凳	登	床凳	从"登"表示"床凳"，从"几"表示"几案，古人坐时供倚靠的家具"。综合其表义功能构件所体现的"构意"，"凳"的本义为"右腿没有靠背的坐具"
	几	几案	
字	宀	房屋	从"宀"表示"房屋"，从"子"表示"孩子"。综合其表义功能构件所体现的"构意"，"字"的本义为"在屋内生育孩子"
	子	孩子	
家	宀	房屋	从"宀"表示"房屋"，从"豕"表示"猪"。综合其表义功能构件所体现的"构意"，"家"的本义为"屋内养猪，是定居的人家"
	豕	猪	

续表

汉字	构件拆分	字/词	构意
里	田	田地	从"田"表示"田地",从"土"表示"土地"。综合其表义功能构件所体现的"构意","里"的本义为"民户聚居之地"
	土	土块	
尖	小	小	从"小"表示"小",从"大"表示"大"。综合其表义功能构件所体现的"构意","尖"的本义为"物体细小尖锐的末端"
	大	大	
闪	门	门	从"门"表示"门",从"人"表示"人"。综合其表义功能构件所体现的"构意","闪"的本义为"从门中向外张望"
	人	人	
北	人	人	从"二人"表示"两人相背"。本义为"背离、违背"
	人	人	

师：同学们真棒！你们在拆分完会意字之后有什么感受？可以结合具体的字例进行简单陈述。

生1：有些字虽然由同一构件组成，但数量不同，字义差别也很大。例如以"人"为表义构件组成的"从"和"众"。"从"以"一个人在前面走，另一个人跟在后面走"表示"跟随"之义，"众"以"三个人聚集在一起"表示"许多人"之义。它们所用的构件都相同，只是数量有区别，但字义差别却很大。类似的还有"森"和"林"等。

生2：不仅构件的数量会影响字义，位置不同也会对其造成影响。例如"杲杲日出"的"杲"和"杳无音信"的"杳"。"杲"以"太阳升到了树顶上面"表示"明亮"的意思，"杳"以"太阳落到了树的根部，天已经昏黑"表示"幽暗"的意思。它们的构件相同，但位置不同意思也就不一样，汉字可真有趣。

师：你们观察得真仔细，体会得也很到位，给你们一个大大的赞。确实如你们所言，构件的数量和位置都是影响字义的重要因素，而且越早的字形，位置对它的影响也越大。比如"解决"的"解"，"涉水"的"涉"，"利益"的"益"，大家仔细观察它们的甲骨文、金文、小篆字形，从构件位置与字义的联系上，说一说与楷书有哪些不同。

汉字	甲骨文	金文	小篆
解			
涉			
益			

生1："解"是以"用手解剖牛角"来表示"解开"之义的，它的甲骨文和金文字形都是根据"解牛"的实际情况来安排构件位置的，把"手"放在"牛角"两边，"牛"居于最下方，符合"解牛"的真实情况。但从小篆开始，"手"不再放于"牛角"两边，"牛"也没有整体放在最下方。

生2："涉"以"两只脚涉水之形"表示"蹚水过河"之义，甲骨文、金文、小篆都是以"水"在中间，"双脚"放于两侧来构形的，符合"涉水过河"的情景。但楷书字形则直接以两个成字构件"水（氵）"和"步"构形，不再将形体与物象对应。

生3："益"以"水溢出了器皿"之形，表示"水溢出"之义。"益"是"溢"的本字，本义是水满后溢出。引申为增加。它的甲骨文、金文、小篆、楷书都以"水"在"皿"上构形，符合生活实际。

师：也就是说，除了"益"仍承袭了古文字形的构形状态外，其余均不与物象对应了。而且楷书在简化的过程中，或出于结构紧凑的要求或出于构形美观的需要，字形都在一定程度上发生了变异，导致我们对它的拆分与字义的分析都出现了一定的困难。那么大家在对这些会意字进行拆分时遇到过什么困难吗？

生1：感觉有些字不好拆分，比如"光""半"。

生2：我觉得有些字可能不能再拆分了。

生3：有些字拆分后感觉字义还是不理解，比如"瘪""旅"。

师：那我们以"光"为例来说一下吧。我们知道汉字最大的特点是什么？

生：表意性。

师：它的字形是依据什么来构形的？

生：汉字所记录汉语词的某一个义项。

师：也就是我们反复强调的，通过汉字的形体，是可以分析出字义的。

师："光"从现代楷书字形来看是不是不太好拆分？或者感觉它已经不能再拆分了？那我们就一起去看看它的古文字形，探究一下究竟能不能拆。如果能拆，又可以拆成哪几个构件？

楷书	甲骨文	金文	小篆
光			

师：从甲骨文和金文来看，可以看出"光"由哪两个部分组成？

生："火"和"人"。

师：很形象地画出了"火"在"人"上的样子，那为什么"火"在"人"上的组合就是"光"的意思呢？大家可以结合当时的社会历史想一想。

生：古时还没有发明电灯，所以没有电灯之类的照明工具，只能用"火"来照亮，用"火"照亮可为"人"带来光明，而且我们的祖先在很早的时候就发现了火的作用，钻燧取火不仅体现了人知道火可以照亮取暖，而且火还可以烹饪食物，从此人类不再茹毛饮血，进入了文明时代。

师：很聪明，你从汉字的构形当中看到了蕴含着的丰富文化内涵，这就告诉我们可以通过汉字让我们间接地了解古人的生活。

师：不仅如此，大家看，从甲骨文到今天的楷书，汉字正一步步从象形走向符号，所以大家在分析"光"时才会出现前面所说的问题。但只要我们回溯到它的古文字形，它的字义就很好理解了，所以老师也希望你们在遇到不理解的字时，学会利用一些图书或网络资源查阅。

图书推荐			网站推荐
《说文解字》——许慎	《汉字形义分析字典》——曹先擢/苏培成	《万有汉字》——何大齐	汉字全息资源应用系统
			汉典

师：剩下的几个不理解的字就留作大家的课后小练习。

2. 会义合成字的表意方式

师：刚刚我们学习了如何对会意字进行正确的拆分，不仅如此，老师还对拆分后的表义构件进行了统计，老师发现这些会意字共包含666个表义构件，去掉重复构件一共还有253个（不包括构件变体）。大家看这些构件都熟悉吗？

去重后会义合成字的表义构件

木 秃 页 律 登 几 宀 子 豕 田 土 小 大 门 止 山 京 尤 力 毛 日 月 景 彡
尸 八 牛 自 帀 凡 口 高 穴 牙 戈 入 匚 矢 欠 首 目 壹 车 女 禾 甘 歹 儿
夕 卜 舌 十 厂 泉 合 市 本 幺 自 此 二 正 王 可 殳 长 寸 寺 山 立 户 册
苟 肰 谷 戍 耳 至 久 川 束 见 巩 共 巳 米 分 贝 帛 甭 双 犊 氏 鸟 马 尃
羽 舍 予 佳 夫 工 广 丰 色 尹 老 石 关 巾 皿 苜 林 羊 斤 知 黑 不 敞 丹
戉 叩 恖 任 血 半 取 录 器 一 元 带 角 去 辛 亘 更 采 辰 厽 白 兔 鱼 少
丘 虎 次 永 身 弓 虫 扁 亡 民 左 敄 贠 召 新 虚 革 安 焦 走 夹 雨 赤 直
齿 皆 上 下 用 闵 函 臣 兄 羔 美 章 白 弄 契 卷 各 敫 步 空 幼 禁 保 府
固 派 右 连 反 最 琵 彝 弋 旦 延 同 涉 善 瞿 庑 闷 鼀 昍 华 执 彭 冉 回
医 壮 会 旋 并 七 声 四 方 仑
爪（爫）肉（月）竹（⺮）阜（阝）冰（冫）人（亻）辵（辶）衣（衤）水
（氵）艸 刀（刂）言（讠）金（钅）支（攵）糸（纟）示（礻）犬（犭）网
（罒）心（忄）包（勹）食（饣）火（灬）病（疒）龟（亀）行（彳、亍）玉
（珏、王）手（扌、又、彐、卄）

生：熟悉，大部分都已经学过了。

师：那老师随便说一个，"不"是什么意思呢？

生：就是"不要、拒绝、没有"，是否定副词。

师：那"正"呢？

生：就是"整齐、端正"。

师：那"歪"呢？

生：（哈哈）就是"不正、不整齐、斜的"。

师：也就是说"歪"就是由"不"和"正"组成的，而"不"和"正"刚好就是"歪"的字义。怎么样，汉字是不是很有趣，这样的例子还有很多，你们还能想起哪些这样的例子呢？

生1：尘、卡。

生2：尖、歹。

生3：吠、鸣、哮。

师：很好。不过，这只是会意字的一小类，它们的字义刚好由这两部分字义相加组合而成，但实际上我们更常见的是下面这类汉字。

口	名君如呈啮同知喜吹占加
阝	陆阴阳
彳	徙
廴	建

师：首先来看第一组，大家思考一下，它们分别表示什么意思，在字义表达上与上面所说的字有什么不同？同学们如果觉得有困难，可以借助《说文解字》或《汉字形义分析字典》的解释去分析。

师：现在我们找几位同学给大家解释一下前三个字。

生1：《说文解字》将"名"解释为"自命也。从口从夕，夕者，冥也。冥不相见，故以口自名"。也就是说因为晚上看不清远处的人，所以就靠自报姓名来告知。

生2："君主"的"君"上面的"尹"其实是一个人拿着木杖的形象，"口"表示下发命令。合起来以"手持木杖"和"发号施令"来表示"君"高高在上，有权柄、有威严的气势。

师：也就是说，这些字在表意的时候并不是几个构件义的简单相加，而是需要我们去思考表义构件之间的关系，当然这个关系可能凭我们现在的能力还是有一定困难的，所以在课前也给大家推荐了《说文解字》《汉字形义分析字典》等书供大家查阅和参考。

师：除了构件之间的表意关系难以理解外，有些字在演变过程中还产生了许多变体，导致我们从字形上无法准确判断出构意。

师：同学们来看第二组，这些字大家都熟悉吗？

生：它们都含有"左耳刀"。"陆"的本义是"陆地"，指高而平的地方。"阴"的本义是"水之南，山之北"。"阳"指"水之北，山之南"。

师：它们的字义都包含"山"这个共同要素，也就是说"阝"与"山"有关，既然与"山"有关，那为什么要称之为"左耳刀"？它的字形是怎么形成的呢？我们来看一下它的古文字形和草书字形。

汉字	古文字形			人为简化
	甲骨文	金文	小篆	草书
陆	无			
阴	无			
阳				
阜				
山				

师：如果大家认真观察的话，就可以发现"阝（左阝）"就是我们今天的"阜"字，从上面展示的小篆字形就可以清楚地看出这一点。

生:"阜"的古文字形就是土山的样子,只不过是竖起来的。

师:没错,"阝"是楷书根据草书字形进行楷书化的结果,故将其写作"阝",它很像人的"耳朵",又常作为偏旁出现在字的左面,所以称之为"左耳刀"。

师:除此之外,老师还发现一些字,它们同样含有"阝",只不过位置是在右边,如"都""邦""邹"等,人们将这种出现在右面的"阝"称为"右耳刀",那它们的字义相同吗?我们同样来看看它们的古文字形和草书字形。

汉字	古文字形			人为简化
	甲骨文	金文	小篆	草书
都	〔图〕	无	〔图〕	〔图〕
邦	〔图〕	〔图〕	〔图〕	〔图〕
郑	无	无	〔图〕	〔图〕
邹	无	〔图〕	〔图〕	〔图〕
邯	无	无	〔图〕	〔图〕
郫	无	〔图〕	〔图〕	〔图〕
邑	〔图〕	〔图〕	〔图〕	〔图〕

生:原来"右耳刀"就是"邑","邑"的甲骨文上面是地域的象形,

下面是一个席地而坐的人，本义是"人们聚居的地方"。因此以"右耳刀"为偏旁的字多表示地方、封邑，上面"国都"的"都"，"邦国"的"邦"，"邯郸""郑""邹"等，都表示地名。之所以演变成"右耳刀"，仍然是草书楷化的结果。

师：那剩下的"彳"和"廴"又分别表示什么意思呢？大家可以小组合作也按照上面的方式试一试，或许会有新的发现。五分钟后我们找两个小组给大家展示一下。

组1："迁徙"的"徙"从"彳"从"走"，"彳"表示"道路"，从"行"可以看出，"彳"即"行"的省形，"走"表示"两只脚"，合起来以"两只脚在路上走动"表示"迁徙"之义。所以从"彳"的字通常都与"行走"有关，如"往""征""徐""循""從""徒"等字。

汉字	甲骨文	金文	小篆
徙			
行			

组2："建设"的"建"从"廴"从"律"省，《说文解字》里面是这样解释的，"建，立朝律也。"即建立典章法度。也就是说"廴"就是"行动、建立"的意思。为确保"廴"表意的准确性，我们组又找到了同样从"廴"的"延"，从它的甲骨文可以看出"廴"即"彳"的讹变。同时，我们组还从上一小组展示的"徙"和"行"的小篆字形中更明确了"廴"就是"彳"的讹变，二者的区别就在于"廴"的最后一笔有所延长。综合以上内容，都可以说明"廴"与"行走、步行"有关。

汉字	甲骨文	金文	小篆
建			

续表

汉字	甲骨文	金文	小篆
延			
徙			
行			

师：两个小组的表现都非常棒，你们已经具备了举一反三的能力，老师很高兴。从大家的表现中可以看出，同学们已经具备了准确分析汉字构意的能力。为了强化大家对会意字构意的认识，接下来老师将和同学们一起完成下面象形字和会意字构意方式的对比表，从而明确二者在构意上的不同。

师：我们首先来回顾一下象形字的表意方式，同样还是给大家展示几组例字。

象形字	甲骨文	金文	小篆	会意字	甲骨文	金文	小篆
日				明			
月							
人				休			
木							

师：请同学们认真观察上面的象形字和会意字，说一说你都发现了什么？

生：我发现右面的会意字都是由左面的象形字组成的。

师：那你能谈一谈它们的表意方式有什么不同吗？

生：象形字是通过具体的形象来表意的，通过古文字形就可以很直观地看出字义。像"日""月""人""木"，古文字形就是字义的直观呈现，是通过实物的形象直接表意的。但像"明"和"休"虽然由"日"和"月"这两个构件组成，但字义却不是"太阳和月亮"。"休"由"人"和"木"这两个构件组成，但也不是"人的木"或"人和木"之类的意思。实际上"明"表示"光亮、明亮"之义，这是由于在地球上人们昼夜能够感受到天空中发光的星体就是"日"和"月"，所以古人就用"日"和"月"组合起来表示"明"。"休"以"人在树下休息"表示其本义"休息"。它们的字义都不是由两个或几个构件简单相加得来的。

师：这位同学解释得很清楚，总结得也很到位，大家掌声鼓励一下。

师：也就是说，象形字是以具体形象来表意的，多表示一些有具体形象且可以描摹的名词的意思。而会意字则是通过构件之间的相互关系综合表意的，它可以表示更为复杂抽象，无法用具体形象表示的动词或形容词的意思。

师：通过这节课的学习，我们对象形字和会意字的组合方式已经有了很好的区分，对会意字的拆分也有所了解，同时对会意字的表意方式也有了认识。这是本节课的重点，需要同学们课下多多练习。

（三）课后反思

通过本节课的学习，学生对汉字的认识进一步加深。在教学过程中能够自觉地通过字形分析确定字义，并对构形能够进行合理拆分。明确了"会义合成字"的"表意"是通过表义功能构件之间的相互关系综合体现的，区别于"全功能零合成字"通过自身的形象具体直观表意的方式。通过"会义合成字"的学习，很好地促进了学生逻辑思维能力的训练与提升。

（3）义音合成字的教学实践。

义音合成字占整个高中教育阶段所需巩固、加深汉字的83%，从数量上来说是最多的一类字。既然是巩固和加深义务教育阶段所学的汉字，就不能再是以单个汉字的讲解为主，而是要能够做到讲一个字带动一批字的效果，即系统地成批地"巩固"和"加深"所学的汉字。

通过对"巩固"和"加深"汉字的梳理，我们统计出义音合成字共计2957个。由于义音合成字的示音功能构件体现的是古音系统，而汉字的表意性质又使其字形并不随其语音的变化而变化，于是针对汉字的现代读音，"义音合成字"的示音功能已经大大减弱。另外，汉字教学最重要的目的是通过字形分析了解和掌握字义，故对于"义音合成字"的示音功能构件在此暂且不作过多阐述，而是把重心放在表义功能构件的作用上。经统计，"义音合成字"的表义功能构件共150个，但大部分都已经在学习"全功能零合成字"和"会义合成字"中学习过，只有为数不多的几个是需要新学的。所以，在教学过程中，我们特别将表义构件进行整合，注重引导学生从感受表义构件所体现的汉字构形系统性特点的角度进行学习。具体教学设计如下。

高中阶段所需巩固加深义务教育阶段义音合成字的教学设计

一、学情分析

"会义合成字"的形体组合方式同"义音合成字"相近，都是由两个或两个以上构件组合而成，但不同在于"会义合成字"中的构件皆为表义功能构件；而"义音合成字"中的构件功能则分为表义功能构件和示音功能构件。学生只有掌握了正确区分表义功能构件与示音功能构件，才能正确理解"义音合成字"及其特点，从而掌握其字义。因此，本节课的重点内容首先是使学生学会正确拆分并区分"义音合成字"的表义构件与示音构件。其次，由于语音的演变，"义音合成字"的示音功能已大大减弱，因此，要使学生理解示音构件与"义音合成字"读音不同的原因。最后，"义音合成字"中的表义构件，其表义功能只是表示一个大的"义类范畴"，与"全功能零合成字"和"会义合成字"的表意方式是不同的。"全功能零合成字"的表意方式是具体而直观的形象表意，"会义合成字"的表意方式是通过组合构件之间的关系进行综合表意。因此，通过三种构形模式表意方式的比较，使学生感受这三种构形模式构形与构意的特点，学会正确分析汉字的同时，加深理解汉字的表意性特点。

二、教学目标

（1）了解义音合成字的形体组合方式，学会正确拆分义音合成字的表义构件与示音构件。

(2) 掌握义音合成字的表义构件表示一个义类范畴的表意特点，体会汉字构形的系统性。

三、教学过程

对于义音合成字的课堂教学安排，我们共设计了三个教学活动。

1. 了解义音合成字的声符

具体的教学活动步骤：

(1) 由教师对2957个"义音合成字"作初步的筛选，找出学生平时容易误读的字。

(2) 教师课堂上随机抽查学生认读，要求学生指出声符，并关注声符的位置，引导学生通过这些易读错的字，把握"义音合成字"的声符与实际读音的差距，同时对声符位置不固定这一特点有所了解。

这一环节旨在使学生能够正确把握"义音合成字"的声符，了解声符位置的不固定及与实际读音的变化，从而达到多方面了解"义音合成字"声符的目的。

2. 正确拆分义音合成字

具体的教学活动步骤：师生交流讨论正确拆分义音合成字的方法，可以引导学生先将表义构件找出来，然后再辨别声符。

这一环节旨在使学生能够正确把握拆分"义音合成字"的方法，同时加深对汉字表意性的理解。

3. 领会义音合成字的表意特点，体会汉字构形的系统性

具体的活动步骤：通过表格，对比、总结全功能零合成字、会义合成字、义音合成字的表意特点，并体会汉字构形的系统性。

这一环节旨在使学生把握"义音合成字"的义符表示义类范畴的特点，体会汉字构形的系统性，同时总结并加深对全功能零合成字、会义合成字、义音合成字这三种构形模式表意特点的理解，学会正确区分汉字的表义功能构件和示音功能构件，从而正确理解字义。

(1) 了解义音合成字的声符。

师：上节课我们学习了会意字，我们说会意字的表义构件都是表义的，我们可以通过各构件之间的关系来分析汉字的意义，但是生活中最常

见的还不是这种类型的字，而是像"榆、松、桃、枫、梨、榴、梧、桐、梭、橘、橡……"一类的字。

生：哦……形声字。

师：没错，我们生活中大概有80%到90%的字都是形声字，那你们觉得这些字有什么共同特点呀？

生：他们的右半部分就是这个字的读音，只要认识右半部分就会读这个字了。

师：哦？都是这样吗？那这些字呢，比如"欺""飘""削""鸦""放""领"等。

生：哦……不对，声音也有可能在左边。

师：仅仅是左右吗？

生：也可能在上边或下边。

师：可以举几个例子说明一下吗？

生1："梨""犁"在上面。

生2："案""鲨""架""驾""娶"也在上面。

生3："花""爸""芭"在下面。

生4："晨""竿""露""麓"也在下面。

师：真棒，所以说汉字的声符可能在汉字的各个位置。

师：不过形声字的声符还有另外一种情况也很常见。不知道大家有没有听过"秀才识字识半边"这个故事，就是说秀才遇到不认识的字，不去查字典，因为他觉得那样会丢自己作为读书人的颜面，于是啊，他就从众多汉字中发现了只读半边的诀窍，刚开始人们都觉得他学识渊博，可是啊，日子久了，他也因此闹了不少笑话。比如：

"良莠不齐"　"刚愎自用"　"垂涎欲滴"　"狭隘"　"桎梏"
"锲而不舍"　"力能扛鼎"　"呱呱坠地"　"发酵"　"泥淖"
"风光霁月"　"怙恶不悛"　"一丘之貉"　"皈依"　"踟蹰"
"针砭时弊"　"稗官野史"　"瞠目结舌"　"蹊跷"　"暴殄"

这些字大家都能读对吗？

生：还真得小心呢！

师：所以说读字还真不能读半边。为什么有些字读半边就是对的，有些就容易出错呀？

生：形声字只是找了一个读音相近的字来提示语音，他们的读音本来就不是完全相同的。

师：没错。除此之外，汉字的发展历经千年，它的语音与所构字之间的读音早已发生了很大的变化，因此，大部分汉字的声符与其所构汉字的读音只能是相近的情况，甚至还有一些声符与其字音完全不同。

（2）正确拆分义音合成字。

师：既然它的声符不固定，那我们就没办法从它的位置上去辨别它的声符了，你们有什么办法可以正确区分汉字的声符吗？

生1：前面老师推荐给我们读的《说文解字》《汉字形义分析字典》都可以进行查阅。

师：也就是说你要利用工具书进行区分，看来你学会了"善假于物"啊！

生2：在平时学习的过程中，老师反复强调汉字是表意文字，所以要想辨别声符，可以先把它的义符找出来，剩下的自然就是声符了。

师：你已经掌握了逆向思维的方法，非常好！那我们就用上面第一组例子来验证一下，看看你的方法可行不可行。

生1："良莠不齐"的"莠"表示狗尾巴草，属于草类，所以"艹"是义符，"秀"自然就是声符了。

生2："刚愎自用"是说很固执、自以为是，与人的心理有关，所以"忄"是义符，"复"就是声符了。

生3："垂涎欲滴"就更好理解了，指的是人的口水，与"水"有关，所以"氵"是义符，"延"就是声符了。

生4："狭隘"中，我们经常说"关隘""隘口"就是指一种险要的山道，所以"阝"是义符，"益"就是声符了。

生5："桎"指"脚镣"，"梏"指"手铐"，合起来指"脚镣和手铐"，它们通常由木头制成，所以"木"是义符，"至"和"告"是声符。

师：看来先区分出义符，再找声符是个不错的方法。同时，这也告诉我们必须对表义构件有充分的认识，前面我们已经对象形字和会意字的表义构件做了细致的分析，对它们的表意特点也已经有了清晰的认识，那么，形声字在表意方面又会有怎样的特点呢？让我们一起学习。

3. 领会义音合成字的表意特点，体会汉字构形的系统性

师：我们先来回顾一下上节课对象形字和会意字表意特点的比较，然后填写下面表格中象形字与会意字的表意方式。

不同构形模式表意方式对比

构形模式	汉字	表意方式
象形字	日、月、人、木	通过具体形象表意
会意字	明、休	通过各构件的关系综合表意
形声字		

生：象形字是通过具体形象直接表意的，会意字是通过构件间的关系综合表意的。

师：总结得很好，那我们再来看今天所学的形声字，大家能列举几个与"日""月""人""木"有关的形声字吗？

生1：晚、昨、晴、暖、暗、昀……

生2：期、朔、朗、朦、胧……

生3：伶、俐、佣、俊、俏、伛、倩、傲、侧、仰……

生4：柳、杏、桃、梨、杨、棉、梧、桐、枫、松、柏、桂、橙、栅、栏……

……

师：这些字的意思大家都了解吗？相比象形字和会意字，大家觉得形声字的义符在表意上有什么特点？

生：它不如象形字和会意字那样具体，从这些字的义符当中，我们只能推测出它与"太阳""月亮""人""树"有关，但具体是什么搞不清楚。

师：没错，也就是说相比象形字和会意字，形声字不能具体直接地提示字义，它的义符只表示一个大的"义类范畴"。从"日"的字，都与"太阳"有关，从"月"的字，都与"月亮"有关，从"人"和"木"的字，都与"人"和"树"有关。而这一特点也就告诉了我们只要掌握了"日""月""人""木"这些义符的构意，也就相当于掌握了从"日""月""人""木"的这一批字，因为从它们的字，构意基本是一致的。这是汉字构形系统性的体现，也是我们以简驭繁地巩固加深这些汉字的有效方法之一。因此，我们可以将上面的表格补充完整：

不同构形模式表意方式对比

构形模式	汉字	表意方式
象形字	日、月、人、木	通过具体形象表意
会意字	明、休	通过各构件的关系综合表意
形声字	晓、昨、朦、胧、伶、俐、柳、杨……	通过表义构件提示义类范畴表意

师：综合前面所有的学习，都可以使我们感受到表义构件对字义理解的重要作用。前面我们已经对象形字和会意字的表义构件做了细致的分析。为了让大家从整体上把握高中需要"巩固""加深"汉字的表义构件，老师又将形声字的表义构件与前面象形字和会意字的表义构件做了对比，并筛选出新出现的表义构件和高中所有需要"巩固""加深"汉字的表义构件，从而使我们能够有针对性地进行学习，既做好巩固复习，又要在此基础上不断努力提升。具体统计情况如下表所示：

构形模式	表义构件
象形字（162）	一 二 十 厂 卜 人 入 儿 几 匕 了 刀 力 又 三 干 土 士 工 大 弋 小 口 山 巾 川 丸 勺 夕 广 亡 门 丫 之 尸 巳 弓 子 女 飞 习 马 丰 王 井 元 云 木 犬 歹 车 牙 屯 戈 瓦 止 少 日 中 水 贝 手 牛 毛 气 升 长 片 斤 爪 月 氏 丹 鸟 文 亢 火 斗 户 心 予 示 巨 凸 目 甲 申 电 田 冉 皿 凹 生 失 矢 乍 禾 丘 白 瓜 令 册 鸟 主 穴 永 矛 母 耳 亚 臣 再 页 虫 曲 回 肉 竹 臼 自 行 身 兆 伞 衣 亥 羊 米 州 羽 豆 酉 串 身 卤 龟 角 卵 辛 弟 直 雨 非 鱼 网 兔 京 单 革 面 盾 帝 首 壶 鬲 高 象 鹿 率 鼎 鼠 燕
会意字（253）	木 秃 页 律 几 宀 子 豕 田 土 小 大 门 止 凵 京 尤 力 毛 日 月 景 乡 尸 八 牛 自 帀 凡 口 高 穴 牙 戈 入 匚 矢 欠 首 目 壴 车 女 禾 甘 歹 儿 夕 卜 舌 十 厂 泉 合 市 本 幺 自 此 二 正 王 可 殳 长 寸 寺 山 立 户 册 茍 阶 谷 戌 耳 至 夂 川 朿 见 巩 共 巳 米 分 贝 帛 舂 双 牪 氏 鸟 马 專 羽 舍 予 隹 夫 工 广 丰 色 尹 老 石 关 巾 皿 酋 林 羊 斤 知 黑 不 敢 丹 戍 口 怂 任 血 半 取 录 器 一 元 帶 角 去 辛 亘 更 采 辰

续表

构形模式	表义构件
会意字 (253)	血白兔鱼少丘虎次永身弓虫扁亡民左敝贞召新虚革安焦走夹雨赤直齿皆上下用闵函臣兄焦美章白弄契卷各微步空幼禁保府固派右连反最暮舞弋曰延同涉善瞿房闷羴朋华执彭冉回医壮会旋并七声四方仑 爪（爫）肉（月）竹（𥫗）阜（阝）冰（冫）人（亻）辵（辶）衣（衤）水（氵）艸（艹）刀（刂）言（讠）金（钅）攴（攵）糸（纟）示（礻）犬（犭）网（罒）心（忄）包（勹）食（饣）火（灬）病（疒）麤（𠁼）行（彳、攵）玉（珏、王）手（扌、又、彐、廾）
形声字 (150)	艹立木皿马口父尸竹八女辵土贝鸟雨辛足禾身曰虫冰夂欠走羽矢戊彡至目邑羊子玉爪阜风弓金冖病戈巾士见卩页车青月力穴米广自口酉革身斤牛能瓜里户田隹异石耳山斗老门敫齿厂工辛非夕片岳弋殳林歹音舌象似鱼申耒采虍鬼豸光毛瓦豕韦大戌北角止男邑白黑匚长泰庚谷气皮匕死西骨彭香卜壹文冂册鹿 人（亻）水（氵）衣（衤）刀（刂）言（讠）糸（纟）攴（攵）火（灬）犬（犭）包（勹）肉（月）食（饣）示（礻）网（罒）手（扌、又、廾）心（忄、⺗）行（彳、攵）
新学的表义构件（30）	父辛走戊风卩青能异敫缶音似耒虍鬼豸韦戌邑泰庚皮西骨勹月心（⺗）足（𧾷）邑（右阝）
高中需要巩固、加深的所有表义构件（358）	一二十厂七匚卜入八儿几匕冖了凵卩力又三干土士工下寸大弋上小口口山巾川彡九凡勺夂夕广亡门丫宀之尸巳巴弓子女飞习马幺丰王井夫元韦云木市不尢歹车牙屯戈瓦止少同日曰中贝见牛毛气升长片斤反父仑分月氏欠风丹乌殳文亢方斗户尹予双正去甘本可叵左右石戊北凸目甲申电田兄冉皿同凹四生失矢乍禾丘白瓜令用氏册鸟主市立半穴永民召皮矛母幼耒戈寺老巩执耳共亚豆臣再西束戌页死夹至此贞虍光虫

286

构形模式	表义构件
高中需要巩固、加深的所有表义构件（358）	曲 回 岂 岳 舌 臼 延 任 似 华 自 血 身 会 合 兆 伞 各 色 辛 队 亥 羊 并 关 米 州 安 羽 厽 走 赤 声 更 豆 酉 辰 豕 连 步 里 男 串 秃 身 囱 采 谷 豸 龟 角 卯 辛 闵 冈 弟 次 壮 青 长 取 茍 直 林 雨 非 走 齿 虎 房 固 知 隹 帛 舍 采 鱼 兔 京 府 庚 卷 单 空 录 帚 函 契 匽 壴 革 面 皆 骨 面 香 保 泉 鬼 盾 律 音 帝 美 酋 首 派 扁 弄 敎 彰 壶 曹 尃 高 眉 高 羔 涉 能 敕 虚 異 象 鹿 章 旋 率 敬 最 鼎 景 品 黑 毳 犇 泰 焦 善 惢 登 禁 瞿 鼠 新 叡 燕 舞 人（亻）刀（刂）犬（犭）攴（攵）水（氵）爪（爫）火（灬） 示（礻）包（勹）网（罒）肉（月）竹（⺮）冰（冫）衣（衤） 艹（艹）糸（纟）足（⻊）辵（辶）言（讠）金（钅）食（饣） 病（疒）甃（⺋）玉（王、珏）阜（左阝）邑（右阝）心（忄、 小）行（彳、亍）手（扌、又、廾、彐）

师：从上表中我们可以发现，新学习的表义构件只有30个，其余构件都是在象形字和会意字中已经学习过的，在2919个义音合成字中并没有再大量增加其余构件。也就是说，上面我们统计的359个表义构件包含了高中所有需要"巩固""加深"的三类汉字，并且是数量最多的三类，至于其他类型的汉字则完全可以包含在这些表义构件当中，故可以忽略不计。综合来看，也就是说这359个表义构件构成了我们所需"巩固""加深"汉字的基础，它们就像一个网络，把高中所有需要"巩固"、"加深"的汉字全部纳入这个网络当中了，例如"日""水""手""木""口"字。

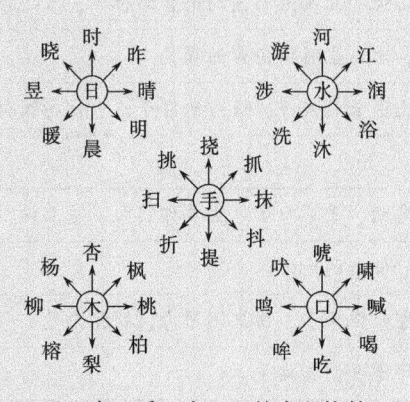

日、水、手、木、口的表义构件

所有从它们的字都类聚在同一个网络结点，可见汉字在构形上并不是孤立存在的，而是处在一个严密的构形系统当中。它们是由一批具有构字能力并能体现构意的最小元素（形素）为基础组合而成的，这些汉字凡是具有共同的形素，彼此间都会发生一定的关系，因此，它可以使每个汉字的构形都纳入一个网络当中，体现了汉字构形的系统性。

师：所以，老师的要求是希望大家能够把前面我们已经积累的象形字、会意字和今天新学习的几个表义构件进行归纳整合，以方便我们后续的记忆、学习，也希望同学们课下能够勤看、多思、巩固复习。

表义构件	构意
一	数目字，最小的整数
二	数目字，一和三之间的整数
十	数目字，比九大一的整数
厂	没有墙壁或只有一面墙壁的房屋
七	数目字，六和八之间的正整数
匚	盛物器
卜	烧灼龟甲以占卜吉凶祸福
入	进来或进去，与"出"相反
八	象分别相背之形，本义为分开，后借用为数目字，七和九之间的整数
儿	甲骨文像小儿头大而囟门未合的样子，本义指小孩
几	几案，古人坐时供倚靠的家具
匕	甲骨文像长柄浅斗，饭勺的样子，古代指饭勺
宀	房屋
了	像手弯曲，手挛曰了。主要作明白、结束讲
凵	小坑、低洼的地方
力	古文字形像耒形，用来须用力，故指力量
又	古文字像手，指右手

续表

表义构件	构意
三	数目字，二和四之间的整数
干	古字形像使用的武器，在丫杈的两端和中间捆上石头，用以攻击对方。本义指干犯、冒犯
土	甲骨文的土，一表示地，一上像土块，本义指泥土
士	甲骨文像雄性生殖器，指男子
工	金文像斧头，下是锋利的刃。从工的字多与工具、技能有关。本义指工具
下	甲骨文是在一横曲线下加一点，指明下面。本义指底部
寸	从又从一，又表示手，一指示出手靠后一寸的地方。本义为长度单位
大	甲金文像伸开两臂的人，用成年人的形象表示"大"的概念。基本义指大小的大

师：通过今天的学习，相信大家对义音合成字（形声字）的示音构件（声符）已经有所了解，对如何正确拆分义音合成字（形声字）的示音构件（声符）和表义构件（义符）也有所领悟，对这三种构形模式的表意特点也都有了清晰的认识。今天的学习就到这里，同学们再见！

四、教学反思

义音合成字是所有汉字构形模式当中所占比例最高的一类字，因此教师应当带领学生对这类汉字的构形特点有很好的把握，使学生了解"义音合成字"示音构件与现在汉字读音的差别，学会正确拆分"义音合成字"的表义构件和示音构件，并能正确把握"全功能零合成字""会义合成字""义音合成字"这三种构形模式的不同表意特点，使学生具备自主分析"义音合成字"的能力。

（二）巩固加深义务教育阶段所学汉字知识的教学策略

通过以上具体的教学实践和学生前后测试卷结果的对比，我们发现学生对于义务教育阶段所学的汉字知识比较零散且缺乏对汉字学理的正确认识，对于汉字的认识仅停留在只知其然而不知其所以然的状态。经过一段时间的学习之后，从学生的测试卷作答情况及平时的学习当中我们发现学生在对汉字理性认识方面有明显的提高。如学生已经意识到字理学习的重要性，而且能够自主运用汉字学理知识去解决文言文当中的字词问题，也能够将这种能力迁移到现代文阅读的文学鉴赏方面，在平时的习作过程中会有意识地在选词造句上加以揣摩。这说明在高中教育阶段仍有必要对义务教育阶段所学的汉字知识进行巩固加深。我们必须打破当下"教师轻视，学生忽视"的现状。因此，下面我们将结合具体教学实践过程当中的心得，为高中阶段巩固加深义务教育阶段汉字知识教学提出一些有针对性的策略。

1. 教学过程要注重知识内容之间的衔接与提升

经过九年义务教育阶段的学习，学生已经积累了一定的识字量，对于汉字的常用义也已经基本掌握，因此，一些教师觉得在高中教育阶段已经没必要再进行汉字教学，对于汉字的衔接问题更是没有提上教学日程，但在实际教学过程中，我们发现学生对于汉字的基本认识是存在不足的，对汉字的认识仅停留在小学或初中阶段，而且这种认识还是零散的，可见教师有必要将义务教育阶段所学的汉字知识进行巩固提升，使学生对汉字的感性认识提升到理性的高度。如在"全功能零合成字"的教学当中，我们针对学生对汉字构形与构意关系不明确的问题，利用"全功能零合成字"古文字象形性突出的特点，引导学生对汉字"因义构形"的特点有初步的认识，这样一方面巩固了义务教育阶段所学的汉字，又使学生对汉字的字义有了新的认识，能够使学生从汉字的表意性质出发理解字义，使学生建立汉字可解释的理念，而不仅仅是简单告诉学生汉字的字义是什么，要求学生识记。另一方面，当学生具备了对汉字的科学认识之后，学生又能将这种对汉字的认识迁移到高中新学的内容当中，使学生的能力得以提升。

2. 巩固加深的汉字内容需要统筹规划合理安排

对于高中阶段所需"巩固""加深"的汉字以及汉字学理知识，教师要能做到统筹规划合理安排。高中语文课程标准在"语言积累、梳理与探究"学习任务群的学习提示部分提出，该任务群应"贯串整个高中阶段，既有课内活动，也应有课外任务"；对于该任务群的安排可以"集中安排"

也可以"穿插在其他学习任务群中"并与各个学习任务群中"阅读与鉴赏、表达与交流、梳理与探究的语文活动有机结合在一起"❶，也就是说对于高中阶段所需"巩固""加深"的汉字及汉字学理知识，教师要有所规划、有所布置，课前需要让学生了解什么、课内需要完成那些学习任务、课后需要辅助进行哪些活动、如何将该任务群与其他学习任务群有机联系起来都是教师应该思考的。如本章就将高中阶段对义务教育阶段所学汉字的巩固学习集中在"全功能零合成字""会义合成字"和"义音合成字"这三种构形模式上，而这三种构形模式上，每次教学安排都有相应的课前与课后任务布置，使其与课堂内容相衔接，既能让学生很好地融入本节课的学习，又能使学生课后有巩固有提升。

3. 教学方法的多元不可违背汉字学理

这是王宁老师在汉字教学方法上多次提及的问题，对于本书也同样适用。汉字虽然在几千年的发展中已经发生了很大的变化，但汉字的性质并没有变，汉字的学理知识也没有变，汉字也不像个别教师认为的随便讲讲就好，怎么讲都是对的，只要让学生记住就好。这是对汉字的错误认识，所以在教学当中我们时刻将汉字的学理放在第一位。因此，当学生面对"光"字无法拆分时，我们采取的方法是溯源古文字形，而不是让学生死记硬背，记住就好。在讲解"韭"时，也没有依它的楷书字形随意将它拆分成"非"和"一"这样的错误构件。更没有像个别教师那样，为了使学生记住它的字形、提高学生的学习兴趣就胡乱讲解汉字的理据，将"韭"解释为"不是（非）一根，而是一大片"这样的谬论。当然，在这个过程中我们不是要排斥一些教师为了提高学生的学习兴趣而设置一些有趣的教学活动，而是这个教学活动一定是建立在符合汉字学理规律的前提下，不能仅是为了学生的学习兴趣而随意讲解汉字，这样的教学只能得到片刻的所谓"良好的学习氛围"，此后对学生真正认识汉字，真正提升学生的核心素养是百害而无一利的。

4. 增强引导学生科学进行语言积累、梳理的意识

教科书是学生实现"语言积累梳理与探究"学习任务群的媒介，因

---

❶ 中华人民共和国教育部.普通高中语文课程标准(2017年版 2020年修订)[S].北京:人民教育出版社,2018:1.

此，在教学过程中要提示学生关注教科书中所出现的语言材料，并做好积累与梳理的工作，善于对比。在这个过程中，重点指导学生通过汉字现象，梳理汉字学理知识，并在梳理的基础上掌握探究汉字特点与规律的方法，以此培养和训练学生具有独立汉字学习的能力，实现终身汉字学习的目标。此外，除了教科书，教师也应当引导学生树立"大语文"的学习观念，使学生具备从生活中发现语言现象，探究语言规律的意识，并能将这种语言规律应用于自己的写作当中，建立自己的语言库。

第五节　"汉字表意性和系统性特点"专题研讨教学实践

一、"汉字表意性和系统性特点"专题研讨教学材料的确定与梳理

本节内容为"汉字表意性和系统性特点"专题研讨教学实践，主要围绕"汉字表意性和系统性特点"确定专题研讨的内容。"专题"依据的字料是基础教育阶段涉及的全部汉字，即义务教育和高中阶段出现的所有汉字。

小学阶段教学材料来源于小学的语文教材，即统编本一到六年级十二册语文教材中"识字表"与"写字表"中的所有汉字。我们参考已有的研究成果对统编小学语文识字表、写字表中的生字量进行了统计，共计5334个汉字。经过去重处理，排除所有文本内的重复字，确定小学低段汉字教学的实际生字量为1619个，小学中段汉字教学的实际生字量为1520个，小学高段汉字教学实际生字量为896个。将小学各阶段所学生字量经过去重最终确定小学所学汉字为3004个。

初高中阶段均没有设立专门的识字表、写字表，因此没有明确初高中阶段具体要认识的汉字。因此，初中阶段的汉字材料经过去重处理，排除所有文本内的重复字，最终得出初中阶段不重复汉字为3941个，经过和小学阶段所学汉字的对比，最终得出初中阶段新学汉字为1093个。因此，义

务教育阶段学习汉字总数为 4097 个。高中阶段经过去重处理，排除所有文本内的重复字，最终得出高中不重复的汉字数量为 4195 个。经过去重处理，排除和义务教育阶段的重复字，确定高中汉字教学的实际生字量为 898 个。

据此，我们将基础教学阶段所学汉字 4995 个，确定为"汉字表意性和系统性特点"专题研讨教学的实践研究所依据的汉字教学材料。

（一）4995 个汉字的形义关系

王宁先生提到："汉字教育重要是因为汉字本身重要"。[1] "科学的汉字讲解，就是在不违背汉字构成规律和演变规律的前提下，对构意直接、明确的字加以准确讲解；或对需要经过推源再来讲解的汉字，推源后再来讲解"。[2] 由此可知，进行汉字教育的前提是要找到典型的汉字，明确汉字的形义关系，对可以讲解的汉字进行讲解。汉字形义关系有五种类型：

（1）"形义统一"的字是指从汉字整个发展过程看，汉字的构形与构意始终清晰，称为有理据字。例如"牛、羊、电、云、雨、刃、见"等。

（2）"形义不统一"的字是指字形在演变过程中出现"构件黏合""汉字隶变""汉字简化"等使汉字的形义关系一时间难以辨认。但通过溯源的方式，构形和构意的关系依然可以非常清楚的字。例如，"民"本义为"奴隶"，是奴隶主用刀将其左眼刺穿，强迫为奴。但从现在字形中没有看到"目"眼睛的样子，但经过溯源古文字形可知，"民"作一眼睛的形象，而有刃物以刺之的样子，本义为"奴隶"。

（3）"形义脱节"是指汉字的形体不能体现字的本义，只是用来记录假借义。例如，"亦"本义为"腋下"，借作文言虚词后，另造"腋"字，表示"腋下之义"。

（4）"形义不明"是指该字恢复到古字形时，构形和构意的关系依然

---

[1] 李节.再谈汉字教育的科学性——北京师范大学教授王宁访谈[J].语文学习，2015(3):7-11.

[2] 王宁.汉字教学的原理与各类教学方法的科学运用(下)[J].课程·教材·教法，2002(11):26.

是不明确的。例如"乏",反正为乏,本义为"不正",后乃专指贫乏。但通过溯源,从古字形中仍然无法看出贫乏的构意。

(5)"形不表义"是指有些汉字的形体只是用来记音节,不表示意义。这些字多是外来词或连绵词,两个或多个字记录一个语素。例如"徘徊",这样的词中任何一个字单独使用都没有意义。

从以上五种形义关系的说明中可以看出,"形义不统一""形义脱节""形义不明""形不表义"的汉字无法直接通过构形体现构意,反映字义,故不作为"汉字表意性和系统性特点"专题研讨教学的教学材料。只把"形义统一"的汉字,其构形与构意关系明确,可以进行准确讲解的汉字作为重点的教学内容。

因此,结合已有的研究成果中对4995个汉字文字学属性的测查,进行整理发现4995个汉字中"形义统一"的汉字为3690个。

(二) 3690个汉字的构形模式

形音义是汉字的三要素,只有字形才是汉字的本体,音和义是汉字从汉语中承袭而来。因此只有"把字形作为汉字的中心来探讨,才能从理论上研究其内在的规律"。❶六书中的象形、指事、会意、形声是人们公认的四种构形模式,但这四种构形模式对从古至今的汉字难以完全涵盖。因此,王宁先生在这四种构形模式的基础上,创造了"结构—功能分析法"来讨论汉字的构形模式,来囊括所有时代汉字的构形模式。"结构—功能分析法"把汉字构形划分为11种构形模式:全功能零合成字、标形合成字、标义合成字、标音合成字、形音合成字、义音合成字、有音综合合成字、会形合成字、形义合成字、会义合成字、无音综合合成字,除此以外还包括一部分构意半存字与无构意字。笔者在整合学界已有研究成果的基础上,根据汉字的11种汉字构形模式,对3690个汉字进行了构形模式分类归纳与总结。

从汉字构形模式的分类来看,3690个汉字共涉及8种构形模式分别是全功能零合成字、标义合成字、形音合成字、义音合成字、有音综合合成

---

❶ 王宁.系统论与汉字构形学的创建[J].暨南学报(哲学社会科学),2000(2):16.

字、会形合成字、形义合成字和会义合成字,还有一小部分汉字由于构意丧失被纳入半理据和无理据式类型中。其中,义音合成字(2989个)、会义合成字(377个)和全功能零合成字(208个)数量最多,共计汉字3574个,占比高达71.55%。详细字见表2-27。因此,本论文"汉字表意性和系统性特点"专题研讨教学的实践研究依据的主要教学材料为全功能零合成字、会义合成字、义音合成字。

表2-27 全功能零合成字、义音合成字和会义合成字统计

功能	汉字
全功能零合成字	肉士片电言龟了井弓毛贝面兔弟南令巾升鸟干刀尖羊直心女气日虫再又象二一田耳人共已京白习册氏入瓜非长兴竹豆夹燕广立羽三夕门马我力生水少元真飞牙车木米子角牛小禾十厂才土文自云单之火身出串中山几口见回高主大手王目雨互月丁衣鱼首不工鸟斗鹿伞童世舟户爪州壶甲乏川失穴止垂及尤囟示民乎克离永母鼠亡辛页至乘巨寸曲卜介史重乙亦幻而表瓦父司申亚爽丰鼎禹专兆丹予尸卵帝率丫弗勺兔盾革歹矛兼亥斤丘臣尚犬乍矢丸凹凸匕臼皿亢冉屯戈酉豸阜幺孑卮缶
义音合成字	游领奶船杨怎谁桃告澡狗哪句新坡绿沉睛背给蛙净得珠咬物诗掉暖娃荷圆窗眼织妹冈杏结钱忘战站熊该娘壮海摘遇消棉现孩鸭搬汽张作彩忙座的觉桌注甜灯害饭路活转决晨洒教望课旗满吐唱村纸像肚想野场棵邻蓝莲治呀却群起吵苹仔迹第脚昨炮候歌猫爷挂桥温都泡轻赶反做跳洗放节接拦诉绳胆脖落酷喊晴请青窝李降伴架病吃吓响语很校说据蜘迁机球快挑常静细到运嘴什扔独叫爬住盆蜻铃呼故你块墙打秋蚂床招柔情纯进查洞念近棍花准颜浇样摇钟鼻鞭们护锻地铅吗保种凉冬姓空妈呢许辆蛛睡追芽腰粮雪池造踢跑浮鸦抱蚁捉潮粽停逃成暑红腿微咕虹踪伙通趣词操萍房露笑可偏排那咚您拍院篮忽台数扛河江在时清点玩星饱所藏膀检晚过镜遍远问提透霜他吧棋跟猴让姐刷擦讲迷孤臂梳熟胖短翅瓢飘颗伸性爸草霞拔汤迟怕经躺刚勇低冻思端壁啦和捧湿蹦蚊蜓把钩橡抓沟怪籽季案崖程垮饲箭技苍椰驶佛

续表

功能	汉字
义音合成字	柱 敲 株 砍 被 议 移 懒 趁 泛 钻 依 狂 感 攻 羚 抹 寄 柏 驮 瞧 限 福 猪 围 试 刺 敏 视 滴 浴 鸽 脱 式 湾 园 葱 掏 沿 灿 酸 屁 靠 焦 股 掩 塔 梅 驾 哨 骆 欲 跨 厨 馆 味 盛 迎 搭 懊 喷 伍 纱 轮 伯 粉 粒 状 渠 幅 喘 窑 螺 泳 形 汀 部 妆 窿 猜 哄 绕 堵 罩 淘 驳 随 骗 垃 截 符 销 景 恐 纳 编 淹 序 圈 破 淋 鹂 岸 茂 渔 烫 挺 锋 银 裂 拼 值 惊 茫 浑 裹 熬 始 评 醉 统 佼 脾 谊 幕 城 泊 洪 纷 逮 锦 哀 梨 墓 饼 奖 精 遮 缝 辨 梯 极 雾 晒 传 陀 萄 糕 炸 熔 喝 桐 叼 稼 售 扑 蹲 度 诊 汁 航 笨 咨 杆 哎 烤 腊 腹 脑 挥 板 啊 波 峡 宽 裤 神 糙 管 钉 判 响 雄 店 汗 吸 剧 腾 滩 错 剩 际 深 煎 翠 翔 悦 蚣 铲 魔 坑 胡 钢 翁 蹄 羞 特 完 簸 财 简 界 脏 调 菠 祝 蚕 玲 锅 烂 倒 柿 似 笼 切 补 梧 棚 糟 菊 整 任 溪 竭 挪 紫 俩 藤 鹤 狸 堡 枪 糖 滋 拖 论 叮 炖 炒 究 疲 愣 借 救 何 蛇 削 律 药 狠 愿 炉 朗 损 铜 浅 坟 饰 捡 滚 骏 底 料 哈 赔 譬 稻 睁 拉 蜈 趟 璃 等 稀 玻 姑 额 披 塘 烟 仗 珍 赛 漂 蘑 积 荫 螃 购 遥 渐 识 谭 抗 蝴 帽 秤 志 忆 坊 蓬 婶 绚 蜜 葡 胡 帐 厢 慕 嘻 贪 驼 酪 吼 冷 姨 脸 赚 堂 蜂 滑 闻 泥 寓 邮 认 蚯 灌 郎 茄 勃 抽 戴 寞 箕 布 桂 哗 纹 荡 假 健 盯 碗 拾 选 菇 圾 控 腻 绦 拌 岛 郊 瀑 怜 粗 收 寂 踩 摆 狼 蔗 痛 醒 懂 格 油 顶 待 宵 根 终 厦 硬 茁 催 添 柴 扯 煮 艾 帆 仍 枫 茵 旺 审 研 爆 腐 货 坦 激 慈 捏 芦 堆 毯 赏 磨 帮 晃 份 浓 谢 蔽 绒 翻 咦 劝 辣 固 弹 德 烧 暗 湖 雁 桦 演 傍 渴 猩 训 捕 贴 窜 菜 慌 颈 境 瓣 猢 润 播 沙 蝉 巧 枯 源 愉 躲 宙 挡 猛 纪 舱 窄 费 担 缺 撞 堤 楼 狐 哦 嘛 祖 助 坏 宇 科 期 蚓 渡 嚷 咏 蝶 涌 抢 秧 聊 漏 街 盒 坪 掌 溜 海 洋 峰 刻 袜 忠 健 桶 线 柳 蒸 窟 纺 晓 稠 拂 挣 蔷 漠 厅 竿 淡 苦 恢 客 荆 员 铺 嗓 鞋 梁 蟹 室 修 舰 盏 踏 摩 松 着 植 秩 鹏 陡 骑 邦 轿 袄 记 探 详 抄 填 酱 逗 龄 疼 粘 托 舞 蚓 密 胜 递 涨 装 悬 薇 换 理 握 郁 扶 仿 阿 耸 弯 撒 唉 咛 映 餐 抬 袋 隔 枝 津 庐 岭 啪 鹊 防 含 剪 厕 牌 指 询 蒙 哇 题 冲 使 慢 埂 喵 玫 测 鲤 效 橱 状 循 亿 佳 跤 授 葵 藉 泄 嘱 段 鸣 汇 癌 鹄 蒜 镀 淮 讯 栓 蔬 划 港 窈 累 芙 倔 贵 英 祈 叽 砸 峻 瓶 懊 证 饶 茅 侧 炫 慰 锐 穗 凑 豌 晾 惨 徉 酗 浸 跪 径 坠 栏 榕 贡 除 娲 约 械 疯 藕 症 聋 笋 撑 喇 达 厚 持 捞 抛 裙 蝇 昂 簇 僵 栋 顿 眯 匙 模 徐 列 洁 残 唇 磋 瘦 俯 陈 怀 朝 慎 椒 征 炕 膝 煤 妨 揭 蜂 萝 嘶 吭 鲨 胸 蛾 熄 哼 狮 篇 檐 横 址 况 概 曝 沾 驱 臀 掐 虾 奢 愤 羡 炊 哑 阀 谚 埋 逆 嗷 嘀 绽 滨 眶 酒 超 镇 眨 喃 掠 奔 坤 斜 剖 资 嫩 筒 盖 柄 檀 鹦 输 迫 怯 零 枚 骄 剑 倍 键 钓 绢 漆 绩 俊 聪 怖 缩 惯 爆 促 融 辉 廊 适 妙 芹 凳 速 异 俗 焕 溉 隐 怒 增 拄 敌 宾 铛 咽 庭 抡 置 赠 仰 苇 蜗 恭 扭 厘 络 灼 掘 涯 巍 鸳 怡 骚 崭

续表

功能	汉字
义音合成字	歉 搜 偷 型 锄 膊 汪 颤 砖 渣 仇 晰 捷 毅 抚 迅 庙 糊 逐 蹈 唤 服 鲍 萤 悟 贷 价 虚 橘 描 揉 煌 帜 综 瞅 棒 眠 舔 媳 颠 继 怨 抖 悠 芋 卷 胀 澎 液 浊 唯 秘 弥 悄 推 延 渗 鲫 搏 摔 缆 彻 缭 鳄 橙 恍 核 诚 遣 乖 腹 扣 媚 歇 胶 遭 援 溢 强 翼 懈 砌 罐 淌 锁 映 伺 恕 桓 配 缤 汹 咳 浦 瞪 碌 貌 妖 洼 宛 冶 芫 碳 钳 察 芳 欺 恶 阔 棕 婆 茎 绮 偶 扮 设 龚 渊 肢 箱 焰 劈 伶 惑 驴 峭 碑 沦 诵 徽 徒 窥 普 悲 舶 梢 维 馋 隆 肠 呕 慨 绑 剂 叨 欣 扒 纤 宿 染 薯 撤 溅 喧 刮 婚 谱 付 较 夸 皱 违 苏 瑟 荒 拽 租 确 裸 努 俏 蜒 摧 屹 耀 吱 谓 垢 拥 苞 邀 钥 妇 硕 携 聚 储 捣 巅 琴 括 隙 俐 默 胳 恩 疙 废 触 辽 嗅 芬 斧 苔 牲 伦 涣 烁 啡 庞 少 拭 繁 屠 昕 撼 摊 绅 伟 震 述 唠 础 晕 拢 惹 途 存 拯 跃 耕 锡 沈 霉 蕉 畅 库 痕 缸 燃 材 薄 挪 私 构 搓 犁 碎 屈 毫 掀 职 潜 吻 栖 讶 靴 圃 谦 访 凌 涛 佟 旱 豪 逊 膜 憾 坝 铁 宴 吟 拴 扩 绣 税 阶 婴 衬 虑 姿 谣 签 诚 凝 韵 雕 豁 镶 愁 跌 恨 唐 孵 瑰 忧 软 傲 饿 骡 膨 剃 肝 拒 谜 糠 蓄 扎 仪 例 耋 袖 缚 屏 娇 召 逢 鸥 毙 钝 倾 烈 齿 魂 姥 纠 秒 萎 浙 政 绘 级 供 戚 污 溺 哺 赖 拱 缓 避 洲 了 裳 晖 警 减 逼 穴 读 崛 辈 仲 滔 纲 孟 吁 揽 蜡 蓉 蜿 历 驻 埋 隧 捆 府 呈 荚 浪 鹰 灶 锚 昧 挨 创 浏 躯 咱 泣 菌 趾 扬 肤 宅 崩 荤 练 沸 雅 哲 陶 瞎 啸 惠 蛀 啼 摸 环 障 措 吞 冀 影 稍 绸 沮 犹 膛 徜 脯 宣 胞 惧 济 跺 副 蚪 涂 胧 凄 叭 返 娟 侮 睹 辩 盲 猎 锯 屿 爹 懦 拆 混 侍 谐 态 垫 贩 富 崇 遵 诸 捐 缕 啄 惩 慧 岗 缠 搞 嘹 瘩 俱 旭 优 显 批 挤 塌 险 档 蒲 陌 够 蹭 漫 咐 蛔 绍 妄 汉 豫 遗 扰 蔡 搂 衫 醋 嘀 拨 痒 腔 代 豹 阁 鼋 忍 基 纵 颇 骂 欧 艺 释 稿 拙 顽 睫 芥 答 斯 载 颊 瞬 派 势 栽 阅 秆 韩 续 脂 嚼 鹅 楚 浩 肌 咖 眯 筐 潇 误 董 敷 厉 翮 振 喧 捶 组 盼 勤 喂 洛 撵 漾 验 茸 订 按 芒 禁 惜 践 撇 择 躁 廊 絮 项 贸 谈 藤 均 嘟 哉 猕 幔 萌 遢 瑚 匪 擂 旷 拗 揪 匪 忌 毁 割 裆 荣 拐 摇 瑞 葛 嘿 桅 跷 岂 烬 献 擅 虹 怔 皎 陷 潋 鳞 嗜 噜 誉 柜 酬 狭 魄 宏 拇 傅 锥 银 腮 眸 莹 抵 刑 嘎 祸 樱 进 矣 剔 恃 杖 御 贺 铸 搁 刊 瑜 拘 尼 黯 渺 吾 贯 梭 谴 讳 培 礁 励 眺 略 坞 咧 倚 嫂 祥 策 惚 贾 稚 吃 锤 绰 耽 雏 覆 舅 屉 眷 偿 藻 聒 玷 呻 澜 矫 插 胎 籍 迪 澈 驰 褂 搅 胚 窍 扳 陵 珑 芝 襟 浒 侩 炼 浆 惶 祷 蕾 拟 瀚 姆 莱 荐 歧 炉 陪 译 谎 朴 党 遂 炭 殖 撕 雇 稳 啃 俘 患 黏 雯 枕 瘾 挽 磁 黎 榨 施 估 袍 獐 裁 趴 寺 窘 耶 褐 呐 肆 彭 筛 版 箸 蕊 赢 怡 眷 沥 牺 撅 恳 薛 疤 俺 嫁 撩 标 绷 氧 擒 膘 殊 缴 暇 衡 杭 篓 栅 涧 秒 袭 湛 赴 跄 鹭 怠 袅 敝 碟 览 珊 颧 滥 璧 侄 凯 浆 柜 拧 挠 绵 胯 轧 畔 企 哟 馅 瓷 呵 楷 诺 笋 犯 嵌 疆 涕 轴 纽 瞌 衷 彼 睑 簧 嫣 蓟 瞑 痰 黛 驯 酵 痴 魏 瞒 桩 饥 哞 庸 等 抑 筐 廉 墩 嚷 猿 亭 喻 堪 弦 袱 矮 勉 耻 榴 傻 驼 酿 镯 蔓 钗 腕 盼

续表

功能	汉字
义音合成字	倭 蔿 蚌 澄 艇 纫 誓 瞄 熷 憎 矿 耘 蔺 毡 晦 榆 疗 僻 赋 啰 跟 峨 榜 栈 茶 绞 翘 域 龇 摄 嘲 权 埃 蘸 噪 缀 屑 愧 偎 莺 犊 谋 艄 寨 馈 恰 揩 诣 惰 镌 娜 肋 栩 逛 诈 弩 泻 督 嫌 绊 脆 飕 凛 侨 淤 谨 愈 揪 挈 伊 汛 仞 沃 码 惭 愠 逾 罔 殆 箪 陋 肱 逝 笃 淫 弛 尻 寐 點 渝 霄 烘 酝 敦 啥 贮 棱 吝 垛 瘫 痍 悴 匪 沐 蒂 梗 敛 髓 塑 蜕 漓 盏 妮 捻 殉 隘 忱 梓 戳 刨 琢 椿 耗 侣 娱 咪 诞 链 嚎 憋 蛮 蠹 稽 狄 猾 骇 聘 邪 唧 杵 鞭 朔 勋 赐 姊 鬓 帖 雌 颔 汝 忿 酌 杓 惟 铭 馨 鸿 儒 蕃 濯 亵 噫 沧 圮 僧 募 棹 湮 坎 箫 氢 署 鞠 拓 挚 衙 迭 筷 萨 颂 茍 挽 梁 镐 菩 鲜 灸 疮 悼 脐 蹬 缔 棺 捎 滞 槛 沫 掺 撅 茌 沛 哩 淀 槐 辜 钦 弧 轨 廓 砰 犀 硅 阙 溯 湍 漱 碍 轩 逸 柯 愚 迂 魁 渤 叩 垦 壤 厝 陇 匈 毂 弩 揖 蘖 房 笙 琉 歼 屉 颁 帕 氖 杞 篡 惕 捍 缅 磅 挫 畸 裕 叙 甥 肖 墓 缰 抒 伪 窒 溶 蹉 恬 涤 遏 卦 沼 芭 鳍 蚤 韧 翰 跋 仆 畴 枢 绎 惋 郡 诣 珮 坻 嵯 寥 邃 崔 贻 糁 勒 椎 攀 鲲 鹏 抟 濠 嘉 肴 睦 祗 辗 辅 庇 禅 栋 碾 谅 锣 踊 蕴 羔 馍 瞳 恬 辐 磷 讼 熙 姚 纬 澳 陨 赌 曼 砂 砾 帷 诬 堕 膏 倡 魅 阐 陕 涡 蠕 骡 闸 晖 湘 霏 曜 讥 萧 宠 芷 汀 皓 蔚 琅 洌 蕲 弈 舭 翳 挚 暂 贬 朽 苑 沁 赦 缎 赃 捂 愕 踢 墅 婿 镰 押 辖 逞 阎 簿 侥 揣 瘟 姜 迄 恤 菱 蹴 跄 僚 侵 绮 谕 怠 趋 咄 俟 绮 愠 谬 谒 撰 砥 鄙 辙 靡 讽 谏 谤 垄 阎 适 祠 篝 笞 徇 蕲 铿 鄂 柘 憔 稷 弊 弘 菲 奸 昭 淑 躬 狠 泸 弩 斟 讽 擎 冯 狎 峦 腥 舵 钞 账 滇 钩 臊 梆 捅 烙 据 馏 颖 逻 辑 肾 肺 抠 渲 诡 铐 妃 幌 缁 杠 涔 噌 磐 捋 蕤 棫 芝 惺 昵 褥 烷 橄 冶 痒 跎 璨 汕 呵 谒 荠 苊 唧 鹞 荧 踯 翱 潦 缩 挨 竹 糙 骢 凇 汶 泛 黄 皙 跖 彦 旆 踉 胍 祉 拊 廖 懵 扉 怖 婴 渚 杪 帏 纥 熹 觇 訾 灶 晤 憩 鏊 泥 陀 怛 蓊 呜 郧 泗 昕 梵 荠 苣 婢 麇 刺 愣 喑 塞 佗 蛟 鹬 恙 馕 傩 婧 楦 逡 抿 喷 愀 穰 佚 给 徕 伶 馔 恻 羼 恽 渥 嫒 喧 邶 氕 舡 焯 铿 迫 蒗 榖 撸 翎 慢 洴 鼉 挎 怔 醴 廒 笏 邮 謦 楔 逦 螳 庖 郗 沱 蹶 鞔 娅 锉 瞋 舫 镀 菽 偃 笸 梯 鵨 颗 剞 珥 督 哐 虺 泗 噙 消 沌 瀞 蟠 篡 挈 骸 猴 殒 鳝 霏 寘 斋 陕 撅 蚩 戍 诨 霍 遁 脚 泾 荸 飙 钯 笥 撷 霁 岨 滂 厩 闷 杣 炖 膊 浔 铄 檩 暂 裙 鼍 姹 筌 闵 纫 埚 窣 坻 桴 赳 鲈 峣 佐 桦 斐 伾 峥 聒 忉 汨 瀣 崤 咣 穗 阌 幡 踟 峒 眛 吃 萃 籼 蠹 苋 扳 珙 苣 筌 玳 妣 吵 喊 陨 辊 晏 悃 邯 麴 寿 犄 祜 氪 霖 瘵 泃 桨 垦 逞 柳 诉 晷 魑 骐 鲭 捌 溢 艿 跻 橐 嫦 钵 蹰 赭 蹉 哩 驸 莓 偈 姬 僳 糅 晻 甚 鹜 丕 诃 喽 哙 嬴 喋 踝 娟 葳 碇 呦 瞵 冽 醐 奎 熨 嫔 芮 宕 麻 靛 蹰 踞 猡 墺 遴 泾 塞 歆 姐 岑 酤 蝮 轸 偎 谨 蠖 瀛 癖 鹜 蕖 钺 挞 詈 僮 婀 桐 诟 妞 膦 遨 悌 筷 柁 蟒 褊 胴 槟 蘖 痣 鹆 鞅 恫 壅 橡 蓣 擢 跬 璀 郏 蚪 衣 饷 浼 楗 煜 祺 沆 蒸 轩 傅 苟 逐 嵊 黜 蔻 挛 嚔 嘈 唔 楹 珥 谯 渌 屣 鸾 悖 绢 钿 酹

续表

功能	汉字
义音合成字	坏谩挹礮摐䏝猚扪砆醉贲価追迶筋谛捋榖玡喟綮祚槁淇姝箐絖蓐雠摖徂塥襕岜澶䏡跂斿唸籽謇瑕晒瑾畸阯怿诟肩劾啜缦鳜輆赉瓠淬藩瓮铥洎莳埌庚缢绛炜郓鹢缱诶秸蕚楘嚼剽郾惛胫寥郤哂缪鏾蓝遄䢅泮醣觝抃茌滥绌镝诨砺浚忳軪圜硼缌悰蠹絜胥饔糵傰勠礅零哇鲑曷淘犧隩沂螯咫飨搴舖蕙掊悆
会义合成字	照笔闪死知好就意息些定影吹阵安拿穿闹道师森分原阴交没信扇碧里从采连男坐间初双裙全办体尘总光众阳皂茶椅同奇孙半各林香居明比尾相天流北掰亮官外冰加医票幼找动喜有集另筋年昌话赞庄功插贫刮套件留折取确烦软嫩敬巷容觅闯灾尿览等规扁肥察族博鼓报鲜棘答筑衔致绵撑碰威类雀仙舒鸣守利苗便层付突牢脆休解名宝位轰炎顺如茸昏宰斑讨皆戒耐省辟粪冠科帘囚希墙警若替凭疾旋贼弱尊串麻坚典巫智班困吠豚灶划君宗计品联肜莫盈占器旅败投兵焚泪内歪剥荧岩脉牧恒示佩吏闲晶兄蕊武涉脊词益劾改则罚妇弃耍伏昆孝崋建宋社库紧汤夏暮臭印须艳娶命呆衍墨匠算否登戍逐启看负射斩赤幽悉鲁奔葬寇兜劣甸辱侵盗畜秉亩辞席吊唬章逸皇垒冤委祭岳竟岔昏狱仁薪憔诀闱墟咒鞍霍涟咭赫蠹契删赘妥悯卸褪蚀佑彪曦鸢庚寡仳奴兹尉诏卡挟侦佃析濑邑伐冥徙骈宦涵撮叛倩瞑龛匽岷粦缦敞赘孚佣烹佐盟陟彰莽匚毁邕甫苷仕奄犛圭侃翟余枭困卅辇飨筮勾

二、"汉字表意性和系统性特点"专题研讨教学材料的探究

"汉字表意性和系统性特点"专题研讨教学材料的探究是在对基础教育阶段涉及的汉字教学材料整合的基础上进行的。通过整合基础教育阶段汉字材料,我们获得了丰富的数据信息。"汉字表意性和系统性特点"专题研讨教学材料共有3690个字,主要涵盖3种构形模式,分别为"全功能零合成字""会义合成字""义音合成字"。为了有效地指导"汉字表意性

和系统性特点"专题研讨教学实践，我们需要对这些汉字做进一步的探究，以确定"汉字表意性和系统性特点"专题教学的内容与目标。基于此，下面主要从两个方面对基础教育阶段汉字教学材料进行探究：

第一，确定"汉字表意性和系统性特点"专题研讨教学内容。首先要明确"汉字表意性和系统性特点"专题研讨教学的基本内容是对全功能零合成字、会义合成字和义音合成字的表意方式和构形系统性特点进行讲解；其次比较全功能零合成字，会义合成字和义音合成字中表义构件的表意方式的不同。

第二，制定"汉字表意性和系统性特点"专题研讨教学目标。教学目标的制定是以教学内容为依据，指导教学实践。

(一)"汉字表意性和系统性特点"教学内容的确定

1. 全功能零合成字表意性和系统性特点的教学内容

经过对 208 个全功能零合成字属性的测查，我们可以发现，其中所涉及的"汉字表意性和系统性特点"知识有：

（1）全功能零合成字作为独体字，在独立使用时是以具体事物形象的方式表意。

（2）传承式全功能零合成字在组合会义合成字的时候，它仍然是表义功能构件，它仍然可以去表意。表意方式为组合在一起综合表意，通过构件之间的组合体现某种关系，体现构意（造字意图）。

（3）传承式全功能零合成字在义音合成字中充当其中的表义功能构件，通过构建一个大的义类范畴来表意。

（4）传承式全功能零合成字在合成字中可以充当"表义功能构件"是汉字构形的基础，感受汉字构形的系统性。

2. 会义合成字表意性和系统性特点的教学内容

经过对 377 个会义合成字的属性测查，我们可以发现，其中所涉及的"汉字表意性和系统性特点"知识有：

（1）会义合成字是用两个及以上表义功能构件组合在一起，表示一个新的意义信息。

（2）会义合成字的构意并非都是由传承式全功能零合成字构成，仅将传承式全功能零合成字体现的构意进行正面意义的简单相加表意，还需要关注构件与构件之间的数量、位置等关系问题，这些因素都会引起"会义合成字"体现出不同的构意。

（3）"全功能零合成字"是通过构形的形象性进行具体而直接的构意体现，而"会义合成字"的构意是将汉字形体表达的众多意义信息进行综合。

（4）掌握汉字的结构次序，会正确拆分汉字，明确会义合成字的结构次序多为平面结构，表意方式是通过将构件的构意一次性组合而成，如"解"。

3. 义音合成字表意性和系统性特点的教学内容

经过对2989个义音合成字属性的测查，我们可以发现，其中所涉及的"汉字表意性和系统性特点"知识有：

（1）义音合成字是由表义功能构件和示音功能构件组合而成。其表意方式是通过表义功能构件提示义类所属进行表意，体现一个大的义类范畴。

（2）全功能零合成字表义功能构件、会义合成字表义功能构件和义音合成字表义功能构件在表意方面的区别在于："全功能零合成字"利用事物形象具体直接的表意方式，"会义合成字"通过构件组合之间的关系进行表意，"义音合成字"的表意体现为"表示义类范畴"的特点。

（3）义音合成字是汉字构形的主要模式，作为今文字主体是汉字构形系统的最好体现，汉字构形的系统性体现在"形音义"三方面。

（二）"汉字表意性和系统性特点"专题研讨教学目标的确定

对于制定"汉字表意性和系统性特点"专题研讨的教学目标是在确定"汉字表意性和系统性特点"专题研讨教学内容的基础上进行的。同时"汉字表意性和系统性特点"专题研讨教学目标，在教学实践中既能为教师提供清晰的教学思路，也能使教学活动与教学方法的设计更加具备实效性。

1 全功能零合成字表意性和系统性特点教学目标

（1）引导学生了解全功能零合成字的表意方式。

（2）明确全功能零合成字的构字能力。在独立使用的时候，是依靠自己的形体去表意。在会义合成字和义音合成字中，它是它们构形的基础。

（3）掌握全功能零合成字不可拆分和构形的"全功能"特点。

（4）认识到全功能零合成字是汉字构形的基础。

2. 会义合成字表意性和系统性特点教学目标

（1）明确会义合成字是用两个及以上表义功能构件组合在一起，表示一个新的意义信息。

（2）认识到全功能零合成字和会义合成字在表意方式上的不同。

（3）明确会义合成字是由全功能零合成字充当表义功能构件组合而成的事实，通过类聚相同表义功能构件的会义合成字，体会汉字"构形系统性"的特点。

3. 义音合成字表意性和系统性特点教学目标

（1）掌握义音合成字中表义功能构件"类别表义"的特点。

（2）能准确说出义音合成字中表义构件和全功能零合成字中表义构件、会义合成字中表义构件在表意方面的区别。

三、"汉字表意性和系统性特点"专题研讨教学实践与策略

"汉字表意性和系统性特点"专题研讨教学内容及目标确定后，汉字教学实践得以开展。"汉字表意性和系统性特点"专题研讨教学实践的最终目的是通过对全功能零合成字、会义合成字、义音合成字的讲解，使学生感受汉字表意的三种情况和汉字构形的系统性，从而深刻地感受汉字表意性和系统性特点，充分地认识汉字是表意文字体系的性质。

"汉字表意性和系统性特点"专题研讨教学实践，是通过研讨的方式使学生在这三类字中感受汉字的表意性和构形的系统性。本章解决的主要问题是"如何研讨"和"研讨策略"的提出问题。本章内容分为两大部分，一部分是"汉字表意性和系统性特点"专题研讨教学的实践，另一部分是"汉字表意性和系统性特点"专题研讨教学的策略，前者主要解决"汉字表意性和系统性特点"研讨的过程问题，后者主要解决"汉字表意

性和系统性特点"专题研讨的策略问题。

（一）"汉字表意性和系统性特点"专题研讨教学实践

《课标》任务群13要求"有意识地在义务教育和高中必修阶段积累的基础上，发现与汉字、汉语有关的某些问题，结合汉字、汉语普及读物的阅读，进行归纳梳理，验证汉字汉语的理论规律，例如汉字的表意性质"。[1] 由此可知，在高中阶段，需要学生掌握汉字的表意性质等相关知识。为此，我们依据《课标》要求，针对汉字的表意性和系统性特点设计了三个汉字专题研讨的教学内容。

专题一：利用传承式全功能零合成字（独体象形字）形象性特点展开研讨，由此使学生了解汉字的表意性和系统性特点。

专题二：借助会义合成字表义功能构件在组合过程中表意方式和表意作用的研讨，使学生学会通过构形分析构意，领会会义合成字的表意特点。同时引导学生类聚相同表义功能构件，从中感受汉字构形的系统性特点。

专题三：通过义音合成字组合方式及特点展开研讨，使学生感受义音合成字通过表义功能构件在义音合成字中以提示义类所属进行表意的特点。其表意方式与全功能零合成字和会义合成字不同，义音合成字的表意不如全功能零合成字及会义合成字表意具体。由此总结汉字的表意性特点，明确汉字的表意性质。学生在掌握了"传承式全功能零合成字""会义合成字""义音合成字"的表意方式之后，教师引导学生自己归纳、概括、总结汉字构形的系统性体现在形体的系统性（汉字只要形体相同就可以类聚到一起去，不管构件体现的构意是否一致），形义的系统性（相同的构形体现一致的构意），字音的系统性（示音构件与其字音的联系上）。

专题教学实践一："全功能零合成字表意性和系统性特点"的教学实践

一、教学实践说明

王宁先生提出全功能零合成字包括传承式全功能零合成字和黏合式全

---

[1] 中华人民共和国教育部.普通高中语文课程标准（2017年版2020年修订）[S].北京:人民教育出版社,2020:26.

功能零合成字。"传承式零合成字是由古文字的独体象形字直接演变来的。大量独体字在演变中一直没有发生结构模式的变化。黏合式零合成字是古文字阶段的合体字，是经过隶变、楷化发生变异，构件黏合而无法分析的字"。❶ 因"全功能零合成字"的"全功能"是指"组成它的形素形音义具备"，所以"全功能零合成字"是指从古字形独体指事字和独体象形字直接演变来的"传承式全功能零合成字"。"黏合式全功能零合成字"，因其字形只具备形音，而不具备意义，属于记号构件，故"黏合式全功能零合成字"不符合"组成它的形素必须既表形义又表音"的条件，所以我们把"黏合式全功能零合成字"划归为无理据字。

二、教学目标

（1）感受传承式全功能零合成字在独立使用时的表意方式，总结其表意特点；

（2）体会传承式全功能零合成字在会义合成字中作为表义功能构件的表意方式，总结其表意特点；

（3）体会传承式全功能零合成字在组合义音合成字中的表意方式，总结其表意特点；

（4）分析传承式全功能零合成字在合成字中可以充当"表义功能构件"的特点，领会传承式全功能零合成字是汉字构形的基础，理解汉字构形具有系统性的特点。

三、教学资源

（1）汉字构形理论方面的学习资源。

《汉字构形学导论》中提到"汉字表意性质的主要依据，就是它的因义而构形的特点"。❷ 本书第二章"汉字的性质"，第四章"构形与构意"，第七章"汉字的构形模式"等章节均对汉字表意性特点进行了阐释。因此，教师可以根据授课内容的需要，选取这三章中的相关内容，提出具体阅读要求，以小组合作探究的方式自主学习。

（2）工具类资源。

东汉许慎所著《说文解字》是我国文字学史上的第一部系统之作，书

---

❶ 王宁.汉字构形学导论[M].北京:商务印书馆,2015:124.
❷ 王宁.汉字构形学导论[M].北京:商务印书馆,2015:61.

中详细记载了9353个汉字的小篆字形及其释义，并且将汉字采用部首的方式进行编排，大大降低了查阅者的负担。许慎在书中对于"六书"的定义做了详细的解释并且举出实例，如指事字提出"视而可识，察而见意，上下是也"，这在汉字发展的历史长河中扮演着至关重要的作用，具有里程碑的意义。同时，对于本专题教学而言，许慎在《说文解字》中记录的小篆字形及其解说，对学生掌握汉字以形表意的方式有重要作用。

四、教学过程

（1）学情测查。

师：大家认为汉字是表意文字体系吗？如果是表意文字体系，那具体是如何表意的？大家能够简单说一说吗？

生：表意文字体系。

生：表音文字体系。

（部分学生沉默）

（2）学情分析：学生对于汉字的性质不了解。

（3）教学设计。

本案例中设计有两个教学活动，每个教学活动均以小组自主研讨的形式展开，并且通过小组展示的方式进行有针对性的课堂教学。各小组分工如下：

"溯源中心"小组负责查找所制定汉字的古文字形，通过古文字形的象形性突出的特点，引导学生从古文字形中感受全功能零合成字以具体事物形象的表意特点。

"起源中心"小组通过阅读有关汉字起源的相关资料（如王宁先生的《关于汉字起源的几点认识》），获得汉字是表意性质文字的知识，建立汉字表意性质的认识。

"构形中心"小组通过阅读《汉字构形学导论》第三章、第四章和第七章的相关内容，在了解汉字构形模式内容的基础上，明确传承式全功能零合成字在会义合成字和义音合成字中的表意方式及特点。

"系统中心"小组从汉字形义关系的具体情况入手，掌握汉字构形与构意的关系的分析方法，解释说明"尸""展""尼"的形义关系。

(4) 教学提示。

教师在布置小组任务的同时,提供以下两个表格。

传承式全功能零合成字相应的古文字形

楷书汉字	甲骨文	金文	小篆
手			
目			
首			
心			
日			
月			
山			
木			
象			
鹿			
犬			
马			

汉字构形模式表及与"六书"对照

1	全功能构件+0	零合成字	独体字	象形指事
2	表形构件+标示构件	标形合成字	准独体字	指事
3	表义构件+标示构件	标义合成字		
4	示音构件+标示构件	标音合成字		
5	表形构件+示音构件	形音合成字	合体字	形声
6	表义构件+示音构件	义音合成字		
7	示音构件+各类构件	有音综合合成字		
8	表形构件+表形构件	会形合成字		会意
9	表形构件+表义构件	形义合成字		
10	表义构件+表义构件	会义合成字		
11	各类构件（无示音）	无音综合合成字		

资料来源：王宁.汉字构形学导论[M].北京：商务印书馆,2015：139.

(5) 教学展示。

活动一：从古文字形感受汉字的表意性特点。

师：下面我们叫"溯源中心"小组谈谈他们通过溯源古文字形，对于传承式全功能零合成字表意方式的感受和认识。

生：我们小组通过溯源，找到了相应的古文字形，并完成了找出汉字相应的古文字形的填写要求。同时我们组将从"日"字的讲解作为切入点，带领大家一起来简单学习传承式全功能零合成字，以具体直观的形象进行表意的特点。

楷书汉字	甲骨文	金文	小篆
手			
目			
首			
心			
日			
月			
山			
木			

续表

楷书汉字	甲骨文	金文	小篆
象			
鹿			
犬			
马			

生：大家都知道"日"表示太阳的含义，我们通过观察其古文字形便可以发现，它是通过太阳的形象表达其所要记录的词义。

师：这个小组找的字形非常准确，同时这位同学的表述也很清楚。在这里我稍作补充。

师：虽然我们今天所写的"日"字，已经变成了一个纯粹的符号，但是通过溯源"日"的古文字形，可知甲骨文的"日"实际上就是对太阳形象的描摹，使我们能够清楚地感受到古文字形的象形性特点（初步认识汉字形象表意的特点）。通过不同时期的古文字形，还可使我们了解现在"日"的字形的传承演变过程。

师：通过上面内容的展示，我们可以明确"日"表示太阳是通过描绘实物的外形特征的方式表现意义，形象性特点鲜明（图画意味浓厚）。"日"就是"六书"中所说的"象形字"，从汉字构形学理论来说就是"全功能零合成字"。

师：从上面的展示中，我们了解了汉字起源于图画的事实。现在请"起源中心"小组，带领大家继续展示传承式全功能零合成字形象性表意的特点。

生：王宁先生在《关于汉字起源的几点认识》中提到："表意文字的一个重要特征是'分理别异'，不论是多么相似的事物，只要成为字符，就必须具有可以分辨的差异。字符的差别与图画的差别不同，前者是大要之别，后者是细微之别。我们以甲骨文中五个表示动物的字来看："鹿、豕、马、象、虎，就字符的设计而言，上面五种动物都是一头、一身、四足，如无细节描写，很难区别。但在甲骨文里，鹿突出树枝一般的角，豕突出大腹，马突出奔跑时扬起的鬃，象突出长鼻，虎突出獠牙。这是图画进入表意汉字字符以后的原始特色，也见古人对动物观察细致。"❶ 由此，我们在理解表意文字"分理别异"特征的基础上，关注到了字符与图画的差异。

师：非常好。我再补充一点，从"鹿、豕、马、象、虎"这些表示动物的字形中，我们可以看到古人造字时具有明显的区别意识，如对于以上所举的表示动物的字，古人在造字时，采用独立的形象来突出其构意，但是往往会通过突出外物的显著特点来达到和其他汉字区分的目的，如"马"突出奔跑时扬起的鬃。

活动二：从今文字角度，领会汉字表意性和系统性的特点。

师：前两组同学通过溯源的方式，给我们展示了古文字形象表意的特征，那么今文字的表意性质是如何体现的呢？我们以"日"为例来加以展示和说明。

师：同学们，从现在"日"的规范字形中还能看出太阳的形象吗？

生：不能。

师：汉字发展到楷书阶段，古文字的象物性变得不再那么明显，汉字构意的表达不再通过直接的物象形体来表意。与此同时，在汉字发展史上已经出现大量具有基础构意的字，这些字在组构其他汉字时，可以直接把构意带入其中，形成新的构意。如"卖""买""财""购"等由"贝"作表义构件的字，其构意均与"货币、财物"有关。现代楷书字形"日"虽然已经看不出太阳的形象，但它在构形时仍然把太阳和与之相关的"时间""温暖""明暗"等构意带入造字。

师：接下来，我们请"构形中心"的小组成员来给大家讲解。

生：我们首先寻找由"日"作为构件的汉，如：昏、明、曦、晶、暝、智、昌、暑、旷、晕、暇、晓、晃、晦、昼、曝、暖、暑、晨、晒、曹、景、暗、曾、晓、映、昆、阳、晚、昨、时、旷、鲁、星、呆、杳。然后我们从中挑选出几个典型的汉字进行分析，由我们组其他成员向大家

---

❶ 王宁.汉字六论[M].北京：中国大百科全书出版社,2017.

讲解和说明。

生1:"晶""明""星""暗"这些字中的"日"带入"明、暗"的构意。

生2:"晚""时"中的日带入"时间"的构意。

生3:"旦""杳""杲"中的日带入"太阳"的构意。

师:那你们小组能否说明传承式全功能零合成字在会义合成字和义音合成字中是如何表意的吗?

生4:"晶""明""旦""杳""杲"是会义合成字。这些字均是由传承式全功能零合成字"日"作为会义合成字中的基础构件,组合在一起综合表意,通过构件之间的组合体现某种关系,来体现构意(造字意图)。

师:你们能否再说说传承式全功能零合成字在义音合成字中是如何表意的呢?

生:沉默。

师:我们一起再来看下面的一组字来感受一下,传承式全功能零合成字在义音合成字中是如何表意的。教师PPT展示"桃""柚""梅""棠""梨"。

生5:"桃""柚""梅""棠""梨"这些字的一个共同特点是都用"木"来表示它们是木本并结果子的植物。

师:这些字是义音合成字吗?

生:是。

师:由此可见,传承式全功能零合成字在义音合成字中是通过表义功能构件体现义类范畴的方式来表意。

师:同学们,咱们现在总结一下传承式全功能零合成字独立使用时是如何表意的?在会义合成字和义音合成字中又是如何表意的?

生:传承式全功能零合成字在独立使用时是以具体的形象的方式表意的,其在会义合成字中是通过关系组合的方式表意的,其在义音合成字中是通过体现义类范畴的方式表意的。

师:同学们,在刚刚的学习中发现,汉字是表意文字体系。汉字表意性质的主要判断标准在于其因义而构形的特点。

师:汉字是因义而构形的,所以说明一个汉字的形体必须包括"构形"和"构意"两个方面,那我们现在来总结一下什么叫"构意"。

生："构意"指"汉字形体中可分析的意义信息，来自原初造字时造字者设计字形的意图。也称"造意"。❶

师：下面请"系统中心"小组从汉字形义关系的系统入手，区分"尸""展""尼""户""厂"和"广"。

生1：我们组选择"尸""展""尼""户"字进行展示。

生2：我们组查阅以上汉字的古文字形，对其形义关系进行简单分析得出以下结论：

这些字均是由"尸"作为表义功能构件，都和人有关：与人所处的地方、人的动作、人体的部位、人体行为有关。

生3："尸"甲骨文字形犹如屈腿而蹲的人，小篆写作尸，像卧之形。"尸"字构意为在祭祀的时候，代替死者接受生者祭拜的人。尼是"呢"的本字，像一人从后接近另一人的样子。"展"为"义音合成字"，"尸"为表义功能构件，表示其字义和人有关。《说文解字》："展，转也。"翻转，转动。"居"为"会义合成字"从尸古者，居从古，表示蹲也，也是和人的动作有关。

师：从上面的学习中，我们可以发现从汉字形义关系的系统性入手，是区分形近字的有效途径。

五、作业布置

熟悉以下表格中的汉字。

传承式全功能零合成字系联到的其他字

	系联到的义音合成字（449个字）
手（64）	播 捡 挠 抵 擅 抄 拒 搁 拐 扶 拘 托 挨 拗 撒 拱 搅 摄 拾 抑 抛 拴 拔 撩 擂 插 擒 拖 挠 拟 损 搞 揪 扳 搢 搂 捏 拳 擦 撕 扭 拇 撒 搔 拧 扣 抽 抡 揭 掀 撒 掷 摊 拌 控 揶 揉 搓 批 援 搜 拦 挈 摩
口（50）	嗜 哨 吩 咐 哟 召 喷 叮 嘱 哀 哉 唐 哼 喉 咙 噪 哇 嘲 呻 喻 啃 嘟 啰 嗡 呐 呵 咆 哞 喇 吭 吓 嘎 吾 唎 哗 噜 吆 哞 嘿 噪 哑 唉 嘛 喧 囔 唇 咽 叨 吻 啪

---

❶ 王宁.汉字构形学导论[M].北京：商务印书馆，2015：277.

续表

部首	字例
水（46）	浇 浸 汛 瀚 泳 泻 潜 澜 滑 泊 漆 涨 浒 津 沥 漪 渺 澄 激 洞 涕 沃 浆 滥 淤 湛 梁 渡 沸 沮 漠 淌 汹 涌 澎 湃 淋 瀑 涯 萍 藻 漾 凝 汇 泣 溅
木（35）	框 榨 榴 杭 柜 枚 梭 权 梳 栈 柱 榜 枕 榆 桨 桩 榕 梢 桐 朴 杖 楷 桶 桅 梁 案 棋 栏 棍 橡 棚 梯 栖 栅 标
心（35）	恩 慕 懂 惰 怯 悔 恳 恃 惶 怠 忍 惚 愁 怡 愈 悄 忌 恰 慈 忭 恢 愧 憎 惠 恍 怨 悬 悦 慷 慨 惧 惯 恶 怖 懒
人（25）	俯 任 佥 偎 估 僻 传 偿 供 倭 侨 倚 俺 仞 俘 佳 仗 傅 傻 仪 伊 倾 伶 俐 侯
土（18）	堡 塌 疆 毁 境 域 塔 垠 坠 墩 堪 坞 垫 埃 坦 培 坪 增
竹（17）	箩 箭 筒 筑 筛 筐 篇 籍 篝 箸 签 筹 策 簇 笼 篷 篮
虫（16）	强 萤 蚕 蚱 蚌 蝴 蚂 螺 虬 虹 蝉 蚁 蛀 蚓 蟋 蟀
火（16）	焦 煌 烬 辉 炊 炭 煮 赤 炼 熠 爆 燥 熄 焰 燃 熬
目（16）	睑 眸 瞌 瞒 瞎 眷 督 瞑 瞄 眺 睹 盲 瞬 眨 瞪 瞅
衣（14）	袍 褐 袅 袭 裳 衷 裆 裥 袱 襟 裁 袖 裹 裸
日（9）	暑 旷 晕 眼 晓 晃 晦 昼 曝
刀（8）	削 别 刊 割 副 剂 剃 刑
鸟（7）	鹭 鹤 鸵 鸥 鹊 莺 鸦
马（6）	驯 驰 骏 骆 驼 骤
山（6）	嵌 幽 峨 崭 屹 峻
车（5）	辆 辈 轧 轴 轿
巾（5）	幕 幔 帽 帘 帜
耳（5）	耽 聒 耻 耶 聊
雨（5）	霹 雳 雯 雹 霉
米（4）	糕 糖 糊 糟
页（3）	颊 项 颧
牛（3）	牺 犊 牲

续表

田 (3)	略 畔 甸
网 (3)	罪 置 罕
广 (3)	廉 废 厨
毛 (2)	毡 毯
羊 (2)	羞 氧
大 (2)	衡 赤
几 (2)	凯 凳
力 (2)	勉 励
气 (1)	氧
片 (1)	版
鱼 (1)	鳞
白 (1)	皎
册 (1)	栅
羽 (1)	翅
瓜 (1)	瓢
又 (1)	妻
高 (1)	亭
厂 (1)	侯
生 (1)	隆
门 (1)	阅
系联到的会义合成字（41个字）	
人 (4)	便 侵 竞 企
口 (3)	唬 吊 启
又 (3)	侵 祭 秉
白 (2)	皆 鲁
门 (2)	间 闯
山 (2)	岔 岳
刀 (2)	划 制

续表

田(2)	亩 畜	
心(2)	悉 恒	
巾(2)	席 吊	
木(2)	某 困	
月(1)	间	
车(1)	斩	
王(1)	皇	
火(1)	焚	
鱼(1)	鲁	
册(1)	典	
力(1)	岁	
工(1)	巫	
马(1)	闯	
身(1)	射	
米(1)	粮	
土(1)	垒	
子(1)	孙	
自(1)	皇	
文(1)	斑	

资料来源：任幸. 渗透汉字学理知识于小学高段的汉字教学实践研究 [D]. 晋中：太原师范学院，2021.

六、教学反思

本专题教学以两个活动贯穿始终，以小组合作的形式展开。"溯源中心"让学生去寻找古文字形，引导学生自己去发现汉字以形表意的特点。"起源中心"让学生自己去阅读汉字起源的相关资料与文献。课上教师及时提供相关的其他学习资源，帮助学生理解汉字的起源，有助于学生理解汉字表意性特点，明确汉字的表意性质。"构形中心"小组通过阅读《汉字构形学导论》各章节的相关内容，明确传承式全功能零合成字是汉字构形的基础。本专题教学活动设计以学生为主体，通过学生自己的梳理与探究，完成教师布置的学习任务，力求真正做到教师是组织者，学生是主体，实现师生互动的目标。

专题教学实践二："会义合成字表意性和系统性特点"的教学实践

一、学情分析

"高中生已经积累了一定的汉字使用经验，对汉字的构形规律有初步的感性认识，熟悉象形、会意、指事、形声等术语，但并不十分清楚具体内容"。[1] 因此，语文学习过程中常常出现以下问题：作文中出现错别字，考试中字音字形类型考题得分率较低，文言文、古诗词中关键字词的掌握大多依靠死记硬背。这些问题都需要教师通过教学来引导学生能够利用汉字的学理知识加以解决。

二、教学目标

汉字是表意文字，是形音义统一于一体的文字。《课标》在学习任务群4中指出，"在语文活动中，积累有关汉字、汉语的现象和理性认识，了解汉字在汉语发展和应用中的重要作用，巩固和加深义务教育阶段所学的汉字知识；体会汉字、汉语与中华传统文化的关系及汉语的民族特性，增强热爱祖国语言文字的感情"。[2] 在学习任务群13中提出"有意识地在义务教育和高中必修阶段积累的基础上，发现与汉字、汉语有关的某些问题，结合汉字、汉语普及读物的阅读，进行归纳梳理，验证汉字、汉语的理论规律，例如汉字的表意性质"。[3] 为此，我们依据《课标》的要求和学情的需要，将"会义合成字表意性和系统性特点"教学实践的教学目标确定为：

（1）掌握通过构形分析构意的方法，领会会义合成字的表意特点；

（2）明确全功能零合成字和会义合成字在表意方面的不同；

---

[1] 王宁.语言积累、梳理与探究(高中语文学习任务群详解与案例)[M].北京：语文出版社，2021：53.

[2] 中华人民共和国教育部.普通高中语文课程标准(2017年版2020年修订)[S]. 北京：人民教育出版社，2020：16.

[3] 中华人民共和国教育部.普通高中语文课程标准(2017年版2020年修订)[S]. 北京：人民教育出版社，2020：26.

(3) 明确会义合成字是由全功能零合成字充当表义构件组合而成的事实，通过类聚相同表义功能构件的会义合成字，体会汉字"构形系统性"的特点；

(4) 掌握会义合成字表意性和系统性特点，并能将其运用于语文学习。

三、教学资源

(1) 汉字构形理论方面的学习资源。

第一，《汉字构形学导论》。

要求学生通过研读第七章第三节"两个以上表形表义构件组合的模式"的内容，达到两个目的：一是掌握会义合成字的表意方式；二是掌握会义合成字、会形合成字及形义合成字构件组合功能的不同，明确这三类构形模式的区别。

第二，《汉字教学的原理与各类教学方法的科学运用》。

该学习资源服务的目标群体是对课上所讲内容已经充分吸收的学生，作为课下的拓展阅读书籍，使学生明确正确分析构件在构形中的功能对理解汉字形义关系的作用，掌握依理归纳、科学分析构形与构意的方法，为学生科学识字打下坚实的理论基础。

(2) 网络信息类资源。

2019年1月11日，王宁先生在北京师范大学举办"汉字全息资源应用系统"发布会。会上，王宁先生宣布该系统正式上线，可以帮助学生了解汉字的前世今生，感受汉字五千年的文化底蕴，了解汉字字形发展演变过程，从形、音、义、用、码等方面全面了解汉字的属性。

(3) 工具类资源。

《汉字形义分析字典》。

本书作为一种新型字典，汇集了《现代汉语通用字表》中的7000个字，字典中详细列出每个字的字音、字义、字形发展变化、从汉字构形入手分析汉字构形和构意的关系、详细论述汉字的字义从本义到引申义的发展过程、举出例证说明古今异义词的发展变化以及如何正确使用的方法。学生学会灵活使用该字典对其正确掌握汉字的形音义起着事半功倍的作用，一定程度上可以减少书写错别字的现象。

在"会义合成字表意性和系统性特点"专题教学中，学生有效利用此书可以达到以下目的：①学习汉字的形义关系，为掌握会义合成字的表意方式奠定基础。②有助于辨析本义和引申义。③正确理解古诗词、文言文中的关键字词。

四、教学设计

本专题共包括两个活动，每个活动均以小组合作学习的方式展开，并通过小组展示的方式进行教学。各小组分工如下：

"见形明义"小组负责从汉字形义关系入手，掌握会义合成字的表意方式和特点。

"火眼金睛"小组负责找出会义合成字与会形、形义合成字的区别。

"逻辑分析"小组负责找出会义合成字和全功能零合成字表意方式的异同。

"古代汉语"小组，在掌握会义合成字表意性特点的基础上，借助《汉字形义分析字典》等工具书正确理解古诗词和文言文中的词义。

"现代汉语"小组，负责现代汉语中常见错别字的筛查，并将其错误原因从汉字的表意性、汉字的构形规律、汉字形与义的联系三方面进行归纳和总结。

"系统中心"小组从以下汉字中任选一个汉字，依据结构次序，合理拆分"温""焚""解""炙""析"。

五、教学提示

教师在布置任务的同时提供以下学习资源。

（1）会义合成字的定义。

王宁先生在《汉字构形学导论》中给"会义合成字"的定义是："用两个以上的表义构件组合在一起，表示一个新的意义，即为会义合成字。会义合成字的构意，是由表义构件所提供的诸多意义信息共同表示的"[1]。

东汉许慎在《说文解字》中提出："会意者，比类合谊，以见指㧑，武信是也"[2]。即把两个或两个以上的形体结合起来，赋予其某种想象推理而得出新的意义。

---

[1] 王宁.汉字构形学导论[M].北京:商务印书馆,2005:131.
[2] 许慎.说文解字[M].北京:中华书局,1963:45.

(2) 教学活动所需的汉字。

第一，去、走、负、国、亡、见、伐、卧、因、夹、坐、从、比、并、北、众、临、男、虢、冠、冕、逸、炙、便、悉、间、协、划、辞、辱、典、侵、垒、岔、狱、皇、祭、履、闯、舀、兜、吊、脊、竟、冤、席、启、孙、逸、友、匠、占、析、皆、斩、鲁、寇、某、委、亩、冠、粮、区、杀、嫁、恒、葬、秉、丞、劣、岳、尊、圣、虢、畜、巫、企、解、尼、制、射、斑、盗、困、拜、盈、焚、脉。

第二，《廉颇蔺相如列传》中的"渑池会"与"将相和"部分，关注其中"引"字。

第三，毛泽东《沁园春·长沙》中的"竞"字。

第四，曹植《七步诗》中的"相"字。

六、教学活动

活动一："会义合成字表意性和系统性特点"研讨

师：下面我们请"见形明义"小组来给大家分享他们小组的学习收获。

生：我们组将通过以下几个汉字，展示会义合成字是用两个及以上的表义功能构件组合而成的特点，其表义功能构件皆是传承式全功能零合成字。其表意方式是通过两个或两个以上表义构件的组合来体现构意。如："闪"，从门、从人，取全功能零合成字"门"和"人"做表义功能构件，通过"人"与"门"的组合，体现人从门中向外张望的构意，以此来表示"闪"的本义是人从门缝中向外看。

再如："知"，从矢（箭）、从口，取全功能零合成字"矢"和"口"作为表义功能构件，通过"矢""口"的组合，体现一个人对自己所知道所了解的事情，其反应速度就如同箭射出般迅疾的构意，以此来表示"知"的本义是"知道"。

"占"，从卜从口，通过"卜""口"的组合，体现通过卜象卜问吉凶的构意，以此来表示"占"的本义是"视龟甲之兆推知吉凶"。

"析"从木从斤，构意为用斧剖分木头，本义为"分析"。

"炙"从火从肉，体现了用火烤肉的构意，本义为"烧灼"。

"劣"从少从力，体现了力少的构意，本义为"力量弱小"。

师：从上面小组的分享中，我们可以总结出会义合成字的表意方式是将两个或两个以上表义功能构件的信息进行综合，由其组合关系分析其所体现出的构意。同学们还有补充吗？

生：没有了。

师：下面请"火眼金睛"小组和大家分享一下会义合成字与会形、形义合成字在表意上的区别。

生："形义合成字"是由表形功能构件和表义功能构件组合而成，其中表义构件是成字构件，即"全功能零合成字"，表形构件是非字构件，具有直观的形象性特点。"形义合成字"的构意是表义构件和表形构件所提供的信息共同表示的。如："宫"是由表义构件"宀"和表形构件两"口"组成。"宀"表示房屋建筑物，两方形的"口"表示居室，由此构意体现"宫"的本义为"房屋"。

"会形合成字"是由两个以上的表形功能构件组合而成，其中表形构件皆为非成字构件。"会形合成字"的构意是由两个或两个以上表形构件提供的信息共同表示。特别注意只有古文字才有"会形合成字"。如，甲骨文的"向"字，是以房屋的通口表示"窗户"的意思。

师：这组同学讲解得非常清楚。由此可见，三者区别在于"会义合成字"的构件均为成字构件，"形义合成字"还有一部分构件尚未义化，而"会形合成字"构件全部没有义化，均为非字构件。同时有一部分"会形和形义合成字"构件的位置是有构意作用的，不能随意挪动。

生：我们"逻辑分析"小组也有补充。大家请看下面几个汉字："从"，其甲骨文字形是𠔻，表示一个人紧跟着另一个人，以此体现前后相随之意。《说文·从部》："从，随行也"。所以"从"的本义为"随行"，引申为"顺从、听从。"

"比"，甲骨文字形为𠤎，用两个并列在一起的人，表示其本义为"摆在一起"，引申为"比较"。《说文解字·比部》："比，密也。二人为从，反从为比。"

"并"，甲骨文字形为𡘋，为二人并立之形。"并""竝""並"都是"并"的异体。并的旧字形为幵。《说文解字·从部》："并，相从也。从从幵声。"《说文解字·竝部》："并也，从二立。"像二人并立。《说文解字·人部》："并，并也。从人并声。""并"的本义是"平行，平列"。

"北",甲骨文字形为⺕,会意字,是"背"的初文,字形像两个人相背。《说文解字·北部》:"北,乖也,从二人相背。"即:背离、违背。

"众",甲骨文字形为⺕,从日下三人的形象,表示众人日出而作。其表示"众多""许多人"。《说文解字·乑部》:"众,多也。"

生:在收集资料的过程中发现,相同的构件"人"当其所放置的位置不同时,表达的构意也就不同。当两个"人"前后相随表"从",比肩而行为"比",相向而立为"并",反向而行是"北";三个"人"相聚为"众"。因此,我们认为分析"会义合成字"的构意时,仅知道"全功能零合成字"的意义还不够,还需要关注构件与构件之间的数量、位置等关系问题,因为这些因素都会引起"会义合成字"体现出不同的构意。这也体现了"会义合成字"与"全功能零合成字"在表意方式上的不同。

师:好!我们进行总结。通过上面各组同学的展示,我相信大家应该能够感受到"会义合成字"和"全功能零合成字"在表意方式上的区别。"全功能零合成字"是通过构形的形象性进行具体而直接构意体现,而"会义合成字"的构意是通过构形中表义构件提供综合意义信息体现的。

师:通过上面内容的学习,我们发现"会义合成字"能够表示较为复杂的意义,具有表意性很强的特点。除此以外同学们还有什么其他的发现吗?

生1:"全功能零合成字"是"会义合成字"的基础,体现了汉字构形的系统性。

生2:"从""比""并""北""众"这些字中都有构件"人",通过类聚相同的构件,可看出汉字构形的系统性特点。

活动二:"会义合成字表意性和系统性特点"应用于语文学习

"汉字是根据汉语的词义来构造形体的,属于典型的表意文字。汉字是音形义统一于一体的文字,具有可分析性"。[1] 因此,我们接下来的活动是要利用汉字的表意性和系统性特点达到两个目的:一是掌握利用构形分

---

[1] 王宁.语言积累、梳理与探究(高中语文学习任务群详解与案例)[M].北京:语文出版社,2021:61.

析确定构意的方法,培养学生理解字词义的能力。二是科学识字,避免出现错别字。

师:下面请"古代汉语"小组分享他们的学习成果。

生:我们组收集了《沁园春·长沙》中的"竞"字和《七步诗》里的"相"字的相关资料。依据收集的资料,我们认为"竞"的词义不应该是竞争,"相"这里不表示互相。资料展示如下:

"相"会义合成字,省视也。甲骨文字形为𣶒,从木从目,取全功能零合成字"木"和"目"作为表义功能构件,构形是一只眼睛在细细观察一个物体"树"。由此可见,"相"的本义是"细细看""观察"。基本义项有三个和本文有关:①看(是否合适);②互相,表示动作、情况是双方的;③表示动作、情况是一方对另一方的。

师:你们可以判断"相"在这里具体指互相还是偏指一方?

生:沉默。

师:在古代汉语中,"相"的本意为"对着",它用于不同的语境中,可以是"相互、交互义",也可以表示"动作偏指一方"。❶我们一起判断一下出自《孔雀东南飞》中的几个"相":①枝枝相覆盖,叶叶相交通。②不久当归还,还必相迎取。③时时为安慰,久久莫相忘。

生1:①相互;②动作偏指一方,偏指"你";③动作指一方,偏指"我"。

生2:因此,《七步诗》里的"相"字偏指动作的一方,偏指"我"。

生3:"竞",甲骨文字形为𦮙,小篆字形为競。甲骨文"竞"字像好似两人争先恐后比赛的样子。繁体字形为"競",简体字形为"竞"。《说文解字·誩部》:"竞,一曰逐也。"这里字义为角逐,比赛。《诗·商颂·长发》:"不竞不絿,不刚不柔。"(絿:急躁)字源中将"竞"解释为"争逐"。古代上层阶级的一种运动项目为逼迫奴隶们去争斗,从中获取乐趣。甲骨文"竞"字仔细观察其字形不难发现其像两个头有"辛"(刑刀)标志的奴隶在争斗的情景。但在《淮南子·淑真训》中出现的词句"相与优游竞畅于宇宙之间",这其中的"竞"为"并相"的意思。竞自由就是共

---

❶ 王宁.语言积累、梳理与探究(高中语文学习任务群详解与案例)[M].北京:语文出版社,2021:37.

有自由、并享自由。

生3：从收集的资料中发现，竞有两个义项：①争斗、比赛、争逐；②并相、一起。

师：《沁园春·长沙》上片作者营造了什么样的意境？

生：在这大千世界中，每个人都是独立的个体，拥有自己的思想，可以自由支配自己的行动，无人能够阻挡自己的行动，彼此之间都有自身的自由，诗词的上片营造了一种自由自在的氛围。

师：大家思考一下，如果这里翻译为"竞争"和词上片营造的意境矛盾吗？

生：这里应该是表示"竞相、一起"。如果是"竞争"的话，就和上片营造的意境相矛盾。

师：同学们在刚刚的活动中表现得相当不错。在上面内容的学习中，我们不难发现学会运用汉字"因义构形"的表意特征及汉字的构形规律，可以有效助推大家理性认识汉字的特征。引导大家对汉字的表意特征和构形规律有了初步认识之后，便可以通过借助汉字学理知识来提高对字词义的理解能力。

师：下面我们请"现代汉语"小组，用汉字构形规律解决汉字使用中出现的问题。

生：我们组找到以下错别字：既使、即然、针炙、膺品、亲睐、躁热、拥带、磨房、炙手可热、狂语、一樽还酹江月、艰难苦恨繁双鬓、从菊两开它日泪、归去，也无风雨也无情……

生：错别字典编纂成果举例。

炙手可热写成灸手可热

"炙"和"灸"上半部分很相似，但形音义均不同。"炙"小篆字形贺上面是肉，下面是火，表示以火烤肉。《说文解字·炙部》："炙，炮肉也。""炙"指"烧烤"。成语"炙手可热"，释义为手一挨近就觉得热，比喻气焰极盛，权势很大。作名词用，指"烤的肉"。"灸"小篆字形灸从火久声。久兼表义，表示"以艾条熏灼"。《说文解字·火部》："灸，灼也。"我们比较熟悉的是针灸。

"即"写成"既"

"即"和"既"右半部分很相似，容易相混。"即"甲骨文字形𱌅，是一个跪坐之人面对饭器的形象，以此表示就食。《说文解字·卩部》："即，即食也。"指靠近食物，故本义为"走近，靠近"。"既"甲骨文字形𱌆，是一个跪坐之人背对饭器的形象，以此表示食毕。《广雅·释诂一》："既，尽也。""尽"，指事情已经完成。故"既"本义为"已经"。只要记住这两个字构件"卩"和"旡"，即人形姿势即可。一为走近食器状，一为离开食器状，就可以正确区分"即"和"既"。

师：在汉字书写的过程中出现错别字，往往是对该字的"形音义"缺乏正确的理解所致，对一些形体相似、字义接近、读音相同的汉字没有区分和辨别的意识。由此可见，要想减少书写中的错别字，就要正确理解汉字三要素"形音义"的关系，只有形体才是汉字的本体是汉字自身固有的，字音和字义都是从汉语那里传袭而来。所以，要做到将构形和构意统一起来，明确读音和字义之间的关系，时刻做到记住形体、掌握字义、正确读音，明确面对一个陌生汉字要先剖析汉字形体结构，从中得出汉字的字义，了解汉字的读音。"现代汉语"小组恰恰是巧妙借助汉字"因义构形"的表意特征，从语文学习中的汉字使用入手，关注生活中习见的错字，探究出现错误的根本原因，为我们正确书写汉字提供有效的帮助。

师：下面请"系统中心"小组带领大家学习汉字的系统性。

生：我们组选择了"焚"字，"焚"是层次结构，从火从林，而非平面结构，从火从木从木。甲骨文的焚"𱌇像双手拿着火苗烧树林，或烧草，而不是取像于远古时代的火猎场景。《说文解字·火部》："焚，烧田也。"

师：由此可见，我们在对汉字进行学习时，切不可将层次结构和平面结构相混淆。层次结构的构意是逐级生成的，平面结构的构意是一次性的平面组合，以集合的方式体现构意的。

七、教学反思

教师在教学中提供资源要充分考虑学情，如果学生层次相对较高，可以多提供一些专业的文字学研究相关文献；如果学生层次较低，则选择一两篇文献带着学生一起去梳理总结，不可以将其中的主要观点一股脑儿都给学生。教师引导高中生学习汉字"因义构形"的表意特点和构形的系统性等汉字学理知识，并非是让学生成为语言文字专家，而是借助分析汉字构造的原理来加深对字词义的理解，为学生正确解读古诗词和文言文中的字词义提供助力。学生在分析汉字形体的时候，必须做到构形和构意的统一，字形和字理的统一，只有这样才能准确理解和记忆汉字，在降低错别字的基础上更好地掌握汉字和运用汉字。

专题教学实践三："义音合成字表意性和系统性特点"的教学实践

一、学情分析

在高中汉字教学中，学生对于汉字基本学理知识的掌握情况，是大部分学生认识到六书中的象形字和会意字具有表意性特点，但是很少有学生注意到形声字的形旁具有表意的功能。学生对于汉字的关注点主要集中在汉字三要素"形音义"方面，很少有学生主动去对形声字的形旁表意功能进行梳理、归纳和总结。因此，学生对于汉字"因义构形"的表意性和构形的系统性认识有待提高。

二、教学目标

（1）了解义音合成字的结构是由表义功能构件和示音功能构件组合而成，明确表义功能构件只起提示义类范畴的作用。

（2）明确义音合成字、全功能零合成字及会义合成字在表意方面的不同。

（3）在对义音合成字所体现出的汉字构形系统性认识的基础上，充分利用义音合成字表义功能构件，感受词义由本义到引申义的发展过程。

三、教学资源

（1）汉字学理方面的学习资源。

第一，《汉字构形学导论》。

要求学生通过研读第七章第四节"义音合成字"的内容，了解义音合成字的表意方式及表意特点；总结概括全功能零合成字、会义合成字和义音合成字在表意方式上的不同。

要求学生通过研读第十二章第三节"汉字教学与词汇积累"的内容，领会并掌握汉字的"构意""本义"和"引申义"概念的含义。

构意:"汉字形体中可分析的意义信息,来自原初造字时造字者设计字形的意图。也称造意"。❶

本义:"汉字所记录的词中,与汉字的造意相贴切的一个义项。本义是一个操作概念,在词的所有义项中,它是汉字构形的依据,相对说来产生较早,但不能证明最早"。❷

引申义:"多义词中,本义以外的其他因联想而孳生的义项。本义属于语义,具有广义度,也就是有一定的概括性"。❸

第二,《文字学概要》。

指定阅读内容是第八章"形声字"第一节"形声字产生的途径"。该学习资源是供学有余力的学生课后选读资料,学生自己阅读该章节内容时应采取问题为纲的方式,要了解最早的形声字为什么和通假字有关,了解形声字产生的途径,特别是在已有文字上更加注意符的情况。

(2) 工具类资源。

第一,《汉字部首解说》。

《汉字部首解说》中包含的"'古文字形'部分,有助于查找追溯部首本义,'部中字举例'部分,有助于补充同部首字例,'具体讲解'部分结合造字法解读部首本义并说明了这个部首字的若干意思,反映了古今义的发展规律。这部工具书既可以作为完成任务时的重要参考资料,也可以作为日常学习的工具书"。❹

第二,《古汉语词义研究——关于古代书面汉语词义引申的规律》。

学生在熟读文献的基础上明确本义与引申义之间的关系,了解由本义到引申义过程中产生的词义变化现象,由此体会和理解引申规律,在语文学习中能够厘清错综复杂的词义变化线索,避免用现代意义理解古义。将下列表格内容填写完整。

---

❶ 王宁.汉字构形学导论[M].北京:商务印书馆,2015:277.
❷ 王宁.汉字构形学导论[M].北京:商务印书馆,2015:291.
❸ 王宁.汉字构形学导论[M].北京:商务印书馆,2015:291.
❹ 王宁.语言积累、梳理与探究(高中语文学习任务群详解与案例)[M].北京:语文出版社,2021:108.

词义的引申规律

类型	定义	分类	举例
理性的引申	指本义和引申义之间产生的原因在于相同的民族在词义之间有着相似的认识和见解，从而发生关系，产生引申义。它们两者之间的关系一般情况下表现为两事物在观念上接近或变化的过程具有一定的联系	因果引申	"习"从"学习"义引申为"熟习"，多次奋飞即是因，动作熟练即是果
		时空引申	
		动静引申	
		施受引申	
		反正引申	
		虚实引申	"及"的本义是"追赶上"，引申为"到达某个处所"
形似的引申	指两个事物之间外部的形体存在着某些相似的特征，具有偶然的因素	同状的引申即借助相同的事物外形但是实际所指事物并不相同	"互"的本义指绞绳的工具，外形上好似装东西的空竹。与此同时，用来挂肉的架子，从外形上观察和它具有极高的相似性，因此也将其称为"互"
		同所的引申（异状同所）	"本"的本义是树木的根。但是人们在汉字的日常使用中经常用树木的根来类比事物的基础、开端、源头甚至是对事物起着重要的那个部分。因此"本"便有了根本、本质、本源的意义

续表

类型	定义	分类	举例
礼俗的引申			"鹿"和"禄"。古代人们在送礼的时候，有人会选择将鹿皮作为送礼的首要选择。古代男子对女子表达喜爱之情的时候，常见的做法是借助白茅来包裹死鹿，以此为礼物。由于"鹿"被运用在这两个场合的原因，使"鹿"的引申义具有吉庆、福禄的含义，在此基础上产生出"禄"字

四、教学设计

本专题设计有两个学习活动，每个活动均以小组合作学习的方式展开，且通过小组展示的方式进行教学。各小组分工如下：

"现代字形"小组负责分析现代字形的汉字结构，正确认识表义构件和示音构件的作用，思考义音合成字的表意方式。

"明察秋毫"小组借助对比的方式，找出全功能零合成字、会义合成字和义音合成字在表意方面的不同。

"由今溯古"小组负责从字形结构角度探究《芣苢》一诗中"采""有""掇""捋""袺""襭"六个字的含义，分析彼此间的联系，从中体会诗歌表达的感情。

"从古至今"小组两个任务，任务一：通过溯源的方法，了解汉字构意和本义的关系，了解本义和引申义的联系。注意：确定本义，以《说文解字》为依据。任务二：借助汉字特点，对形体相似的字或偏旁部首进行辨析。

五、教学提示

（1）形体相似字和偏旁部首。

今和令、广和厂、尸和户、左耳旁和右耳旁、单人旁和双人旁、衣字旁和示字旁。

（2）教学示例。

梳理思路：①溯源"草"的古文字形。②查找《汉字形义分析字典》确定"草"字的形义关系，明确"草"的本义是"草本植物的总称"。③查找基础教育阶段学过的"草字头"的字，如：蔓薄蒸芝芋芦菌萄莲草蕃苍蒂茵茸萍落蔽蔗荣藏葛芷药荡莱莱苏蔼范芬荐茌芥蓄莺荦芒荫萧葫藕藻芽芹苑蓉蕉蒙茫茅芙蔬萨荆花蕴菱荷等，对这些汉字进行文字学属性测查，掌握"草"字本义和引申义的关系。

"草"《说文·艸部》作"艸"，释义为"百艸也。从二屮（chè）。"隶变为"艹"。释义"草（艹）"的本义是"草本植物的总称"。引申为"草生长的地方，野地"。又引申为"粗劣，不精"。作动词用，即"草拟，起草"。

（3）教学活动提供的五组代表性汉字。

第一，"企、俟、倾、伪、傲、仰、偿、仆、估、使、儒、侣、伯、供、倍"。

第二，"谴、访、诺、议、誓、谎、试、识、诲、讳、谋、诈、译、辨"。

第三，"哨、吩、咐、哟、召、喷、叮、嘱、哀、哼、噪、哇、嘲、呻、嘟、呐、咆、哮"。

第四，"忧、愁、想、憎、恶、愤、怒"。

（4）阅读篇目《诗经·苤苢》。

六、教学活动

活动一："义音合成字表意性和系统性特点"专题研讨教学实践展示

师：下面我们请"现代字形"小组来给大家分享他小组的学习收获。

生：我们组在参考了老师提供的典型的义音合成字，并认真研读了《汉字构形学导论》第六章"构件在组合中的功能"之后，我们对其知识内容进行了归纳：

$$\text{构件在组合中的功能}\begin{cases}\text{表形功能}\begin{cases}\text{独体表形}\\\text{组合表形}\\\text{象征表形}\end{cases}\\\text{表义功能}\begin{cases}\text{类别义（形声字的义符）}\\\text{个体义}\end{cases}\\\text{示音功能}\\\text{标示功能}\end{cases}$$

生：义音合成字的表意方式是通过表义功能构件来实现的，其特点是只体现一个义类范畴，具体字义无法通过表义功能构件加以确定。结合知识内容感受最深刻的是通过义音合成字的构形无法确定具体的字义，只能通过其表义功能构件明确其字义与某类事物有关。如：

"棋、桌、桥、树、桃、校、棵、架、杨、棍、椅、橙、棕、梨、柴、栽、材"这些字的表义功能构件是"木"，表明这些字的字义都与"树木"有关。"谴""访""诺""议""誓""谎""试""识""诲""诵""讳""谋""诈""译""辩"这些字的表义功能构件是"言"，表明这些字的字义都和"语言"有关。"哨""吩""咐""哟""召""喷""叮""嘱""哀""哼""噪""哇""嘲""呻""嘟""呐""咆""哮""吓""吆""哞""嘿""唉""喧""嚷""唇""咽""叨""吻""啪"这些字的表义功能构件是"口"，表明这些字的字义大都表示"嘴巴"（口）的行为。"忧""愁""想""憎""恶""愤""怒"这些字的表义功能构件是"心"，表明这些字的字义大都与"心理活动"有关。

师：大家还有补充吗？

生："冫"（冰）为形旁的形声字，其字义大多与"冷"有关，如："冷""冰""凉""凛""冽"等。

生：我们组挑选了以下汉字"课""佻""姚""论""逃""语""眺""窕""讲""桃""论""跳""桃""讨""议""挑""窕""证""试""记""谋""语""说""许""评""议""论""访""识""读""谈""订"，从声符和义符的角度将其分为了两组。

A组：跳、佻、桃、挑、姚、窕、眺、逃

B组：语、说、许、议、论、证、评、试、记、谋、访、读、讲、谈、

订、讨

师：可以简单说一下分类依据吗？

生：A组字的声符相同为"兆"，以义符相区别。B组字的义符相同，均是由"言"作表义功能构件，表示语言和人说话有关，以声符的不同来区别。

师：从刚刚的学习中，我们看到了汉字的特点是什么？

生：汉字的表意性和构形的系统性。

师：可以举例来说明汉字系统性体现在哪些方面吗？

生1：形义方面的系统性。

生2：形体方面的系统性如"河""江""湖""游""滨""濛""汗"等字都是以"水"为部首。再如"杉""彤""影""彭""彩"等字都是以"彡"为部首。

师：这位同学举的例子非常好。如"河""江""湖""游""滨""濛""汗"等字都是以"水"为部首，表明这些字的字义都与"水"有关，这种部首是"文字学"意义上的"部首"。不仅如此，汉字在形体方面的系统性还体现在作为"检字法"部首的作用上，即只要形体相同的"字"就可以类聚到一起，而不论这些字的"构形"所体现的"构意"是否相同。如"杉"中的"彡"，是示音构件，而"彤"（"彡"体现的构意为装饰）"影"（"彡"体现的构意为影子）"彭"（"彡"体现的构意为声音）"彩"（"彡"体现的构意为色彩）等字中的"彡"却是表义功能构件，而且其构意各不相同，但这些字也可以类聚在检字法部首"彡"的下面。

生3：形义的系统性如从"买（買）""卖（賣）""赂""赔""赐""货""贪"等字中可以看出"贝"字的形体，这些字都表达相同的构意"货币"。

生4：虽然从现代字形"买""卖"中已看不出"贝"形体的踪迹，但实际上"买""卖"是与"贝"有关的，从它们的繁体字"買"和"賣"中就可以找到"贝（貝）"。

师：由此可见，汉字"形义"的系统性体现在相同"构形"具有相同的"构意"方面。

师：汉字是形音义一体的表意文字体系，难道汉字字音方面不体现系统性吗？

生："现代汉语"小组认为字音系统性主要体现在示音构件与其字音

的联系上。如：以"皇"为示音构件的字"隍""凰""徨""遑""惶""湟"，其读音都与"皇"的读音相关。

师：但这里需要引起大家高度注意的是，"示音功能构件"的作用不是标音的，尤其是在语音已经发生了变化的现代，许多形声字的声符都与形声字的字音不同，所以"示音构件"的作用是提示语音的。总之，汉字的系统性在汉字形、音、义三要素方面分别有所体现。

师："义音合成字"中示音构件可以表意吗？

生：王宁先生在《汉字构形学导论》中认为：在义音合成字中汉字的声符和义符所起的作用并不相同，汉字的义符是来表示大的义类范畴，声符是将表示相同义类范畴的字进行区分，通过读音的不同，分别出不同的事物。与此同时，王宁先生认为部分义音合成字中示音功能构件有时候会起到提示词源的功能也就是说会具有示源功能。例如：由"肖"作示音功能构成的义音合成字中，这些示音功能也起到示源的作用，"稍"表禾苗末端不断变小的地方，"鞘"表鞭末端细小，"梢"表树枝末端渐小处，"削"表用刀使减少。正如，裘锡圭在《文字学概要》中所指出的"有些形声字的声旁兼有表意的作用，可以称为有义的声旁"。❶

师：很好！现在请同学们认真思考一下，王宁先生所说"示音构件"的"示源功能"与裘锡圭先生所说的"有义的声旁"的含义相同吗？这个问题很值得同学们思考。

师：在此我要特别提醒大家注意，王宁先生所说"示音构件"的"示源功能"与裘锡圭先生所说的"有义的声旁"的含义是不一样的。就用同学们所举的例子来说，示音构件"肖"在这些字里不仅具有提示语音的作用，而且还兼有表示这些字所记录的一组词具有共同的造词理据"细小"的作用。"稍""鞘""梢"和"削"，它们之所以是一组"同源词"而不是"同义词"，正是因为示音构件"肖"在这些字中体现出的是"示源功能"，而不是"表义功能"，即表明这些字的字义并不具有"细小"的含义，而是指这些词所表示的事物，都具有"细小"的共同特征，也正是由于这个原因使之在构造汉字时采用了相同的示音构件"肖"，以提示其构词理据的相同。由此可见，部分义音合成字中的示音构件不仅可以提示语

---

❶ 裘锡圭.文字学概要[M].北京:商务印书馆,2016:170.

音,还可以提示词源意义,即造词理据。

师:裘锡圭先生所说的"有义的声旁"所指的却不是这个意思,而是指义音合成字中的示音构件不仅有提示语音的作用,还兼有表义的作用,如"娶","义音合成字"声符为"取",义符为"女",但这里的"取"不仅提示读音,还表达"取得"的意义。《说文解字·女部》:"娶,取妇也。""懈","义音合成字"声符为"解",义符为"忄(心)",但这里的"解"不仅仅提示读音还表示"心解而懒怠"的含义。《说文解字·心部》:"懈,怠也。""菜",从艹采声,表示为人所采食的草类植物。《说文解字·艹部》:"菜,草之可食者。""诽",从言非声,非兼表义。"诽"指用言语指责。

师:通过以上的学习,同学们应该明确"义音合成字"的表意方式了吧?即通过表义功能构件提示义类所属进行表意的,其表意相较全功能零合成字和会义合成字而言较为抽象,不那么具体。

师:下面请"明察秋毫"小组和大家分享一下义音合成字、全功能零合成字和会义合成字在表意方面的不同。

生:"义音合成字"的表意体现为"表示义类范畴"的特点,如以"口"为表义构件的字,只表示该字义与"嘴巴"(口)的行为有关,无法明确具体字义。这种表意方式不同于"全功能零合成字"利用事物形象具体直接的表意方式,如"日"通过描摹太阳的形象体现太阳的意思,也不同于"会义合成字"通过构件组合之间的关系进行表意。如"从"通过两个构件一个"人"与另一个"人"相从的组合关系,表示"随处、跟从"的意思。虽然义音合成字在表意方面不如传承式全功能零合成字和会义合成字具体直接,但作为符号,其优势在于区别度大:声同以义别,义同以声别,同时能够突出体现汉字在构形方面的系统性特点。

师:在学习了全功能零合成字、会义合成字和义音合成字之后,我们可以发现"我们的祖先在认知世界时,就是通过描摹词所概括的客观实体来表达词义"[1],这是早期象形字产生的途径。后期在汉字的使用中,早期的象形字发展变化为汉字的形符。形符在汉字中有着至关重要的作用,决定着现在汉字的表意属性。

---

[1] 陈庆丰.初中语文形声字教学初探[D].呼和浩特:内蒙古师范大学,2014.

师：通过对"义音合成字特点"的学习，我们需要重视表义构件类别表意的作用，同时明确示音构件提示语音的别义作用，提高汉字的使用效率。

活动二："义音合成字表意性和系统性特点"应用于语文学习的教学实践展示

在古诗文阅读时，对于其中的一些字词，学生如果学会利用汉字的表意性和系统性特点来分析汉字，就能帮助学生更准确地理解字词义，从而更好地理解诗歌的内容。

师：下面请"由今溯古"小组来分享他们的学习成果。

生1：我们组从字形结构的角度分析了"采""有""掇""捋""袺""襭"这六个字的形义关系，分析彼此间的联系，以此理解和体会诗歌所表达的内容。

"采"为会义合成字，由表义构件"木"和"爪"组成。通过查阅《说文解字》明确"采"为"将取"之义。这一词语的使用将"采摘"的动作形象化地表现出来，开篇"采采芣苢，薄言采之"揭开采集劳动的序幕。

"有"为会义合成字，由"肉（月）"和"手（又）"组成。构形通过"以手持肉"体现"持有、拥有"的构意。其构意和手部动作有关。因此，"薄言有之"的"有"体现了用"手"采摘而获得的过程。

"掇"和"捋"都为义音合成字，"掇"的表义功能构件（义符）为"手（扌）"、示音构件（声符）为"叕"，《说文解字·手部》："掇，拾取也。"因此，"薄言掇之"中的"掇"表拾取；"捋"的表义功能构件（义符）为"手（扌）"、示音构件（声符）为"寽"。"寽"字兼表义。"捋"本作"寽"，上表示手爪，下表示手（寸），合起来表示用手取的含义。后加扌作"捋"。因此"薄言捋之"中的"捋"表是"取得"。《说文解字》："掇，拾取也。从手叕声。"❶ "捋，取易也。从手寽声"。❷ 所以"掇"表示拾取，摘取。"捋"表示从茎上成把地取下。"掇""捋"两字在诗文中的使用，透露出了人们采摘劳动时的愉悦心情。

"袺"《说文解字》："执衽谓之袺。"《辞海》："手执衣襟以承物。通

---

❶ 许慎.说文解字[M].北京：中华书局，1963：255.
❷ 许慎.说文解字[M].北京：中华书局，1963：252.

俗的说法，提起衣襟兜取果实。"❶

"襭"，义音合成字，表义功能构件（义符）为"手（扌）"、示音构件（声符）为"颉"。《说文解字·衣部》："襭，以衣衽扱（xī）物谓之襭。襭或从手。"（衽：衣襟。扱：敛取。）因此，"薄言襭之"的"襭"为把衣襟掖在腰带上敛取东西。

"袺"和"襭"的使用表现了收获之丰的愉悦心情。

生2：从以上六个字的分析中，可以看出该诗描写古人采摘芣苢的劳动场景，全诗仅仅通过动词的变化，便将采摘过程生动地描绘出来。通过描写古人的劳动场景，使读者感受到他们劳动时的欢乐与情趣。

师：大家在理解"惊涛拍岸，卷起千堆雪"的"惊"字时，也可以通过分析字形来理解字义。"惊"字，繁体字作"驚"。《说文解字·马部》："驚，马骇也……从马，敬声。"❷ 这里的"马骇"，指马受到惊吓，失去控制。所以用"惊"字写出了波涛像马奔一样不可遏阻的磅礴气势。

师：从上面的展示中说明在学习古诗文时我们可以充分利用已有的文字学知识，理解字词的意义，对我们的语文学习特别是阅读理解方面有重要作用。

师：下面我们有请"从古至今"小组向大家展示他们组在表格填写方面的情况。

生：老师提供的表格在举例部分需要我们去补充，下面由我们组的两位同学分别展示。

生1：我们组向大家介绍"动静引申"如"天"，"时空引申"如"间"。

动静引申：如"天"，甲骨文字形像正面站立的人，突出上面的头。《说文解字·一部》："天，颠也。"本义是头、头顶。此为人体的一个部分，是静态的，而"削去额顶的刑法"也叫"天"，则是动态的。

时空引申：如"间"，会义合成字，表示门有间隙，从门内可以看到月光。《说文解字·门部》："间，隙也。"指缝隙。形容两物之间空间距离狭窄，因此有了"间隔"和"间距"之义。时间的短暂也叫"间"，如

---

❶ 郝景鹏.从字形入手解读芣苢[J].语文学习,2020(12):42-43.
❷ 许慎.说文解字[M].北京:中华书局,1963:200.

"间暇"。

生2：我们组向大家展示"施受的引申"如"受"和"授"，"反正的引申"如"藐"。

施受的引申："受"和"授"是同源，为施受引申而后分化的结果。"受"，甲骨文字形是⿱，上下是手的象形，中间是盛物的器具，其构形是表示一手授予另一手。《说文解字·受部》："受，相付也。"本义是给予，授予。这个意思后来分化作授。和给予相对的是接受。

反正的引申：同一个词可以用一对相反的词来分别训释。如"藐"既在《广雅·释诂一》中有"藐，广也"的训释，又在《广雅·释诂二》中有"藐，小也"的训释。

师：这组同学对表格的填写非常准确。

师：从汉字表意性和系统性出发，借助表义功能构件追溯本义，可有效避免现代汉字形体中相似的字或偏旁部首的混淆和误写，请同学展示。

生1：在前面内容的学习过程中，我们掌握了义音合成字的表意方式是通过表义功能构件在义音合成字中表示义类范畴的特点。因此，我们组利用义音合成字的表意特点，找出"左耳旁"的字，如"陵""陡""险""阻"等，通过溯源发现"左耳旁"的古文字形是甲骨文，小篆字形，其构形是通过山崖峭壁的形象表示"高丘、台阶"的构意，其楷书形体为"阜"，段玉裁《说文解字注》："象土山高大而上平，可层累而上。首象其高，下象其三成也。""阜"作偏旁写作"阝"（左耳旁）如："陆""陟""阶""隘""险"等。《说文解字·阜部》："阜，大陆，山无石者。"因此"阜（阝）"在用作偏旁时所导入构形的构意多与"山地、高坡"有关。对于"右耳旁"的字，如"邦""郭""郊"等，经过溯源发现"右耳旁"的古文字形如下：⿱（甲骨文字形）、⿱（金文字形）、⿱（小篆字形），甲骨文⿱从口从卩（jié）。囗像城郭，⿱像一个跪坐之人的形象，综合构件之间的关系其构意体现为"人聚居之所"。因此，"邑"指人聚居的地方。"邑"作偏旁，在楷书中写作"阝"（在字的右边），从"邑"的字多与"地域"有关如"郊""都""郑""郡""邓"。

师：大家最开始的识字更多的是利用拼音识字，对汉字构形原理的了解只是停留在概念上，并没有真正理解。因此，上面的教学活动就相当于一个发现现象—寻找规律—解决问题的过程，大家自己发现形体相似的字和偏旁部首，运用已学的文字学知识，归纳整合，发现规律，将形体相似字和偏旁部首进行区分，从根本上解决汉字书写的问题。

七、教学反思

在进行"汉字专题研讨"教学中，教师虽然不可系统地讲授汉字学理论，但教师必须具备系统的汉字学相关理论和知识。只有如此，教师才能科学有效地引导学生掌握方法，具备终身识字的能力。

教师在教学活动中，通过布置学习资源和学习任务，有效组织学生在教学活动中对典型的义音合成字材料表义功能构件作用的分析，了解义音合成字的表意方式，掌握义音合成字在体现汉字构形系统性方面的特点。这些活动的设计要有助于训练学生从汉字应用中观察汉字现象的能力，有助于培养学生从汉字现象中分析总结汉字特点和规律的能力；同时提高学生的汉字运用能力，解决学生在阅读写作等语文教学中的诸多问题。

（三）"汉字表意性和系统性特点"专题研讨教学实践策略

著名教育学博士余文森认为知识和传达知识的语言文字之间的关系是具体和抽象的关系。因此，学生在学习知识的时候，要学会透过抽象的语言文字、符号图表把语言文字背后表达的深沉意蕴想清楚，达到"活"起来的目的，将两者实现真正的统一。这样的学习才是有实际作用的学习。与此相反，假设学生只是死记硬背文字符号，而不理解其传达的真正含义，这样的学习便是无效学习。为此，在"汉字表意性和系统性特点"专题研讨教学中，就需要教师通过语言文字引导学生把丰富生动的汉字特点所表现的实际内容想清楚，以至想"活"，不能为了教字而教字，而是要注重引导学生掌握学习方法，注重学生汉字运用能力的培养。著名教育学家叶圣陶先生曾言教师讲授任何的知识，"讲"的深沉目的是"不讲"，换言之，"教"都是为了用不着"教"，所谓的"授之于鱼不如授之于渔"。[1] 因此，在遵循汉

---

[1] 叶圣陶.叶圣陶语文教育论集[M].北京:教育科学出版社,2015:2.

字教学理论与原则的基础上,结合我们具体的实际教学经验,在"汉字表意性和系统性特点"专题研讨教学实践方面提出以下四点策略。

1. 要重视汉字教学资源的提供及学习任务的布置

"汉字表意性和系统性特点"专题研讨教学是针对有一定文字学基础的学生设立的选修课程。这些学生的学习程度比较好,因此,选修课程的内容可以在难度上适当增加。教师可以充分利用指定的学习资源,具体而明确的学习任务的布置,引导学生针对某一内容进行深入讨论,以此培养学生自主学习的能力。

教师可为选课学生提供丰富的汉字理论及相关知识内容的学习资源,如汉字学理方面的学习资源、工具类资源和网络信息类资源。教师通过学习任务,布置指定学习资源具体章节内容的研读,并针对内容提出明确的学习要求。例如,在进行"会义合成字表意性和系统性特点"专题研讨教学实践中,作为教师我们首先提供给学生学习文字学相关的学习资源,阅读《汉字构形学导论》第七章第三节"两个以上表形表义构件组合的模式"的内容。针对教师提供的教学资源,我们给学生布置明确而具体的学习任务:①掌握会义合成字是通过两个或两个以上表义构件组合方式表意的特点。②掌握会义合成字、会形合成字和形义合成字构件组合功能的不同,明确这三类字构形模式的区别。

教师通过教学资源的提供,学习任务的布置,目的在于培养学生的自主学习能力,理解领会理论知识,提高阅读能力。教师在学生的小组汇报中,可有效检验学生是否通过学习资源的提供,学习任务的布置,提高了阅读能力和学习能力,便于教师及时调整上课的内容。

2. 注重选择提供典型性的汉字教学材料

王宁先生在《汉字教学的原理与各类教学方法的科学运用(下)》中认为:并非所有的现代汉字都可以使用字理识字的方法去讲解,面对一些汉字,教师不应该一味地胡乱编造理据去讲解,这样讲解的直接后果是造成汉字构形的系统性被破坏。在中学教学中,常常出现教师乱编理据,胡乱讲解汉字的现象,违背汉字构形规律将音义合成字讲成会义合成字的例子屡见不鲜,这样的教学是不可取的。由此可见,现代汉字中并不是所有汉字都有字理。因此,教师在专题研讨教学活动中要注意字料选取的典型性,避免学生乱编字理。通过教师提供选择的典型汉字材料,引导学生观察汉字现象,使学生能够掌握典型汉字材料所体现出的汉字学理知识。

例如,在"义音合成字表意性和系统性特点"专题教学实践中,教师给学生提供四组代表性汉字。

第一组:"企""俟""倾""伪""傲""仰""偿""仆""估""使""儒""侣""伯""供""倍"。

第二组:"谴""访""诺""议""誓""谎""试""识""诲""讳""谋""诈""译""辨"。

第三组:"哨""吩""咐""哟""召""喷""叮""嘱""哀""哼""噪""哇""嘲""呻""嘟""呐""咆""哮"。

第四组:"忧""愁""想""憎""恶""愤""怒"。

教师通过提供四组代表性汉字,引导学生了解"义音合成字"是由表义功能构件和示音功能构件组合而成,明确表义功能构件在义音合成字中只提示字义的义类范畴的作用,而非表示字的具体意义。

第一组字经过形义关系分析,感受这些以"人"做表义构件的字,其字义都与"整体人形"有关。

第二组字经过形义关系分析,感受这些以"言"(讠)做表义构件的字,其字义都与"语言"有关。

第三组字经过形义关系分析,感受这些以"口"做表义构件的字,其字义大都表示"嘴巴"(口)的行为。

第四组字经过形义关系分析,感受这些以"心"做表义构件的字,其字义大都与"心理活动"有关。

学生通过研读汉字学习资源王宁先生《汉字构形学导论》中有关"义音合成字"的内容,完成掌握"义音合成字"表意方式的学习任务;再结合对典型的义音合成字"棋""桌""桥""树""桃""校""棵""架""杨""棍""椅""橙""棕""梨""柴""栽""材"形义关系的分析,感受这些从"木"做表义功能构件的字,其字义都与"树木"有关;据此引导学生总结"义音合成字"的表意方式是通过表义功能构件体现义类范畴的表意特点。

3. 注重引导学生掌握通过汉字现象分析归纳汉字规律的方法

在提供学习资源、布置学习任务和提供典型的汉字教学材料之后,教师要注重引导学生分析、归纳和概括汉字现象,从而训练学生掌握汉字现象分析的方法,以此加深学生对汉字的理性认识,实现专题教学的目标。

例如,在"会义合成字表意性和系统性特点"专题研讨教学实践中,教师首先给出学生已学过的汉字"闪""占""知""析""炙""劣""从""众""比""并"和"北",引导学生从中观察汉字的具体特点,有针对性地对相关汉字现象进行梳理。如"闪"从门、从人,是利用全功能零合成字"门"和"人"做表义功能构件,通过"人"与"门"的组合,体现人从门中向外张望的构意,以此来表示"闪"的本义是"人从门缝中向外看"。在对会义合成字进行梳理的过程中,明确会义合成字的表意方式是将两个或两个以上表义功能构件的信息进行综合,由其组合关系分析其所体现出的构意。学生在对"从""众""比""并"和"北"进行分析梳理之后,明确分析"会义合成字"的构意时,仅知道"全功能零合成字"的构件意义还不够,还需要关注构件与构件之间的数量、位置等关系,因为这些因素都会引起"会义合成字"体现出不同的构意。这也体现了"会义合成字"与"全功能零合成字"在表意方式上的不同。

4. 注重培养学生概括总结汉字规律的能力

《课标》在"学习任务群13"中提到"本任务群是就汉字或汉语的某一问题,加以归纳、梳理,训练学生从应用中观察语言文字现象的能力和总结规律的综合、分析能力,旨在加深学生对汉字、汉语的理性认识"。[1]据此可以明确该学习任务群的学习任务与目标要求:就汉字或汉语的某一具体问题,引导学生从应用中观察语言文字现象,积累语言文字现象,并对其现象进行归纳、梳理,在实现学生语言运用能力的同时,提高学生对语言现象的理性认识。

例如,在"义音合成字表意性和系统性特点"专题研讨教学实践中,教师以汉字三要素"形音义"分别体现出的汉字构形的系统性作为研讨内容。课前给学生提供的学习资源是王宁先生《汉字构形学导论》第七章第四节"义音合成字的内容"。学习任务是让学生思考汉字系统性体现在哪些方面。教师提供的典型汉字为"江""河""湖""游""杉""影"

---

[1] 中华人民共和国教育部.普通高中语文课程标准(2017年版2020年修订)[S].北京:人民教育出版社,2020:26.

"彭""彩""卖""买""财""购""贸""惶""凰""湟""徨""湟"。教师引导学生掌握汉字理论知识，结合对典型汉字现象进行分析、归纳和梳理，最终概括出汉字构形系统性的特点在汉字"形音义"三个方面分别有所体现。

教师通过汉字教学资源的提供、学习任务的布置、典型的汉字教学材料的选择，引导学生通过理论知识的把握，汉字现象的分析，归纳总结汉字规律，从而实现《课标》提出的加深学生对汉字理性认识的目的。

第六节　汉字学理与高中文言文字词教学

一、高中文言文字词教学材料的梳理与探究

（一）高中文言文字词教学材料的选择与确定

1. 材料的选择

从理论方面来说，任何一种研究都需要确立一批内容相对固定的研究材料，正如万献初先生所说："要建构一套理论，必须有一套相对封闭的材料系统，如果材料是全开放的，理论就无一定的准则，也就无所适从"。❶虽然这是针对理论建构的研究来说，但是我们认为同样也适用于文言文字词教学的研究。为此，我们以为研究高中文言文字词教学，必须借助一定数量的教学材料（字词），而这批教学材料应相对固定，唯有如此才能满足研究结论的有效性。为此，本节"汉字学理与高中文言文字词教学"，拟将部编高中语文教材必修上下册以及选择性必修上中下册文言文课下注释中的单字（共计1025个），确定为高中文言文字词教学的材料。

从实践方面来看，任何实践都必须有它的实践内容，即教学内容。对

---

❶ 万献初.章太炎在汉字理论上的贡献[J].长江学术,2006(4).

于高中文言文字词教学来说,其实践内容就是高中文言文中的字词。这些字词中有一定难度、需要学生加深理解掌握的大都体现在课下注释中,它们是学生在高中文言文学习过程中的重点、难点,也是痛点,是学生理解文意容易出现偏差的字词。因此,本节的材料选择聚焦在高中文言文课下注释的单字上,并以此作为教学实践内容展开高中文言文字词教学的实践研究。

2. 材料的确定

对于高中文言文字词教学材料,依据材料选择的封闭性和固定性原则,我们确定部编高中语文教材必修上下册以及选择性必修上中下册文言文课下注释中的单字(共计 1025 个)作为高中文言文字词教学材料。首先,"古今词汇"的问题,其划分标准是依据文言文课下注释单字是否出现在《古汉语常用字典》与《新华字典》(第 12 版)中的情况来确定。我们认为课文注释中的单字在《古汉语常用字典》中出现,而未在《新华字典(第 12 版)》出现的即为"古词";课文注释中的单字分别出现在《古汉语常用字典》和《新华字典(第 12 版)》中的即为"古今皆有词"。其次,"古今词义"的确定问题。词义的古今异同问题只出现在"古今皆有词"中,因为"古词"不存在词义的古今异同问题,这类词数量只有 9 个,可针对具体语境做适当讲授,不做教学重点内容。"古今皆有词"在词义方面可以划分为"古今义同词"和"古今义异词",其中古今义异词还可以分为"古今义完全不同词"和"古今义同且异词"两类,具体情况见表 2-28。

表 2-28　高中文言文字词古今情况分类统计

分类	历史词汇		数量/个
古有今无词	櫽;绬(píng);眜(mò);餔(bù);櫌;洫(yù);阰(pí);羈;骓		9
古今皆有词	古今义同词		653
	古今义异词	古今义完全不同词	204
		古今义同且异词	159

从表 2-28 中我们可以看出,古有今无词只有 9 个,从教学能力培养

与训练方面，在广泛性和典型性方面都不具备举一反三的教学要求，故不确定为教学重点内容。对于古今皆有词来说，数量多，其中古今义同且异词涉及词义的古今异同问题，也是学生在理解上容易出现问题的字词，所以是教学重点。

（二）高中文言文字词教学材料的梳理

对于高中文言文字词教学来说，梳理文言文字词教学材料是进行文言文字词教学必不可少的重要环节，只有精确掌握了所要讲解的材料，才能更好地进行文言文字词教学。

1. 高中文言文字词（1025）基本属性的测查与整理

为了全面了解高中文言文字词教学相关的文字学、词汇学基本知识，提高教师的理论素养，使之在教学中能够很好地运用文字学、词汇学理论，在字词讲授的过程中加以渗透。我们按照年级和教材编排的顺序，对这 1025 个字词教学材料进行了形、音、义基本属性的测查，内容见表 2-29。

形：造字法（依据《说文解字》小篆字形）、构形模式及形义关系（依据现代字形）、文字学部首（依据《说文解字》）、检字法部首（依据《现代汉语词典》）、古文字形的字体演变过程（甲骨文—金文—战国文字—篆文）、造字法（依据《说文解字》小篆字形）。

音：汉语拼音。

义：《说文解字》释义、文中义（依据教材）、字义类型、字用、古今词义异同情况、汉字形义关系分析（学理知识）。

为确保属性测查结果的准确性，我们测查的其他内容均以北京师范大学汉字研究与现代应用实验室研发的"汉字全息资源应用系统"为依据。这一系列从形到音再到义，对高中文言文字词基本属性的测查，能够有效帮助人们全面了解高中文言文字词的形音义基本情况，为以形索义打下坚实的基础。虽然看起来这些基本知识点是散乱的，但是它们内部之间实际上是有着紧密内在联系的。汉字是记录汉语的，汉字的表意性可以有效帮助人们通过字形分析来把握词义；通过对汉字构形所携带的意义信息进行分析来了解汉字构形所体现的构意，进而确定字词的本义，由本义理解引

表 2-29 高中文言文字词基本属性测查（形音）

编号	基本信息				构型模式及形义关系	形					音	《说文解字》释义
	年级册数	文选篇目	教材页码	生字（简体）	生字（繁体）	造字法	部首	古文字形			汉语拼音	
							检字法	文字学	甲骨文	金文	其他古字	篆文

编号	年级册数	文选篇目	教材页码	生字（简体）	生字（繁体）	造字法	构型模式及形义关系	检字法	文字学	甲骨文	金文	其他古字	篆文	汉语拼音	《说文解字》释义
1		《苤苢》（《诗经·周南》）	53	有		会意字	会意合成字	一	月					yǒu	不宜有也。《春秋傳》曰："日月有食之。"从月又聲。凡有之屬皆从有。云九切
2			53	掇		形声字	义音合成字	扌	手			掇	掇	duō	拾取也。从手叕聲。都括切
3			53	捋		形声字	义音合成字	扌	手			捋	捋	luō	取易也。从手寽声。郎括切

续表

编号	年级册数	文选篇目	教材页码	生字(简体)	生字(繁体)	造字法	构型模式及形义关系	文中义	字义类型	字用	古今异同情况	汉字形义关系分析(学理知识)
1		《芣苢》(《诗经·周南》)	53	有		会意字	会义合成字	取得、获得	引申义		古今义同	1. 会义合成字由两个以上表义构件组成;2. 表义功能构件"又"表示手,表义功能构件"月"表示肉,合起来表示用手拿肉的情况,引申为取得、获得,表得,故句中义"取得、获得"为其引申义
2			53	掇		形声字	义音合成字	拾取、摘取	本义			1. 义音合成字(形声字)由表义功能构件(义符)和表音功能构件(声符)组成。2. 提示义类,扌(手)"有关,扌(手)一般与手上的动作有关,手是用来拿东西、拾取东西的,故"掇"的本义是指"拾取、摘取",句中义"拾取、摘取"为其本义
3			53	捋		形声字	义音合成字	从茎上成把地取下	引申义			1. 义音合成字(形声字)由表义功能构件(义符)和表音功能构件(声符)组成。2. 表示"将"与扌(手)"有关,扌(手)一般与手上的动作有关,故"将"的本义为"用手握着东西向一"

申义,判断假借义。

2. 高中文言文字词的分类与归纳

由于古今语言的差异,造成了古今汉语在词义方面存在着既有区别又有联系的情况,这就给学生理解文言文意增加了难度。所以字词就成为文言文学习的重点、难点和痛点。为此,根据"高中文言文字词教学材料的选择与确定"原则,将研究重点放在古今皆有词上,这类词又可分为古今义同词和古今义异词两类;其中古今义异词还可分为古今义完全不同词和古今义同且异词。高中文言文古今词义异同情况数据统计与分析结果见表2-30。

表2-30 高中文言文字词情况统计

类别		数量/个
古今义同词		653
古今义异词	古今义完全不同词	204
	古今义同且异词	159

针对划分出来的1016个古今皆有词,从词义的古今异同比较方面又可分为古今义同词和古今义异词。古今义异词又可分为古今义完全不同词和古今义同且异词。对于每类词的具体教学方法和策略,需要做的是找出每一类词的不同特点。古汉语在词的构成上是以单音词为主,即一个汉字代表一个词。针对这一特点王宁先生特别指出:"在文言文里,汉字与汉语词汇的单位基本切合"[1],也就是在文言文中,字与词是相互对应的关系。由字到词,我们可以通过字形来确定本义。除了本义,词义还有引申义和假借义。我们将1016个古今皆有词的句中义(高中文言文课下注释释义)按照本义、引申、假借义进行分类。

由于本义是词义的源头,引申义、假借义都要以本义为基础进行分析确定。因此,本义就成为掌握词义的关键。确定本义,要了解构形与构意的关系,这就需要运用汉字构形学理论,分析汉字的形义关系。对于汉字的形义关系来说,主要体现为形义统一关系和形义脱节关系。本义和引申

---

[1] 王宁.论汉字与汉语的辩证关系——兼论现代字本位理论的得失[J].北京师范大学学报(社会科学版),2014(1).

义体现为形义统一关系，因为引申义是从本义辗转引申而来。假借义是通过声音相同或相近假借字形而产生，即字形并非为假借义而造，所以假借义与其所借字形是形义脱节的关系。由于假借义没有办法通过构形分析理解字义，所以只能是对假借义进行归纳，然后有针对性地加以识记。高中文言文字词分类情况统计见表 2-31。

表 2-31　高中文言文字词分类情况统计

字词古今情况分类		本义数量/个	引申义数量/个	假借义数量/个	合计/个
古今义同词		290	293	69	652
古今义异词	古今义完全不同词	18	64	122	204
	古今义同且异词	18	135	7	160
总计		322	496	198	1016

（三）高中文言文字词教学材料的探究

1. 高中文言文字词教学所需渗透的知识点归纳

根据以上教学材料的梳理，我们将重点放在了高中文言文字词古今词义异同的教学方面，这部分内容既是本节的核心内容，也是学生在文言文学习过程中的重点内容。由此我们从词汇学和文字学两方面对这类字词的相关知识点进行了归纳。之所以归纳，正如王宁先生所说："教学的科学性，不仅仅是教法问题，更重要的是学理问题。教师在学理上的精透和丰富应当是更为重要的。"❶ 要把握高中文言文字词教学，教师就必须掌握一定的词汇学和文字学知识，通过在教学中的自觉渗透引导学生领会掌握文言字词意义的方法，理解文本内容，以实现对优秀传统文化的继承与发扬。

高中文言文字词教学所须渗透的词汇学知识点：

（1）单音词、复音词。

---

❶ 李节.再谈汉字教育的科学性——北京师范大学教授王宁访谈[J].语文学习，2015(3).

(2) 词义系统——本义、引申义与假借义。

(3) 本义引申义规律。

(4) 词义演变。

高中文言文字词教学所须渗透的文字学知识点：

文字学知识点的归纳并不是为了单纯了解文字学知识，而是通过文字学知识的掌握，明确汉字的表意性质，分析汉字构形和构意的关系，目的是利用这些知识更好地服务于对文言字词义的掌握和理解。汉字学知识可为高中文言文字词教学提供科学有效的方法。具体知识点归纳如下：

(1) 汉字的起源。

(2) 汉字的形体演变——甲骨文、金文、小篆、隶书、楷书（繁体、简体）。

(3) 汉字的性质——表意性，属于表意体系的文字。

(4) 汉字的特点——表意性与系统性。

(5) 汉字的构形单位——构件，由此分析汉字构形与构意的关系。

汉字构形模式与六书关系对照见表2-32。

表2-32 汉字构形模式与六书关系对照

构件功能	构形模式	独体/合体	六书
全功能构件+0	零合成字	独体字	象形
			指事
表形构件+标示构件	标形合成字	准独体字	指事（采用标示构件的字）
表义构件+标示构件	标义合成字		
示音构件+标示构件	标音合成字		
表形构件+示音构件	形音合成字	合体字	形声（有示音构件的字）
表义构件+示音构件	义音合成字		
各类构件+示音构件	有音综合合成字		
表形构件+表形构件	会形合成字		会意（没有示音构件的字）
表形构件+表义构件	形义合成字		
表义构件+表义构件	会义合成字		
各类构件（无表音）	无音综合合成字		

资料来源：王宁. 汉字构形学导论 [M]. 北京：商务印书馆，2016：123-124.

无论是词汇学方面的知识，还是文字学方面的知识，都是为了更好地进行高中文言文字词教学。

2. 高中文言文字词教学目标的制定

从新修订的课标中，我们发现课标对于文言文字词教学特别是古今词义异同的教学十分重视，以学习任务群的形式对其作了具体的要求，据此，我们特别制定了高中文言文古今词义异同的教学目标：

（1）了解古今词义之间的联系（即把握古今词义的"同"）。

（2）明确古今词义之间的差别（即把握古今词义的"异"）。

目标的制定旨在让学生能够通过文言文阅读，了解古今词义的异同关系，由今探古，寻古知今。既明确古今词义之间存在的差异，又了解古今词义间的沟通关系，从而避免以今律古的错误，以"把握古今词义的联系与区别"作为学生学习文言文字词的基础。

3. 高中文言文字词教学内容的确定

高中文言文字词教学的内容来源于对高中文言文 1025 个字词材料的梳理。这 1025 个单字的释义我们以"古今义"的划分标准，逐一与《新华字典（第 12 版）》现代汉语的释义（义项）进行比较分析，其结果可分为以下两种情况：一是古有今无词，二是古今皆有词。其中古今皆有词又可分为古今义同词和古今义异词；古今义异词又可分为古今义完全不同词和古今义同且异词。

对于古今皆有词来说，其中的古今义同且异词是学生学习文言文过程中容易出现理解偏差的词，应作为教学的重点和难点。对于古今义同且异词所反映的词义来说，根据材料梳理，我们发现古今义同且异词所反映的引申义数量最多，达到 135 个，而本义有 17 个，假借义只有 7 个。这表明对于古今义同且异词来说，主要是由于词义的引申发展，使学生在文言文阅读过程中出现了古今混淆、以今律古的情况。为此，教师要引导学生关注词义发展变化的规律，厘清词义演变的中间环节，了解本义和引申义的关系，从而梳理错综复杂的词义变化线索，正确理解古义。而古今义同词因为古今词义没有发生变化，所以无须特别关注，只是对一些现在比较生僻、不常用的古今义同词在讲解中涉及。至于古今义完全不同词应特别关注古今词义差别及造成古今词义差别的原因，重点把握句中义（即古义）。

根据以上分析，我们将高中文言文字词教学的内容确定为：古今义同且异词、部分古今义完全不同词及古今义同词及与此相关的词汇学、文字学知识的渗透。

（1）全面掌握所梳理的材料中古今义同且异词、古今义完全不同词及古今义同词的词义类型（本义、引申义、假借义）。

（2）渗透相关的词汇学、文字学知识。

第一，引导学生体会汉字表意性和系统性的特点：从汉字字形入手，运用汉字构形学理论分析其背后所携带的信息，确定并掌握本义。

第二，明确本义与引申义之间的关系，了解本义到引申义的变化发展过程和引申规律，厘清错综复杂的词义变化线索，避免用现代意义理解古义。关于词义引申的规律，我们主要依据王宁先生在《训诂方法论》和《古汉语词义研究——关于古代书面汉语词义引申的规律》一文中的理论作为讲解依据和理论指导，具体内容如下：

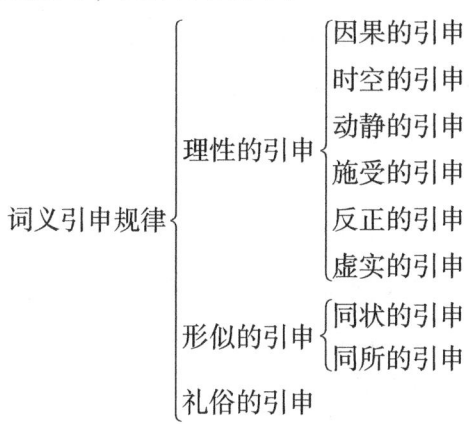

词义引申规律
- 理性的引申
  - 因果的引申
  - 时空的引申
  - 动静的引申
  - 施受的引申
  - 反正的引申
  - 虚实的引申
- 形似的引申
  - 同状的引申
  - 同所的引申
- 礼俗的引申

第三，了解假借的原因和本质特点：假借本质上是一种文字用字现象，从构形与构意的关系来看属于形义脱节的情况，无论是本有其字的假借还是本无其字的假借，都是表示本来为 A 义造的 A 字形现在来表示 B 义了，当其用作表示 B 义时，因字形不是为假借义（B 义）造的，故此假借义（B 义）与字形是脱节的关系，即表明假借义与本义在意义上不存在任何联系。也可以理解为一个字形分别记录了两个不同的词，而其中的某个意义并非字形构造的依据，所以假借义与字形不存在解释与被解释的关系。因此，对于此假借义教师只能帮助学生梳理，引导学生归纳记忆。

二、高中文言文字词教学的实践与策略

通过材料的梳理和分析，在词汇学及汉字学理论的指导下，我们将说明并展示高中文言文字词教学实践，在此基础上归纳教学方法，提出教学策略。

（一）高中文言文字词教学的实践过程

古今皆有词是指出现在高中文言文课下注释的单字，在《古汉语常用字典》和《新华字典（第12版）》中都是存在的，其差异主要体现在古今词义方面，对这类词需要从词义的古今异同方面加以比较分析，是高中文言文字词教学的重点内容。具体来说，从词义古今异同的角度来看，古今皆有词又可分为古今义同词和古今义异词两大类，古今义异词具体包括古今义完全不同词和古今义同且异词两类。针对这些不同类别的词，我们进行了相应的教学实践，并总结反思教学中学生存在的问题和困惑，帮助学生掌握高中文言文古今词义的异同。

1. 古今义同词的教学实践

本节所讨论的古今义同词不属于体现汉语词义稳定性与继承性的那一类词，而是属于比较生僻的古今义同词。我们选取了一些在高中文言中有代表性的生僻字词，作为教学实践的例子。

> **教学实践一　"筮"词义的讲解**
>
> 一、学情分析
>
> "筮"出现在选择性必修下册《氓》（《诗经·卫风》）一文中，具体的文言语句为"尔卜尔筮，体无咎言"。这个"筮"字学生在以前的文言文学习中没有遇到过，属于高中新增的字词。
>
> 二、教学目标
>
> 第一，正确认读"筮"字。
>
> 第二，体会构件"⺮""巫"在"筮"字的构形中所体现的功能作用，

明确"草"和"巫师"的构意——巫师用蓍草占卦，故"筮"的本义为"占卜"。通过对"筮"构形与构意的分析，使学生感受会义合成字的表意特点，体会通过构形分析确定构意的方法，从而领会确定本义的方法与过程。

三、教学内容

溯源"筮"的古文字形，由此分析"艹"与"巫"其构形与构意的关系，渗透汉字学理知识，感受汉字构形的表意性和系统性特点，理解掌握"筮"所携带的信息，据此感受"筮"的本义及其确定方法，进而感受古今词义没有发生变化的情况。

四、教学设计

以学生不理解"筮"的意义为问题导入，教师在多媒体上出示"筮"的古文字形和现代字形。

学习任务1：请同学们拆分"筮"字，看看"筮"字由哪几部分组成，分析体会其构件的意义。

学习任务2：教师辅助学生查阅《说文解字》的释义，明确"筮"字的本义，结合教师对《说文解字注》的释义内容，引导学生加深对其本义的理解。从"筮"的古文字形及现代字形的对比中感受"筮"字的形体发展变化。

教师总结"筮"构件的表义功能，引导学生通过分析"筮"的构形，展示分析构意的方法，引导学生体会表义功能构件对掌握汉字字义的重要作用，更好把握该字的本义，感受"筮"古今词义的一致性。

五、学习资源

曹先擢、苏培成《汉字形义分析字典》，李学勤《字源》，许慎（东汉）《说文解字》，段玉裁（清）《说文解字注》。

六、教学展示

师：今天我们来继续学习《氓》。在了解了文章写作背景和文学常识后，我们进入课文内容的学习。大家先通读全文，看看有什么不理解的字词？

生：老师您能具体给我们解释说明一下"尔卜尔筮"的"筮"课下注释"用蓍草的茎占卦"的形义关系吗？

师：嗯好，那我们一起来看看。首先请同学们看看"筮"字可以拆分成哪几个部分？

生：竹字头"竹"和"巫"两部分。

师：非常好！那这两个构形在字形中分别体现了什么意思？它们的作用是什么呢？请同学们想想你所学过的竹字头的字？请列举出来。

生：竿、笋、笔……

师：对，同学们再想想这些字的意思与竹字头有什么关系？

生：这些字的意思都与竹子有关。

师：那"巫"呢？一般表示什么？

生：巫师、巫婆。

师：非常好！我们把"竹"和"巫"的构形意图合起来看，巫师一般会用竹叶草梗之类的东西来做什么？

生1：施法。

生2：巫师都是有魔力、法力的人，他们会用一些东西进行占卜。

师：好！那我们再来看看"筮"的本义，请大家查阅"筮"在《说文解字》中的释义，了解一下"筮"的本义是什么？

生："《易》卦用蓍也。从竹从巫。巫，古文巫字。时制切"。❶

师：我们从《说文解字》的释义中可知"筮"的本义为《易》经中占卦用的蓍草，与我们通过字形分析的结果是一致的。下面我们再来看看"筮"的古文字形，同学们你们有什么发现？

师出示PPT古文字形（分别为金文、战国文字、小篆）。

生1：战国文字和现代字形相似度很高！

生2：老师，我还是看不出来什么，从古文字形中怎么能看出占卜的意思呢？

师：好，我们来看看小篆字形。最下面是表示人的两只手，最上面部分就是蓍草，中间是"巫"，表示"巫师"，合起来就表示巫师用双手摆弄

---

❶ 许慎.说文解字[M].北京:中华书局,1963:96.

蓍草进行占卜，在"筮"字形中，构件"⺮"和"巫"同为表义功能构件，通过构件所体现的关系，体现"筮"是用蓍草的茎占卜的字义，句中义所表示正是"筮"的本义。那大家再查阅一下《新华字典》看看"筮"的现代意义是什么呀？

生：也是表示用蓍草占卜。

师：说明"筮"的词义古今是相同的，没有发生什么变化，但是我们现在是不是不常用这个"筮"的词义了？

生：确实没有怎么用过。

师：说明"筮"在现在是一个比较生僻字词，需要我们在文言文当中去学习，感受"筮"表义构件在字形中的作用，从而更好地理解文中含义。

七、教学反思

本课充分调动了学生学习的自主性，通过渗透汉字学理知识，即表义功能构件在会义合成字中的作用，让学生感受会义合成字的表意特点，再通过"竹"字头所类聚的"竿、笋、笔"等字，让学生体会汉字构形系统性的特点，由此使学生正确理解"筮"的词义和句中义，感受此处古今义同词的特点。

教学实践二　"掇"与"捋"词义的讲解

一、学情分析

"掇"与"捋"出现在必修上册《芣苢》（《诗经·周南》）一文中，具体的文言语句为"采采芣苢，薄言掇之。采采芣苢，薄言捋之"。"掇"和"捋"同样是高中新增的字词。

二、教学目标

第一，正确认识"掇"和"捋"的形音义。

第二，判断区分"掇"与"捋"中的表义功能构件（义符）和示音功能构件（声符）。

第三，通过对"掇"与"捋"字形义关系的讲解，联系课文中及已学过的以"扌"为表义功能构件（部首）的字，感受汉字构形的系统性和表意性的同时，体会构形与构意之间的关系，确定并掌握本义，感受古今义同词的特点。

三、教学内容

"掇"和"捋"从构形模式上来看都是义音合成字,它们有着相同的表义功能构件"扌",表明其字义都与手的动作有关;其区别体现在示音功能构件"叕"和"寽"的不同。

四、教学设计

以学生不理解"掇"和"捋"的意义为问题导入,以此展开教学,由教师引导分析讲解。

学习任务1 请同学们找出"掇"和"捋"的声符和义符。落实教学目标2。

学习任务2 找出相同义符"扌(手)",呈现全功能零合成字"手"的现代字形和古文字形,引导学生理解表义功能构件在构形中的作用。

学习任务3 让学生举出所学过的文言文中带有"扌(手)"的字,归纳它们的意义,教师总结"扌(手)"充当表义功能构件时,即"扌(手)"字旁的汉字字义与手的关系,从而引导学生感受和领会"构形"与"构意"的关系。

五、教学展示

师:今天我们继续学习《芣苢》(《诗经·周南》)。在了解了文章写作背景和文学常识后,我们进入到课文内容的学习。大家先通读全文,看看有什么不理解的字词?

生:老师,"采采芣苢,薄言掇之。采采芣苢,薄言捋之"一句中的"掇"和"捋"的意思不太理解。

师:嗯好,那我们一起来看看。"掇"和"捋"是独体字还是合体字?

生:应该是合体字吧。

师:好,合体字可以进行拆分,现在请同学们把这两个字拆分一下,看看能得到什么?

生:"掇"可以拆成"扌"和"叕","捋"可以拆成"扌"和"寽"。

师:很好。拆分后,你发现这两个字有什么共同点?

生:都有"扌(手)"旁,但是老师,右边的部分我不知道是什么,它们表示什么意义啊？而且不知道怎么读。

师：我们一个一个问题来解决。我们先来看看手的古字形，看看你们能有什么发现？

师出示"手"的古字形，如下依次为金文、战国文字、小篆。

生：今天的"手"就是由它们演变而来的，而且从这些古文字形中还能看出手的样子。

师：对，所以"扌（手）"就和手或者手上的动作有关了。那"叕"和"孚"呢？可以查查《说文解字》，看看有什么发现？

生：掇：拾取也。从手叕声。❶ 捋：取易也。从手孚声。❷ 老师，"叕"和"孚"都是声符，那就是表音的。

师：好，非常好！"叕"和"孚"都是声符，它们表示的是古音，所以其读音有的与形声字的读音不同，但是它们示音功能还在。我们结合《说文解字》和课下注释就明白"掇"和"捋"的意思了，"掇"表示拾取，摘取，"捋"表示从茎上成把地取下，都是与手的动作有关。大家再想想还有哪些字是这样？

生：拍、批、扑……

师：好！大家想想这些字是不是和我们刚才分析的"掇"和"捋"一样，有着相同的表义功能构件"扌（手）"，有着不同的示音功能构件来提示语音呀？

生：是。老师，我们现在明白了。

师：那大家再查阅一下《新华字典》看看"掇"和"捋"的现代意义是什么？

生："掇"表示拾取，"捋"表示用手握着东西，顺着东西移动，"从茎上成把地取下"也表示一种手握着东西顺着移动的状态。

师：那说明"掇"和"捋"的古今词义是相同的，但是这两个字现在

---

❶ 许慎.说文解字[M].北京：中华书局，1963：255.
❷ 许慎.说文解字[M].北京：中华书局，1963：252.

不常用了，它们大多出现在文言文中，大家要按照老师教给的方法正确理解文言文中的字词义。

六、教学反思

本课充分调动了学生的自主性，通过渗透科学的汉字学理知识，让学生感受义音合成字表义功能构件和示音功能构件的不同作用，帮助学生正确理解词义，把握文言文本意义，掌握古今义同词"掇"和"捋"的词义。

教学实践三　"孑"词义的讲解

一、学情分析

"孑"出现在选择性必修下册《陈情表》一文中，具体的文言语句为"外无期功强近之亲，内无应门五尺之僮，茕茕孑立，形影相吊"。这个"孑"字学生在之前的文言文学习中没有遇到过，属于高中新增的字词。

二、教学目标

第一，正确认读"孑"字。

第二，体会"孑"字不可拆分、功能全面、象物性强的特点（象形字）。

第三，深入理解把握全功能零合成字（传承式）的特点，并将其运用于词义的理解中去，在学理基础上更好地把握此处的词义。

三、教学内容

溯源"孑"的古文字形，由古文字形入手感受"孑"的意义，并借助《说文解字》探寻本义，联系学生生活实际引导学生体会"孑"的古文字形像一个缺失右臂的孩子，进而分析"孑"的构形与构意的关系。在渗透科学汉字学理知识的基础上帮助学生理解该全功能零合成字所反映的词的本义，从而帮助学生正确理解句中义，体会此处古今义同词的特点。

四、教学设计

由学生不理解"孑"的意义为问题导入，教师在多媒体上出示"孑"的古文字形和现代字形。

学习任务1：请同学们拆分"孑"字，由哪几部分组成？（学生发现好像不能拆分）如果不能拆分该怎么办呢？

学习任务2：教师辅助学生查阅《说文解字》明确"孑"字的本义，解释《说文解字注》释义的内容，引导学生通过字形分析理解本义：从"孑"的古文字形及现代字形中感受"孑"字的构形所体现的构意。

教师总结"孑"不可拆分、功能全面、象物性强的特点（象形字），引导学生体会全功能零合成字（传承式）的特点，在此基础上让学生感受"孑"字的构形所体现的构意，从而正确理解句中义。

五、学习资源

曹先擢、苏培成《汉字形义分析字典》，李学勤《字源》，许慎（东汉）《说文解字》，段玉裁（清）《说文解字注》。

六、教学展示

师：今天我们来继续学习《陈情表》。在了解了文章写作背景和文学常识后，我们进入课文内容的学习。大家先通读全文，看看有什么不理解的字词？

生：老师，"茕茕孑立，形影相吊"的"孑"字我不太理解课下注释为什么是"孤单"这个意思？

师：好！那我们一起来看看。首先请同学们看看"孑"字可以拆分成哪几个部分？

生：这个好像没有办法拆分，感觉是一个整体，是不能拆分出来的独体字。

师：同学说得非常好！确实没有办法拆分，我们把这种字称为独体字。那没有办法拆分我们应该怎么办呢？怎样去了解它的词义呢？

生：可以借助一些工具书。

师：好，那老师帮大家查到了这个字的古文字形，是它的小篆。请大家来看PPT，看完后大家有什么发现？

师出示"孑"的小篆字形：𤔓

师：大家看了之后有什么发现？看这个字形像什么？

生1：像一个小人儿的样子。

生2：老师，但是我感觉这个人形不完整。

师：对，说得好！哪里不完整了呢？少了什么呢？

生：少了一只胳膊。

师：对，这个小篆字形像一个简笔画的小人儿，有头、有身体，但它只有一条胳膊，缺了另一条。

那我们从"孑"的小篆字形中就可以看出，"孑"的形体表示一个缺失右臂孩子的形体，这个形体极具象形的特点。请大家再查阅《说文解字》看看是怎么解释的？

生："无右臂也。从了，乚象形。"❶也是表示缺失右臂孩子的意思。

师：好，那我们就知道了"孑"的本义为缺失右臂的孩子，那句中义"孤单"是怎么来的呢？缺失右臂的孩子与孤单什么关系呢？

生：缺失右臂的人就只有一只胳膊了，由"独臂"引申出"孤单"。

师：好，那么"孑"的本义就表示"孤单"了。大家再查查"孑"在《新华字典》中的意义和古义一样吗？

生：老师，一样，也是孤单的意思。

师：对，古今意义是一样的，不过我们现在不怎么用这个字了，一般都在文言文里出现，表示孤单的意思。大家要学会借助古文字形来理解分析构形与构意，从而正确理解句中的意义。

七、教学反思

本课调动了学生的积极性，渗透了相关汉字学理知识："孑"为全功能零合成字，有着不可拆分、功能全面（形音义具备）、象物性强的特点（象形字），同时借助古文字形，让学生在理解词义时能够有所感悟，体会通过古文字形分析确定本义的方法，从而帮助学生正确理解句中义。

教学实践四　"娈"词义的讲解

一、学情分析

"娈"出现在必修上册《静女》（《诗经·邶风》）一文中，具体的文言语句为"静女其娈，贻我彤管"。这个"娈"字学生在之前的文言文学习中没有遇到过，属于高中新增的字词。

二、教学目标

第一，正确认读"娈"字。

---

❶　许慎.说文解字[M].北京:中华书局,1963:310.

第二，深入理解把握半理据字的特点，体会其部分构件体现构意的特点，再结合《说文解字》帮助学生理解本义，在学理基础上更好把握词义，感受此处古今词义没有变化的特点。

三、教学内容

溯源"娈"的古文字形，由古文字形入手，与现代字形相对比，发现现代字形部分构件丧失理据，不体现构意，再结合《说文解字》探寻本义，在学理知识的基础上帮助学生理解该半理据字所反映的词义，从而帮助学生正确理解句中义。

四、教学设计

由学生不理解"娈"的意义为问题导入，教师在多媒体上出示"娈"的古文字形和现代字形。

学习任务1：请同学们拆分"娈"字，看看"娈"字由哪几部分组成？

学习任务2：请同学们查阅"娈"在《说文解字》中的释义，明确"娈"字的本义，再结合"娈"的古文字形和现代字形，感受"娈"字部分构件"女"所体现的构意。

教师总结"娈"字部分构件丧失理据，不体现构意，部分构件理据仍存的特点，从而让学生掌握这一类字所反映词义的规律，正确理解句中义。

五、学习资源

曹先擢、苏培成《汉字形义分析字典》，李学勤《字源》，许慎（东汉）《说文解字》，段玉裁（清）《说文解字注》。

六、教学展示

师：今天我们来继续学习《静女》。在了解了文章写作背景和文学常识后，我们进入课文内容的学习。大家先通读全文，看看有什么不理解的字词。

生：老师，"静女其娈，贻我彤管"的"娈"字我不太理解，课下注释为什么是"美好"这个意思呢？

师：好，那我们一起来看看。首先大家要知道这首诗是描写女子的一首诗，表达的是对娴静女子的爱慕之情。那接下来请同学们看看"娈"字可以拆分成哪几个部分呀？

生："女"和上面那部分，不知道是什么字。

师：上面那部分是字吗？其实那部分是演变而来的，我们来看看"娈"字的古文字形，大家再查阅一下《说文解字》对"娈"的释义。

师出示PPT（"娈"字的小篆）𡡗

生：老师，这个字《说文解字》里没有。

师：那我们再借助《汉字形义分析字典》看看《说文解字》收录的应该是它的繁体"孌"，释义为"顺也。从女（娈）籀文"。❶

"娈（孌）"是从小篆𡡗发展演变而来，其构形原是一个从"女""䜌"声的义音合成字，现在"娈"的上半部分我们已经看不出它表音了，但是下半部分"女"的构意还是存在的。"女"一般表示什么，与什么有关啊？

生："女"表示与女子有关。

师：那和"美好"这个意思有什么关系呢？

生：女子是美好的。

师：对，女子是能给人带来美好的人，女子合起来就是一个"好"字，女子都是令人欣赏的，所以"娈"表示"美好"的意思。不过我们现在不怎么用这个字的意义了，一般都在文言文里出现，表示美好的意思。大家要学会借助古文字形来分析构意，从而正确理解句中的意义。

生：老师，明白了。

七、教学反思

本课充分调动了学生的积极性，渗透了科学的学理知识："娈"为半理据字，让学生体会这类字部分构件丧失理据，不体现构意，部分构件理据仍存的特点，从而让学生掌握这一类字所反映词义的规律，同时溯源古文字形，让学生在理解词义时能够找到源头便于理解，进而感受此处古今词义没有变化的特点。

2. 古今义异词的教学实践

（1）古今义完全不同词的教学实践。

古今义完全不同词是指高中文言文注释中的释义及其在《古汉语常用

---

❶ 许慎.说文解字[M].北京:中华书局,1963:261.

字典》所列义项与《新华字典（12版）》中的义项完全不同。古今词义完全不同的一类词，我们需要关注的是古今词义差别及原因，着重认识和把握其古义，从而更好理解文言文的文意。针对古今义完全不同词，根据材料的梳理与探究，我们得到句中义为本义的古今义完全不同词有18个，句中义为引申义的古今义完全不同词有64个，句中义为假借义的古今义完全不同词有122个。从梳理情况看句中义为假借义的古今义完全不同词最多，需要讲解。但是此类词最大的特点是它们的形义关系是脱节的，就是无法依靠字形分析来掌握字词义，学习难度比较大，而且对词义的掌握方法，如果是通假字，可以通过了解本字来识记通假字的意义；如果是本无其字的假借就只能识记了。例如，"旦日不可不蚤自来谢项王"一句中的"蚤"就是通假字，这里通早晨的"早"，表示早；"秦伯说，与郑盟"一句中的"说"就是古今字，这里同喜悦的"悦"，表示喜悦、高兴。像这样的情况，教师就要引导学生在学习过程中进行归纳总结，使学生能够在今后阅读文言文过程中注意到这些现象并准确理解和翻译。对于句中义体现为本义和引申义的古今义完全不同词来说，学习方法与句中义体现为本义和引申义的古今义同且异词类似。特别要注意的是，在古今义完全不同词中，有一些词在文言文中有一定特定的意义，比如"寻"在文言文中常表示时间，"迁"在文言文中常表示官职的升迁，对于这些特殊的情况，教师要引导学生加强平时的积累与分类归纳。以下是"寻""迁"词义的教学实践：

教学实践一 "寻"词义的讲解

一、学情分析

"寻"字出现在选择性必修下册《孔雀东南飞（并序）》一文中，具体的文言语句为"媒人去数日，寻遣丞请还，说有兰家女，承籍有宦官"。"寻"的现代常用义为"寻找"，在《新华字典》（第12版）中"寻"字的解释为"找，搜求；古代长度单位，八尺"❶，学生就很容易将现代意义"寻找、搜求"代入文言文语句的理解中，翻译成"媒人走后几天，寻找

---

❶ 中国社会科学院语言研究所编修.新华字典(第12版)[Z].北京:商务印书馆，2020:552.

并派遣郡丞到郡府请示时,说起一个兰家的女子,家中世代有做官的",从而出现以今律古的错误,而实际上"寻"在文言文中常用来表示时间,表示"接着、不久"之义。根据学生对"寻"字意义的错误理解,我们的教学要引导学生对"寻"字进行溯源,依据字形推断字义,找到其本义,再进一步寻求其引申义,从而正确理解"寻"在"媒人去数日,寻遣丞请还,说有兰家女,承籍有宦官"一句中的意义。

二、教学目标

第一,让学生理解"寻"在文言文中表示时间的意义。

第二,渗透科学的汉字学理知识:"寻"字为会义合成字,感受汉字的表意性。

三、教学内容

分析"寻"是由表义构件"彐"和"寸"组成,再由此分析其构形与构意之间的关系,进而得出"寻"的本义以及在此句中的意义。

四、教学设计与教学过程

情境导入:同学们还记得《寻隐者不遇》这首诗吗?这里的"寻"是什么意思呀?——预设回答:寻找、寻访等,再引出《孔雀东南飞》"媒人去数日,寻遣丞请还,说有兰家女,承籍有宦官"一句中的"寻",让学生回答这里的"寻"的意义并翻译此句——预设回答:寻找,整句的意思为"媒人走后几天,寻找并派遣郡丞到郡府请示时,说起一个兰家的女子,家中世代有做官的。"

第一步:让学生思考自己的回答,"寻"在"媒人去数日,寻遣丞请还,说有兰家女,承籍有宦官"一句中的意义和在"寻隐者不遇"中的意义真的一样吗?让学生查阅《新华字典》(第12版)中"寻"的现代意义——在《新华字典》(第12版)中"寻"字的解释为"找,搜求;古代长度单位,八尺"。❶

第二步:引导学生发现"寻"字的现代义除了"寻找"还有表示"古代长度单位八尺"之义,再由此引出"古代长度单位八尺"之义的来源:"寻"由表义构件"彐"和"寸"组成,再由此分析其构形与构意之

---

❶ 中国社会科学院语言研究所.新华字典(第12版)[Z].北京:商务印书馆,2020:552.

间的关系。从"彐"表示与"手"有关，从"寸"表示与手有关，故"寻"的本义为"伸开两臂的长度，合古代八尺"。

第三步：由"寻"的本义"伸开两臂的长度，表示古代长度单位八尺"引申为"循着、沿着"之义，再引申为接连不断，再引申指时间接连不断，表示不久。结合《孔雀东南飞》的故事背景和情节，体会此句中"寻"表示时间不久的意义。

第四步：引导学生体会文言文中的古今义完全不同词，认识和把握古义，从而更好理解文意。

五、学习资源

曹先擢、苏培成《汉字形义分析字典》，李学勤《字源》，许慎（东汉）《说文解字》，段玉裁（清）《说文解字注》。

六、教学展示

师：同学们，还记得《寻隐者不遇》这首诗吗？

生：松下问童子，言师采药去。只在此山中，云深不知处。

师：同学们背得真熟！那大家知道这里的"寻"是什么意思吗？

生：寻找、寻访。就是去寻找、寻访归隐的人但是没有遇到他……

师：嗯，理解得很正确。那我们看看我们今天学的《孔雀东南飞》中的这句"媒人去数日，寻遣丞请还，说有兰家女，承籍有宦官"里的"寻"是什么意思呀？结合语境谁来把这句话翻译一下？

生：应该也是"寻找"的意思吧。这句话翻译就是"媒人走后几天，寻找并派遣郡丞到郡府请示时，说起一个兰家的女子，家中世代有做官的"。

师：嗯，大家认为这里的"寻"也是寻找的意思吗？"寻"在现代确实是有"寻找"的意思，大家不妨查查手里的《新华字典》，看看"寻"还有什么意思？

生动手中……

生："寻"除了寻找、搜求之义外，还表示古代长度单位，八尺。

师：大家知道表示古代长度单位，八尺这个意义是怎么来的吗？老师提示，先可以查查《说文解字》。

生动手中……

生："寻"在《说文解字》中释义为"度，人之两臂为寻，八尺也"。

师:"度人之两臂为寻",那大家能看到"寻"字中关于人两臂的地方吗?老师提示可以把"寻"字拆开来看,那么就可以拆成"彐"和"寸"。这两个小构件作用可是很大的,都是表示一定的意义,合起来又表示一个新的意义。它们都和"手"有关,从"彐"表示与"手"有关,从"寸"表示与手有关,表示人的手腕处(手掌后退一寸)为寸口,那么合起来呢就表示衡量人的两臂,为古代长度单位,即"寻"的本义。这种通过字形"一加一"来分析字形的方法,同学们可以试着用来分析其他类似的字。

师:那我们知道了"寻"的本义为"伸开两臂的长度,表示古代长度单位八尺",伸开两臂度量手臂是一个顺延向前伸的过程,由此就引申出来了"顺着、沿着"的意思,那我们知道"顺着、沿着"是一个持续的动作,因此又引申出"接连不断"的意思,时间也是接连不断的,表示不久、接着。那么我们联系上下文语境再看这句话"媒人去数日,寻遣丞请还,说有兰家女,承籍有宦官",兰芝被丈夫遣送回家后,就有别的媒人来提亲,兰芝誓死不从并寻求母亲帮助。媒人走了几天后,郡丞到郡府请示又想给兰芝说亲。这说明了什么?

生:时间紧张,时间间隔短。

师:对,说明这中间时间间隔不久,那大家再看这里的"寻"是什么意思呀?

生:表示时间间隔短,就是不久的意思。

师:对,这里"寻"就是一个时间副词,表示不久、接着的意思。这是"寻"在文言文中常见的用法,表示时间的副词。当然,文言文中表示时间的副词还有很多,比如俄而、适、旬等,我们慢慢积累。

七、教学反思

本课充分调动了学生的自主性,让学生感受会义合成字的表意性,在此基础上正确理解词义本义及其引申义之间的关系,感受古今义完全不同词的意义,从而正确理解文意。

教学实践二 "迁"词义的讲解

一、学情分析

"迁"字出现在选择性必修中册《屈原列传》一文中,具体的文言语句为"令尹子兰闻之，大怒，卒使上官大夫短屈原于顷襄王，顷襄王怒而迁之"。"迁"的现代常用义为迁移、改变，在《新华字典（第12版）》中"迁"字的解释为"机关、住所等另换地点；变动，改变"❶，学生可能会用现代意义去理解这句话，造成理解的偏差，实际上这里的"迁"在古代常用来表示官职的升降。

二、教学目标

第一，让学生理解"迁"在文言文中表示官职升降的意义。

第二，渗透科学的汉字学理知识："迁"字为义音合成字，感受表义功能构件和表音功能构件的不同作用，从而帮助学生正确理解词义。

三、教学内容

分析"迁"字表义功能构件和表音功能构件的不同作用，从而理解"迁"的本义和引申义。表义功能构件"辶（辵）"提示义类，表示"迁"与"辶（辵）"相关。辶（辵）表示与行走有关，故"迁"的本义表示向上升高移动、迁移。"迁"一般指升职，官位向上移动，有时也可指降职，例如"左迁"，表示罢免官职降职或放逐。"千"为示音功能构件，提示"迁"的语音。

四、教学设计与教学过程

情境导入：同学们还记得《闻王昌龄左迁龙标遥有此寄》这首诗吗？这里的"迁"是什么意思呀？——预设回答：迁移、前往；被贬谪，由此再引出《屈原列传》"顷襄王怒而迁之"一句中的"迁"，让学生回答这里的"迁"的意义，并翻译此句——预设回答：迁移、迁怒（于他），整句的意思为"顷襄王迁怒于屈原"。

第一步：让学生思考自己的回答，"迁"在"顷襄王怒而迁之"一句中的意义为"迁怒"是否合适？让学生动手自己查阅《新华字典》（第12版）中"迁"的现代意义——在《新华字典》（第12版）中"迁"字的解释为"机关、住所等另换地点；变动，改变"。

第二步：渗透汉字学理知识，引导学生发现"迁"在这里的真正含义表示被放逐、流放、贬谪。

---

❶ 中国社会科学院语言研究所编修.新华字典(第12版)[Z].北京:商务印书馆,2020:552.

五、教学展示

师：同学们，还记得《闻王昌龄左迁龙标遥有此寄》这首诗吗？这里的"迁"大家知道什么意思吗？

生1：迁移、前往。

生2：被贬谪。

师：大家联系这首诗的写作背景，是诗人李白写给被贬谪好友王昌龄的一首诗，龙标尉是官职名，王昌龄因为一些小错误遭受贬谪，被贬为龙标尉。那么这里的"迁"就表示官职的升降，"左迁"就是被贬官。

师：那《屈原列传》一句中"顷襄王怒而迁之"的"迁"呢？

师：大家看到"迁"字后面有个"之"，为代词，表示屈原。这很好！但是大家要是把"迁"翻译成迁怒的话是不是把迁和怒连起来，只翻译了"怒"啊？大家再思考思考。可以先查查《新华字典》中"迁"的含义。

生：机关、住所等另换地点；变动，改变。

师：好，我们看这两个意思都有"变、移动"的意义，那我们接下来再分析"迁"这个字，可以把它拆分一下，看看可以拆分成什么？

生：辶（辵）和䙴。

师：对，这里"辶（辵）"和"䙴"分别表示表义功能构件和示音功能构件。

表义功能构件"辶（辵）"提示义类，表示"迁"与"辶（辵）"相关。辶（辵）表示与行走有关，故"迁"的本义表示向上升高移动、迁移。官位的升降也是一种移动，故引申为官职的升降。"迁"一般指升职，官位向上移动，有时也可指降职，例如"左迁"，表示罢免官职降职或放逐，故句中义为"放逐"。"䙴"为示音功能构件，提示"迁"的语音。这里我们就要掌握"迁"在文言文中表示官职升降的知识，才能正确理解句意。

六、教学反思

本课让学生感受义音合成字"迁"的特点，在此基础上正确理解词义本义及其引申义之间的关系，让学生理解"迁"在文言文中常表示官职升迁的意义，从而正确理解文意。

(2) 古今义同且异词的教学实践。

古今义同且异词是指出现在高中文言文课下注释中的单字,其注释中的意义在《新华字典(第12版)》所列义项范围之内,并且这一词在《古汉语常用字典》中的义项与《新华字典(第12版)》所列义项有同有异,两者所列义项存在着交叉的关系。也正因为如此,易使学生在文言文阅读过程中,不自觉地用现代汉语中自己所熟知的意义去理解古文文意,从而出现以今律古的情况。在古今义同且异词中,大多为多义词,多义词的产生,其中一个重要原因是词义发展变化的基本规律——引申所致;此外还有一些假借及一字记多词的情况,这些情况造成了词义的错综复杂关系,也是学生在文言文学习过程中遇到的最大障碍。

尽管词义纷繁复杂,但就词义而言,无外乎本义、引申义和假借义。针对高中文言文注释中出现的古今义同且异词,教师首先要使学生明确本义、引申义和假借义是词义基本类型,在此基础上教师通过梳理,归纳总结出不同词义类型的特点,并针对本义、引申义和假借义的特点掌握本义、引申义和假借义的学习方法,从而训练学生在文言文学习过程中辨析文言文古今词义异同的能力,最终提高文言文的阅读水平。

教学实践一 句中义为本义的古今义同且异词的教学实践

对于高中文言文注释义即句中义为本义的古今义同且异词,教师要引导学生通过汉字字形,分析其体现的构意,运用汉字构形学的理论帮助学生了解汉字的形义关系,目的是让学生理解该字形背后所携带的意义信息,即本义的理解。

一、教学目标

第一,引导学生体会汉字表意性和系统性的特点;从汉字字形入手,借助王宁先生的汉字构形模式理论了解汉字的形义关系,目的是分析反映本义的古今义同且异词背后所携带的意义信息,即词的本义。

第二,教会学生分析词的本义的一般方法,使学生能够灵活运用。

二、教学内容

以梳理的18个反映本义的古今义同且异词为教学内容,渗透相关汉字学理知识,以此帮助学生掌握这批词的特点与意义。

三、教学设计（教学过程）

学习活动一：由今溯古，探其本义。

学习活动一：旨在让学生通过古今词义比较，从现代熟悉的词义出发，由今溯古，溯其本源，探究其本义。

学习任务1：学生自主查阅《新华字典（第12版）》，找出这18个字的现代意义，再与高中文言文相对应课下注释的意义作对比，找出相同点和不同点（发现这些词属于古今义同且异词）。

学习任务2：教师辅助学生自主查阅《说文解字》，结合字形了解本义。

学习活动二：依据理论，探其本义。

学习活动二：旨在通过渗透汉字构形模式的知识，对这18个字的形义关系进行分析，从而更好地理解词的本义。

教师最后归纳总结反映本义的古今义同且异词的学习方法。

四、学习资源

曹先擢、苏培成《汉字形义分析字典》，李学勤《字源》，许慎（东汉）《说文解字》，段玉裁（清）《说文解字注》。

本次教学实践由学生自主进行，其学习方法与反映本义的古今义同词类似，故本次教学由学生亲自实践，检查之前的学习效果。

教学实践二　句中义为引申义的古今义同且异词的教学实践

一、教学目标

明确本义与引申义之间的密切联系，把握引申规律，了解本义和引申义的变化发展过程及引申规律，厘清错综复杂的词义变化线索，避免用现代意义理解古义。

二、教学内容

以所梳理的135个在高中文言文中体现为引申义的古今义同且异词为教学内容，渗透词义的本义引申义规律，以此帮助学生掌握这批词的意义和特点。

三、教学设计与教学过程

学习活动一：由今溯古，探其本义。

学习活动一：旨在让学生通过古今词义比较，从现代熟悉的词义出发，由今溯古，溯其本源，探究其本义。

学习任务1：学生自主查阅《新华字典（第12版）》，找出这135个字的现代意义，再与高中文言文相对应课下注释的意义作对比，找出相同点和不同点（发现这些词属于古今义同且异词）。

学习任务2：教师辅助学生查阅《说文解字》，结合教师对《说文解字注》释义内容的理解，引导学生通过字形分析理解本义。

学习活动二：从古至今，辨别引申。

学习活动二：旨在让学生通过学习资源，了解词义引申规律，从而辨明本义与引申义之间的关系，梳理古今词义发展的脉络。

学习任务3：根据学习资源《训诂方法论》一书中有关"词义引申规律"的内容和《古汉语词义研究——关于古代书面汉语词义引申的规律》一文（教师补充课外相关学习资源），梳理这135个反映引申义的古今义同且异词的词义引申规律并进行归纳整理。

教师最后归纳总结反映引申义的古今义同且异词的学习方法。

四、学习资源

曹先擢、苏培成《汉字形义分析字典》，李学勤《字源》，许慎（东汉）《说文解字》，段玉裁（清）《说文解字注》，陆宗达、王宁《训诂方法论》；王宁《古汉语词义研究——关于古代书面汉语词义引申的规律》。

五、教学展示

师：同学们，这节课是关于高中文言文古今词义异同的总结课，可能和我们之前在文章里单篇学习文言文字词有些不一样哦！大家马上进入高三了，老师想以这样一种方式为大家学习文言文提供更多帮助，能够更顺利地读懂文言文，助力于我们一年后的高考！大家想听吗？

生：想。

师：好，我们开始！老师先问大家一个问题，大家为什么在文言文阅读过程中会理解错词义？

生1：还是没有理解了整句话或者整篇文章想要表达的意义。

生2：老师，我们老想用现代意义去理解文言文的词义，有时候能说通，有时候就说不通了。

生3：对，我有种感觉看似读懂实际上没有，把我们现在用的意思代入文中，理解文言文的词义，可是一看注释或者答案发现好像不大一样，古今的意义是不同的。但是说它们不同吧，好像两个意义之间又有些联系，但是自己又说不上来联系是什么。

师：好，同学们说得非常好！那老师今天就来帮助大家解决这个问题！首先老师将我们课本中所有单字的文言文注释意义都找了出来，这些当然就是古义了。然后我们再把这些注释义也就是文中义及《古汉语常用字典》中该字所列的义项，与《新华字典（第12版）》中的今义作了对比，发现两者所列义项存在着交叉，就是说注释中的义在《新华字典（第12版）》所列义项范围之内，并且这一词在《古汉语常用字典》中的义项与《新华字典（第12版）》所列义项有同有异。就词义来说，无外乎本义、引申义和假借义三种，在掌握了反映本义的古今义同且异词的学习方法后，我们现在来看引申义。老师已经给大家把反映引申义的古今义同且异词列了出来，总共有135个。

根据大家的困惑，我们就把目光集中到这135个反映引申义的古今义同且异词上。请大家先查阅《说文解字》，结合古文字形，了解这些词的本义。

学生行动中……

师：那大家看看这些意义和我们课下注释的古义一样吗？

生：不一样。

师：那这些意义怎么来的呢？和本义有什么关系呢？请大家以小组为单位，利用老师所提供的学习资源《训诂方法论》一书中关于"词义引申规律的知识"和《古汉语词义研究——关于古代书面汉语词义引申的规律》一文，梳理这135个反映引申义的古今义同且异词的词义引申规律并进行归纳整理，一会儿请大家以表格的形式展示。

学生行动中……

学习成果如下表。

词义（引申义）	引申规律
规：圆规 就：接近、靠近 参：检验 省：省察 疾：劲疾 彰：清楚 绝：横渡 驾：一天的行程 闻：知道，懂得 乘：这里是"冒"的意思 居：停留 牧：城邑的远郊 居：平日，平时 撰：才能。这里指为政的才能。一说，讲述、解说 就：走向 异：对……感到奇怪 莅：统治 申：申诫，告诫 肆：延伸、扩张 武：指使用武力时所应遵守的道义准则 幸：指君主宠爱女子 当：对等，比得上 并：兼并，吞并 举：攻克，占领 拔：攻取 包：吞并、囊括 服：佩带 却：推辞、拒绝 居：囤积、储存 济：成功 覆：审核 当：主持，掌握 举：施行 理：指天数、命运 较：较量	同所的引申

续表

词义（引申义）	引申规律
下：降低身份 文：华美、文采 群：指提高人际交往能力 怨：指讽刺时政 攻：治疗 淫：过度、无节制 微：含蓄隐晦 浊：污浊 淈：污浊 泥：污浊 泥：玷污 滓：污染 引：牵扯 论：判罪 原：推其根本 本：考察，探究 贰：不专一、有二心，跟"壹"相对失 德：心意 降：降生 讦：谏诤 尤：责骂 谢：辞别 录：收留 逆：预料、想到将来 珍：美味 举：成功 闻：知道，懂得 乘：这里是"冒"的意思 居：停留 牧：城邑的远郊 居：平日，平时 撰：才能。这里指为政的才能。一说，讲述、解说 就：走向 异：对……感到奇怪	同所的引申

续表

词义（引申义）	引申规律
莅：统治 申：申诫，告诫 肆：延伸、扩张 武：指使用武力时所应遵守的道义准则 幸：指君主宠爱女子 当：对等，比得上 意：料想 并：兼并，吞并 举：攻克，占领 拔：攻取 包：吞并、囊括 服：佩带 却：推辞、拒绝 居：囤积、储存 济：成功 覆：审核 当：主持，掌握 举：施行 理：指天数、命运 较：较量 下：降低身份 文：华美、文采 群：指提高人际交往能力 怨：指讽刺时政 攻：治疗 淫：过度、无节制 微：含蓄隐晦 浊：污浊 滓：污浊 泥：污浊 泥：玷污 滓：污染 引：牵扯 论：判罪	同所的引申

续表

词义（引申义）	引申规律
制：统领，统率 原：推其根本 本：考察，探究 贰：不专一、有二心，跟"壹"相对失 德：心意 降：降生 讦：谏诤 尤：责骂 谢：辞别 录：收留 逆：预料、想到将来 珍：美味 举：成功 谢：告诉，告知 衅：祸患 婴：缠绕 抚：爱护。这里是"对待"的意思 次：旁边 骋：开畅、舒展 齐：把……看作相等 谏：挽回 涉：游玩、游览	同所的引申
水：游泳 王：行王道以统一天下 老：敬爱，后两个"老"指老人 幼：爱护，后两个"幼"指小孩 履：踩 军：驻扎 鄙：边邑，这里用作动词 王：称王 目：递眼色 一：统一 贼：伤害	动静的引申

续表

词义（引申义）	引申规律
虚：缺 爱：吝惜，舍不得 隐：痛惜，哀怜 择：区别 疾：憎恨 辟：不正 轻：容易 会：节奏 委：散落，卸落 陪：增加 微：没有 谢：道歉 因：趁着（机会） 就：成就 征：征收 闻：上报 难：排斥 走：通达 与：亲附、亲近 速：招致 闻：学识 害：嫉妒 聪：明察 因：趁机 短：诋毁 祖：效法，继承 幸：希望 膏：滋润 爱：吝惜 赢：担负 爽：差错、过失 宴：快乐 重：加 忽：迅速	因果的引申

词义（引申义）	引申规律
好：爱慕、崇尚 芳：美好 闻：使上闻、报告 听：任从。这里指应许 资：凭借 烦：繁杂 病：困苦	因果的引申
数：屡次、多次 三：多次 间：秘密地	时空的引申
幸：幸亏，幸而 故：仍旧 已：不久后	虚实的引申

师：大家做得非常好啊！那我们一起来看看每一类不同的引申所蕴含的规律，找找它们的共同点，帮助我们今后辨别本义与引申义及它们之间的关系。首先，看大家归纳出来的第一类"同所的引申"，同所就是指有相同性状、相同用途或特征的词，我们来看圆规的"规"字，这里"规"的句中义表示圆规，而"规"的本义为合乎法度，由合乎法度怎么到圆规呢？因为圆规是用来画圆的工具，它是有一定规范作用的，是合乎一定的规则规范的，和本义合乎法度之间有着相同的特性；再看一个，"原"字的本义表示水流源起的地方，这里的句中义表示"推其根本"，水流源起的地方就是源头，就是事物的根本，两者之间有一定的相似性，有共同特性。因此，这类同所的引申都是这样，本义与引申义之间有着共同的特性，看来大家学习得不错！

师：再来看看第二类，动静的引申。这类现象占据了古代书面汉语的很大部分，是一种能量很大的引申。动静的引申，顾名思义和动静有关，体现在词性上是什么呢？

生：动代表动词，静应该代表名词吧？

师：说得很好！静除了代表名词，还能代表形容词。我们具体看看例子。例如,"水、王、履、军、目、贼"这些都是什么词性啊?

生:名词,但是句中义都变成了动词。

师:对,变成动词分别表示和名词相关的一些动作对吗?变成了"游泳、称王、践踏、驻扎、递眼色、伤害"这些意思。这就是动静的引申,由本义的名词引申为与之相关的动词。再来看看有没有形容词的?

生:老师,有。"老"和"幼",都是形容词。

师:但是它们的句中义变成了动词"敬爱"和"爱护"的意思。这也是动静的引申,是由本义的形容词变成了与之相关的动词。大家明白了吗?

生:明白了,老师。

师:再来看第三类,因果的引申。因果引申,顾名思义有因有果,因为因导致了果,我们来看看例子,"爱"的本义是仁爱,给人关爱,句中义是"吝惜,舍不得",因为有仁爱之心所以对事物或者人特别喜爱,所以才会吝惜、舍不得;"辟"的本义是法度,从"卩与辛"表示与"跪下的人与刑具"有关,从"口"表示用法者。因为犯罪的人心术不正,用法者才会用刑具对犯罪的人施用刑罚,由此引申为"不正",句中义"不正"就是一种因果的引申了。大家明白了吗?

生:明白了,老师。

师:再来看第四类,时空的引申。时空引申,顾名思义有时间空间上的变化,时空的关系在运动中往往反映为速度、频率和密度等。我们来看看例子,"数"本义表示数目,引申为句中义"多次、屡次",读音也发生了改变,读 shuò;再来看"三"本义表示数目"三",也引申为"多次"的意思;"间"本义表示缝隙,表示两物之间空间距离狭窄,由此引申表示一切有间隔、间距的事物,包括时间的间隔、人与人之间的间隔等,人与人之间有了间隔会怎样呢?

生:会产生矛盾,会有隔阂。

师:产生矛盾,有隔阂了做事就会私下悄悄地、私密地进行,所以又引申出私密的意思。这些都是时空引申的范围,大家懂了吗?

生:懂了,老师!

师:再看一类,虚实的引申。虚实引申,顾名思义有虚有实,就是指词义由具体的意义变成抽象的意义,这种引申常常使动词、形容词变成介词、连词、副词，或使名词变成代词，总之词义由一个具体的意义变得虚化了。我们来看看例子，"幸"的本义是指幸运、免去灾祸，能免去灾祸是幸运的，由此虚化为副词表示"幸亏、幸而"；"已"的本义表示胎儿发育成熟将要降生，表示事情的完成或结束，后虚化作副词表示已经、不久后。大家明白了吗？

生：明白了，老师。这类词都变成了一种抽象、虚化的词了。

师：我们课本中的句中义只是涉及部分词义引申的规律，还有一些没有涉及。大家可以继续阅读学习资源《训诂方法论》一书中关于"词义引申规律"那部分的内容，以及老师给大家补充的学习资料《古汉语词义研究——关于古代书面汉语词义引申的规律》一文进行学习。对于这类反映引申义的古今义同且异词来说，要用好引申的规律，才能明白本义和引申义之间的联系，正确理解句中义。

六、教学反思

本课充分调动了学生的自主性，以学习任务的形式为学生提供理解古今义同且异词引申义的方法，学生积极性很高。通过给学生渗透词义引申规律的知识，引导学生找寻这些词所体现的引申规律，并对引申方式进行整理及分类归纳，在教学实践的基础上归纳古今义同且异词在文中为引申义的学习方法，从而让学生能够举一反三、灵活运用，做到"既能沟通古今词义的发展关系，又要避免用现代意义理解古义，做到对中华优秀传统文化作品的准确理解"。[1]

教学实践三　句中义为假借义的古今义同且异词的教学实践

对于高中文言文注释义，即句中义为假借义的古今义同且异词，教师要引导学生掌握此类词的方法，对于假借来说，本质上来说是一种形义脱节的现象，无论是本有其字的假借还是本无其字的假借，都是表示本来为 A 义造的 A 字现在来表示 B 义了，不再表示原本的意义，因此假借义与字形的关系是脱节的，因为字形不是为假借义造的，同时假借义与本义在意

---

[1] 中华人民共和国教育部. 普通高中语文课程标准（2017 年 2020 年修订版）[S]. 北京：人民教育出版社，2020.

义上没有任何关系。也可以理解为一个字形分别记录了两个不同的词，而字形并非依据假借义而造，所以假借义与字形不存在解释与被解释的关系。笔者梳理了句中义为假借义的古今义同且异词，共有 7 个，它们及其词义分别是**凌**：越过；**傅**：附着、加上；**矜**：得意、骄傲；**端**：萌芽，发端；**无**：指车毂的中空处；**求**：访求；**薄**：迫近。对于此类假借义教师只能引导学生加强记忆。

一、教学展示

师：同学们，你们觉得文言文难吗？

生：老师，挺难的，我们读不懂或者只是一知半解。

师：那为什么会感到读不懂或者一知半解呢？

生：不理解词义或者理解的不到位。

师：对，由于文言文年代久远，与我们现在的语言差异较大，词义也发生了变化。对于古今词义没有改变的词来说，我们可以用现代意义去理解；对于古今词义发生变化尤其是古今词义既有相同、又有不同的时候，我们理解就会出现偏差了。今天我们来继续看古义（文言文课下注释）为假借义的古今义同且异词该怎么学习呢？经过老师对于咱们高中课本文言文课下注释的梳理，共总结出了 7 个这样的词，它们及其词义分别是"凌：越过；傅：附着、加上；矜：得意、骄傲；端：萌芽，发端；无：指车毂的中空处；求：访求；薄：迫近"。

生：老师，"凌"为什么是越过的意思啊，"凌"不是表示冰凌的意思吗？和越过有什么关系呀？感觉这些词的意义都没有见过，不怎么用。

师：确实，这些词不怎么用，这些意义和这个字原本表示的意义也不一样了。

生：老师，这是为什么呢？那我们该怎么记这些词啊？

师：对于这些词的词义，它们是发生了一种叫假借的形义关系变化。这种假借现象的本质就是为原来的意义造的这个字现在不表示原来的本义了，表示其他意义了。大家刚刚说"凌"表示冰凌，老师拿《说文解字》帮大家看了一下，"凌"的本义就是冰凌，但现在课下注释的意义是"越过"，这个和"冰凌"确实没有什么关系，所以这里发生了假借。

我们再来看一个例子，"矜"课下注释的意义是"得意、骄傲"，这个意义怎么来的呢？我们再来看看《说文解字》。《说文解字》中"矜"的本义表示矛柄，就是古代的一种武器，和这里的"得意、骄傲"好像没有什么关系，所以这里也是发生了假借。大家明白这种现象了吗？可以根据老师的思路试着把其他的词分析下，可以小组一起来讨论。

学生行动中……

师：很好，大家都非常积极！对于此类假借义的词大家在平时的学习过程中要注意总结、加强记忆，慢慢地会对一些常见的假借义有所了解的。

二、教学反思

本课以问题导入的方式展开，在教学过程中调动了学生积极性。通过给学生渗透假借方面的知识，引导学生在学习过程中注意总结、加强记忆。

（二）高中文言文字词教学的策略

1. 古今义同词的教学策略

（1）树立古今沟通的意识。

从古至今，词义是发展变化的，但是古今词义之间也是有联系的，因此教师要让学生在认识上产生强烈的感受，从而树立古今沟通的意识，把握古今词义之间的联系，有效地掌握古今义同词。

（2）在古今沟通的基础上了解词义来源。

汉字是记录词的，作为书面语来说，文字是体现作者思想内容的工具载体，因此在文言文阅读中，我们只能通过文字来了解词义，进而了解作者的思想和所表达的感情。汉字是表意文字，它的字形中就携带着有关词义的信息，而这个意义正是我们寻求和确定词本义的基础。

本节所讨论的古今义同词不属于体现汉语词义稳定性与继承性的那一类词，而是属于比较生僻情况的古今义同词。对于这一类词来说，要在树立古今沟通意识的基础上了解词的意义来源，分辨其词义类型是属于本义，还是引申义抑或是假借义，进而从汉字的字形出发，了解汉字的形体结构，追根溯源理解汉字字形所反映的构意，从而让学生能够更清晰地把握词义：对于本义来说就是要根据字形分析来确定，辅之以《说文解字》，加以证明和理解；对于引申义来说，要在了解本义的基础上，辨明其引申规律；对于假借义来说，要明确本义与假借义的关系，加强平时的积累与识记。具体来说，就是要通过汉字构形模式的归纳，让学生能够更好地理解汉字的形义关系。根据汉字构形学理论及对材料的梳理，我们总结出了理解掌握词义的一些方法。

具体来说，针对像"筮"这类的会义合成字所涉及字词的词义教学，教师首先要培养学生拆分汉字的能力，引导学生在拆分过程中感受汉字每一部分每一个构件的作用和它们之间的联系，使学生体会会义合成字的表义构件对于汉字字义掌握的重要作用。对于"筮"字来说，由于学生不理解"筮"表示"用蓍草的茎占卜"这个句中义，教师首先引导学生对"筮"字进行拆分，发现可以拆分成竹字头"竹"和"巫"两部分，并联系之前所学竹字头的字"竿、笔、笋"等，让学生体会这里的"竹"表示与竹子有关，"巫"表示巫婆、巫术的意思，合起来表示用草梗一类的东西来施法占卜。接着教师可以提供一些具体的学习资源和书籍，例如《说文解字》《说文解字注》《汉字形义分析字典》《字源》等，让学生在教师辅助下查阅相关词的本义，进而帮助学生感受该类型字所表示的词义的来源，分析构形所体现的构意即本义，从形义关系上使学生掌握这一类型字词词义的学习方法。例如，"筮"字，从《说文解字》的本义及该字的小篆字形中我们可以看出，最下面有两只手在摆弄着蓍草，合起来就表示用蓍草占卜的意义了。

针对像"子"这类的全功能零合成字所涉及字词的词义教学，要溯源它们的古文字形，一般来说，它们都具有不可拆分、功能全面（形音义具备）、象物性强的特点（象形字）。从古文字形入手，与现代字形相对比，感受其象形表意特点，例如"子"字，它的古文字形像一个缺失右臂的孩子，十分象形。接着再根据《说文解字》《说文解字注》进一步理解本义，对于"子"字来说，因为它的古文字形像一个缺失右臂的孩子，所以会让人联想到孤独、孤单，《说文解字》的意义也是如此。

针对像"掇""挦"这类的义音合成字所涉及字词的词义教学，首先要让学生体会义音合成字的表义功能构件和表音功能构件对于汉字字义掌握的不同作用，同时总结各种不同表义功能构件的意义，例如，"扌

（手）"表示与手、手上的动作有关；"讠（言）"表示与言语、说话有关；"木"表示与木头、木制的东西有关等，将相同表义功能构件的字联系起来，进行多义类聚的归纳，综合讲解。例如，"掇""挦"两字，其表义功能构件都是"扌（手）"，都表示与手上的动作有关；接着教师可以展示这些表义功能构件的构形，即把它们的古文字形展示给学生，帮助学生更好理解该表义功能构件的意义。只有了解了表义功能构件的意义，才不会对整个义音合成字所涉及字词的词义理解产生偏差。对于表音功能构件来说，有的构件现在可以直接看出读音，古音和今音是一样的。有的则需要借助古籍《说文解字》《说文解字注》来知晓它的读音，比如"掇""挦"两字就无法知晓它们表音功能构件的读音，即为古音。但无论是哪一种，教师要向学生传达的是表音功能构件表音的作用，对于意义的理解来说是没有影响的；接着教师要向学生提供一些具体的学习资源和书籍，例如，《说文解字》《说文解字注》《汉字形义分析字典》《字源》等，教师要合理运用这些资源帮助学生综合感受这批义音合成字所涉及字词的词义来源，结合表义功能构件进一步感受其本义及其引申义的变化发展，从形义关系上使学生掌握这一类型字词词义的学习方法，最终能够举一反三，灵活运用到课内外文言文较难理解的字词上。

针对像"娈"这类的半理据字所涉及字词的词义教学，可以通过没有丧失理据构件的意义，再结合《说文解字》中的本义推知此处的意义。例如，"娈"现在只有下半部分的"女"字能体现出意义了，上半部分是由表音构件"䜌"发展演变而来，但是现在字形已经没有任何构意了。根据"女"表示女子的意义，推知女子代表的都是美好的事物，因此"娈"字的本义为美好，句中义也是如此；对于无理据字所反映的词义，由于其各个构件都丧失了理据，构件都无法体现构意，这一类字所反映的词义就需要特别记忆。

2. 古今义异词的教学策略

古今义异词可以分为古今义完全不同词和古今义同且异词两类，这两类又有其不同的特点，应采取不同的教学策略。

（1）古今义完全不同词的教学策略。

古今词义完全不同的一类词，我们需要着重认识和把握其古义，从而更好理解文言文的文意。从梳理情况看句中义为假借义的古今义完全不同词最多，需要讲解。但是此类词最大的特点是它们的形义关系是脱节的，对于这类词词义的掌握来说，如果是通假字，可以通过了解本字来识记通假字的意义；如果是本无其字的假借就只能识记了。例如"愿伯具言臣之不敢倍德也"一句中的"倍"就是通假字，这里通背叛的"背"，表示背叛；"共其乏困"一句中的"共"就是古今字，这里同供给的"供"，表示供给。像这样的情况，教师就要引导学生在学习过程中进行归纳总结，使学生能够在今后的文言文学习中有一定的储备知识。

在古今义完全不同词中，还有一些词在文言文中有特定的意义，比如"寻"在文言文中是用来表示时间的副词，"迁"在文言文中常表示官职的升迁，对于这些特殊的情况，教师要引导学生加强积累与分类归纳，按类识记。

（2）古今义同且异词的教学策略。

第一，把握古今词义既有联系、又有区别的特点。

把握高中文言文古今词义的异同，最关键的点就在于词义的古今关系上，只有弄清楚词义的古今关系，才能更好地把握古今词义的异同，从而制定有针对性的教学方案。对于古今词义来说，要让学生明白"古""今"之间既有联系，又有区别。这一对概念的对立与统一，是开展学生把握古今词义异同学习活动的认识基础。既要强调词义之间存在古今差异，又要强调词义之间还存在古今联系，正因为古今词义之间有同有异，才会使学生产生用现代意义去理解古义的现象，从而导致学生理解上的失误。

对于词义的古今差异，一方面要熟悉重要文言实词的常用古义，另一方面又要了解汉语词汇从古到今的发展变化规律。就汉语词汇的构成来看，是由古代单音词为主发展到现在的复音词为主，可以说这是造成古今词义差别的重要原因。在树立学生古今词义有别的意识同时，还要强调建立学生注重古今词义联系的认识，即了解词的本义、引申义之间的变化发展关系。

第二，厘清词义发展变化的脉络。

对于反映本义的古今义同且异词来说，要引导学生追根溯源、由今溯古，从字形出发了解本义。对于本义而言，是词义的源头，引申义、假借义都要以本义为参照，由此可见本义对于词义的重要性。为了确定本义，我们就要了解汉字的构形，目的就是要让学生明白汉字的构形是体现构意的。这就需要运用汉字构形学理论，让学生了解汉字的形义关系。对于这部分内容的教学我们在古今义同词教学实践基础上，以学习任务单的形式引导学生自主实践学习。

学习活动一：由今溯古，探其本义。

学习活动一：旨在让学生通过古今词义比较，从现代熟悉的词义出发，由今溯古，溯其本源，探究其本义。

学习任务1：学生自主查阅《新华字典（第12版）》，找出这18个字的现代意义，再与高中文言文相对应课下注释的意义作对比，找出相同点和不同点（发现这些词属于古今义同且异词）。

学习任务2：教师辅助学生自主查阅《说文解字》，结合字形了解本义。

学习活动二：依据理论，探其本义。

教师最后归纳总结反映本义的古今义同且异词的学习方法。

从学生的学习活动中我们可以了解学生掌握的情况，进而及时调整教学方向。例如，学生在理解"集"表示"止"这个意义的时候，学生很容易以现在的意义"集会、聚集"来理解，这时教师就要加以引导，出示"集"的古文字形，让学生去发现其中所蕴含的意义。"集"的小篆字形为🔣，上面用三只鸟来表示群鸟（古代常用"三"表示众多），下面为树木的象形，合起来表示群鸟栖息在木上的样子，这就是"集"的本义，"止、停止"这个句中义也就不言而喻了。

对于反映引申义的古今义同且异词来说，要引导学生把握引申规律，了解与本义的逻辑关系，进而理解古义。具体来说是教师通过了解学情，知晓当前学生在古今义同且异词词义理解方面存在的问题：即学生经常性地将现代意义代入文言文词义的理解中，造成了理解错误的情况。学生有时候觉得古今词义是不同的，但是又发现它们之间也有某些联系，但又说不清联系是什么。针对学生出现的问题，教师需要向学生提供具体的教学资源，让学生了解引申规律的基本情况，并在此基础上引导学生对引申义的古今义同且异词进行引申规律的梳理与探究。例如，对于"水"表示"游泳"这个意思来说，学生能够认识到"水"和"游泳"之间的关系，它们之间是有联系的，但是可能说不出这种联系属于什么类型。"水"表示"游泳"这个意义只在文言文中出现，"水"的本义表示"河流"，学生容易理解，如果用"河流"这个意义去理解"假舟楫者，非能水也"[1]这句话中的"水"的意义，就解释不通了。这时候就要借助词义的引申规律来解决，这里"游泳"的意义属于关联引申，是"水"的"河流"义，引申为在"水"中的动作"游泳"。

对于假借义的古今义同且异词来说，要引导学生明确假借的本质特点：假借义与字形的关系是脱节的，因为字形不是为假借义造的，同时假借义与本义在意义上没有任何关系，所以假借义与字形之间不存在解释与被解释的关系。对于这类词只有通过学生平时逐步积累去掌握。

教学实录片段：

生：老师，"凌"为什么是越过的意思啊？"凌"不是表示冰凌的意思吗？与越过有什么关系呢？

师：这些词义不常用，意义也和这个字原本表示的意义不一样。

生：老师，这是为什么呢？那我们该怎么记这些词呢？

师：假借现象的本质是借形表义，即字形与字义之间没有关系，形义关系是脱节的。大家刚刚说"凌"表示冰凌，通过《说文解字》可知"凌"的本义是冰凌，但课下注释却是"越过"之义，与"冰凌"义无关，所以"凌"为"越过"义是汉字因假借而产生出的意义。

我们再来看一个例子，"矜"课下注释是"得意、骄傲"，这个意义怎么长生的呢？我们先看《说文解字》："矜"本义表示矛柄，是一种武器，与这里的"得意、骄傲"义没有关系，所以也是假借情况。

师：对于假借义大家在平时的学习过程中要注意总结、不断积累，逐步掌握假借的特点。

---

[1] 出自荀子《劝学》。

该教学实践展示由学生问题引入，明确了学生在理解文言文本上存在的障碍，在讲解"凌""矜"两字本义的基础上，展示说明课下注释的意义与本义无关联，由此说明这就是假借情况，提醒学生在平时学习过程中注意总结积累。

综上，在教学实践中渗透相关文字学、词汇学知识对于把握文言字词至关重要，不仅有助于学生理解和掌握高中文言文古今词义的异同，而且有助于提高学生文言文的阅读能力。